北京理工大学学科（专业）发展史丛书

# 信系寰宇

## 北京理工大学信息与电子学院学科（专业）发展史（上）

《北京理工大学学科（专业）发展史丛书》编委会　编

北京理工大学出版社
BEIJING INSTITUTE OF TECHNOLOGY PRESS

版权专有　侵权必究

### 图书在版编目（CIP）数据

信系寰宇：北京理工大学信息与电子学院学科（专业）发展史. 上下册 /《北京理工大学学科（专业）发展史丛书》编委会编. —北京：北京理工大学出版社，2020.9

ISBN 978-7-5682-9001-2

Ⅰ.①信…　Ⅱ.①北…　Ⅲ.①北京理工大学信息与电子学院－校史　Ⅳ.①G649.281

中国版本图书馆 CIP 数据核字（2020）第 165128 号

出版发行 / 北京理工大学出版社有限责任公司
社　　址 / 北京市海淀区中关村南大街 5 号
邮　　编 / 100081
电　　话 / (010) 68914775（总编室）
　　　　　 (010) 82562903（教材售后服务热线）
　　　　　 (010) 68948351（其他图书服务热线）
网　　址 / http：//www.bitpress.com.cn
经　　销 / 全国各地新华书店
印　　刷 / 保定市中画美凯印刷有限公司
开　　本 / 710 毫米 × 1000 毫米　1/16
印　　张 / 71.5
字　　数 / 1252 千字
版　　次 / 2020 年 9 月第 1 版　2020 年 9 月第 1 次印刷
定　　价 / 196.00 元（上下册）

出版　人 / 丛　磊
责任编辑 / 梁铜华
　　　　　 王俊洁
文案编辑 / 梁铜华
　　　　　 王俊洁
责任校对 / 周瑞红
责任印制 / 李志强

图书出现印装质量问题，请拨打售后服务热线，本社负责调换

# 北京理工大学学科（专业）发展史丛书编委会

**主　任**　赵长禄

**副主任**　包丽颖

**委　员**　（按姓氏笔画排序）

王　伟　王　征　王亚斌　王兆华　左正兴

龙　腾　冯慧华　曲　虹　安建平　李寿平

张　瑜　陈鹏万　胡更开　侯　晓　姜　曼

姜　澜　蔺　伟　颜志军　薛正辉　魏一鸣

# 信系寰宇

## ——北京理工大学信息与电子学院学科（专业）发展史

## 编 委 会

**离退休人员**（按姓氏笔画排序）

于在镐　马启光　毛二可　邓次平　刘天庆　苏广川
李品生　李印增　李鸿屺　李淑云　吴祈耀　尚洪臣
周思永　赵长水　胡启俊　柯有安　高本庆　郭志芬
曾禹村　谢珺堂　戴润林

**在职人员**（按姓氏笔画排序）

王晓静　王兴华　龙　腾　仲顺安　任丽香　刘　莲
刘志文　刘苏仪　安建平　孙厚军　吴莎莎　吴海霞
张　笈　张延军　陆　军　罗森林　周荣花　高梅国
郭俊芳　陶　然　曹安琪　崔　嵬　董礼静　韩　力
傅雄军　谢　湘　谢珺堂　薛正辉

# 丛书序 Foreword

庚子仲秋，丹桂馨香。2020年9月，北京理工大学迎来建校80周年。作为中国共产党创办的第一所理工科大学、新中国第一所国防工业院校，学校自延安创校以来，始终传承"延安根、军工魂"红色基因，坚守初心、报国图强，砥砺求索、薪火相传，以扎根中国大地建设世界一流大学的实际行动，在中国共产党创办和领导新型高等教育的征程中留下了厚重的、值得纪念的足迹。

时至今日，北京理工大学已成为一所"地信天"融合、工理管文多学科协调发展的高水平研究型大学。经过"985工程""211工程"和"双一流"建设，特别是经过近五年的发展，学校主要办学指标位居国内高水平研究型大学前列，若干学科跻身世界一流行列，建设世界一流大学的基本格局初步形成。学校构建了优势工科引领带动、特色理科融合推动、精品文科辅助联动、前沿交叉创新互动的学科布局，以学科建设为龙头有效带动了教育事业内涵发展、特色发展、高质量发展。一流学科的发展建设，不是一日之功，更不能一蹴而就。底蕴深厚的背后，离不开一代代北理工人的精耕细作，正是前人的积累沉淀奠定了今天一流学科建设的坚实基础。开展学科专业发展史研究学习，传承前人的宝贵经验，弘扬北理工独特的精神气质和文化内涵，对更好地推进一流大学和一流学科建设有十分重要的意义。

建设一流大学，培养一流人才，必须要有一流大学文化作为支撑。校史研究是一流大学文化建设的一条重要工作主线，而学科专业发展史正是校史的重要组成部分，对其进行挖掘整理更具紧迫性。2018年，学校全面启动学科专业史研究和编写工作。历时两年，相关学院、学科广泛搜集整理资料，创新工作机制，在80周年校庆之际推出《时空航宇——北京理工大学航空宇航科学与技术学科（专业）发展史》《力学笃行——北京理工大学力学学科（专业）发展史》《兵之利器——北京理工大学机电学院学科（专业）发展史》《精工重器——北京理工大学机械制造学科（专业）发展史》《信系寰宇——北京理工大学信息与电子学院学科（专业）发展史》《经管征程——北京理工大学管理与经济学院学科（专业）发展史》《理公明法——北京理工大学法学学科（专业）发展史》等7册学科专业发展史系列丛书。这批全新的研究成果，立足对相关学科专业办学情况的总结整理，形成史料的新时代表达，不仅展现了学校的办学实力与特点，也为一流学科、一流专业的高质量发展提供了有力支撑。

衷心感谢参与本次学科专业发展史系列丛书编写的干部、教师辛勤的付出和艰苦的努力，在建校80周年之际，为学校留下了这批承载着北京理工大学精神的宝贵文化财富。新时代、新使命、新征程，这些珍贵学科专业发展史，必将激励全体北理工人接续奋进、继往开来，传承传统、开拓创新，为建设中国特色世界一流大学而努力奋斗！

赵长禄

**2020 年 9 月**

# Preface 前言

1953年，在新生的中华人民共和国首都北京，从延安走来的北京工业学院（前身为1940年诞生于延安的自然科学院，现北京理工大学）诞生了雷达设计与制造专业，即今天的信息与电子学院，至今已经走过了60余年的岁月。60余年的征程中铭刻下一个个深深的印记：她是电子信息教育的"肇始之地"，建立了我国普通高校的第一个雷达设计与制造专业；她是教育教学改革的"引领之地"，获得了学校史上第一个国家级教学成果特等奖和一等奖；她是科学探索研究的"前沿之地"，创造了我国科技史上多个第一并牵头获得14项国家科研奖；她是领军领导人才的"孕育之地"，培养了6位院士及30余名省部级以上党政领导（将军）。

古今中外的许多先贤哲人都指出了"历史"和"修史"的重要性，"前事不忘，后事之师""以人为鉴可以知得失，以史为鉴可以知兴替""历史好比一艘船，装载着现代人的记忆驶往未来""历史应是人类的教师"，等等。同时，梳理学科发展史也是学科专业建设的一个重要组成部分，在大学文化建设中处于龙头地位。因此，信息与电子学院的广大校友和师生员工热切期盼本院也能有一本自己的院史，记载自己的来路，照亮自己的前程！

不过，当真正动手写院史时才体会到"修史"的艰难！信息与电子学院院史的编写工作始于大约10年前，也就是北京理工大学建校70周年前夕的2009年左右，其时刚刚以原电子工程系为基础组建了信息与电子学院。时至今日，已过去了10年之久。在这10年中，院史的编写过程主要经历了四个阶段。

第一阶段是从2009年学院决定组织力量修订院史到2016年，万事开头难，这一阶段学院先后委托高教出版社和学校管理学院的教师开展工作，其后组织了以离退休老同志为主要队伍的院史撰写小组，广泛收集学校学院档案材料、校志及校史丛书中相关内容、老同志的回忆录等素材，先后有周思永、刘天庆、马启光、高本庆等几位老同志作为主笔，这些老同志大都已是耄耋之年，他们克服了历史档案材料匮乏、记载矛盾冲突多、个人回忆不准确、自身精力不济和身体欠佳等重重困难，做出了非常有价值的整理和初稿撰写工作；其间学院领导班子和学院机关工作人员，尤其是担任学院党委书记的张笈、安建平等领导和李淑云、郭俊芳等老师也积极筹划、精心组织，为老同志们的工作提供后勤保障和支持。在大家的共同努力下，于 2016 年 10 月初步汇总了院史的第一稿（素材稿，V1.0），为后续的编辑补充完善奠定了重要的基础。

其后，由于痛感到相关老同志健在的越来越少，再不抢救性地记录院史，可能会导致永远不可能梳理清楚，当时学院党委做出决定，加速院史的撰写工作，由学院党委书记薛正辉牵头，把院史撰写工作的任务转移到学院机关年轻同志身上，由此进入了院史撰写的第二阶段。在这个阶段中，学院制定了《信息与电子学院学科发展史编撰工作方案》，重新规划了院史编撰原则、内容分集与历史时期、编撰规范、工作安排等，重新梳理了《信息与电子学院学科发展史提纲》，设想按照学科建设、人才培养、科学研究、社会服务与交流合作、党团建设与群团工作以及 14 个附录的结构，每部分按照大的历史时期进行编年叙事的体例进行院史编撰。在就上述编撰工作思路广泛征求意见之后，学院组织了由党委书记薛正辉、宣传干事郭俊芳、校友干事曹安琪和学院学生社团——红雨新闻社成员组成的学院院史工作组，在 V1.0 版本的基础上，按照新的结构重新编辑，并逐一走访数十位离退休老同志，记录口述历史并不断补充完善院史，直到 2018 年 7 月汇集完成院史的第二稿（V2.0）。

之后进入第三阶段，主要是依据学校历史档案和老同志们提供的史料，对 V2.0 版本中的存疑之处进行核实和修订，查漏补缺，不断补充、完善主体内容，不断充实附录的数据资料，同时把信息与电子学院建立以来的工作，以年度为单位进行整理编辑，加入院史。工作队伍仍然以第二阶段的为主，加入了学院党政办公室主任刘莲、党务干事王晓静等，于 2019 年 12 月汇集完成院史的第三稿（V3.0）。

第四阶段是 2019 年年底到 2020 年上半年，这时已经明确了学院学科发展史要在 2020 年下半年学校建校 80 周年之际出版的时间后墙，于是根据前三阶段收集的材料和欠缺内容的情况，考虑到完全按照 2016 年撰写提纲的想法，想做到面面俱到，已经很不现实，工作小组调整了工作思路，按照三个部分重新编辑院史：第一部分为"学科发展综述"，按照编年顺序综合论述学科建设、人才培养、科学研究、社会服务与交流合作、党团建设与群团工作各方向，不再细分领域，由工作小组编辑完善；第二部分为"各组成部分的发展分述"，请学院各职能办公室及基层单位负责人参加编撰；第三部分为"附录"，由工作小组编辑完善。由此，形成了院史的第四稿（V4.0），也就是大家现在看到的这个版本。

# 前言

以上就是信息与电子学院院史编撰走过的大致路程，耗时 10 年，不可谓不艰难。但是，仅仅 10 年时间还不足以道尽个中困难，还有很多因素影响了这本院史作为一本史料的质量，导致存在很多遗憾。回首整个编撰过程，至少存在以下几方面的困难，使这本院史存在明显的不足之处。

第一，真实准确史料的缺乏导致院史准确性不够。由于学校的发展经历多个不同的历史时期，经历复杂的时空变迁，学院的建立和发展尽管都发生在中华人民共和国成立后的北京，但是其间的经历也非常复杂，甚至坎坷，机构和人员变动很大。学校级的档案保存和学志记载还是比较规范的，使校史编撰基本能做到有据可依，成为"信史"，但是院系级这方面的机制并不健全，没有专门的制度、机构和人员来归集档案，也就必然缺乏可靠的史料，有些甚至完全空白，校史中的论述也不可能照顾到各个院系的细节。这些就造成了编辑院史只能主要依靠亲身经历的老同志们的回忆，部分辅以有据可查的档案，尽管老同志们呕心沥血，尽其所能，但某些客观因素及个人的主观因素会导致出现无意的失误，有时甚至完全矛盾。尽管工作组已经尽可能地查找资料，多方印证对比进行核实，也尽可能追求客观公正，但必然还存在错漏、粗陋之处，包括张冠李戴、时序颠倒、空间错位、逻辑不清，等等。

第二，史料不平衡导致院史详略不当。目前院史中记载的历史事件，多数来自老同志们从不同渠道、不同角度提供的材料，首先肯定没有做到覆盖学院发展的各个方面和各个时间，有些重要事件还可能因重要当事人过世导致没有任何材料。本着"无据不立"的原则，编撰院史时，只能有什么材料写什么材料，原始材料详细的，写进院史就详细一些，原始材料粗略的，写进院史就粗略一些，有些没有原始材料，撰写者不知道情况，只能不写，因此肯定做不到以是否涉及和内容详略反映重要性程度。而且，有时考虑到辛苦收集来的资料非常宝贵，即便不见得很重要，也尽可能放进院史，这就导致不平衡情况出现。这不能不说是挺大的遗憾，不过现阶段也没有好的办法避免。

第三，修史的能力不够导致院史的说服力不够。撰写历史需要很高的素养和才能，要在记述基本历史事实的基础上，依据历史背景和环境对各个历史时期的事件进行归纳提炼，形成历史性的结论，揭示历史告诉我们的规律，才能体现历史对后世的启迪。但显然，尽管这是我们追求的目标，但限于我们目前工作小组的个人教育背景和工作性质，还没有具备这种能力，导致写出来的院史基本上是流水账式的记录，缺乏总结评述，有时也不敢贸然总结评述。

第四，文字功底不足导致院史的感染力不够。这是显然的，古今中外的史家大都是大文学家，能够让历史展现于文字，又以文字的力量烘托历史和感染大众，而这是我们工作小组的先天缺陷。在编撰过程中，也曾经考虑邀请文字功底

——北京理工大学信息与电子学院学科（专业）发展史（上）

深厚的专业人士参与工作，但又苦于这些专家对学院学科内涵和变迁的不了解而造成另外一方面的不足。真是难以发掘到兼具对我们学科的了解和文字功力的前辈大家，即便有一些，例如我们的老系主任周思永教授，科技贡献巨大，又是家学渊源、诗文俱佳、文字功夫一流，令我辈自叹不如，可无奈斯人已逝。

不过，尽管有着这么多不足，但我们还是鼓足勇气、硬着头皮完成了这本信息与电子学院院史，也做好了迎接批评的准备。我们的目的无非两点：一是抛砖引玉，使这本院史能成为大家讨论批评的载体、后续修改完善的引子，期待着之后能发掘出更加准确丰富的史料，在此基础上修订院史，一段时间之后再版一本更加高质量的院史；二是激励我们在院系层级建立好学科发展历史档案归集的机制，初步确立一个模板，形成一个体系，例如每十年汇集整理一本史料，为后世留下一些可供参考的记载。如能做到这两点，也不枉费这番心血。

在这本院史即将成书之际，我们的心中有些惶惶，但同时也有满满的感动，我们不时回想起老先生们手写给我们的工工整整的回忆录、批改作业般地对文字一点一滴地修改、口述历史中虽沙哑但充满温情的嗓音、研讨会上严谨认真甚至激烈争论的场景，也能回想起广大师生、校友和关心关爱学院的人为院史出谋划策、构思书名的热烈场景。

十年的修史工作即将告一段落，我们要衷心感谢为我们院史作序的各位大家！

衷心感谢为这本院史付出过辛苦努力的院史编写委员会的各位老师，他们是：

离退休老教师（按姓氏笔画为序）：于在镐、毛二可、邓次平、刘天庆、苏广川、李印增、李鸿屺、李淑云、吴祈耀、尚洪臣、周思永、赵长水、胡启俊、柯有安、高本庆、郭志芬、曾禹村、戴润林。

在职教师（按姓氏笔画为序）：王晓静、龙腾、仲顺安、任丽香、刘莲、刘志文、安建平、孙厚军、吴莎莎、张笈、张延军、罗森林、周荣花、高梅国、郭俊芳、陶然、曹安琪、崔嵬、韩力、傅雄军、薛正辉。

具体撰稿工作人员包括：

第一部分学科发展综述：学院院史工作组薛正辉、安建平、曹安琪、刘莲、王晓静、郭俊芳、李淑云。

第二部分各组成部分的发展分述：

第七章　专业与本科人才培养：傅雄军；

第八章　学科与研究生培养：崔嵬、吴莎莎；

第九章　教学科研单位

9.1　信号与图像处理研究所：刘志文；

# 前 言

9.2 通信技术研究所：周荣花，谢湘；

9.3 微波技术研究所：孙厚军、董李静；

9.4 应用电磁研究所：盛新庆；

9.5 微电子技术研究所：仲顺安、王兴华；

9.6 专用处理器研究所：张延军；

9.7 雷达技术研究所：任丽香；

9.8 雷达与对抗技术研究所：高梅国；

9.9 信息安全与对抗技术研究所：罗森林；

9.10 分数域信号与系统研究所：陶然；

9.11 电路与系统研究所：傅雄军；

9.12 电工电子教学实验中心：韩力；

9.13 信息系统及安全对抗实验中心：罗森林；

9.14 电子信息技术教学实验中心：刘志文；

9.15 图像制导研究室：郭志芬；

9.16 生物医学电子工程教研室：吴祈耀；

9.17 506教研室：李品生。

……

第三部分附录：学院院史工作组薛正辉、安建平、曹安琪、刘莲、王晓静、郭俊芳、李淑云。

感谢参与院史编写工作的信息与电子学院学子们（按姓氏笔画为序）：王书亚、卢心竹、朱盼盼、孙启峰、杜海琳、李洁、李帅、肖琪、吴函天、吴佳霓、张曰义、范琛衔、赵佩芸、徐玫、徐少文、舒晴。

也感谢为本书成书做出很大贡献的北京理工大学党委宣传部的各位同事，北京理工大学出版社责任编辑梁铜华、王俊洁，感谢各位专家为审稿付出的辛勤工作。

本书编委会

2020年5月8日

# 目录 Contents

## 第一部分 学科发展综述

- 第一章 专业初创时期（1946—1953年）／3

- 第二章 专业大发展时期（1954—1965年）／13

- 第三章 专业曲折发展时期（1966—1976年）／61

- 第四章 专业恢复及蓬勃发展初期（1977—2000年）／74
  - 4.1 70年代调整和恢复工作／75
  - 4.2 80年代建设及提升工作／82
  - 4.3 90年代巩固及发展工作／98

- 第五章 进入新世纪（2001—2008年）／113

- 第六章 跨越发展时期（2009—2018年）／120

## 第二部分 各组成部分的发展分述

- 第七章 专业与本科人才培养／197
  - 7.1 电子信息工程专业／197

7.2 电子科学与技术专业 / 329

7.3 通信工程专业 / 436

7.4 信息对抗技术专业 / 465

7.5 电子中英班 / 514

7.6 电磁场与微波技术专业 / 523

7.7 计算机工程专业 / 526

## ·第八章 学科与研究生培养 /527

8.1 研究生培养的历史沿革 / 527

8.2 电子科学与技术一级学科 / 540

8.3 信息与通信工程一级学科 / 542

8.4 研究生培养方案 / 544

## ·第九章 教学科研单位 /703

9.1 信号与图像处理研究所 / 703

9.2 通信技术研究所 / 711

9.3 微波技术研究所 / 727

9.4 应用电磁研究所 / 776

9.5 微电子技术研究所 / 778

9.6 专用处理器研究所 / 786

9.7 雷达技术研究所 / 787

9.8 雷达与对抗技术研究所 / 842

9.9 信息安全与对抗技术研究所 / 856

9.10 分数域信号与系统研究所 / 875

9.11 电路与系统研究所 / 881

9.12 电工电子教学实验中心 / 881

9.13 信息系统及安全对抗实验中心 / 889

9.14 电子信息技术教学实验中心 / 901

9.15 图像制导研究室 / 902

9.16 生物医学电子工程教研室 / 905

9.17 506 教研室 / 907

## 附 录

附录1：历任党政领导（党总支、党委）/ 912
附录2：历任党政领导（行政）/ 914
附录3：教职工名录（在职A系列）/ 917
附录4：教职工名录（在职B系列）/ 925
附录5：教职工名录（退休、离职、调出人员）/ 928
附录6：博士生导师名录 / 936
附录7：入选各级各类人才工程教师名录 / 940
附录8：博士后人员名录 / 943
附录9：学生名录（本科）/ 947
附录10：学生名录（硕士）/ 1016
附录11：学生名录（博士）/ 1057
附录12：牵头科研获奖列表（国家级）/ 1067
附录13：牵头科研获奖列表（省部级）/ 1069
附录14：教学成果获奖列表 / 1083

- 结语 / 1106

第一部分 学科发展综述

北京理工大学信息与电子学院的前身雷达设计与制造专业 1953 年诞生于中国共产党创办的第一所理工科大学——北京工业学院，是中国普通高校创办的第一个雷达专业。67 年来，始终栉风沐雨、披荆斩棘、砥砺前行，始终薪火相传、弦歌不辍、初心不改，伴随着新生的中华人民共和国一起成长，从襁褓中的婴儿成长为国家一级重点学科、"双一流"建设学科；始终以"延安根、军工魂"为自己的精神所系，秉承"德以明理、学以精工"的校训，弘扬"团结、勤奋、求实、创新"的校风，树立引领之雄心、育才之恒心、报国之决心，坚持一切从提高教学质量出发、一切从培养学生全面发展出发、一切从奉献伟大祖国出发，致力于服务国家战略、致力于培育优秀人才、致力于推动社会进步，力争建设中国特色、世界一流的信息与电子学科。

本部分是信息与电子学院学科发展史的第一部分，主要是站在学院整体层面，从学科建设、人才培养、科学研究、社会服务与交流合作、党团建设与群团工作等各方面，综述信息与电子学科的发展历程，梳理 67 年的成长脉络，浓缩 67 年的传承精神。

# 第一章 专业初创时期（1946—1953年）

1945年，抗日战争取得了全面胜利，之后国民党发动大规模内战，中国共产党领导全国军民展开了解放战争，并夺取了全面胜利，成立了中华人民共和国。信息与电子学院学科专业初创于这一时期，是伴随着解放战争胜利、全中国解放、中华人民共和国的建设而逐步建立并发展起来的，与党和国家同呼吸共命运，始终肩负着服务边区经济建设、服务全中国解放、服务新中国社会主义建设的使命。

信息与电子学院学科专业的起源可以追溯到晋察冀边区工业专门学校1946年设立的电机工程学科。由于电机工程学科包含了强电和弱电方向，即电力、电机、自控和电讯都属于电机领域，从这个角度说，后来的电子信息类专业萌芽于这一时期。

晋察冀边区工业专门学校是由延安战略转移迁出的自然科学院和由晋察冀边区工业部创办的晋察冀边区工业职业学校合并组成的，成立于1946年，校址在张家口。当时设立机械工程、电机工程、化学工程、矿冶工程、市政土木工程等学科，按文化测验成绩将200余名学生编为4个班。

其后由于全国形势发生急剧变化，学校转战华北地区，1946年11月与晋察冀边区铁路学院合并组成晋察冀工业交通学院。1947年8月，工业交通学院预科从该校分出，成立晋察冀边区工业局工业学校，并于年底搬迁校址到河北井陉，成为华北联合大学的一部分。

1948年5月，党中央决定将晋察冀解放区和晋冀鲁豫解放区合并，随即属于晋察冀的华北联合大学与属于晋冀鲁豫的北方大学合并，改名为华北大学，设立4个部和2个学院，工学院是其中之一，称为华北大学工学院，是由晋察冀边区工业学校和北方大学工学院合并组成的。

华北大学工学院成立后，设立大学部和高职部，大学部设机电和化工两个班，由原来北方大学工学院和晋察冀边区工业学校原有学生，经过水平测试筛选后组成，1948 年 11 月编班后大学部为 31 人，另有大学部先修班 42 人和预备班 45 人。

1949 年 7 月，华北大学工学院迁入北京，之后划归 11 月成立的中央人民政府重工业部（部长为陈云，代部长为何长工，副部长为李富春和王鹤寿）领导，为重工业建设和发展服务，培养具有理论联系实际、掌握现代科学技术、全心全意为人民服务的高级工程干部。

1949 年，华北大学工学院电机制造专业招收一个"老干部班"，即 1949 级，共 26 人，他们是夏立田、王天文、牛辅臣、何正山、郭志坚、石础、干天、肖杨、高头芝、雷文、范世昌、李平、张湘滨、王海平、王竞成、励工、曾初、施萍、朱亮、王进瑞、李恩铭、沈鹏、李杰、传凯、聂再密、韩正新。

1949 年 10 月 1 日中华人民共和国成立后，华北大学工学院也开始大展宏图，进入一个崭新的发展时期。

1950 年 9 月，中央人民政府教育部决定将中法大学校本部及数理化三个系合并到华北大学工学院。中法大学建于 1920 年，是我国建立较早的著名大学，它的加入大大加强了学校的力量。之后华北大学工学院正式建立了 7 个系和 5 个专修科，其中包括电机制造工程学系，由一个电机专业组来组织工作，组长是马士修教授，成员包括厉宽教授等人，分为设计组和制造组。还有一个电机专修科，包括动力组和电机修造组。当时与重工业部有关的机构基本都有相应专业来对口，由于重工业包括采矿、化工、机械、电机等领域，所以学科设置包括采矿系、航空系、电机系等。

1950 年，华北大学工学院在北京、上海、天津、武汉 4 个地区单独招生，这是学校正式招生的开始。许多向往革命的家境贫寒的学生纷纷报考这一学校，4 个考区共有 6 922 人报名，正式录取 360 人，备取 173 人，共 533 人。但最终报到的新生共有 155 人，其中包括电机系一个班，即 1950 级，其专业为工业自动化，学生共 24 人，包括吴浣尘、李尧厚、周永康、夏义涛、朱景武、刘冠东、杨景武等。当时的报考政策是分区考试、全国录取。每个区录取的人数不是很多，例如中南区只录取 3 个人。各个地区统一考试，并由学校单独招生。因为这一招生政策，报考的学生可以被多个学校同时录取，然后由学生自己选择去哪个学校就读。1950 年单独招生时，华北大学工学院考试题目特别难（考题都是原来中法大学的老教授出的），使各地考生刮目相看。这也是后来 1951 年学校参加全国统一招生后，考生成绩特别突出的原因之一。

1950 年华北大学工学院的学生除了有从革命老区来的学员和报考录取的学生之外，还有一些是调干生，他们因为拥有一定的革命经历而不用通过考试就能入学。同时学生还包括印度尼西亚、马来西亚的华侨等。在抗战时期，还有少部分人是帮助过战时运输，为抗战做出巨大贡献的同志。当时，班级发展团组织、发展新党员等团建党建活动就是由有这些经历的人来主持的，所以对于华北大学工学院来说，学生入学后在接受新思想、接受党的教育方面强于其他学校。

1950年学生入校以后主要从事的活动是集体活动，每个班级有将近50名学生，有自己的党团支部，有自己的教室。当时文体活动较多，学生们讲集体、争先进集体，不只求个人好，整个集体都要表现先进；针对当时班级上学习基础差的老干部，以"一带一"的方式帮助他们学习。当时学校教学强调向苏联学习，学制5年，评定成绩采用10分制，这和当时原有的大学是不同的。

解放初期，各种形式的运动比较频繁，像"三反五反运动"（即1951年年底到1952年10月在党政机关工作人员中开展的"反贪污、反浪费、反官僚主义"和在私营工商业者中开展的"反行贿、反偷税漏税、反盗骗国家财产、反偷工减料、反盗窃国家经济情报"斗争的统称）、资本家的改造和老教师的思想改造运动等。当时教课的老师多毕业于中华人民共和国成立前，他们接受的是旧式教育，都需要在教务处的指导下，由学生，特别是从革命老区来的学生对其进行思想改造。像这样的政治活动都要求学生参加，所以除了学习之外，学生还参加了很多政治活动，从而较早地接受了解放初期新思想的熏陶。

1951年3月，学校开始做招收1951级新生的准备工作，原拟招生850人，后经重工业部审定的为620人。1951年6月，中央人民政府教育部决定全国高校首次统一招生。经过考试、录取工作，8月17日放榜，本科录取512人，专修科录取198人，共710人。华北大学工学院正式建立各系仅一年时间，学校在全国的知名度就已经很高了，全国14个考区报名总人数为16 741人，其中第一志愿报考华北大学工学院者为1 260人，占全国总报名人数的7.5%，占全国报考工科院校总人数10 741的11.7%，仅次于清华大学，学生填报的5个志愿中包含华北大学工学院者4 312人，占总人数10 741的40%。华北大学工学院当年新生的录取成绩也位列全国首位，本科生平均成绩达到61.2分。新生报到651人，比例也达到91.74%。其中，电机制造工程学系计划招生40名，实际录取48人，编为一个班。

当时按上级规定，学生全部享受包干制待遇，夏季发单衣、冬天发棉袄，都是灰色的干部服。作为生活零用费，每月还发给若干斤数的小米，一开始折合为人民币6万元（币值改革后为人民币6元）。所以当时华北大学工学院吸引了很多人报考，这主要是因为学校管理和教学模式新颖，由革命老区迁过来的人直接管理，类似中国人民抗日军政大学（抗大），只是抗大培养军队军政方面的人才，而华北大学工学院偏向技术方面；同时，学生在学校上学期间，可以去重工业部所属的任何工厂实习，毕业之后就可以分配到这些工厂工作。这些都是吸引广大热血青年学子报考的因素。

1951级录取的新生成绩好、素质高且本系的教学质量高，这些都成为本年级学生中涌现出众多杰出人才的重要原因。这些人才包括徐更光、范士合、陈博仁、祖静等专家学者，也包括后来成为信息与电子学院优秀教师的毛二可、柯有安、李世智、周思永、邓次平、王中、刘静贞、卢荣章、黄辉宁、胡启俊等知名教授，为学校和学院的建设发展做出了巨大贡献。

从1951年6月开始，为解决校舍仅500余间、分散在东城区16处地点、办学空间严重不足的困难，根据学校1951—1953年三年规划和长期发展构想，在北京市人民政府的大力支持下，学校开始在西郊车道沟地区开展校区和校舍建设。其中包括1952年先期建设的电机系、机器系共用的4 000平方米楼房一座，以电机系为主设计。

这一时期，华北大学工学院面向全国罗致、招聘了大量科学教育人才，包括一批有名望、有能力、具有高学历、有留学经历的专家、教授。到1951年10月，华北大学工学院已有教师213人，其中教授65人、副教授24人。在电机系工作的主要有马士修、厉宽、王发庆、郑维敏、葛修怀等。其中马士修先生1925年毕业于法国加恩大学理学院，后获该校数学硕士、国家物理学博士学位，曾在法国潘加赉学院研究理论物理，1935年回国，曾任中法大学教授、物理系主任，北京师范大学教授。厉宽先生在法国读中学及大学，曾任四川大学工学院教授、总务长，兼电机系主任。王发庆、陶栻、郑维敏三位先生从英国归来，陶栻先生在英国学习时，曾在马可尼公司实习，较早接触了雷达；葛修怀先生则是从美国归来的。

马士修教授

厉宽教授（右一）

至1951年年底，华北大学工学院已经建立航空工程、机器制造、汽车工程、电机工程、冶金工程、化学工程、采矿工程等7个系，机械、电机、采矿、冶炼、化工、俄文专修科以及干部进修班、工农速成班等8个科（班），1个研究所，设立25个专业教研组和专修组，其中包括数学、物理、力学、制图、无机化学、有机化学、外语、体育、政治等9个基础和公共课教研组，建立了实习工厂和图书馆。学校初步建成为一个专业比较齐全配套的重工业大学，学生人数已由上一年的899人增加到1749人，由31个学生班增加到52个，开设课程和实验由43门增加到77门。

1951年11月29日，中央人民政府教育部决定将华北大学工学院改名为北京工业学院，自1952年1月1日起启用新校名。

在1952年前后，为了反对帝国主义的侵略，保卫新生的中华人民共和国以及世界和平，毛泽东主席先后发出了"我们一定要建立强大的海军""建立强大的人民炮兵""建立强大的人民空军"等伟大号召。根据毛主席的号召和中央兵工委员会关于兵工提早建设的部署，1952年3月，中央人民政府重工业部发布"中央人民政府重工业部（52）重教字第147号文"，确定北京工业学院为国防工业学院，明确学校由为重工业服务转变为为国防建设培养人才，并提出了学校今后发展的方向和目前的方针任务。

为了逐步实现这一转变，学校按照中央兵工委员会的决定，向中央申请延聘苏联专家，以便借鉴苏联的经验来建设自己的国防工业专业。同时，采取了过渡性方针，先建机械工程系、汽车工程系、电机工程系和化学工程系，逐步向兵工学院的模式过渡。之后，根据上述过渡性方针，学校在中央人民政府重工业部、第二机械工业部和教育部的领导下，对一些与兵工联系不紧密的科系进行了调整。

1952年8月，中央人民政府重工业部批复，同意学校在新的国防专业确定之前，暂且按自拟的上述4个系培养人才。其中电机工程系以培养工厂电气设备及工厂电力装备方面的人才为重点，当年以电机工程为专业名称招收学生55名，编为9521班。

在全国范围内，从1952年6月开始，中央政府大规模调整了全国高等学校的院系设置，把民国时期效仿英式、美式构建的高校体系改造成效仿苏联式的高校体系。20世纪后半叶中国高等教育系统的基本格局正是由此发端。1952年8月，北京工业学院冶金系、采矿系及钢铁机械专修科与其他院校相关科系共同组建了北京钢铁学院（今北京科技大学）。1952年10月，北京工业学院采矿及冶金专修科师生43人调整到中南矿冶学院（今中南大学）。1952年11月由清华大学（北洋大学航空系已并入）、北京工业学院、四川大学三校航空系组建了北京航空学院（今北京航空航天大学），北京工业学院航空工程系师生 689 人调整到北京航空学院。

在当时全国院校调整的大背景下，1952 年 11 月第二机械工业部将原东北兵器专科学校兵工专业的教师、学生、仪器设备和图书资料调整到北京工业学院，楼仁海先生随之来到电机系，并介绍当时在上海的戚叔纬先生加入教师队伍，原东北兵器专科学校兵工专业的教师还有张青等。在此前后，一批专家和刚从名牌大学毕业的应届毕业生加入教师队伍。从西北工学院（现西北工业大学）来的如李育珍、张德齐、汤世贤、刘杏来四位先生，从内蒙古大学来的郑愈先生（日本九州帝国大学毕业生，曾任四川大学教授兼系主任、四川大学理学院院长），从武汉大学来的俞宝传老师，以及从部队转业的凌铁铮、孙耐老师等都来到电机系。年轻一些的教师则有交通大学（今上海交通大学）的李瀚荪、姬文越、陶楚良、葛成岳、王远、王子平，北洋大学的洪效训，华南工学院的苏坤隆、林泽恩，厦门大学的林茂庸，还有徐和生等。

戚叔纬教授

楼仁海教授

第一章 专业初创时期（1946—1953 年）

汤世贤教授

张德齐教授

俞宝传教授

李瀚荪教授

陶楚良教授

葛成岳教授

林茂庸教授

　　1953年4月，学校成立党委，根据北京市高校党委的指示，学校党委确定自己的中心任务是：贯彻党的方针政策，保证完成教学计划，办好学校，并在积极完成中心任务的同时，加强党组织自身的建设，增强党的力量，在师生中坚持不懈地进行政治思想工作，更好地发挥党组织在学校中的作用。之后相继在各系成立了党组织。

# 第一章 专业初创时期（1946—1953年）

1953年，仍然以电机工程为专业名称招收学生，当年共招生104人，实际报到102人，其中9531班52人，9532班50人。

1953年12月，第一批苏联专家到校。通过了解学校的基础以及与第二机械工业部、教育部全面协商，他们建议学校设置11个兵工专业，火炮设计与制造、自动武器设计与制造、炮弹设计与制造、引信设计与制造、无烟药制造、炸药制造、装药加工、光学仪器设计与制造、雷达设计与制造、坦克设计与制造、坦克发动机设计与制造等专业成为中华人民共和国第一批高等兵工技术专业，学校由此进入了全面建设兵工专业的阶段。

其中的雷达设计与制造专业是目前信息与电子学院的源头，这也是我国在普通院校设立的第一个雷达专业，当时称为九专业，专业诞生的地点是现北京东黄城根北街甲20号原北京中法大学教学楼。

(a)

(b)

**北京东黄城根北街甲20号原北京中法大学教学楼**

雷达设计与制造专业成立后，将1951年、1952年和1953年入学的电机工程系学生整体转入，其中 1951 级的 9511 班成为学院最早的一届学生。当时雷达专业下设三个教研组：电工基础教研组（第四教研组）、无线电基础教研组（第五教研组）和雷达教研组（第六教研组）。

**1951 级 9511 班同学合影**

1953 年，学校确定了 10 个研究生招生专业，包括无线电定位（雷达）。从全校选拔 60 名学员作为研究生培养，主要培养目标是专业课程师资，要求毕业时能协助教授担负一门专业课程的教学工作，只是当时并没有相应的学位制度。

# 第二章 专业大发展时期（1954—1965 年）

自 1953 年建立专业以来，直到"文化大革命"前，雷达设计与制造专业（以及以此为基础建立的无线电工程系）进入较快的发展时期，基本上奠定了后来信息与电子学院的专业和学科结构、主要人才培养模式和科研方向。当然，同时也经历了很多波折，专业设置经历了建了撤、撤了又建的曲折过程，专业名称和内涵也变化较大。

1953 年雷达设计与制造专业成立以后，学校在课程设置和主讲教师方面进行了精心安排，很多优秀的老师都被派到该专业任教，从 9511 班的开课情况就可见一斑。

当时开设的课程有新民主主义革命史、马列主义基础、联共（布）党史、体育、俄语、数学、化学、物理、工程制图、金属工学、机械原理、机器零件、理论力学、材料力学、电工数学、电工学的理论基础、电机学、无线电基础、电磁测量、无线电测量、电子管、电磁波传播、天线、超高频技术、脉冲技术、雷达自动装置、雷达原理、雷达站等。从中可见所学课程之多，而且每门课学时都不少，要求也都很高。

当时一些主要课程的任课教师如下（不完全）：

雷达系统：俞宝传、凌铁铮

雷达原理：陶栻

发射设备：戚叔纬

接收设备：李育珍

天线馈线：张德齐

电磁波传播：郑愈

显示设备：洪效训

脉冲技术：洪效训

伺服装置：李瀚荪

无线电测量：汤世贤

电磁测量：楼仁海

电机与整流：王远、王子平

无线电基础：李瀚荪、葛成岳

电子管：张德齐、陶楚良

设备与工艺：赵松、姬文越

电工原理：厉宽

电工数学：曹立凡

雷达结构与工艺：楼仁海

实验室主任：孙耐（女）

王象复老师讲授物理课程，他讲课声音洪亮、竭尽全力，唯恐学生听不清楚；吴文潞老师讲授数学课，当时他是中国数学领域最高级学术刊物——《数学》杂志的编委之一。给他担任助教的是刘颖老师，个子很高，人称"大刘颖"。每次上课，刘老师都搬着一把椅子放在讲桌旁，请吴老师坐下来讲课，因为吴老师年事已高，而且多年不上讲台，这次是专门给这一个班来讲课的，老先生走路略有不稳，说话有点颤音，底气明显有些不足，学生们都非常心疼他。老教授张翼军是材料力学的主讲老师，他不但承担一门课程，还经常来听他的"弟子"——曹立凡老师自己新编教材的电工数学的讲课。当时的考虑是对于电子脉冲的波形分析，仅有傅里叶变换是不够的，经常要用到拉普拉斯变换等，所以特别安排了这门课程。

理论力学课程比较难理解，要求学生有很好的思维能力和数学基础，讲授此课的是一位客座教授，是当时中国科学院半导体研究所研究员，后来的学部委员（院士）王守武老师。他讲课镇定、概念清晰、分析透彻，是难得的好老师。给王老师当助教的是后来成为北京理工大学知名教授的吴沧浦老师，当时吴老师的年纪跟学生不相上下，私底下大家都亲昵地称他为"小助教"。

机械制图课程采用的教材跟机械系的差不多，课时也不少，还有课程设计，课堂上完不成，星期天的上午，几乎有一半的同学在教室里支起图板加班画图，教制图的老师编了几句关于画图的顺口溜，其中一句是"不用橡皮是英雄"。其实，不用橡皮的"英雄"几乎没有。还有一门金属工学，由石霖老师主讲，课时虽然不多，但包括了金相学原理和各种金工操作。

重要基础课电工学的理论基础由厉宽教授主讲，李瀚荪老师辅导，他们都深受学生欢迎。专业基础课脉冲技术由洪效训老师讲授；无线电基础由李瀚荪老师主讲；电磁测量由楼仁海老师主讲；无线电测量由汤世贤老师主讲。郑愈老师则主讲电磁波传播课程，这门课内容深奥，看不见，摸不着，有不少学生感觉如读

## 第二章 专业大发展时期（1954—1965 年）

"天书"。电子管在当时是一门相当重要的课程，由戚叔纬老师主讲，他的讲课风格是认真、细致、不慌不忙、举重若轻，对于关键的地方交代得特别清楚，很懂得学生的心理。

具有综合性的专业课——雷达自动装置也由李瀚荪老师主讲；发射设备和接收设备分别由戚叔纬和李育珍老师主讲，天线由张德齐老师主讲，超高频技术由俞宝传老师主讲。最后的两门压轴课——雷达原理和雷达站，由陶栻老师和俞宝传老师分别主讲，这两门课都有创新的意义，讲义也是一篇篇在课堂上发。

**当年教师在考试记录上的签字**

**1954 年元旦 1951 级、1952 级、1953 级部分学生合影**

1954 年 4 月，雷达设计与制造专业（九专业）与光学仪器设计与制造专业（八专业）一起组成仪器制造系，王发庆先生担任系主任。

1954 年，雷达设计与制造专业共招收 9541、9542、9543 三个班，共计学生 145 人，这是按照雷达设计与制造专业名称招生的第一届学生。

当年从部队转业来系工作的有谭淑芬、苏美云、林文宝、程凤琴、张巾、刘志强等人。

从 1954 年 10 月开始，直到 1960 年，先后有 4 位苏联专家到雷达专业指导教学、实验室建设以及实习实践活动。他们是列宁格勒电工学院（今圣彼得堡国立电工大学）雷达站设计专业的库里科夫斯基（来校时间为 1954 年 10 月至 1956 年 7 月）、鲍曼技术学院雷达结构与工艺专业的米夏采夫（来校时间为 1957 年 9 月至 1958 年 7 月）、莫斯科动力学院无线电遥控遥测专业的鲍里索夫（来校时间为 1958 年 10 月至 1959 年 12 月）和遥控基础专业的郭洛文（来校时间为 1959 年 1 月至 1960 年 5 月）。学校领导充分发挥苏联专家的力量，教师非常虚心地听取他们的指导意见，学生也由衷地带着友好和尊敬的情感欢迎苏联专家的到来，这些苏联专家为系里各方面的建设做出了突出贡献。

从 1954 年暑假前后开始，仪器制造系推动了雷达专业实验室（含专业实验室和技术基础课实验室）的建设。系领导很重视实验室建设，强调实验室建设是专业建设的重要组成部分，是贯彻理论联系实际方针、培养学生动手能力的重要基础。在几乎空白的情况下，雷达专业的师生不等不靠、发动群众，积极争取部队的支持，部队将我军在解放战争和抗美援朝战争中缴获的、属于太平洋战争后期美军援助国民党军队的剩余物资，包括各种通信器材、各式废旧雷达与电子装备等，例如抗美援朝缴获的 268 型雷达，无偿调拨给学校。就是这批物资构成了当时雷达专业实验室建设的一部分重要物质条件。另外还调拨了一批我国及苏联生产的正在部队服役的新型雷达，如 П-20、CON-9 等，这是经彭德怀同志亲自批准，从部队阵地上撤下来送到学校的，这充分表明了当时中央领导同志对学

## 第二章 专业大发展时期（1954—1965年）

校办学的重视与支持。这些措施使得系里的实验设备逐步充实。系里组织一支精干的专职实验室建设队伍，任命孙耐老师担任系实验室主任，组织管理日趋严密，并动员教师以实验室为基地开展教学活动，把备课与实验室建设结合起来。在一批经验丰富的老教师的指导带动下，新老教师和实验技术人员同心协力，边学边干。

1954年10月第一位聘请来校的苏联专家是库里科夫斯基，当时他的主要任务是给教师上课，培训学校的师资力量。到校后，他从当时9511班挑选出三个学生——柯有安、彭定之和常茂森跟随他学习，名义上是苏联专家的研究生。在正常开课时，这三位同学依然继续和班级其他同学一起上课，其余时间跟苏联专家学习。库里科夫斯基本身也非常重视实验室建设，亲自指导实验室的建设，帮助制定各种规范；要求各门课程都要安排实验课，写出实验大纲，把各个实验需用的仪器、设备和工具准备齐全，而且实验采用大循环制，要求同一实验准备多套。

讲授无线电发射设备课程的威叔纬老师曾在飞机场工作多年，熟悉那里的装备和人员，他亲自从部队仓库接收器材物资，经过精挑细选后，满卡车地将美国陈纳德航空队留下来的电子装备拉到学校，其中不乏一般单位奇缺的设备。其外表看起来好像有些陈旧，但是其内涵，有许多都是国内少有的，例如原是美国军方使用的、在当时比较精密的导航仪，在苏联也是罕见的。从机工到电工的活他都干，自行设计、装配了几台无线电发射机，很快就建立了发射实验室。讲授雷达原理课程的陶栻老师带领实验室技术人员和部分高年级学生一起动手，建立了雷达原理实验室。当时，系里把实验室的建设任务作为学生课程设计、毕业设计的题目，要求学生设计、加工、调试出实验装置和设备，既促进了实验室的建设，又锻炼了学生分析问题和解决问题的能力；另外，还进行了自力更生、艰苦奋斗的革命传统教育。从1954年暑假到1956年年底的两年多时间内，雷达专业实验室从无到有，基本建成了电工原理、无线电技术、脉冲技术、无线电测量、发射设备、接收设备、天馈设备、显示设备、雷达自动装置、雷达站等系列实验室。同时，1955年还改装了三部雷达供教学使用。当时也十分重视实验指导书的编写，每门课的任课教师和实验员都积极投入这一限期完成的任务中，全套十余册实验指导书很快就全部高质量地完成了，不但对学生做实验有很大帮助，而且受到兄弟院校的好评，他们也纷纷订购，或派人前来学习。实验时，教师和实验员都在一边细心指导，解答有关问题，讲解仪表使用，还要求做完实验后做出详细认真的实验报告。学生都感到有很大的收获。

雷达专业实验室的建成，无论是实验技术水平还是实验教学质量，在当时都处于国内先进水平。从美军最古老的SCR-268（观察员和显示器都在雷达上一

同转动，军事博物馆曾来调拨）到美军的 APS－4 等三部空军雷达，国产的 406 雷达，苏联的高炮炮瞄雷达 COH－4、COH－9、Π－20，可谓海陆空俱全，大中小结合，再加上详尽的实验指导书，使学生在学校就能得到操作测试雷达的训练（实验室还配备了英国马可尼的频谱分析仪），对各种测试仪表，要求同学们都能熟悉和使用。在当时的 4 号教学楼里还有解剖雷达 311 甲，还建有雷达场，装备了现役的机场指挥雷达，那里几乎可以说是一个"雷达博物馆"。

在实验室刚刚建成不久，清华大学的孟昭英主任和苏联专家带领许多老师来参观，给予了极大好评。苏联电子科技专家、苏联科学院院士科捷里尼柯夫参观后评价该实验室水平堪称"远东第一"。也正是因为有了这方面的基础，促进了 1956 年无线电工程系的成立。

由于我校在雷达技术教学上的知名度和成就较高，国家派出到苏联进修无线电学科的 5 名优秀学生在等待出国安排期间也到 9511 班进修一年，包括王其扬、王传义、黄月绵等，这几个人日后均成为雷达领域的知名专家。

1954 年以后，学校组织教师在教学思想、教学内容、教学方法、教学组织、教学管理等方面全面地、系统地学习了苏联高校的工作经验，对原来的教学体制进行了一系列改革。最主要的有：改变原来科系设置的原则，以专业代替学科；明确系里的主要任务是领导本系的教学与科研，负责培养教育学生的全面发展，以及对本系全体师生员工进行思想政治教育；确立教研组是学校教学工作的基本单位，是进行教学与科研的集体，强化教研组的集体作用；教学工作必须有组织、有领导、有计划地进行，教学计划、教学大纲是培养人才的具体要求，应像法律一样遵守执行；尽量统一教材、讲义，做到系统化、正规化和规范化；强化实践环节，等等。这些改革，在当时的历史条件下，对于把学校迅速办成国内兵工高等学院，为国防工业培养急需的具有较高水平的国防工业科技人员，是必要的和有益的。但是，这种高度集中的教学体制除了不适应后来科学发展的趋势之外，在当时的实践过程中也出现了一些问题。教学计划的教学时数一般达到 4 900 个学时，教材又统一使用苏联版本，造成学生消化不良、学习负担过重的情况，而且这种情况在高校中普遍出现。为此，高等教育部于 1955 年 3 月 4 日发出了"三四指示"，学校也采取了一些措施，到 1956 年下半年修订教学计划，把学时控制在 4 000 个左右，取得了一些效果。

从 1955 年开始，在苏联专家的指导下，参照苏联列宁格勒电工学院雷达专业来设置专业，制订了教学计划，明确了要开的专业基础课和专业课。将原雷达教研组一分为二：一个是无线电设备教研组（第七教研组）；另一个是雷达教研组（第六教研组）。苏联专家一方面指导实验室建设，一方面给 1951 级学生及部分教师开课。曾开有脉冲技术、微波技术及天线、雷达原理、雷达站，以及给部分人讲的电视原理课程。由专家办公室委派的卢一生老师和系里的林茂庸老师担任翻译工作。

1955年4月,学校向第二机械工业部申报增设新的兵工专业,其中包括电视及遥控等专业。1955年12月获得批复新建3个专业和1个专门化,但电视及遥控专业没有获批。这时学校共有14个专业。

1955年,学校成为中华人民共和国第一批招收研究生的单位。专业招收来自清华大学、南京工学院的本科毕业生,研究生招生专业名称为雷达设计和电视,学制两年,学生包括来自清华大学的蒋云庭和尤巩圻、南京工学院的李振声;其后又指派周思永为俞宝传老师的研究生,并由即将归国的苏联专家帮助制订培养计划,指派邓次平为张德齐老师的研究生,在此之前,还曾指派柯有安为校外雷达专家、十院总工程师罗沛霖老师的研究生。这些研究生也成为今后可靠的师资来源。当时学习苏联把研究生课程设置分成三个部分——政治、俄语、专业,专业又包括专业基础和专业课两部分。

1955年以后,学校从水平相当高的、当时有着"小南工"之称的南京无线电工业学校,以及北京、西安、天津与成都等地的无线电工业学校争取来了多批毕业生,他们都成为实验室建设及实验课教学的骨干,包括1955年从成都无线电工业学校毕业来系的张慧明、陈丕基、朱海洋、曾映荃、戴时清、方继彭、刘泽熙,从天津来系的高中毕业生李品生、乔云吉、田豪魁、张殿深,从北京来系的高中毕业生杜德祥,同时,毕业于上海技工学校的沈文祥、王锦昆、王乐琛和蒋镇南4位技工也加入了专业实验室。1956年,从南京无线电工业学校毕业来系的有吴庆丰、马静娴、毕万钧、任凤梅、熊如眉、俞兆媛、李明、张爱兰、朱永铿、黄鉴年、余次萱、孔德芬、李在庭等。1957年从南京无线电工业学校毕业来系的有徐叙兴、徐维新、盛伯唐、赵金兰、蒋季增、郑文相,同年从北京无线电工业学校毕业来系的有魏华、张利祥、王秀勤、孙秀珍、何产棣、孙鼎伦、姚玉富、魏义儒等。

1955年10月,张耀南担任系主任,李宜今担任系党总支书记并兼任系副主任。当时学校面临两大任务:第一是"肃反";第二是保证专业建设按计划完成,逐步提高教学质量,贯彻全面发展的方针。在"肃反"中主要是根据毛主席1955年6月《关于胡风反革命集团的材料》的两次批语,从7月到9月,先后分四批对全院的教职工和学生进行"肃反"运动。

当时,为了建设兵工专业,培养红色国防工程师以及扩大党在高等学校的作用,党委十分重视在青年教师和学生中发展党员,1955年下半年,党委在各系各专业普遍组织了党课学习小组,对入党积极分子进行培训。1956年2—3月就发展163名党员。1956年3月21日在西郊第一校舍召开了新党员宣誓大会,并邀请了党外积极分子千余人参加。学校党委书记魏思文同志在宣誓大会上讲话，激励青年一代自觉肩负重任，为共产主义而奋斗，并且担任了宣誓监誓人，场面十分动人。

20世纪50年代初期和中期学校也建立了团委，各系建立了团总支，梁俊任团总支书记。共青团的任务是对青年进行共产主义思想教育、学习目的教育以及道德思想教育，发挥党的助手作用。主要做以下几方面的工作：第一，将共产主义教育和热爱专业、献身国防事业教育结合起来；第二，把对团员和青年进行共产主义人生观和共产主义品德教育列在重要地位，作为核心内容；第三，为开展共产主义思想教育和贯彻毛主席提出的"三好生"活动，1955年下半年学校团委在全校学生中开展了评选先进班级集体和优秀学生活动。9511班被授予在走向全面发展的道路上有重大进步奖，且在1956年3月开展的评选"三好生"活动中班级多人被评为"三好生"，多人被评为优等生。

**1955年9511班的学生合影**

1956年1月，党中央和毛主席、周总理发出了"向现代化科学大进军"的号召，学校师生意气风发，出现了空前的学习热情和工作积极性，主要体现在科学研究方面，学校教师开始承担国家计划项目和研究院、设计所、工厂科研合作项目，而学生则纷纷成立课外研究小组，提高自己的独立科研工作能力。

学生课外研究小组的佼佼者就是仪器制造系学生课外科学研究的项目——我国第一台电视发射中心，即1956年4月6日"邮电部（56）无管字第30号文件"批准的仪器制造系"教学实验电视台"的登记，发射频率为49.75兆赫兹，即我国电视第一频道。

1954年10月，苏联专家库里科夫斯基组织仪器制造系雷达专业的部分学生成立了一个电视课外科研小组，成员包括王灏、黄辉宁、邓次平和毛二可等学生。当时苏联专家利用现有的电子仪器示波器、信号源等演示了电视的原理，并找来学校仓库中原中法大学留下的废旧电影放映机，要求学生做一套能演示动画的电视系统。到1955年，这些学生开始做毕业设计，分别负责定时系统、发射机、接收机和天线的研制，作为他们的毕业设计题目。指导教师有库里科夫斯基、张德齐、戚叔纬、汤世贤、洪效训、李育珍、林茂庸等，随后还有其他年级的学生参加工作。当时的同步统调是用自制电路和现有设备联调而成的，显示屏是从废旧雷达上拆下改装而成的，天线则是用竹竿绕上铜线制成的。到1956年，初步完成了实验系统，验证了电视发射和接收的效果。首先是在校内多个地点都收到了电视信号，之后学生们还把这套设备运至劳动人民文化宫，进行了几次发射和接收试验，收到学校发出的文字和活动图像。在这一时期的工作中，学生们在苏联专家和老师的指导下，敢想敢干、从无到有，锻炼了队伍。

其后这项工作搁置了两年。1957年，当时的9531班学生史韬做毕业设计，题目是"电视设备"，指导教师是当年的无线电电视小组成员王灏。经过一年的工作，史韬在王灏的指导下研制出了样机，完成了任务，取得了好成绩。史韬于1958年留校任教，被分配到当年成立的电视课程小组。当时电视课程小组的成员有王灏、史韬、张振宇，另外还有两名实验员和两名做毕业设计的学生。由于史韬是中国共产党党员，领导出于要多做工作的考虑，任命她为电视课程小组组长。她与王灏配合，继续开展组内电视设备课程的教学与科研工作。1958年10月1日前后，校领导提出向翌年的国庆十周年献礼。献礼项目中包括建立"北京工业学院实验电视台"的科研项目，即建立电视发射台，并要求该课题组在国庆十周年时向北京市发送电视节目，向全市人民祝贺节日，史韬被任命为该课题组组长。经过攻关，实验电视台成套设备的关键器件、技术水平、性能质量以及标准化程度等，与原来业余无线电电视小组所研制的相比已经有很大提高。

随着1959年10月1日的临近，电视课程小组发现建立电视发射天线是一大难题，导致联机实验难以进行。在这种情况下，系领导于1959年5月1日前后安排张德齐、蒋坤华老师参加实验电视台研制小组，要求全力以赴完成电视天线的架设、安装和调试等工作，保证完美地向国庆十周年献礼。天馈线的设计由张德齐负责，蒋坤华负责天线馈线的架设、安装和调试工作。到1959年6月，完成了电视发射、接收的实验装置，在学校主楼屋顶上竖立了电视发射天线，成功地进行了图像的发射、接收实验，"向科学进军"几个大字在电视接收屏幕上醒目地出现，第一个播出的节目是学生们的西藏舞。这标志着我国第一套电视发射系统诞生。

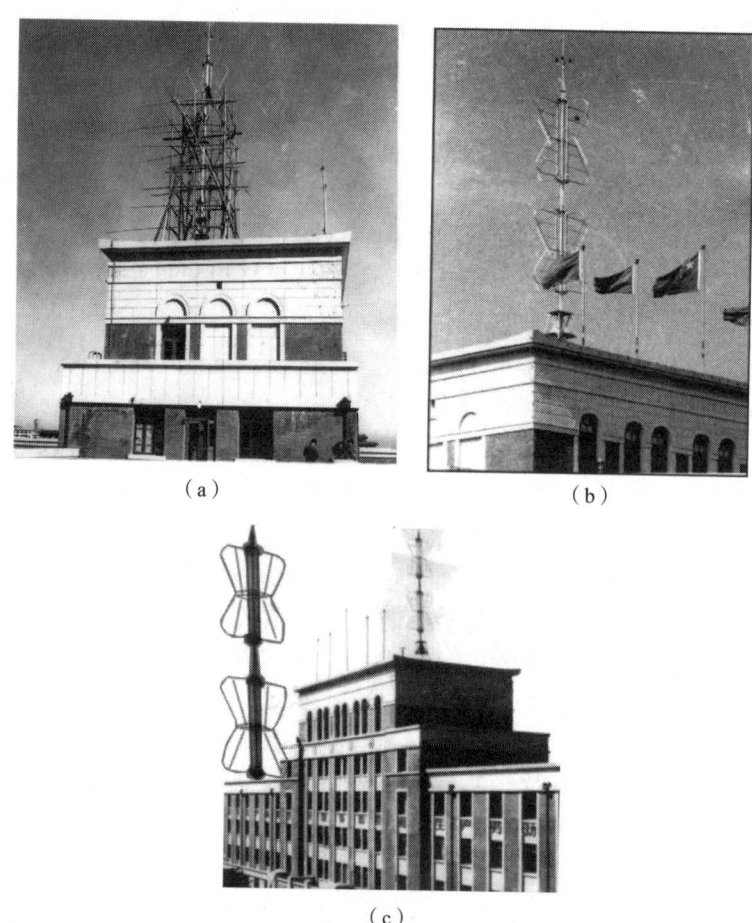

(c)

**我国第一套电视发射系统天线**

1959年10月1日上午八点整，研制小组用全国第一电视频道，向全市发送出"北京工业学院实验电视台"和"中国共产党万岁""中华人民共和国万岁""祝全市人民节日快乐"等标语口号以及有关照片和图像，当时学校里的几台电视机都接收到了清晰的电视信号，圆满完成了国庆十周年的献礼任务，也标志着北京工业学院名副其实地创建了中国第一个实验电视台。

1956年4月，经苏联专家建议，学校再次向第二机械工业部申报，要求在原有专业基础上再增设专业。1956年6月获得批复，确定学校兵工专业共17个，其中包括设置在仪器制造系的雷达结构设计及工艺专业。

1956年5月25日至6月10日，学校召开了第二次党代会，院长魏思文同志在开幕词中说："如何组织动员党内外一切力量向科学进军，是这次党代表大会的中心议题。"党委书记宗凤鸣做了工作报告。大会通过了决议："遵照党中央提出的争取最急需的科学部门在十二年内接近世界先进水平的方针动员全党，团结全院师生员工，克服保守落后状态，调动一切积极因素，创造有利条件，为向科学进军，将我院逐步建设成为臻于世界先进水平的国防工业学院而奋斗，乃是我院党组织的首要任务。"这次党代会之后，学校党组织的任务由前几年对行政工作的保证监督，转变为对学校工作的全面领导。

1956年8月，学校党委为向科学进军创造条件，克服学校落后的工作状态，先后召开了教授、副教授、讲师参加的"百家争鸣"座谈会，动员他们就如何克服落后状态和提高教学质量提出意见，仪器制造系多名教师参加座谈会并发表了很好的意见。

1956年9月26日，以雷达设计与制造专业为基础建立了无线电工程系，成为学校当时建立的6个系之一。李宜今任代主任、系党总支书记，戚叔纬任系副主任，李文、贾玉林任系党总支副书记。作为建系后的首任系主任，李宜今先生为系和后来学院的建设发展做出了巨大贡献，李宜今先生推动了整个专业的建设和实验室的建设，可以说是从无到有的开创者和组织者；而且他还具有不凡的人格魅力，非常善于观察人，特别欣赏真正有学识、有才干的人，非常喜欢这样的人才，后来包括毛二可院士等大批杰出人才进校工作都跟他的努力分不开。他是学生出身，是学校前身华北大学工学院的在校学生，但是他的组织能力和领导能力很强，当过学生会主席，后来调任行政方面的工作。他非常爱学习，雷达设计与制造专业刚建立，学生上专业课时他就搬个椅子在旁边听课，争取做到"我懂得不深，但是基本的东西我懂"，他觉得这样才能把领导工作做得好，这样才能够识人。后来李宜今先生曾担任学校副校长和学校党委副书记，并调任北京外国语学院（现北京外国语大学）的党委书记。

当时教师队伍包括教授3人、副教授3人、讲师13人、助教57人，合计共76人，包括1953—1956年从外校毕业分来本系任教的苏坤隆、曾禹村、黄九琰、贾毓聪、林泽恩、张润泉、潘儒沧等，但是大部分是雷达设计与制造专业的第一届毕业生，即1951级9511班学生。9511班留校任教的毕业生共22人，其中部分人员在1955年提前毕业留校工作。他们是刘静贞、卢荣章、邓次平、柯有安、彭定之、王中、毛二可、陈明光、周思永、张著、范鼎、马启光、阚继泰、胡启俊、黄辉宁、王堉、李世智、王灏、梁棣、孙葆森、钱仲青、常茂森等。这些毕业生充实加强了师资力量，成为系里的骨干教师，在系的发展建设中起到了重大作用。

**1956年8月9511班毕业照**

柯有安教授

周思永教授

第二章 专业大发展时期（1954—1965年）

李世智教授

邓次平教授

刘静贞教授

王中教授

卢荣章教授

黄辉宁教授

## 第二章 专业大发展时期（1954—1965 年）

毛二可院士

黄九琰教授

曾禹村教授

张著教授

当时的无线电工程系包括电工基础教研组（第四教研组），共有教师10人；无线电基础教研组（第五教研组），共有教师13人；雷达教研组（第六教研组），共有教师18人；无线电设备及无线电工艺教研组（第七教研组），共有教师13人。人员包括：

第四教研组：戚叔纬、王子平、孙耐、厉宽、陈旭泉、黄九琰、贾毓聪、代昌利、钱奕功、徐志根。

第五教研组：张德齐、郑愈、汤世贤、葛成岳、陶楚良、林泽恩、张润泉、曾禹村、刘静贞、卢荣章、范家慧、邓次平、涂俊卿。

第六教研组：俞宝传、陶栻、林茂庸、洪效训、凌铁铮、李瀚荪、陶楚良、柯有安、彭定之、王中、毛二可、陈民光、周思永、张著、范鼎、马启光、阚继泰、胡启俊。

第七教研组：李育珍、刘杏来、姬文越、苏坤隆、黄辉宁、王堉、李世智、王灏、梁棣、孙葆森、孙耐、潘儒沧、李永泰。

全系有干部10名。

当时在系机关和各教研组均成立了党支部，学生也成立了党支部。

党委规定教工党支部的具体任务是：第一，教育党员，端正教学态度与教学思想，对学生负责到位；第二，教育党员树立钻研业务、联系实际的作风，端正向苏联专家学习的态度；第三，党支部保证执行党的团结知识分子的政策以及完成工作量等各项政策。

规定学生党支部的具体任务是：第一，教育党员树立热爱专业的思想；第二，教育党员树立独立思考的思想；第三，加强组织性、纪律性，培养集体主义思想，发扬集体主义精神。

从1956年开始，贾玉林担任系党总支副书记。

(a)　　　　　　　　　　　　　　(b)

**学生在 4 号教学楼参加建校劳动**

到 1957 年 5 月，无线电工程系的建设有了进一步发展，各教研组所担任的教学任务及教师人数如下：

电工基础教研组（第四教研组），担任 2 门课的教学任务：

电工理论基础：教授 1 人、讲师 1 人、助教 5 人；

电机学：讲师 1 人、助教 3 人；

教师共 11 人。

无线电基础教研组（第五教研组），担任 5 门课的教学任务：

无线电基础：讲师 1 人、助教 5 人；

电子管：讲师 1 人、助教 4 人；

电波传播、天线及馈电设备：教授 1 人、副教授 1 人、助教 3 人；

无线电测量：讲师 1 人、助教 2 人；

电源设备：助教 3 人；

教师共 22 人。

雷达教研组（第六教研组），担任 5 门课的教学任务：

雷达站：副教授 1 人、讲师 2 人、助教 3 人；

指示器：讲师 1 人；助教 3 人；

雷达原理：副教授 1 人、助教 3 人；

自动装置：讲师 1 人、助教 1 人；

无线电导航：助教 1 人；

教师共 17 人。

无线电设备及无线电工艺教研组（第七教研组），担任5门课的教学任务：

接收设备：教授1人、助教4人；

发射设备：讲师2人、助教3人；

电视原理：助教1人；

无线电器件制造工艺：讲师1人、助教5人；

无线电器件设计：讲师1人、助教2人；

无线电材料：教员1人；

教师共21人。

全系有实验员、设备员44人（1954年只有5人）。已有18个实验室，开设18门课的实验，共229个，实验课的时数占教学计划总时数的14%（不包括基础课在内）。

还建设了一个小型修配车间，有技工8人、职工21人。

**1957年9月29日北京工业学院无线电工程系成立一周年全体教职工合影**

**1957年6月1952级同学毕业前夕合影**

1957年，雷达专业有了第二批，即1952级毕业生。1952级毕业生留系任教的有19人，其中部分人员于1956年下半年提前毕业留校工作，他们是苏舫、陈祖炳、刘炳尧、赵汝彭、李同文、金振玉、孙遇恭、黄有娣、刘鹤鸣、张运、李士功、杨继安、王周、刘淑敏、邱荫礽、甘翠英、王堃、朱华、李健等。

金振玉教授

朱华教授

苏舫教授

1957年开始招收本校毕业生为研究生，当年招收研究生共6名。

1957年，雷达专业在校学生为985人，研究生6人，进修生21人，其中从西工大选送来的3名学生随9531班学习，从清华选送来的3名学生和从部队来的1名干部随9532班学习。

在苏联专家的帮助指导下，经过学校领导和广大教职工的努力，到1957年暑假止，学校建成和基本建成的专业是14个。这14个专业中包括设立于无线电工程系的雷达结构设计及工艺专业，这是无线电工程系设立的第二个专业，当时设立了雷达结构设计与工艺教研组（称第二教研组）。其后开设三门课程：无线电元件、结构与工艺、微波元件，并设置了一个陈列室和四个实验室：无线电零件部件陈列室、高压实验室、材料实验室、工艺实验室和环境实验室。

这14个专业的正规教学计划基本定型，同时围绕教学计划，大力进行了教学大纲讲义教材、专业实验室陈列室和图书资料的"三材"建设。这一时期，正是我国教育事业的起步阶段，一切都百废待兴，那时教材来源五花八门，有的沿用英美教材，如电磁波传播；有的采用苏联教材，如电工学的理论基础；有的用国内自编教材，如理论力学；有的为任课老师自编，如电工数学；到了专业课，更是连教材也赶不上印，任课老师在上课前从学校印刷厂领来单篇讲义，在课堂上分发。随着上课铃声响起来的是学生们折叠讲义的稀里哗啦的一片声音。

那时科学研究还没有提上重要的日程，除了上课以外，教师的精力主要投入实验室建设和教材编写中。俞宝传老师编的《超高频技术》讲义，虽然以后也未再版，但费了老师很多心血，因为当时完全没有相关教材，俞老师翻阅了有关英文材料，从波导讲到各种超高频及微波器件，连图带文字在上课之前赶出来，学生都能了解老师彻夜的辛勤。这门课是学生学习雷达的重要课程。洪效训老师是位快手，他接受脉冲技术的任课任务以后，很快编出了讲义，讲义充分反映了自己的风格，因为脉冲波是脉冲雷达的基础，他对当时大家还不太熟悉的脉冲波作了生动有趣的描述，讲义中对各种脉冲振荡器、脉冲放大器的工作都有形象化的阐述，他讲课语言生动，使学生沉浸在获取新知识的乐趣中。李瀚荪老师编写的雷达自动装置讲义，则参考炮瞄雷达说明书，从理论到实践，使学生对复杂的炮瞄雷达的工作原理及实际问题有了很清晰的认识。曹立凡老师编写的电工数学也使学生对拉氏变换、傅氏变换、矩阵理论、向量分析等有较好的掌握，弥补了微积分、微分方程课程的不足，对从事无线电的学生来说真是受益匪浅。

当时系里非常重视学生的实习。每个在校学生，当时都要完成三项实习。一是在本校实习工厂进行的金工实习，对于各个工种，如车工、钳工、钣金工、电焊、气焊，每个人都要摸一摸，体验一下。最累人的是钳工实习，即发给每人一块粗料，要求只用板锉，做出一个边长5厘米的正立方体，6个平面都要平，用钢板尺量要求不见间隙，用角尺量要合于90°的弯角，很多学生耗费九牛二虎之力也做不好。有的学生弄得满头大汗，很不耐烦，就提出了疑问："学雷达设计，干吗让我们学这个？"老师则回答："依照苏联的经验，这是按照值班工程师的条件来培养你们的。"二是在无线电工厂进行的生产实习,使学生熟悉工厂管理与无线电产品的生产流程。三是在专业对口工厂进行的毕业实习,听取工厂技术人员的讲课,到车间和实验室参观实习。有的同学还留在厂里做毕业设计。这三次实习加起来历时三个多月。对同学们接触生产实际、熟悉工厂环境、加强技术锻炼都起了很大的作用。

1957年12月,在无线电工程系筹建了北京工业学院无线电工程系无线电工厂,产品以电子仪器为主,是在当时系仪表组的电子仪器维修和机械加工车间的基础上筹建的。机械加工车间被扩建成机工车间,称为一车间;将雷达结构设计及工艺专业的工艺材料实验室扩建成工艺车间,称为二车间;将原仪表组电子维修部分扩建成电子仪器总装配车间,称为三车间和技术室。厂址在四号教学楼一层西侧,由系主管副主任戚叔纬负责组织,抽调9531班调干生赵顺福担任厂长。

当时国内仪器供应紧缺,只能靠国外进口,进口国也多是东欧的匈牙利、捷克斯洛伐克、东德等。国内当时无线电材料和元器件刚刚试生产,诸如北京718厂、南京电子管厂等处于起步阶段,上海公私合营的新建仪器厂生产的115、125型普通性能的示波器的工作频率范围和灵敏度都偏低,满足不了雷达专业教学需要。筹建无线电厂是以示波器和电子管全波段收音机这两种产品作为切入点的。当时选择了苏联产品ЭО7型高性能、高灵敏度、大频率范围示波器作为仿制样机,由仪器组李品生和无线电基础课教师张润泉共同分析仿制,经过多轮艰苦工作,经过571型过渡,最终制成582型阴极射线示波器,向"七一"党的生日献礼。收音机是参照南京无线电厂生产的五灯交流中短波超外差式广播收音机试制的,命名为红旗牌收音机。从此开辟了两条生产线进行生产,当时的《校刊》《北京日报》《人民日报》都进行了报道。当时无线电厂提出的口号是赶超英国马可尼公司。到1958年8—9月已经初具规模,全厂共8个工段、15个技术工种,人员由8人逐步扩展到98人,产品由2个品种逐步增加到12个品种,系里也有70名教职工参加了工厂的建设和生产劳动,有22个教学班的学生勤工俭学参加生产劳动,并为校内外单位培养了91名技术工人。工厂总年产值达到215万元,技术革新项目有26项,产品年产量1177台,缓解了教学、科研对仪器的需求,为1958年"大跃进"的到来奠定了技术基础并且满足了市场需求,还为系里的36个教学和科研项目加工15万余工时。工厂在1961年5月调整停办。

(a)

(b)

(c)

1957年成立无线电工厂

## 第二章 专业大发展时期（1954—1965年）

### 北京工业学院《京工校刊》

無線電系試製成功新產品

在迎接七一，向党的生日献礼的口号下，无线电系青年教师和技工，苦战半月，制成 AO7 示波器、红旗牌收音机等，还有电视发射机、超声波浸锡焊接器，雷达测试仪也将在七一前基本完成。这些产品的试制和生产不仅大力支持了工业建设，也进一步提高教学与科研水平。像工业技术、教学科研方面应用很广的示波器，过去国内尚不能生产。红旗牌收音机经初步试验，产品质量为全国首冠。这些产品即将投入生产，以供需要。

(d)

### 《北京日报》刊登

**京工牌示波器已在市场出售**

据北京工业学院校刊报道：这个学院無线电系接受北京市交通电讯公司的訂貨，用兩周的时间，生产出七部陰極射线示波器，现在已正式在市場上出售。北京广播器材厂及机械部直属工厂也来工业学院訂貨，無线电系已进行第二批示波器的生产。

这种示波器是無线电测量中一种重要的仪器，主要用来测量电路中电压和电流的波形、频率等等。

(e)

### 《北京日报》1958年4月5日在第二版报道

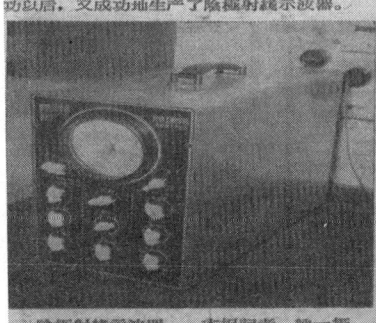

北京工业学院在继三相动力应变仪、间苯三酚、脉冲转速表试制成功以后，又成功地生产了阴极射线示波器。

阴极射线示波器是许多工业技术、科学研究部门以及教学方面广泛用的贵重仪器，普通一台示波器价值三千元左右。

北京工业学院经过一段时间的试制以后，已开始正式生产"京工571型"示波器，这一批产品已由北京市交通电讯器材公司收购，即为质量完全合乎技术要求。现在，该院正在扩大生产和进一步制造质量更高、用途更广的仿 R·G·A WO—88A 型示波器。

（北京工业学院通讯组）

阴极射线示波器　　本报记者 鮑一颷

(f)

**1957 年成立无线电工厂（续）**

## 1958年5月7日《人民日报》第七版报道

无线电工程系无线电工厂相关情况

"整风""反右"运动之后,党中央和中央有关部门提出开展教育革命。1958年1月3日,毛主席在《工作方法(草案)》中提出:"一切高等工业学校可以运行的实验室和附属工厂,除了保证教学和科研需要外,都应当进行生产。"1958年2月1日召开的第一届全国人民代表大会五次会议号召全国各族人民鼓足干劲、力争上游,争取1958年国民经济的"大跃进"。1958年5月,党的八届二中全会正式通过了"鼓足干劲、力争上游、多快好省地建设社会主义"的总路线。总路线提出后,在全国范围内发动了"大跃进"运动,在生产发展上追求高速度,以实现工农业生产高指标为目标,要求工农业主要产品的产量成倍、几倍,甚至几十倍地增长。

在这个大背景下,学校于1958年6月中旬提出"苦战三至五年,把我院教学科研工作提高到世界先进水平"的口号。为贯彻上述思想,学校先后召开了四次动员大会,各系也随即召开教师思想跃进大会,动员教师、学生"破顾虑、长斗争、自觉革命、交真心、说实话、灭资兴无",还决定停课三周参加运动。无线电工程系也于1958年11月6日、1959年3月17日、1959年3月28日、1959年11月6日、1960年1月24日召开无线电工程系跃进大会,系领导在会上做动员报告,各教研组和学生班级纷纷表态。例如在1958年11月6日,在无线电工程系跃进大会上提出苦干8个月保证完成党的任务,坚决走教、科、劳相结合的道路,发扬一盘棋精神,做到五好:政治挂帅好、经常务虚好、团结互助好、一马当先全面跃进好、教学改革好,大家觉悟提高很快。这之后先后组织师生员工开展了教育革命运动、大搞科研的群众运动以及自力更生、高速度攀尖端的运动。

学校的教育革命从"除四害、讲卫生"揭开序幕，接着又开展"两反"（反浪费、反保守）、"三勤"（勤俭办学、勤俭生产、勤工俭学）、"四结合"（教学、科研、生产、劳动结合）的整风运动；开展生产劳动运动，提出要把学校建设成教学、生产劳动和科学研究密切结合的"三联基地"；开展"群众教改革命运动"。学校1958—1962年建设纲要提出"是学校，又是工厂，是学生，又是工人，是脑力劳动者，又是体力劳动者，既学习，又生产"的共产主义教育道路，学习计划的安排，一般按照1：4：7的比例来分配每年休假、劳动、教学的时间。学校在修订教学计划时提出下列原则：克服关门办学、鄙视劳动、只专不红、脱离生产、脱离实际的旧体系，贯彻教育与生产劳动相结合的方针。将政治思想教育、生产劳动列为正式课程。根据常规武器自动化、电子化、喷气化的要求，明确专业向尖端发展的方向，增加尖端技术课程，提升学生的科学技术水平。

在高速度攀尖端的运动中，兴起了大搞科研、大搞型号和大搞尖端技术专业建设的热潮，学校先后抓了29个重要科研生产项目、100个一般项目的研究。1958年8月1日组织了向党中央和中央军委的"八一"献礼，在国防部大楼展出展品69项，展出5天，党和国家领导人参观了陈列。在参加献礼的科研人员中，教师占学校教师的65%，还有91%的五年级学生、61%的四年级学生和部分三年级学生。无线电工程系的项目包括582雷达、示波器、万用表等。在这些献礼项目中，有一部分项目，包括新型雷达，是部队急需的项目，并被列为正式的国家项目，但也有许多项目名实不符，还仅是初步成果，甚至仅是设想和方案。

1958—1959年，我国首次自行研制581和582两部新型雷达，其中581低空警戒雷达由电子部（今为信息产业部）14所研制，582低空测高雷达由无线电工程系部分师生负责研制。在此之前，我国还没有自行研制过新的雷达，雷达工业还处在修修补补旧雷达的阶段。582雷达最先由无线电工程系研制，以后与14所合作进一步完善、定型生产，1960年进行了整机调试和试飞试验，获得了成功。582雷达是配合一般二坐标雷达使用的，一般二坐标雷达无法测高及指挥空战，而582雷达的水平和垂直波束都比较窄，不可能完成搜索，因而582雷达在二坐标方位指示下测高，两者配合实现指挥空战。

在20世纪50年代中期，我国东南沿海多丘陵，由于雷达有低空盲区的弱点，经常受到P2V等高性能低空侦察机的骚扰。1958年，无线电工程系接受了研制582雷达的任务。项目负责人是周思永、翟俊英，参加研制的人员主要是1954级的学生（应届毕业生），有王景元、戴润林、李玮、徐吕东、汪泰林、杨玉言等，指导教师有林茂庸、刘静贞、程之明、区健昌等。研制工作开始是在学校进行的，在学校完成了各分机的电路设计及试验。1958 年年底、1959 年年初移师南京 14 所，进一步完善电路性能，并利用 14 所和 720 工厂的生产条件加工试制各分机。待各分机调试完成后，于 1960 年在南京方山进行了整机调试和飞机试飞试验。结果完全符合预定指标。582 雷达的成功研制填补了我国低空测高雷达的空白，1965 年国家国防科学技术委员会为 582 雷达研制组颁发了发明奖。之后 582 雷达不仅用在国防上，还广泛用于气象观测。

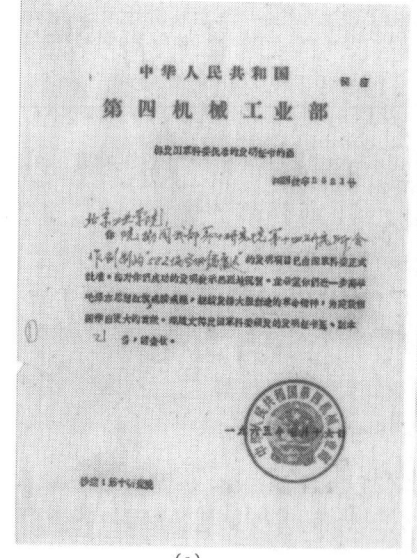

(a)　　　　　　　　　　　　(b)

**582 雷达模型及发明证书**

1958年，无线电工程系参与研制的另一部雷达是110雷达。1957年苏联第一颗人造卫星斯普特尼克上天，震惊了冷战时期包括美国在内的全世界。美国MIT林肯实验室立刻改造了25米抛物面、25公分①波段的磨石山雷达用于追踪这颗卫星。紧接着美国也发射了第一、二、三颗卫星，之后苏联载人飞船抢先上天。在中央专委的领导下，从1958年开始，四机部科技局局长罗沛霖做技术领导，协调电子部14所和我校，在北京开始进行超远程雷达技术论证工作，论证的重点开始放在信号处理上，希望通过信号积累的方式加大雷达作用距离，这就是110雷达。110雷达主要研制单位是电子部14所，我校参与研制。

其第一阶段的研制任务是：利用地面固定的大型阵列天线（馈线配有机械式移相器，可改变波束指向）的雷达探测洲际导弹和卫星。无线电工程系参与研制的人员主要是1954级学生，包括韩月秋、董荔真、王世一、高本庆、张星瑞等人。他们到14所后师从14所收、发、天各分机的专家，参加研制工作，并将毕业设计和研制任务结合在一起，是一次真刀真枪的毕业设计。待毕业答辩完成后，他们又工作了一段时间。110雷达（超远程）曾接收到月球反射的回波，表明研制是成功的。参研的1954级学生均从实际工作中得到很好的锻炼和培养。如张星瑞毕业后，被分配到某雷达研究所从事雷达总体工作，20世纪70年代国家援越抗美时，被派往越南前线抗击美机的轰炸，取得了良好的战绩。董荔真毕业后考上清华大学研究生，毕业后又回系任教，其余三位毕业后均留校任教。

不论是参加研制582雷达还是110雷达的师生，他们在"总路线""大跃进"精神鼓舞下，焕发出冲天的干劲，出色地完成了各项科研任务，他们的干劲和取得的成绩得到14所领导的肯定和表扬。

1958—1960年学校还曾先后搞过三个主要火箭导弹型号，包括505探空火箭、265-Ⅰ反坦克导弹、265-Ⅲ地空导弹，并成立了火箭导弹系。

无线电工程系参加了505探空火箭测高项目，从1958年9月至1960年9月，先后分两个阶段，两组人马在河北宣化、昌黎、

**505探空火箭**

---

① 1公分=1厘米。

吉林白城子、内蒙古朱日和4个靶场，开展了7次靶场试验，共发射15枚二级固体燃料探空火箭，发射较为正常的有5枚，完整地实测到一枚二级火箭飞行2分20秒，火箭射高60公里[①]。其中第一阶段从1958年9月到1959年上半年，参加的人员主要是后来遥控和遥测两个专业的师生，有刘鹤鸣、王周、金振玉、朱华、潘儒沧、甘翠英、于在镐、张丽川。靶场试验时临时抽调了1958级调干生。

第二阶段从1959年9月到1960年9月7日，完整地继承了第一阶段的技术方案和设备，复制了箭上应答机，应总体要求做了箭上天线的改进探索，参加的人员有1955级5位学生（中途有三人退出，补充了四位1957级学生）、1956级7位学生和1名实验员姜中生及1名油机手。

无线电工程系师生还参加了265-1有线反坦克导弹的研制，具体负责导弹的遥控系统（包括控制盒和弹上遥控设备），俞宝传、阮龙泉、朱贵明、郭志芬等教师参加了该项目的研制和靶场试验，教师朱贵明负责弹上遥测设备的安装，并在靶场试验时冒着风险负责打开弹上设备的电源开关。项目组多次在北京南口进行试验，最后在南口沙城靶场完成了打靶。

1958—1959年，遥控和遥测两个专业的教师还参加了美军"响尾蛇"空空导弹的分析和研制。参加过265-3地空导弹无线电制导的研究，参加过麻雀-3空空导弹的分析和反设计。

**向茂楠教授**

1958年，1953级留系任教毕业生14人，部分人员提前毕业。他们是李光宇、李秀珍、杨国淑、赵顺福、魏丽媛、向茂楠、程之明、林金建、于在镐、鲍筱英、金华生、区健昌、吴涓涓、史韬等。

---

① 1公里=1 000米。

第二章 专业大发展时期（1954—1965 年）

**1958 年 1953 级毕业合影**

根据苏联专家米夏采夫的建议，在 1953 级学生开展毕业设计前，就在其中选择 5 位学生，安排雷达结构设计与工艺专业的内容作为他们的毕业设计题目，并要求指导他们的导师是一流的，这 5 位学生包括于在镐、区健昌、金华生、吴涓涓和朱先被，前 4 位学生在南京 14 所做毕业设计，朱先被在兰州 781 厂做毕业设计。在 14 所进行毕业设计答辩时，系主任李宜今陪同米夏采夫到 14 所参加答辩。返校后专家翻译为他们 5 人拍照，并在照片背面题词"中华人民共和国第一届结构设计师、工艺师毕业纪念——1958.7.7 日"，米夏采夫用俄文书写并签字。后来 4 位学生被分配到雷达结构设计与工艺专业工作，朱先被被分配到 781 厂工作，最后成为 781 厂总工程师。

1958 年，李淑仪任系党总支书记，李宜今任系主任，戚叔纬、张德齐任系副主任。

在"大跃进"过程中，学校也开展了一些稳定教学秩序、大兴读书之风的活动。1958 年 11 月，中共中央召开八届六中全会，做出了"要使冲天干劲和科学分析的精神结合起来"的指示。1959 年 1 月，中央在北京召开教育工作会议，针对 1958 年教育革命中出现的问题，指出要贯彻以教学为主的原则，发挥教师在教学工作中的主导作用，建立正常的师生关系。正确执行党的团结、教育、改造知识分子政策，纠正宁"左"毋右的思想倾向。在总结经验及

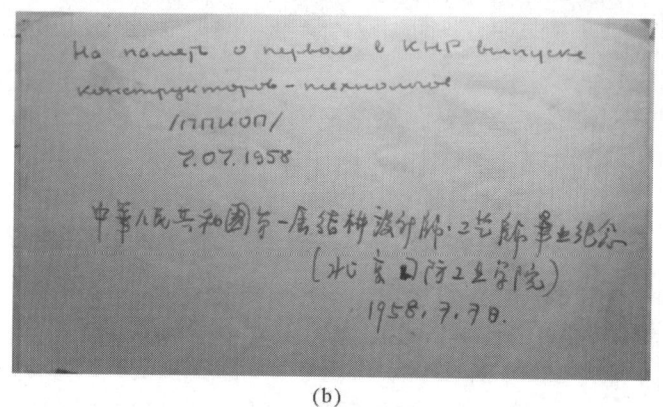

**5 名在研究院所和厂矿做毕业设计的 1953 级学生**

教训的基础上，1959 年 4—5 月，学校全面贯彻党的教育方针，组织了教学工作大检查，扭转了过"左"的一些倾向，对稳定教学秩序、提高教学质量起到了很大作用，至 1959 年年底，基本恢复了正常教学秩序。无线电工程系在全系提出"大兴读书之风"的口号，动员学生读书不怕白专道路。学校党委副书记尚英提出："共青团组织要教育青年努力学习，认真读书，树立正确的学习目的，端正学习态度，改进学习方法。"党委第二书记刘雪初指出：学习不是个人问题，我们是共产主义事业接班人，学习是为了党的事业，是为崇高理想而读书。之后，学习气氛日渐浓厚。

在全国上马"两弹一星"的大背景下，随着学校科研的进行，1959 年 1 月，学校向当时的一机部提出要求增设与火箭导弹相关的专业，在无线电方面增设无线电遥控遥测专业，并建议定为绝密专业，下设两个专门化：无线电遥控专门化和无线电遥测专门化。

**1958 年部分师生在系楼前合影**

1959 年 2 月，一机部教育局批复提出"北京工业学院应设置火箭（或导弹）所需的无线电电子仪器设备的设计和制造专业""建议在原有雷达专业中设雷达自动瞄准头专门化"等，学校随即确定 1959 年的中心任务是大力建设尖端专业，当年 12 月学校向一机部呈送的《关于设置新专业的意见》（以下简称《意见》）指出新专业设置的原则是："火箭系统方面的专业成龙配套"……"无线电方面增加无线电基础及元件、器件专业""增设电子仪器方面的专业"。《意见》中共列出 47 个专业，包括在火箭、导弹方面的无线电遥控遥测，在兵工方面的雷达设计、雷达结构与工艺，在无线电方面的无线电物理、微波元件、电子器件、无线电材料与器件、半导体、无线电技术、无线电设备设计与制造，其中有 24 个专业是 1959 年前已经建设的，有 23 个是呈送《意见》前后准备开始建的，当时的指导思想是需要搞什么产品和部件，就设置与之对应的专业，不管条件是否具备，也不从人才需求的中长期预测基础出发，因而专业面较窄，适应性较差，是强调"以任务带学科"（实际上是以产品代专业）的结果。

根据这一《意见》，1959 年在无线电工程系建立了无线电遥控遥测专业，这是我国在少数几所院校首批建设的新专业之一，是无线电工程系设立的第三个专业。之后相应成立了无线电遥控教研组（第一教研组）和无线电遥测教研组（第三教研组），少数人员由当时的导弹系（后来的七系）调回，大部分由无线电工程系其他教研室调入。遥控专门化教研组人员包括俞宝传、向茂楠、李光宇、金振玉、罗一鸣、朱秀英、徐恕荣、方再根、李津修、郭志芬、苏广川、李在庭等教师。遥测专门化教研组人员包括刘杏来（后调到公安部）、刘鹤鸣、于在镐、辛肖明、刘淑敏、王金琪、林凤来、邓金阶、彭福英、朱贵明、王文凯、刘天庆、程延军、徐永新等教师。在专业建设的初期得到苏联专家鲍里索夫、郭洛文的帮助。无线电遥控遥测专业为今天学院通信工程专业的前身。

无线电遥控遥测专业1959年即招收84名学生（52591班和52592班），另外还将1957级和1958级雷达专业的部分学生调入遥控遥测专业，组建了52571班、52581班和52582班。

在之后的实际专业建设中，包括之前已经建设的专业，无线电工程系共建立了5个专业：雷达设计与制造、雷达结构设计与工艺、无线电遥控、无线电遥测、电真空；2个专门化：电视、无线电测量。但是部分专业上马后不久即作了调整，被停止、撤销，一直到1960年年底才基本定型。

1959年5月17日，中共中央发出《关于在高等学校中指定一批重点学校的决定》（以下简称《决定》），《决定》将清华大学、北京大学、北京工业学院、中国人民大学、天津大学、复旦大学、北京航空学院、上海交通大学、北京农业大学、中国科学技术大学、西安交通大学、北京医学院、上海第一医学院、华东师范大学、北京师范大学和哈尔滨工业大学列为全国16所重点大学，这标志着北京工业学院成为全国首批16所重点高等院校之一。

这一时期，无线电工程系在苏联专家的指导下制定了专业的教学计划。遥控专家郭洛文给当时国防科工委所属的5所院校（北工、北航、西工大、成电、南航）的部分教师在北航授课，先后讲授了遥控原理、遥控设备课程，并指导了遥控原理实验室的建设，卢一生、罗一鸣两位老师担任翻译。遥测专业的教师去听了清华聘请的苏联专家讲授的通信原理课程。鲍里索夫讲授课程并指导了实验室建设，辛肖明老师担任翻译。无线电遥控教研组承担无线电遥控原理、无线电遥控设备两门课程，无线电遥测教研组承担无线电遥测原理、无线电遥测设备两门课程。由国防科工委所属的几所院校的教师参照苏联专家讲课的内容，共编了全套有关导弹专业的讲义，无线电遥控原理、无线电遥控设备两门课的讲义分别称50901、50902，无线电遥测原理、无线电遥测设备两门课的讲义分别称50905、50906。

遥控遥测专业一上马，领导就很重视实验室建设，使得实验室既是教学又是科研的基地。遥控专门化同时建立了两个实验室：遥控原理实验室和遥控设备实验室。遥控原理实验室配有仪器设备，可进行各种制导原理的实验。遥控设备实验室主要有两种设备：一种是地地导弹的指令制导设备，另一种是空空导弹的波束制导设备，即1059和7089设备。遥测专门化实验室建有两个实验室：遥测原理实验室、遥测设备实验室。遥测原理实验室可开出频分多路原理和时分多路原理两种实验课程。遥测设备实验室主要用于红箭-73反坦克导弹无线电遥测系统的研制，配有大型屏蔽室和相关测试设备。其中屏蔽室是由于在镐老师一手建立的。

经过4年多的实验室建设，到1959年，无线电工程系共建立了如下实验室：电工原理实验室、电子管实验室、无线电基础实验室、天线馈电实验室、无线电测量实验室、电源设备实验室、发射设备实验室、接收设备实验室、电视实验室、雷达原理实验室、自动装置实验室、指示器实验室、雷达站实验室、导航实验室、无线电器材制造工艺实验室、无线电零件设计实验室、电工及无线电材料实验室、遥控原理实验室、遥测原理实验室、遥控设备实验室等。

1959年6月，学校对当时执行的教学计划存在"四多"（劳动多、科研多、政治活动多、集体活动多）的问题进行了修订，提出修订教学计划要遵守的原则是以教学为主。要考虑新技术的成就和实际工作的需要，将新内容充实到教学中去，提高学生的理论水平和实际工作能力；1953—1959年，专业学科科目按照整个装置的各个组成部分来划分，例如雷达专业，就有关于发射设备、接收装备、显示设备、天馈线设备、自动跟踪系统、电源等的课程。要在规定的学制年限内进行，不能随便增加课程而延长年限。

1959年，1954级留系任教的毕业生共29人，部分人员1958年提前毕业。他们是赵知理、王金琪、张国强、韩月秋、闫润卿、董明、童骧一、梁俊、郭明书、王玉光、蒋坤华、吕德新、王世一、高本庆、任世隆、彭福英、朱秀英、邓金阶、阮龙泉、王景元、李萍文、戴永增、罗一鸣、戴润林、胡杏生、林凤来、肖裔山、翟俊英、吴鹏翼等。

**韩月秋教授**

**高本庆教授**

**王世一教授**

1959年，学校确定了系、专业和教研室名称代号。无线电工程系代号为五系，这是无线电工程系简称为五系的开始。雷达线路设计专业代号为51专业，无线电遥控遥测专业代号为52专业，雷达结构设计及工艺专业代号为53专业，这也是各个专业代号启用的开始。教研组代号分别为：

电工原理教研组：501；

无线电基础教研组：502；

电子线路教研组：503；

无线电收发设备教研组：504；

雷达教研组：511；

遥控教研组：521；

遥测教研组：522；

雷达结构设计及工艺教研组：531。

1959年年底，学校还选派林茂庸、邓次平去苏联攻读副博士学位。

## 第二章 专业大发展时期（1954—1965年）

1960年2月26日，北京工业学院被评为北京市先进集体，并有69名先进工作者出席北京市召开的教育、文化、体育等方面的社会主义建设先进单位和先进工作者大会。五系有刘静贞、王金琪、魏义儒等8名老师参加。

1960年6月1—11日，全国文教群英会在京召开，五系教师刘静贞作为先进集体无线电工程系代表出席了大会。

1960年6月，为了适应学校科研工作的需要，尤其是型号研制的需要，学校成立了6个研究所，其中第五研究所由李淑仪和张德齐担任正副主任，1961年6月并入五系。

1960年，1955级留系任教毕业生9人，部分人员1959年提前毕业。他们是李聿修、辛肖明、陈汝堂、于长志、费元春、徐恕荣、郑寿琪、吴祈耀、陈世伟等。

费元春教授

吴祈耀教授

1960年9月，五系培养研究生的专业为雷达设计和遥控遥测，培养目标确定为培养又红又专的高等学校师资，采取推荐方式，当年招收研究生8名，在52专业的有张振宇、郭宗祥、刘瑞祥、赵廷赞、朱贵明、郭志芬，在53专业的有李宝云、刘醒凡等，学制三年。其中郭志芬和郭宗祥由 521 教研室负责，俞宝传担任指导教师。朱贵明由 522 教研室负责，刘鹤鸣协助指导。后来刘瑞祥转到 53 专业，张德齐担任指导教师。根据学校《加强研究生管理的方案》（1960 年 11 月），研究生培养改在系（所）组（研究室）的集体领导下，采取集体指导和指导教师个人负责相结合的原则，要求对每位研究生都要指定负责培养的教研室和指导教师。

朱贵明教授

郭志芬教授

当年也对研究生培养计划中的课程设置提出了新的要求。政治课程包括自然辩证法、实践论、矛盾论、正确处理人民内部矛盾和形势任务学习。掌握 2 门外国语，分别要求能正确阅读及翻译专业书刊，能初步阅读专业书刊。学习 1~2 门较为高深的数、理、化等基本理论课程。学习 1~3 门较为高深的专业基础和专业理论课程。安排公益劳动和生产实习。

当时仍然没有学位制度。这些研究生按期毕业后留校任教，郭宗祥毕业后被分配到成都电讯工程学院任教。

1960年，李青龙任系党总支书记，张宗岳、崔仁海任系党总支副书记。

至1960年年底，学校实际设置专业39个，其中无线电电子类专业设置在五系，即雷达线路设计专业（51专业）、无线电遥控遥测专业（52专业）和雷达结构设计及工艺专业（53专业）。

1960年12月，在苏联撤走在华全部专家后，我国军工生产和新产品研制工作面临很大困难，学校奉上级命令，组织了部分五年级学生（毕业班）451人及部分教师147人，共598人下厂，到国防工业部所属73个不同单位的新技术产品厂和尖端产品厂去实习和参加突破重点科研项目工作，实际上是参加我国自行研制导弹的任务。当时无线电工程系有若干名师生参加。

尽管"大跃进"的出发点是要尽快改变我国经济文化落后的状况，但由于忽视了客观经济规律，根本不可能迅速改变我国经济文化落后的状况。从学校层面说，这些运动不可避免地带有严重的"左"倾思想，在教学科研工作上都突出反映了夸大主观意志和主观努力的作用，不顾客观规律，急于求成，不时发动各式各样的群众运动，对学校的教学科研正常秩序造成了冲击，甚至造成了损失和浪费，但由于全校师生员工在教学科研中发挥了高度的社会主义积极性，破除了迷信，解放了思想，这一阶段仍然在专业建设及科学研究方面取得了一些成果，推动了学校向前发展。

1960年下半年，我国的国民经济出现了暂时的困难，为了战胜困难，党的八届九中全会提出了"调整、巩固、充实、提高"的方针。为贯彻党中央精神，从1961年开始，学校进行了一系列调整工作。一是调整了隶属关系，1961年2月中央将原属第三机械工业部领导的北京工业学院等6所国防高等学校，加上上海交通大学，划归国防科学技术委员会领导，以便更有计划地为国防建设培养科学技术人才，这标志着学校进入了一个新的历史发展时期，即导弹专业与兵工专业相结合的发展阶段。二是调整规模和专业，聂荣臻元帅在1961年做出一系列指示，特别是1961年5月在关于国防工业高校工作问题向军委的报告中明确指出"北京工业学院以导弹为主，同时设置与尖端产品密切联系的常规专业"，根据这一系列指示，1961年7月，学校的一部分常规兵器专业调整到太原机械学院（今中北大学）。1961年11月，确定学校专业24个，学校规模为5 600人，其中本科生5 400人，研究生200人，每年招生990人，其中六年制专业11个，每年招生450人，五年制专业13个，每年招生540人。这24个专业中，包括设置在五系的无线电定位、无线电遥控遥测、雷达结构设计及工艺、无线电电子物理学，其中无线电遥控遥测专业定为绝密专业，其他为机密专业。三是调整教学计划，1961年7月学校即开始修订教学计划，劳动和政治学习有所减少，课堂教学、考试、假期、实习时间都有所增加。1961年12月，国防科工委又正式下达了修订教学计划的通知，提出的修订原则是：基础理论课的教学时数保持在总学时的20%左右，重视外国语教学，专业课应有主次、不可贪多求全等。根据这些原则，学校又做了部分调整，1961年年底上报国防科工委审批。这时教学计划调整为课堂教学138～142周（五年制），考试16周，生产劳动35周，实习14周，毕业设计14周，假期35周，课内总时数为3 200～3 500学时，最多不超过3 600学时，党史及马列课为210学时。整个工作调整还包括对科学研究、组织机构、教职工队伍等的调整，并纠正了几年来在执行知识分子政策中的偏差。

根据这一系列调整举措，加之上级认为遥测设备是通用设备，并不需要培养那么多专门人才，遥测专门化在1959级、1960级后停止招生，已招入的学生按51专业培养。

也是根据这一系列调整举措，1961年9月开始在五系筹建无线电电子物理学专业，成立了专业教研组（五系第八教研组），由黄辉宁、朱华、吴祈耀、倪福卿等人组成。二、六、八三个教研组成立联合党支部，由吴祈耀任支部书记。当时也抽调一批学生组成小班开展教学。为解决教材问题，自行编写了《信息论》《噪声理论》等专业课讲义，开设了新课程新实验，满足了教学需求。

1961年9月，中央下发了《教育部直属高等学校暂行工作条例（草案）》（简称《高校六十条》或《十六条》），根据《六十条》的要求，全校开始了办学方针大辩论，主要焦点有4个：对1958年的总体评价、关于贯彻以教学为主的问题、关于科学研究方面的问题和关于民主集中制的问题，辩论从1962年年初进行到1962年9月。其后学校召开了第六届党代会。第六届党代会的闭幕标志着调整整顿工作基本结束。从整体上说，学校从1961年到1962年的调整工作取得了巨大成绩，总的方向是正确的，但调整中也有不足之处，主要是对科研的调整工作做得不细，其后科研工作出现了停滞不前的局面。

1961年，1956级留系任教毕业生19人，其中10人提前毕业。他们是李鸿屺、俞士良、倪福卿、楼史进、唐明伦、卞祖富、王文凯、田成文、何佩琨、尚洪臣、唐文玉、李祯祥、颜国雄、贺白眉、李德生、闫百兰、董志敏、张飞碧、边振纶等。

1961年10月，五系各教研组组长、副组长为：

511组副组长：彭定之；

521组组长：俞宝传；第一副组长：唐文玉；第二副组长：李光宇；

522组组长：刘杏来；第一副组长：刘鹤鸣；第二副组长：于在镐；

531组第一副组长：楼仁海；第二副组长：周思永；

541组组长：黄辉宁；

501 组组长：厉宽；副组长：黄九琰；

502 组第一副组长：陶栻；第二副组长：汤世贤；第三副组长：杨继安；

503 组组长：刘静贞；

504 组组长：李育珍。

其后刘杏来老师调任到公安部。

1962 年 3 月，张德齐任系主任，戚叔纬、胡启俊任系副主任。

1962 年 5 月 12 日，根据北京工业学院第四届院务委员会第三次会议决定，将北京工业学院各教研组统一改称教研室，原教研组长、副组长统一改称教研室正、副主任。1962 年五系各教研室及其正、副主任名单见表 2.1。

表 2.1　1962 年五系各教研室及其正、副主任名单

| 代号 | 教研室名称 | 主任、副主任 |
| --- | --- | --- |
| 501 | 电工原理 | 厉宽、黄九琰 |
| 502 | 无线电基础 | 汤世贤、杨继安 |
| 503 | 电子线路 | 刘静贞 |
| 504 | 无线电设备 | 李育珍 |
| 511 | 雷达技术 | 陶栻 |
| 521 | 无线电遥控 | 俞宝传、李光宇 |
| 522 | 无线电遥测 | 刘鹤鸣、于在镐 |
| 531 | 雷达结构设计及工艺 | 楼仁海、周思永 |
| 541 | 无线电电子物理学 | 黄辉宁 |

1962 年，1957 级留系任教毕业生 5 人，他们是罗伟雄、阎凤坛、刁育才、陆叔云、恽雪如。

1962 年，设立 512 教研室，前身是雷达设计与制造专业中的天线馈电教研组，主要从事全系的电磁场理论、天线、超高频技术与电磁波传播等课程的教学工作和相应的科研工作。曾经设想成立天线专门化，后实际未建立。

1962 年经调整后，五系的研究生培养专业为雷达技术、无线电遥控遥测、雷达结构与工艺和无线电技术。当年在全国首次统一招收研究生，全校共招研究生 4 人，即五系 2 人（罗伟雄、卢允中）、六系 1 人、三系 1 人。

进入 20 世纪 60 年代以后，教育部和国防科工委等领导机关开始转向动员组织国内专家、学者们自编教材。1962 年五系俞宝传老师担任工科电子教材编委会中无线电基础编审小组编辑，参与制定了"1962—1964 年教材建设规划"。曾禹村老师承担了《无线电技术基础实验指导书》的编写任务。

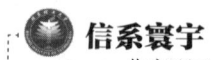

1962年12月,国防科工委召开国防工业院校教学工作会议,贯彻教育部提出的"少而精"的原则,要求在1963年上半年对1961年年底制订的教学计划进行修订。要求新修订的教学计划总学时数应控制在3 200学时以内,课内平均周学时一般在20学时左右,要分清课程的主次轻重,适当削减非主要课程的时数,保证主要课程有充足的教学时间。

从1963年开始,学校开始进入一个以全面贯彻执行《高校六十条》、提高教学质量为主要内容的新阶段,学校1963年1月下旬召开了第一次政治工作会议,各系总支书记、支部书记、政治辅导员以及有关专职政工干部参加了会议。会议对教工支部提出的要求包括保证教学好、政治思想好、学习好、党员模范作用好、身体锻炼好。对职工支部的要求包括政治思想好、保证工作好、团结互助好、学习好、党员模范作用好。为了学习解放军"突出政治",坚持四个第一,大兴"三八"作风,开展"三四五"(即三好学生、四好教师、五好职工)活动,为保证完成以上任务,学校决定逐步在教师中配备政治协理员、在学生中配备政治指导员,做到每50名教师有一名政治协理员,多数系每年有一名政治指导员,并对以上人员进行培训。五系首批政治协理员有王景元、杨继安,政治指导员有边振伦、赵长水、王明山、俞士良、习久生、解余昌、李金禄等。1963年2月中旬,学校又召开了教学工作会议。1963年12月召开了第二届学术报告会,中科院副院长张劲夫、著名科学家钱学森到会作报告。这些会议推进了系列教学改革,包括精简教学内容、改革教学方法和考试方法、实行缩短学制试点和试办半工半读、参加社会主义教育活动、学习解放军"突出政治"等,并且按照国防科工委的精神于1963年上半年修订了各专业的教学计划。

根据1963年修订的教学计划,雷达线路设计专业的课程设置见表2.2,这一课程设置与1957年的课程设置对比见表2.3~表2.5。由此可以看出二者的区别如下:

(1) 两次制定的课程设置,其学制均是五年。设置的课程总学时数:1963年课程总学时数是3 396学时,比1957年的总学时数(4 222学时)减少了826学时(约占20%)。总学时数略高于所要求的3 200学时。

(2) 关于政治课学时数:1957年是352学时,1963年是350学时,基本上持平,未变动。

(3) 关于外语课程学时数:1957年是290学时,1963年是240学时,后者有所减少(17%)。

(4) 关于公共基础课数学、物理、化学的学时数:1957年是631学时,1963年是780学时,多了149学时,即1963年比1957年增加了约24%的学时数。

(5) 关于专业基础课学时的变化,由491学时变为424学时,减少了约14%;下降幅度最大的是专业课,由846学时减为432学时,下降了约49%。

总的来看，学时数下降的主要是专业课和专业基础课，而数理化不但未减少，反而加强了，体现出这次修订对公共基础课的高度重视；更能看出1963年制订的教学计划确实贯彻了教育部和国防科工委关于"少而精""保证主要课程有充足的教学时间"的指示精神，更有利于对学生的培养。

表2.2 1963年雷达线路设计专业的课程设置

| 序号 | 课程 | 学时 | 序号 | 课程 | 学时 |
|---|---|---|---|---|---|
| 1 | 思想政治教育报告 | 160 | 19 | 无线电测量 | 70 |
| 2 | 马克思列宁主义基础理论 | 190 | 20 | 脉冲技术 | 90 |
| 3 | 体育 | 120 | 21 | 天线与电波传播 | 104 |
| 4 | 外语 | 240 | 22 | 微波技术 | 45 |
| 5 | 数学 | 440 | 23 | 电机学 | 50 |
| 6 | 物理 | 250 | 24 | 无线电发送设备 | 108 |
| 7 | 化学 | 90 | 25 | 无线电接收设备 | 124 |
| 8 | 画法几何及制图 | 120 | 26 | 雷达基础 | 64 |
| 9 | 金属工艺学 | 36 | 27 | 雷达显示设备 | 36 |
| 10 | 理论力学 | 72 | 28 | 雷达自动装置 | 72 |
| 11 | 材料力学 | 60 | 29 | 雷达结构设计 | 30 |
| 12 | 机械原理及零件 | 76 | 30 | 雷达系统 | 60 |
| 13 | 电路磁路基础 | 180 | 31 | 企业组织与计划 | 20 |
| 14 | 无线电技术基础 | 160 |  | 选修课程 | 学时 |
| 15 | 电子及离子器件 | 102 | 1 | 第二外国语 | 120 |
| 16 | 电磁场理论 | 84 | 2 | 雷达信号理论 | 60 |
| 17 | 无线电材料与元件工艺 | 65 | 3 | 计算技术和数据变换装置 | 60 |
| 18 | 放大与整流 | 102 | 4 | 无线电遥控原理 | 60 |

备注：数据来源于《北京理工大学志》166页3.雷达线路设计专业课程设置表。

表2.3 雷达线路设计专业1963年课程设置与1957年课程设置对比

| 年度 | 政治课学时数 | 数理化学时数 | 专业基础课学时数 | 专业课学时数 | 外语学时数 | 课程数/学时总数 |
|---|---|---|---|---|---|---|
| 1957 | 352 | 631 | 491 | 846 | 290 | 32/4222 |
| 1963 | 350 | 780 | 424 | 432 | 240 | 31/3396 |

备注：数据来源于《北京理工大学志》163页和166页3.雷达线路设计专业课程设置表。

表 2.4  专业基础课对比

| 1957 年 | 电工原理、无线电基础、电磁场理论及电磁波 |
|---|---|
| 1963 年 | 电路磁路基础、无线电技术基础、电磁场理论 |

表 2.5  专业课对比

| 1957 年 | 天线馈电设备、无线电发送设备、无线电接收设备、雷达指示器设备、雷达站 |
|---|---|
| 1963 年 | 天线与电波传播、无线电发送设备、无线电接收设备、雷达显示设备、雷达系统 |

1963 年，在国防科工委的领导下，10 个国防高等院校成立了无线电类教材编审委员会，五系张德齐老师担任了无线电专业教材编审委员会副主任委员，俞宝传和戚叔纬担任了委员，五系主持了三个编审小组。到 1965 年，共完成了《无线电接收设备》《无线电发送设备》《雷达站》三本教材的编写，由北京科学教育出版社出版。

1963 年，经教育部批准，学校 10 名教师有资格带研究生，包括五系的李育珍、俞宝传、陶栻等教师。

1963 年，1958 级留系任教毕业生 8 人，他们是齐怀印、程震先、朱广大、甘淑贞、李英惠、戚济民、王明山、赵希鹤。

1963 年，电子部 14 所研制了国内第一个 25 米直径天线，类似美国磨石山的超远程雷达，但是这个雷达并没有解决超远程雷达的体制问题。110 雷达的信号积累虽然能够提高信噪比，但是要反洲际导弹，首要的任务还是要能够探测到。此时美国提出把多部雷达用相干的方式照射在目标上以加大功率的方法。我校无线电工程系专门组织了一个小组论证这个问题，当时参加的有柯有安、刘静贞、李鸿屹、董荔真等。通过查阅美国 AD 报告有关相控的资料，学习和研究相控原理、如何实现相控、超远程雷达能否采用相控方案等。1964 年，无线电工程系提交了两份报告：一份是《相控原理及国外研究情况》的综述性报告；第二份报告则论证了在解决洲际弹道导弹的防御问题上，应该弯道超车，不能走抛物面，而要走相控这条路。1963 年，国家成立了包括 14 所等多个研究所在内的第十研究院（以下简称十院），主要研究雷达。我校提交的这两份报告，等于向决策部门提供了相控阵方案的建议、想法和理由。当时主持十院工作的孙俊仁采纳了弹道导弹防御就是要走相控这条路，这也是中国相控阵雷达的起源。

鉴于与我校合作开展 582 雷达研制的成功，十院提出希望学校继续发挥作用，研究论证超远程雷达问题。1964 年 1 月 30 日，国防科工委发出《关于在国防工业高等院校建立科研机构的通知》（以下简称《通知》），同意在北京工业学院设立3个研究室,并在4个教研室内增加专职科研编制。根据这个《通知》,我校雷达技术研究室正式成立,设立在五系,人员包括胡启俊、吴祈耀、柯有安、韩月秋、费元春、毛二可、李世智、张宝俊、周冬友、邓克勤、徐维新、徐叙兴、邬光浩等人。研究室负责人是胡启俊、柯有安、吴祈耀。这是在五系首次设立研究室,它也是后来雷达技术研究所的前身。

雷达研究室成立后,正式在册的固定岗位教师有十几位,其主要任务是相控阵体制地基远程预警雷达论证。但实际情况是,一方面,由于不少教师身兼教学、管理、科研等多重任务,多数教师并没有专职科研工作,例如胡启俊、柯有安等;另一方面,参与相控阵论证的教师涉及雷达系统的总体设计、天线等分系统各个方面,从事这个任务涉及雷达专业很多非雷达技术研究室的教师,如黄辉宁、李世智等。此时的雷达研究室实际上是一个以项目研究为牵引的不固定研究机构。

1964年7月,学校派吴祈耀、柯有安、李世智、毛二可等代表研究室赴南京第14研究所洽谈项目,由14所张直中总工程师接待,当时带回一批协商项目。由于不久"四清"运动开始,研究室大部分教师参加"四清"工作队,于1964年12月奔赴山东。

1965年6—11月,电子部14所张光义、贲德、刘兴华等来到五系,与五系雷达专业的同志互助攻关相控阵雷达技术研究,五系参加这个工作的包括柯有安、黄辉宁、胡启俊、王瑜、段新天、毛二可、费元春、李世智、王中等,他们提出了我国第一个地基相控阵预警雷达设计方案。该方案后来服务于14所的116雷达、7010雷达方案设计,从此开创了中国相控阵雷达的时代。当时在校内还完成了16元天线相控阵原理实验,验证了收发组件、移相器和波束控制机的工作。对于相控阵技术的核心——移相器,由柯有安老师主持中频移相器的研制,由李世智和刘静贞老师研制高频移相器。最终14所成功研制出高频数字移相器,采用高频移相器方案后,高频测相又成为相控阵关键技术。当时毛二可、周冬友老师主持研制了高频相位计,实现了高频相位测量。

尽管开展了这些工作,但总的来说,由于"四清"运动,研究室已不可能按原计划组建和开展科研工作,人员也随着科研任务的变化而不断有所调整和变动。之后"文化大革命"开始,较长一段时间工作处于半停顿状态。

这一时期国家还多次把一些其他相控阵雷达方案论证和研制任务交给电子工程系,做相控阵雷达方案的工作人员主要是柯有安、王中等人,遥控专业的李光宇等人与七机部二院23所合作研究地空导弹制导相控阵雷达的方案论证(学校开展了方案论证,后因"文化大革命"开始而终止)。

1964年,李宜今任系主任,张德齐、戚叔纬、胡启俊任系副主任。

截至1964年3月9日，五系教职工总人数为187人，其中教师128人，包含教授4人、副教授4人、讲师15人、助教105人；职员15人（政治干部10人、职员5人）；教辅人员44人（其中教学技工5人）。

部分教授、副教授的情况如下：

- 厉宽：教授3级，系务委员，教研室主任。
- 李育珍：教授3级，教研室主任，院务委员，系务委员，中国电子学会电子线路专业委员会委员，北京电子学会电子线路专业委员会委员。
- 张德齐：教授4级，党委委员，院务委员，系务委员，系主任，中国电子学会常务理事，《中国电子学报》编委。
- 俞宝传：教授4级，教研室主任，系务委员，国防科工委教材委员会兼职组长，教育部教材编审委员会委员，《宇航学校期刊》编委，原七机部一院四所（今704所）技术顾问，全国自动化学会遥控控制专业小组成员。
- 陶栻：副教授4级，系务委员，教研室主任，北京电子学会委员。
- 戚叔纬：副教授5级，副系主任，系务委员。
- 楼仁海：副教授5级，教研室主任，国防科工委无线电设备结构设计与制造专业材料审编小组组长。
- 汤世贤：副教授6级，教研室副主任，系务委员，计量学会、电子学会专业委员。
- 李卫：副教授7级。

全部人员包括：

电路磁路基础501教研室：厉宽、黄九琰、李瀚荪、董志敏、贾疏聪、蒋姞、朱电霞、任艮、吴翠兰、戴永增、潘茂苏、何佩琨、李贞祥、王莉莉。

无线电技术基础502教研室：汤世贤、曾禹村、范家慧、张润泉、林泽恩、王灏、杨士凯、苏舫、赵知理、吴鹏翼、任世隆、田成文、颜国雄、闫白兰、阎凤坛、梁嘉爵。

电子线路503教研室：张怀佑、吕德新、张著、李育珍、陶楚良、葛成岳、杨继安、朱小泉、卞祖富、李袖珍、肖裔山、洪效训、李同文、吴丙申。

无线电设备504教研室：戚叔纬、潘儒沧、邵会芝、陆叔云、李德生、王景元、杨国淑、王堃、苏坤隆、王堉、陈世伟、刁育才、童骧一、魏丽媛。

雷达技术511教研室：王周、王中、陶栻、林茂庸、胡杏生、孙迁恭、张国强、程之明、朱广大、戴润林、邱荫礽、程震先、俞士良、史韬、翟俊英、戚济民、刘永宽、齐怀印、姜延富。

天线技术512教研室：张德齐、高本庆、蒋坤华、刘静贞、李鸿屹、林金健、史国华、尚洪臣、甘翠英、卢荣章、王华、方子文、邓次平、陆振兴、姬文越、邢惠礼、李英惠、毕万钧、谭正平、刘瑞祥、卢锦等。

无线电遥控521教研室：俞宝传、向茂楠、王世一、罗一鸣、徐恕荣、金振玉、李光宇、李聿修、阮龙泉、朱秀英。

无线电遥测522教研室：辛肖明、王文凯、王金琪、于在镐、刘鹤鸣、刘淑敏、林凤来、邓金阶、彭福英。

雷达结构设计及工艺531教研室：楼仁海、周思永、李士功、区健昌、赵希鹤、吴涓涓、贺白眉、许德华、刘鹤林、陆宗逸、刘继华、闫润卿。

无线电物理541教研室：朱华、黄辉宁、倪福卿、杨成磊。

雷达研究室：韩月秋、费元春、毛二可、李世智、胡启俊、张著、柯有安、吴祈耀、周方林。

1964年五系各教研室人数如表2.6所示。

表2.6　1964年五系各教研室人数

| 代号 | 教研室名称 | 人数/人 | 教辅人员/人 |
|---|---|---|---|
| 501 | 电路磁路基础 | 14 | 44 |
| 502 | 无线电技术基础 | 16 | |
| 503 | 电子线路 | 14 | |
| 504 | 无线电设备 | 14 | |
| 511 | 雷达技术 | 18 | |
| 512 | 天线技术 | 17 | |
| 521 | 无线电遥控 | 10 | |
| 522 | 无线电遥测 | 9 | |
| 531 | 雷达结构设计及工艺 | 12 | |
| 541 | 无线电物理 | 4 | |

之后到1964年10月，学校再次进行专业调整，无线电物理学专业下马，原来抽调的学生各自回到原专业。调整后全系设4个专业：无线电定位、无线电遥控遥测、雷达结构设计及工艺、半导体器件。其中半导体器件专业也就是之前设置在工程物理系的92专业，始建于1960年，最初归属于工程物理系，曾从无线电工程系抽调在校生任光瑞到清华大学无线电工程系半导体专业跟班学习，回校后任教。学生由其他系转入，92571班由一系、五系转入，92581班、92591班基本由五系转入。1962年学校决定半导体器件专业停办，专业所有教师原则上完成教学任务后回原单位进行分配或回班学习，留李卫、任光瑞、李印增三位老师到1959级学生毕业后再作安排。1964年10月，由北京工业学院党委副书记时生

主持召集由二系、五系及相关人员参加的会议，决定半导体器件专业保留学科，归属于五系，李卫、李印增两位老师调入五系，任光瑞老师被调到物理教研室。这时，五系共包括4个专业，五系的专业结构基本确立。

李卫教授

全系共设置了5个专业教研室：雷达技术、无线电遥控、无线电遥测、雷达结构设计及工艺和半导体器件，4个技术基础课教研室：电路与磁路基础、无线电技术基础、无线电技术和无线电设备，1个天线技术教研室。

1964年，1959级留系任教毕业生8人，他们是邓克勤、周冬友、张宝俊、程延军、刘天庆、刘凯、习久生、李金禄等。1962—1964年，由部队转业来校的教师有易雄楚、陆祥兴、张玉岭、郭再山、史玉基、吴永良等人。1964—1965年，从南京无线电工业学校毕业来校的有任秀珍、邬光浩、黄盘忠、史小振，从天津无线电学校毕业来校的有陈淑敏。

1959级学生52592班毕业照片（1964年8月）

第二章 专业大发展时期（1954—1965 年）

**周冬友教授**

为了贯彻"阶级斗争是一门主课"的精神，1964 年 12 月 7 日，由魏思文院长任团长，组织了"一二·七""四清"工作团，共 2 700 余名师生、干部赴山东曲阜、齐河、历城三个县参加"四清"运动，于 1965 年 6 月返校。五系共去师生 504 人，包括几届高年级学生 412 人和干部 8 人、教学人员 84 人。

1965 年 4 月，国防科工委向学校下达了关于在"三线"建立分院的指示，要求以光学、精密机械为主，学校经过选址，9 月确定在四川内江建立西南分院，10 月学校向国防科工委呈送了《关于本院及分院专业设置的请示报告》，拟调出与火箭相关的 4 个专业到北京航空学院分院，与光学和精密仪器相关的 6 个专业到西南分院，1 个专业到西安炮院，另在本院增设 8 个专业，包括微波技术专业。这样，8 个新设专业加上原来留下的 14 个专业，本院共 22 个专业。其后由于 1966 年 6 月"文化大革命"开始而没有按计划实现。

1965 年，1960 级留系任教毕业生 5 人，他们是解余昌、卢锦、苏广川、原东昌、吴兆力等。

1965 年 9 月 23—24 日，经国防科工委和北京市委同意，学校组织 2 100 余名师生、干部，由魏思文院长带队，再次赴山东参加社会主义教育运动，工作团于翌年 6 月返校。工作队的临沂大队由五系、八系和政治部门组成，共去 520 人，其中干部 24 人、教学人员 92 人、学生 404 人。另外，系总支书记李青龙和指导员赵长水两同志分别参与中央宣传部领导的北京大学、华北局和北京市委领导的北京师范大学社会主义教育运动。

1965 年年底，五系专业又调整为雷达线路设计、雷达结构设计及工艺、无线电遥控遥测。半导体器件专业停办。

从建系开始，到 1965 年"文化大革命"前，在教职工和学生中逐年发展了一批党员，党员数由建系初期的李宜今和卢贵海2人发展至53人，其中老知识分子如张德齐、俞宝传、林茂庸也在20世纪50年代中期被吸收入党。学校中1962、1963、1964、1965四个年级由于学生中党员很少，为了发展和在学生中建立党组织，学校党委决定由学生指导员、总支干事和部分政治课教师联合组成党支部进行积极分子培养和发展工作。

# 第三章 专业曲折发展时期（1966—1976年）

1966年5月，中国进入一个特殊的历史时期——"文化大革命"时期，党的十一届六中全会指出，这场长达十年的运动，使党、国家和人民遭到中华人民共和国成立以来最严重的挫折和损失，是一场由领导者错误发动，被反革命集团利用，给党、国家和人民带来严重灾难的内乱。"文化大革命"首先从教育战线开刀，殃及全国各条战线，使国民经济处于崩溃边缘。在"文化大革命"中北京工业学院"左"的思潮达到了登峰造极的地步，各个方面都受到摧残、破坏，影响深远，损害不可估量，但广大师生仍然坚信党的领导和社会主义制度，在斗争中逐渐觉悟和成熟，同在"文化大革命"中倒行逆施的林彪、"四人帮"反革命集团进行了顽强的斗争，头顶压力、埋头苦干，在逆境中仍然为国家做出了贡献。

在"文化大革命"这样的逆境之下，学校仍然在顶着压力开展教学。从1969年4月开始，学校陆续派出"教育革命小分队"到工厂去做开学准备，到1969年年底，小分队达到21支。

1970年1月29日，国务院、中央军委将北京工业学院改为第五机械工业部（简称五机部）建制，自1970年2月15日起执行。在"文化大革命"之前，学校隶属国家国防科工委部门，负责尖端军工项目的研究，而被划分到了五机部后，主要负责常规生产。学校被划分到第五机械工业部，这也对五系发展产生了很大的影响。

1970年3月4日，五机部军管会下文："同意北工办一个机械总厂和电子、光学两个分厂，生产炮瞄雷达、指挥仪、指挥镜、无线电元器件，工厂代号为5499厂（第二厂名为北京五七仪器厂）。"当时电子分厂有工人20余人，计划发展到300人，还是建立在四号教学楼一层西侧。它的主要任务是生产战备急需的电子元件，以可控硅、半导体器件为主，建立了拉单晶、去离子水、蒸发镀膜、照相制版、腐蚀测试、氧化烧结、光刻切片、焊接封装等工序，形成硅单晶制备、小规模集成电路生产线，建立可控硅生产线和砷化镓势垒二极管研究组。从二系二一教研室、物理教研室、数学教研室、机械制图教研室、外语教研室、体育教研室、机械零件制造教研室调来教师，1970年和1971年有两批青工分配到电子厂，称为一分队；一部分机械零件、机械制造专业教师与五系人员组成二分队，进行7701项目、小860雷达的试制；三分队是机械加工车间。发展目标是逐步转为生产炮瞄雷达和指挥仪，办成雷达和指挥仪专业方面的"三结合基地"。在学校大搞校办工厂，把一些实验室教学用房划归工厂，把一些教学仪器设备调工厂作为生产设备，使教学条件受到很大损害。

随后，学校军宣队和革委会决定调整专业，学校调整为14个专业，五系遥控遥测专业停办，其他原有专业保留，将计算机专业从二系调整到五系，加上部分五系教师，组成新的52专业。

当时，为了打破"系和教研室这个修正主义教育路线的桥头堡"，进行了体制改革，将系改成大队，专业改为中队。五系为五大队，包括的中队有：

一中队（51）：雷达线路设计与制造专业中队

二中队（52）：计算机设计与制造专业中队

三中队（53）：精密机械结构设计与制造专业中队

四中队（研究室）：研究室中队，吴祈耀任队长

在"文化大革命"开始之后，学校也停止了招生。根据1970年8月中共中央批转《北京大学、清华大学关于招生〈试点〉的请示报告》，确定当时招收的学生条件是"政治思想好，身体健康，具有三年以上实践经验，年龄在20岁左右，有相当于初中以上文化程度的工人、贫下中农、解放军战士和青年干部。有丰富实践经验的工人、贫下中农，不受文化程度的限制"。招生办法是"实行群众推荐、领导批准和学校复审相结合的办法"，这些学生称为"工农兵学员"。工农兵学员实行"连队制"管理模式，一个班是一个连，连队内有老师、党支部和工农兵代表等，类似于成立领导班子。所有的课程在一起集中上课，基础课老师和专业课老师都在一个连队里，并且把这个班一直带到毕业。

1971年9月20日，国务院、中央军委批准国防工办《关于国防工业院校招生问题的请示报告》，确定北京工业学院招生1 020人。

1971年11月1日，在张连奎副部长和陈锐霆副部长的提议和主持下，五机部召开了办公会议，就我校和华东工程学院的专业设置问题，发出《关于部属院校专业设置的通知》（以下简称《通知》），《通知》中提出，"本着科系不宜过多、分工不宜过细、相对配套、各有侧重的原则"，北京工业学院"文化大革命"前共31个专业，目前暂设19个专业，分别为装甲车辆车体设计与制造、装

甲车辆发动机与制造、军用光学仪器设计与制造、雷达设计与制造、火药设计与制造、触发设计引信与制造、非触发引信与设计制造、火箭战斗部设计与制造、炸药设计与制造、精密机械加工工艺与制造、随动系统设计与制造、航空陀螺设计与制造、液压传动装置与制造、指挥仪设计与制造、计算机设计与制造、激光技术与器件、半导体微波器件、火炸药生产设备与自动化。其他未经调整合并的专业，也暂不撤离，要持慎重态度。这就顶住了当时五机部内和学校内有人提出的专业大上大下、大砍大并的主张，减轻了对专业的破坏和对专业建设的损失。

根据这一通知，无线电工程系改名为电子工程系，这是五系使用电子工程系名称的开始。

同期，以当时电子厂的一分队为基础，加上部分物理组教师，重建了半导体专业。专业名称为半导体微波器件，专业代号为54专业。独立设立教研室，当时归属电子厂领导，教研室的工作由王景元负责，教师包括李卫、李印增、曾杰、刘义荣、陈志高、张炬、陶楚良、宋彦儒、许德华、朱广大、王华、林金键、王玉光、吴涓涓、赵汝彭、任世隆、师玉兰等。教研室成立后，开始进行教学准备工作，开展教师调研、制订教学计划，初步确定教学任务分担等。1972年以后，随着工农兵学员入校，原二系、物理教研室及五系教师陆续回原单位担负教学工作，电子厂只保留了小规模集成电路生产线，其余全部撤销。小规模集成电路生产线（包括制水、切磨抛片、扩散、光刻、压焊、测试及封装等工艺）划归为半导体专业，成为专业的工艺实验室。按工艺实验的要求，调整留下的人员，包括王文吉、孙秀珍、张利祥及部分青年工人。

这样，1971年电子工程系共设置三个专业：雷达设计与制造、计算机设计与制造、半导体微波器件。

1971年，在"文化大革命"的影响下，五系雷达技术研究室除小860雷达动目标显示课题外，没有别的科研项目，人员流失严重，不少教师自愿回到原教研室搞教学，只有小860雷达动目标显示课题的老师继续做科研。

1972—1973年，全校又设置了11个专业，在五系建立了微波工程专业，由老53专业[雷达结构设计及制造专业（即原雷达结构设计及工艺）]与512教研室（天线专门化）合并而成，代号仍然为53专业，合并时由周思永担任负责人，但专业成立不久他即离开53专业。新53专业建立时，除老53专业的楼仁海、闫润卿、512教研室成员加入外，还有一系的黎钜泉、汪家藩以及基础部的金圣谟、计志孝、马爱玲、周瑞珍、杨志全，物理组的惠和兴，外语组的王继祥，还有刘述忠以及刚由外校毕业分配来的崔正勤（来自兰州大学）、周殿斌（来自北京大学）、刘侃等，他们共同组建专业联队形式。

这时五系设雷达设计与制造专业、计算机设计与制造专业、半导体器件专业、微波工程专业四个专业。雷达设计与制造专业调整意见为：专业对口以四机部为宜，面向全国，专业方向不以特定雷达为限，应侧重雷达技术本身，改名为雷达技术专业。计算机设计与制造专业调整意见为：招生来源面向全国，业务上归口四机部，专业方向应侧重电子数字计算机工程技术本身，面要宽一些，适应性要强一些，名称为电子数字计算机设计与制造。半导体器件专业调整意见为：继续举办，应调整专业方向，归口四机部。微波工程专业调整意见为：名称为微波工程，本专业应归口四机部，面向全国。

导弹无线电遥控遥测专业调整意见为：学校归五机部后，决定专业停办，现在根据国家需要，专业应该恢复；本专业应对口四机部，面向全国；将过去的按产品设专业改为按学科设专业。

1972年5月8日，北京工业学院招收的第一批975名（普通班852名）工农兵学员入学，五系51、52、53三个专业共招收127人，学制三年。根据统计，这些工农兵学员中，初中文化程度的492人，占57.1%；高中文化程度的332人，占38.6%；其他37人，占4.3%。针对这种情况，广大教师仍然以党和人民的事业为重，尽力提高人才培养的质量，入学后首先进行8个月的补课，组织了600余人为后续课程编写教材，1972年年底已编出82种。1972—1976年，五系共招收1972、1973、1974、1975、1976级五届工农兵学员共654人（即1972级127人，1973级142人，1974级120人，1975级81人，1976级184人）。

新53专业成立后，从1972年开始招收工农兵学员，共招四届工农兵学员，即1972级两个班，1973级、1974级、1976级各一个班，每班30人左右。工农兵学员所上的专业课包括电磁场、微波技术、天线、测量等，还有下厂实习（如去768厂）和毕业设计环节。从工农兵学员中留校的有1972级李盼兴、苗德山、李明刚、杨仕明、赵秀珍（调系做团总支书记），1973级赵川东，1974级邵展眉等。

54专业从1974级开始招生，共招收三届工农兵学员。

工农兵学员一般学习努力，对讲课老师很尊重，但由于基础各自不同，学习成绩参差不齐。其中有一部分毕业后又读研究生或出国进修，在业务技术上取得了明显进展。工农兵学员中的很多人后来成为工作岗位上的骨干。

当时高校教育片面强调"为常规服务"，多次批评学校教师与干部"不安心常规专业"，使一些专业受到极大破坏。在这样的破坏之下，"教育革命小分队"也在发展，这些小分队结合实际收集资料，与工厂合作编写教材，制订了13个专业的教学计划，编写了多种教材、讲义和习题集，还摸索试办了短训班和进修班。1972年，学校还招收几个短训班，主要为军队培训学员，在五系代号为52722班，全部是军人学生，此班1973年6月毕业。

以雷达设计与制造专业为例，其1972年课程设置如表3.1所示。

表3.1 1972年雷达设计与制造专业课程设置

| 序号 | 课程 | 学时 | 序号 | 课程 | 学时 |
| --- | --- | --- | --- | --- | --- |
| 1 | 政治 | 1209 | 8 | 电路磁路基础 | 235 |
| 2 | 体育 | 170 | 9 | 电子器件 | 120 |
| 3 | 英语 | 400 | 10 | 晶体管电路 | 620 |
| 4 | 数学 | 1 000 | 11 | 微波技术 | 180 |
| 5 | 化学 | 140 | 12 | 雷达线路设计原理 | 540 |
| 6 | 制图 | 130 | 13 | 雷达新技术讲座 | 30 |
| 7 | 物理 | 300 | | | |

备注：数据来源于《北京理工大学志》168页2. 雷达设计与制造专业课程设置表。

1973年，由于教改，搞专业连队，原五系从事电工基础教学并为自动控制系（二系）学生讲授电路及磁路的李瀚荪老师调到二系，并边教学边着手编写新的电路教材。不久，吴翠兰老师也从五系调到二系。

1973年，五系教职工共297名，名单（不完全）如下：

丁世昌、刁育才、刁宝成、于在镐、王金琪、王兰英、王周、王灏、王金良、王世一、王铁臣、王建华（女）、王传生、王建英（工人）、王玉光、王秀英（工人）、王世长（工人）、王秀珍（工人）、王淑燕（工人）、王乐琛、王淑秋、王英珍、王心亮、工迂科、王中、王华、王燕、王秀勤、王文吉、王力强、王景元、王秀林、王永泉、王锦昆、王文凯、方子文、方再根、卞祖富、区健昌、元建兰、毛二可、田桂林、田成文、白棉、边振伦、邓克勤、邓次平、戴润林、戴永增、戴国智、甘淑珍、甘利春、冯宝珍、刘鹤鸣、刘冬梅、刘晓光、刘迎春、刘业明、刘汝林、刘淑敏、刘秀莲、刘秋苓、刘清水、刘义蓉、刘继华、刘述忠、刘享然、刘瑞祥、刘静贞、刘凯、刘天庆、刘治洲、孙遇恭、孙秀珍、孙京平、孙鼎伦、任秀珍、任艮、任世隆、任风梅、朱海洋、朱秀英、朱华、朱应林、朱贵明、朱广大、朱龙江、齐怀印、齐玉玺、安玉娟、阎凤坛、闫百兰、闫润卿、江涛、李明、李霞、李永庆、李荣芝、李德生、李世智、李宜今、李萍文、李品生、李英惠、李晋炬、李伟、李淑芳、李金禄、李书涛、李印霞、李金英、李玉琴、李印增、李士功、李瀚荪、李善堂、李育珍、李祯祥、李鸿屹、李忠元、李津修、李光宇、匡镜明、吴荣良、吴庆丰、吴鹏翼、吴祈耀、吴鹤龄、吴涓涓、吴兆力、吴翠兰、吴丙申、何产棣、何佩琨、何维中、宋彦仁、沈文祥、沈庭芝、吕德新、肖斋山、肖风清、杜德祥、阮龙泉、车瑞珍、陈世伟、陈殿边、陈长林、陈桂秀、陈为正、陈淑敏、罗伟雄、罗一鸣、尚洪臣、尚万修、杨继安、杨青林、杨学洲、杨凤山、杨志全、杨国述、杨梦辰、杨盛明、周志屏、周殿彬、周思永、周冬友、林钢、林泽恩、林金健、林晓芳、林茂庸、苏坤隆、苏舫、苏广川、赵知理、赵会珍、赵长水、赵国发、赵汝彭、段秀英、范家慧、胡启俊、胡长龄、胡杏生、姬文越、战守义、郑寿琪、邬光浩、易雄楚、姜华、姚玉富、张青、张喜乐、张润泉、张宝俊、张德齐、张秀芬、张文宝、张玉岭、张秀英、张绍诚、张金琪、张前琨、张利祥、张爱华、张萌荣、张文双、张补莲、张孟经、张著、张新生、张秀英、张丽芬、高兰瑞、高本庆、高永峰、唐洪顺、倪福卿、徐维新、徐述兴、韩绍谍、韩建伟、韩淑媛、韩月秋、袁良范、晏湘玲、师玉兰、郝兰生、郭志芬、郭顺富、郭景华、郭扶德、龚元明、黄辉宁、黄九琰、黄辉、黄鑑年、黄盘忠、陆祥兴、陆叔云、陆秋来、陆振兴、陆流芳、陆宗逸、许德华、许玉琴、曹元大、崔正勤、戚济民、戚叔纬、辛肖明、陶楚良、淳于洁尘、曾杰、汤早富、程之明、程建华、程延军、程震先、童骏一、彭一苇、彭玉奎、彭寿春、贺英、贺白眉、董兆钧、董志敏、董庆云、董荔真、贾兰尊、贾宝山、贾疏聪、葛成岳、雷靖宇、靳盛津、路兰歌、窦宝荣、费存城、费元春、蒙正兴、蔡祥裕、楼仁海、蒋镇南、熊如眉、翟俊英、潘儒沧、毅力特、黎钜泉、薛宝林、魏英华、魏育琴、魏华、魏义仁、魏丽媛。

  1973年10月至1974年2月，在开展的"基本路线教育"运动中，首先从五系开刀，组织一些人批判了系里几位原负责人在教学上的所谓"右倾复辟回潮"，先后制定和发布一系列文件，做出了错误决定，这些决定的推行造成了极大的恶果。否定了基础理论教学，否定了课堂教学，强调要坚持开门办学，结合典型人物、典型方面组织教学，到工厂去办学成了唯一的办学形式，使教学时间只占三年中的一年，在外办学要占三分之一。以1972级为例，这届学生在校共三年零八个月，去掉各种活动外，只进行了累计13周的课堂教学。教学实验更无从进行。1972级开了12个实验，1973级仅开了1～6个实验，1974级不少班取消了实验，1975级只开了几个实验。错误地施行"教师混编""教学包乘组"，致使教学内容大大消减，教学计划无法确定，教学大纲没有标准，师资力量临时凑合，教学停停走走，效果也无人过问，教学质量大大降低。同时教学资料、教具模型全部失散损坏，教学法活动全部取消，教师大量减员。

  1974年，张德齐、胡启俊等原系领导恢复工作后，参加了系领导小组，当时领导小组成员为贾俊启、宣仁才、刘治洲、李宜今、张德齐、胡启俊、朱应林、董兆钧、何世良等。1974年11月12日，根据学校成立落实政策小组的要求，系领导小组决定成立系落实政策小组，成员包括贾俊启、胡长龄、习久生、李士功、边振纶、李宜今、沈文祥、李金禄同志后来参加；专案对象落实政策人员包括区健昌、毕万钧、金振玉、赵汝彭、黄盘忠、战守义等。

1975年5月28日，系核心小组召开会议讨论落实政策问题，主要涉及落实政策的人员包括张润泉、苏坤隆、陶楚良、李瀚荪、卢荣章、李卫、张绍诚、田柄炎、吴鹏翼、胡芝娟等。

1975年，根据党政人字（75）005号文件，任命五系各教研室的主任、副主任为：

51专业：主任：周思永；副主任：王世一、阎凤坛；

52专业：主任：张绍诚；副主任：彭玉奎、高永峯；

53专业：主任：张德齐（兼）；副主任：刘静贞、尚洪臣；

54专业：主任：李印增；

电子厂：主任：蒋镇南；副主任：张喜乐。

1975年10月，1975级学员入校，学校决定1975级全部实行半工半读，使本来就低的教学质量再次降低。这一时期，学生大量下厂，开门办学，一年之内就有6 000人外出学工、学农、学军，到近300个单位办学，广大教师也不顾家庭生活困难，不辞辛劳，冒着被批斗的风险，与学生同吃、同住、同劳动，并尽力为学生安排好吃、住、行和学习，在教学中尽力挽回被打乱教学秩序的损失，设法给学生补课。同时，许多教师帮助工厂解决生产中的问题，参加技术革新，受到工厂欢迎，也为国家做出了贡献。五系有的教师带着孩子长期在无锡无线电二厂带学生搞小860雷达改进，解决生产中的问题；一些教师在北京郊区农村与电信工人一起研究成功载波机，解决了电话、广播共用线路问题，在密云、房山、怀柔、门头沟安装使用，起到了很好的作用。

1975年11月10日，召开了"文化大革命"后第一次系总支委员会会议，讨论总支委员会分工问题。总支委员由贾俊启、何文、秦秀坤、董兆钧、张德齐、胡启俊、陆叔云、闫百兰、王兰英、张银彪、宋锦玲、王景元、王明山、吴金亮、赵秀珍等15人组成，于1976年1月23日获得学校党委批准。确定分工如下：

书记何文：抓全面工作；

副书记秦秀坤：抓政工、青年工作；

副书记董兆钧：抓学生青工、团、学生会工作；

副书记贾俊启：配合秦秀坤抓政工青年工作；

王景元：负责教育、科研、生产工作；

闫百兰、王兰英：负责妇女工作；

张银彪：负责宣传工作；

王明山：负责组织工作；
宋锦玲：负责青年工作；
吴金亮：负责保卫工作。

当时根据学校党委决定，按专业设置分总支委员会，建立51、52、53、54四个分总支委员会。王世一担任51分总支书记，杨凤山担任52分总支书记，杨继安担任53分总支书记，王玉光担任54分总支书记。

五系还于1975年召开了团员大会，选举团总支，赵秀珍担任了团总支书记。

1976年2月26日，第八机械工业总局开会，形成会议纪要。第一是研究决定北京工业学院导弹专业设置和招生问题；第二是决定设置以战术导弹为主，兼顾常规的四个专业——无线电遥控遥测、火箭战斗部、无线电引信和固体燃料。这样，无线电遥控遥测专业复办，专业代号为55。

1976年1月，周恩来总理逝世，学校广大群众一天之内全部戴上黑纱，自发组织悼念，并对不让举行活动追悼周总理表示极大的义愤，1月上中旬，全校几乎所有单位的师生都冒着寒风到天安门广场人民英雄纪念碑前进行悼念和宣誓，3月底4月初清明节，再一次掀起了向人民英雄纪念碑送花圈、悼念周总理的活动。

1976年10月6日，粉碎了江青反革命集团，10月20日党委接到通知，上午10点即召开了全院师生大会传达，当场爆发出长达十余分钟的掌声和欢呼声，下午3点全校召开了声讨大会，群情激昂。之后连续3天都有师生、群众自发走上街头游行。

至1976年，全校共设置30个专业，其中五系共设置5个本科专业，分别是雷达技术、计算机设计与制造、半导体器件、微波工程、无线电遥控遥测。

"文化大革命"中，由于苏联在我国边境陈兵百万，并制造了"珍宝岛"事件，美国发动了侵越战争，我国承担了抗美援越以及援助老挝、柬埔寨人民反美侵略斗争的繁重任务，学校的军工科研和生产的任务一直很重，学校在此期间共承担110多项科研任务，有57项完成或取得了重大成果，包括五系完成的小860雷达改进等。当时涌现出一大批在逆境中坚持工作，甚至在受迫害之下仍然坚持为党为人民做出贡献的优秀教师。

小860雷达是大860雷达的改进型。大860雷达是20世纪50年代末60年代初我国仿苏联制造的炮瞄雷达，曾用于抗美援越战争（1965—1973年）。大860雷达由国有786厂（国有786厂，即陕西黄河集团有限公司，是国家"一五"期间156项重点工程之一，于1953年筹建，1958年建成投产。大860雷达由786厂在1958年试制成功，786厂建厂初期曾是国家唯一一家炮瞄雷达生产企业）生产制造，由于器件采用的是电子管，所以雷达庞大笨重，不利于战场机动。基于这样的背景，20世纪70年代初，设计和研制小860炮瞄雷达（基于晶体管的大860改进型）的任务交给了北京工业学院电子工程系。1970年8月，五机部批复北京工业学院生产小860雷达的报告，同意先试生产两部，小860雷达是大860雷达的小型化，用晶体管取代了电子管。小860雷达原来由206所研制，北京无线电厂生产，但存在性能不稳定的问题。我系接受的任务主要是解决原来存在的问题，开始负责人员为周思永、郑寿琪，不久军宣队任命吴祈耀为项目负责人。整个项目由五系牵头并作为主要承担单位，学校二系、四系、七系、基础部协同配合，按项目需要派有关教师参加部分部件研制工作，整个研制工作校内有5个部门参加，前后参与过研制工作的老师、技术员、技师、工人达100多人。电子工程系教师参与此项工作的有吴祈耀、周思永、柯有安、李世智、阮龙泉、方再根、邓克勤、李德生、田成文、刘凯、闫百兰、匡镜明等数十人，负责消化图纸，提出改进方案，安装和调试各分机及整机调试。机械工程系教师则负责结构设计，郑寿琪领导电子厂师傅王锦昆、沈文祥、蒋镇南等人负责机械加工。小860雷达微波部分继承了大860雷达，改进主要有三点：解决了传输通道的匹配问题，避免了波导、馈线关节打火；改三相电源为单相电源，解决了原来三相不匹配所造成的全机工作不稳定问题；协调各分机工作。这三点改进，不仅使小860雷达能够稳定工作，还使雷达整机性能如作用距离和跟踪精度等也有了提高。小860雷达对目标的发现距离约为50公里，跟踪距离约为40公里。1974年，研制的雷达整机完成了校内研制和调试，并通过天津黄村军用机场两个月的试飞试验，验证了整机性能及指标，完成了学校全部研制工作。1975年夏，转产上级指定的雷达生产厂——无锡无线电二厂，由吴祈耀、李世智代表项目组协助工厂按我校研制的实验样机成果完成了生产样机制造，并在无锡硕放军用机场完成试飞试验，1975年秋工厂生产的成品样机通过靶场考核，1975年10月通过电子工业部与军委炮兵主持的产品鉴定和验收，上级给予了很高评价，从而标志着小860雷达改进项目圆满完成任务，后续由无锡无线电二厂生产10台供部队使用。小860雷达的研制样机留在了电子工程系。到1978年，全国科学大会召开，小860雷达改进荣获了全国科学大会奖。

小860雷达的研制还推动了包括动目标显示、稳定振荡器等的研究。

小860雷达动目标显示系统是为了解决炮瞄雷达的抗消极干扰问题，也就是为了消除地物、干扰箔条杂波的影响，便于发现活动目标。这一系统研制任务是1970年9月由炮兵司令部下达的。课题组由戴润林任组长，参加人员包括王堃、董荔真、王文凯、邓克勤等。后来为增强科研力量，毛二可、柯有安也参加了此项工作。动目标显示系统分两大部分——高频部分和中视频部分，王堃、董荔真、费元春等负责研制高稳定本振，即高频部分；戴润林、邓克勤、王文凯、肖裔山等负责相参接收和视频对消,即中视频部分。其中视频部分设计并研制了熔石英延时线和部分电路。从接受任务至 1973 年年底,课题组完成了电路研制,并在四型炮瞄雷达上进行了动显系统性能中频定相试验。1974—1975 年试制了性能样机,并在延庆永宁机场进行了小 860 雷达动显的性能试验,测试表明动显系统对地物回波改善因子达 20 分贝,达到国内先进水平。该样机 1977 年参加解放军在我国湖北随县的一次电子对抗演习中成功发现了箔条云中飞行的飞机,是我国动目标显示技术的里程碑式事件。小 860 雷达动显系统是我国首次研制成功的十公分波段动显系统,也是首次在炮瞄雷达上加装成功的动显系统。1976 年 4 月,中国人民解放军 59193 部队和学校达成协议,由学校提供一台动显设备加装在该部大 860 雷达上,1978 年 12 月双方在朝邑靶场进行了验收测试,结果表明动显系统各项技术指标均符合协议要求,但也发现熔石英延时线受温度影响比较大,这也是后来动显系统由模拟改为数字化的主要原因。小 860 雷达动显系统于 1980 年 10 月由炮兵军工产品定型委员会批准设计定型。其后小 860 雷达动显系统的技术成果还推广到警 – 17 雷达上。小 860 雷达动显系统的主波锁相中频相干振荡器后来也获得国家专利。小 860 雷达动显系统的研制成果和积累的经验,为电子工程系后来在高稳定本振源和动目标检测系统的研究工作打下了坚实的基础,有力地推动了这方面的研究工作。

(a)　　　　　　　　　　　　　(b)

小 860 雷达照片(主机部分)

新型十公分稳定振荡器也是为小 860 雷达动显系统研制的,参研人员主要是毛二可、王堃、费元春、周冬友等。动显系统对本振源的频率稳定度提出了极高的要求,常规雷达本振源达不到。小 860 雷达动显本振源采用两种方案实现:一种是晶振倍频链;一种是晶振锁相系统。两种方案均能达到所需的频率稳定度。新型十公分稳定振荡器也荣获 1978 年全国科学大会奖。

第三章 专业曲折发展时期（1966—1976年）

(a)

(b)

**1978年全国科学大会奖证书**

在开展小860雷达系列改进研究的同时，五系还承担了一系列科研任务，根据1970年5月7日学校革委会下达的科研任务通知，五系当时的任务主要包括：相控阵炮瞄雷达（由二系、五系、基础部合作研制，五系负责，市仪表局协作），代号7701工程；100高炮火箭增程弹的研制，代号661（由一系、六系、八系、工厂合作研制，五系协作，工厂负责）。参加7701相控阵雷达研制的带队人是阎凤坛、李英惠，参加人员有数十人，开展研制的主要场地是北京开关厂和北京电机修理厂，后来因为其他任务和招生教学工作，学校人员逐渐抽回。

这一时期，电子工程系还参加了远程预警雷达7010和116工程等重大项目的研制。

7010项目是在1964年五系与电子部14所共同开展的相控阵方案研究的基础上开展的，研制了我国第一代超远程战略预警7010大型相控阵雷达。7010雷达规模很大，探测距离达到3 000公里以上，天线阵面接近1 000平方米，发射机功率为10兆瓦。7010项目本来是计划1970年10月完成研制，实际执行情况是一直进行到1978年才完成了试飞检验工作。当时世界上只有美国、苏联有这种相控阵雷达，中国是世界上第三个掌握这种雷达技术的国家。

116大型探空雷达也得益于1964年我校与14所合作开展的相控阵雷达方案研究，在20世纪70年代开展预研；五系先后有数十名教师（柯有安、周思永、刘静贞、魏丽媛、戚叔纬、李忠源、宋立军、高本庆、李鸿屺、王锦琨等）参研。项目总体采用空间波束扫描采用频-相控波束扫描体制。针对频控波束扫描，五系课题组研制出仿真慢波线和10公分慢波导开有20交叉槽的试验样品，14所曾加工出大波导，并经历了核爆试验。曾在14所召开关于方案的研讨会，

**7010 相控阵雷达阵面外形**

五系介绍了在3公分波段皱纹脊波导的色散特性，以及在10公分波段皱纹脊波导上开有20交叉槽的样品情况，引起参会人员的关心和讨论。随后在14所就大波导的损耗和20交叉槽的样品等开展了进一步研究工作。后因在技术上尚不成熟，加上当时客观需求的变化，该大型项目未进一步做下去。

1971年11月开始，遥控遥测专业的教师和学校导弹专业师生一起参加了赛格反坦克导弹的解剖与分析，为红箭-73反坦克导弹立项做出了重要贡献。1973年10月，国务院、中央军委正式下达了红箭-73反坦克导弹的研制任务，五系组织了由于在镐、俞宝传、刘凯、李津修、李在庭、苏广川等人参加的科研组，在天线微波技术专业人员协助下，研制成功四路频分无线电遥测系统。设备研制成功后，首先在北京南苑机场经过室外10公里实际检验测试。在验证合格后，按五机部要求，1974年带着仪器设备下到山西长治304厂，1975年下到辽宁沈阳724厂，向厂里的技术人员传授技术，帮助他们复制设备，和厂里技术人员、工人一起参加了红箭-73反坦克导弹遥控遥测飞行试验，在304厂实测到遥测数据。该项目在1976年唐山大地震后告一段落，之后于1980年获国防科工委重大技改四等奖。

20世纪70年代初，朱贵明等人参加了北京天文馆大型天象仪的研制工作，承担"一线多控系统"的研制任务。研制完成后，这台大型天象仪在北京天文馆向公众开放表演31年，后获得国家科技进步二等奖。

1976年唐山发生了震惊中外的大地震，北京市要立即组建北京市地震信息传输台网。该项目是北京地震局为监测北京地震信号而组织的大型多单位科研任务，科学院502所和北京工业学院为主要研制单位。这个项目集中开展了3~4年，项目组考察了北京11个县地区，最后用了8年时间完成。我校承担的任务是罗一鸣负责的"台网天线"和郭志芬负责的"遥测接收机"。项目完成后，"VHF遥测接收机"和"六元全向高增益天线阵"于1986年获得北京市科技进步三等奖。

# 第四章　专业恢复及蓬勃发展初期
## （1977—2000年）

这一时期是我国重大的历史转折时期，1976年粉碎"四人帮"后，"文化大革命"结束，党和国家开始逐步拨乱反正。结束了两年徘徊，1978年12月，党的十一届三中全会重新确立了马克思列宁主义的政治路线、思想路线和组织路线，吹响了改革开放的号角，使我国重新走上了快速发展的道路。高等教育领域也开始发生系统而深刻的变革，逐步理顺"文化大革命"中遗留的问题，开展恢复性工作，开始了现代化大学建设的征程。

在此时期，学校首先在深入清算"四人帮"罪行的斗争中，恢复被破坏了的教育工作，拨乱反正，进行真理标准问题的学习讨论，对教学思想、教学秩序、教学计划、教学大纲、师资队伍建设、科学研究、后勤保障、思想政治工作以及管理队伍进行了一系列的整顿，使学校出现了新的面貌。在此基础上，依据改革开放对学校的办学方向、人才培养和科学研究提出的新的更高的要求，学校全体师生员工勇于开拓、不断进取，在办学方向上逐步实现了五个方面的重大转变，即由单一的工科向以工为主，工、理、管、文多学科综合化方向转变；由单一的产品型和军工专业向以学科为主，军民结合型方向转变；由主要以教学为中心，向建设教育、科研两个中心方向转变；由主要培养本科人才，向培养多层次，特别是培养高层次人才、复合型人才转变；由封闭型办学向开放型办学方向转变。

在这场全国全校经历的轰轰烈烈的改革开放大潮中，五系也经历了巨大变化，逐步实现了将原有产品型和军工专业向以学科为主、军民结合型方向的转变；建成了具有多个专业学科、能培养多层次人才的基地，实现了将原有主要培养本科和少量研究生人才向培养多学科多层次和高层次人才的转变；通过开门办学、"走出去"、"请进来"和多层次选拔，使师资队伍力量稳步增强，逐步形成了多个教学科研团队，在人才培养、科学研究、学术交流等方面发挥了关键作用。

# 第四章 专业恢复及蓬勃发展初期（1977—2000 年）

## 4.1 70 年代调整和恢复工作

1976 年 10 月 6 日，中共中央政治局毅然粉碎江青反党集团，接着在全国范围开展了揭露和批判"四人帮"的斗争，学校广大教师、干部、职工和学生对粉碎"四人帮"异常兴奋，立即开始了有组织有领导的联系实际揭发批判"四人帮"破坏教育事业的罪行。

**1977 年**

1977 年 3 月，1976 级学生入学，学生普遍存在文化程度太低的问题，学生听不懂、教师无法教。

5 月，邓小平同志明确提出"尊重知识、尊重人才"和"科学技术是第一生产力"，7 月，中央十届三中全会决议恢复了邓小平同志党内外一切职务，邓小平同志开始亲自抓科学、教育工作，领导科技教育战线拨乱反正。我校广大干部和师生学习邓小平同志的一系列指示，备受感动和鼓舞，认为邓小平同志的系列讲话反映了长期积压在大家心底的声音，为大家解除了精神上的枷锁，使大家又一次获得了大解放，决心在各自不同的岗位上，加紧工作，尽力把被"四人帮"破坏耽误了的时间抢回来。

五系原来在"文化大革命"中被批判、靠边站的领导李宜今、张德齐、戚叔纬、胡启俊等同志都恢复了工作。首先开展的就是针对 1975 级的教学秩序整顿工作，做了一系列调整，及时改变了 1975 级的教学情况。针对 1976 级的问题，学校也大力调整了其教学计划和教学组织安排。由于采取了一系列果断的措施，教学工作得以顺利开展，教学质量在尽可能的范围内获得了提高。其间，由于恢复考试、考查制度，一些学生不适应，进行罢考。系党总支和教师认真分析这些现象，通过讲事实、摆道理，揭批"四人帮"流毒、分清是非，才使考试、考查制度恢复起来。

7 月，学校为迎接全国科学大会，召开了科研总结表彰大会，共 300 余人参加，评选出 44 个先进个人、14 个先进集体，对 65 项科研成果进行了表彰，这是我校成立以来的第一次科研总结表彰大会。10 月，学校党委做出《关于贯彻落实〈中共中央关于召开全国科学大会的通知〉的通知》，提出了 8 条要求，包括建立和恢复一批科研机构，立即恢复雷达研究室等。

10 月，教育部在北京召开了高等学校工科基础课教材座谈会，在深入揭批"四人帮"罪行的基础上，讨论了编写教材的指导思想、原则和分工，我校承担了《电路分析基础》教材的编写任务，由李瀚荪（当时已调入二系任教）担任主编。

11月9日，首都工人、解放军毛泽东思想宣传队撤离北京工业学院。

11月10日，学校发布了《关于制定七七级教学计划的意见》（以下简称《意见》），为按教育部规定，恢复和改革高校招生制度与1978年3月将要入学的1977级教学工作做准备。这个《意见》贯彻了全国工科基础课教材会议的精神，是粉碎"四人帮"后对本科学生制订的第一个教学计划。

11月23日，北京工业学院举办恢复基础部成立大会，终结了"文化大革命"中组建的"专业联队"。各专业分总支也予以撤销，按常态进行教学工作。

11月，学校正式作出《关于一九七七年招收研究生的报告》，提出要招收研究生46名（实际上1978年招收了"文化大革命"后的首批研究生55名）。

12月，五机部召开了高等学校兵工专业教材工作会议，按会议要求，学校各专业的教研室主任、各系系主任及教务部门的有关同志参加了会议。在参加会议期间，学校参加会议的同志利用晚上和休息时间讨论了学校的专业设置和培养目标等问题，相当于开了一次高效率的教学工作会议，这次会议非常重要，为学校此后的教学工作奠定了很好的基础。几乎与此同时，四机部召开了高等学校工科电子类专业会议，电子工程系由王景元、周思永、李卫等四人去武汉参加了会议。会上明确雷达专业应由原来的按照分机设备设置课程，改为按照学科设置课程。之后，五系开始根据以上精神逐步制订出新的教学计划。也是在这次会议上，安排五系承担《统计无线电技术》《雷达信号理论》《热力学与统计物理》等教材编写任务。

### 1978年

1978年2月17日，国务院转发《关于恢复和办好全国重点高等学校的报告》，北京工业学院继续被列为全国重点高校。

3月7日，国务院批发了教育部《关于高等学校恢复和提升职务问题的请示报告》，根据这个政策，北京工业学院也恢复了原有教授、副教授、讲师和助教职称，并根据"坚持标准、保证质量、全面考核、择优提升"的原则，从1978年到1983年5月分期分批进行了晋升和确定教师职称工作。首批是1978年12月15日，柯有安、王中、李世智、林茂庸、毛二可、王遇科、张绍诚、蔡祥裕、陶楚良等九位老师由讲师晋升为副教授。张著、张润泉由助教晋升为讲师。

之后由助教晋升为讲师的老师还包括：

51专业：阮龙泉、吴祈耀、李德生、戴润林、费元春、胡杏生、韩月秋、苏坤隆、程之明、王世一、齐怀印、邓克勤、戚济民、李永庆、刁育才。

52专业：张前昆、高永峰、吴鹤龄、江涛、何仲雄、韩建伟、彭一苇、李书涛、刘明业、张金烈、翟俊英、叶梅龙、龚元明、战守义、李敏生、石德华。

53专业：邓次平、卢荣章、高本庆、闫润卿、蒋坤华、李鸿屹、尚洪臣、刘瑞祥、李英惠、方子文。

54专业：刘义蓉、许德华、王玉光、林金健、吴涓涓、周永溶、李印增、朱广大、王华、宋彦儒。

55专业：刘淑敏、刘鹤鸣、金振玉、向茂楠、于在镐、李光宇、朱秀英、罗一鸣、方再根、李聿修、郭志芬、朱贵明、辛肖明、李祯祥、王文凯。

501：曾禹村、范家慧、蒋姞、任良、何佩琨、甘淑贞、张宝俊、董志敏、贺白眉、戴永增、吴鹏翼。

502：王周、王堃、赵汝彭、肖裔山、任世隆、董荔真、陈世伟、卞祖富、闫百兰、倪福卿、田成文、阎凤坛、吴丙申、罗伟雄、陆宗逸、潘儒沧。

503：杨继安、吕德新、刘继华、程震先、周冬友、恽雪如。

504：魏丽媛、童骧一、陆叔云。

电子厂：俞士良、区健昌、王金琪、王建华、王文吉、王勇。

机关：苏舫。

1978年3月，全国科学大会开幕，我校有34项科研成果受到大会奖励，同时有39项科研成果受到北京市科学大会奖励。

3月18日，在恢复和改革招生制度后，北京工业学院在"文化大革命"后第一批1977级519名新生开学。五系51和53两个专业招生两个班，共62人，51771班37人，53771班25人。1977级入学质量被认为是我系继1951级之后又一高峰。由于10年未举办高考招生，社会上集合了从事各种行业工作的多届高中毕业生和同等学力的知识青年，新高考的召唤，激发了千百万知识青年的积极性。本次高考录取比例仅7%，能进入五系的人数还要低于这个比例，创造出又一历史之最。1977级学生入学后，迸发出极大的学习积极性，这是任教于1977级老师们的共识。由于学生质量高且学习努力，其中不少人后来成为优秀人才，例如51771班学生陈晋华和53771班学生龚克等。

从1978级开始，五系按照雷达技术、计算机工程、微波技术、半导体器件、无线电遥控遥测5个专业招生，直至1979年。这些专业设置反映出学校和系的原有基础，以及国家社会在经济、国防建设上的高速发展对人才的需求。

五系1978级本科生在1978年10月12—14日报到入学，共招生146人，编为51781、52781、53781、54781和55781五个班。9月恢复研究生招生，五系研究生招生专业为雷达技术和计算机工程，这一首批硕士学位研究生共招生4人，包括姜车波、林海、樊正芳和匡镜明，匡镜明后来担任北京理工大学校长。

7月李瀚荪副教授（当时是二系教师）主编的《电路分析基础》出版，同年二系组建由李瀚荪副教授牵头的电路教学组，该组归属204教研室［此时的204

教研室负责两门课——电路分析基础和电子学（即模拟电子技术和数字电子技术）]，李瀚荪为教研室主任。

10月，中共北京市委通知北京工业学院五七干校停办、移交。

12月，由王震副总理提议和主持在北京召开了国防工业高等院校教授座谈会，我校参加的会议代表有31人。与会的代表就落实知识分子政策、充分发挥老中年教师作用、精兵简政等方面提出了许多宝贵意见，充分展现出我校广大教师蕴藏着的极大的社会主义积极性，对"四化"建设、对搞好教育事业和学校建设有极大的热情。

12月，党的十一届三中全会胜利召开，重新确立了马克思列宁主义的思想路线、政治路线和组织路线，是我党历史上具有深远意义的伟大转折。其后，学校由苏谦益同志主持党政工作，认真贯彻执行了党中央十一届三中全会的路线、方针和政策，结束了清查"四人帮""帮派体系"的群众运动，从政治、思想、组织上进行了一系列的拨乱反正工作，彻底批判了"四人帮"炮制的"两个估计"。

1978年，在教育部《高等教育理科和工科基础课程1981—1985年教材编审规划》中，五系列入规划的教材包括卢荣章主编的《电磁场理论》、沈世锐主编的《电工与电子技术》和费元春主编的《固态倍频》，以及二系李瀚荪主编的《电路分析基础（第2版）》。

1978年，五系正式恢复了雷达技术教研室，恢复时全部教师、工程技术人员和工人只有10人，但在之后短期内鉴定了多项科研成果。

**1979年**

1979年1月，学校党委对在1957年反右派斗争中被错划为右派的502人进行了改正，对运动中受到错误处理的940人进行了平反，对在1959年反对右倾机会主义斗争中被错误批判的22人进行了彻底平反。对历次运动中受到冲击的2 105名同志进行了平反，系统清理档案，把有关材料从档案中清除焚毁，五系马启光、阙继秦等同志回系工作。由于进行了大量的拨乱反正工作，解决了中华人民共和国成立以来学校许多历史遗留问题，为广大干部和教师、职工彻底解除了精神枷锁，使学校出现了前所未有的安定团结的局面，调动了广大教职工的积极性，使学校的各项工作重新蒸蒸日上。广大群众的思想、精神大解放，为沿着党的十一届三中全会开辟的航道前进提供了无穷无尽的动力，学校的工作重点迅速转到教学科研上来，出现了前所未有的好形势。

学校首先从教学入手开始了恢复整顿，9月学校发出关于修订教学计划的规定：要坚持社会主义方向、重视政治理论教育、加强学生思想教育；要求在课程设置上专业面要宽、基础要厚、适应性要强，要贯彻"少而精"和"因材施教"

的原则。修订的教学计划主要包括：四年中理论教学为 131.5～137.5 周，考试 13.5 周，毕业设计 10～14 周，实习 10～14 周，公益劳动 1 周，机动 2 周，假期 27 周。课内总学时不得超过 2 800 学时；课内周时数不超过 20～22 学时。

根据这次修订的教学计划，雷达专业课程设置见表 4.1。

表 4.1　1979 年雷达专业课程设置

| 序号 | 课程 | 学时 | 序号 | 课程 | 学时 |
| --- | --- | --- | --- | --- | --- |
| 1 | 政治理论 | 180 | 15 | 线性系统与反馈系统 | 70 |
| 2 | 体育 | 140 | 16 | 统计无线电技术 | 70 |
| 3 | 外语 | 280 | 17 | 微波技术与天线 | 100 |
| 4 | 高等数学 | 250 | 18 | 微波电子线路 | 100 |
| 5 | 工程数学 | 180 | 19 | 雷达系统 | 100 |
| 6 | 普通物理 | 240 | | 总学时数 | 2 745 |
| 7 | 普通化学 | 80 | | 选修课程 | |
| 8 | 机械制图 | 70 | 1 | 第二外语 | 72 |
| 9 | 电路分析基础 | 120 | 2 | 雷达信号理论 | 60 |
| 10 | 信号与系统 | 140 | 3 | 雷达系统分析 | 60 |
| 11 | 电子线路 | 330 | 4 | 雷达信号数字处理 | 60 |
| 12 | 脉冲及数字电路 | 135 | 5 | 数字技术在雷达中的应用 | 20 |
| 13 | 计算机原理与应用 | 60 | 6 | 雷达发射系统 | 60 |
| 14 | 电磁场与电磁波 | 100 | 7 | 工业管理系统工程 | 40 |

与 1963 年雷达线路设计专业的课程设置相比较可见许多特点。1963 年课程是按雷达站的各分机设置的，主要包括天线与电波传播（104）、无线电发送设备（108）、无线电接收设备（124）、雷达显示设备（36）、雷达自动装置（72）、雷达基础（63）、雷达系统（60）。而 1979 年的课程，除保留雷达系统（60/100）外，已没有按雷达站各分机设置的课程，代之的是按服务于雷达的学科技术而设置的课程，主要包括信号与系统（140）、电磁场与电磁波（100）、微波技术与天线（100）、雷达信号理论（60）、雷达信号数字处理（60）、雷达发射系统（60）等。

在大量基础性工作的基础上，学校于 10 月 31 日召开了系、部、处领导和教授专家参加的集中会议，审议了包括雷达在内的 10 个专业的典型教学计划，会后各专业都参照这 10 个典型教学计划修订了自己的教学计划，至年底 32 个专业全部完成。这是自 1962 年以来，学校第一次全面、大规模修订教学计划和教学大纲，这项工作对培养高级专门人才、提高教学质量、稳定教学秩序和以后的教学改革都具有重要意义。整顿工作还包括抓期末考试、开展教学检查、编写和出版新教材、建设教师队伍等，这些工作一直持续开展到 20 世纪 80 年代中期。

1979 级五系共招收本科生 155 人，编为 51791、52791、53791、54791 和 55791 五个班，招收硕士生 1 人。

9 月工宣队成员撤出学校，贾俊启同志回 618 厂，何文同志调校部任纪委副书记，秦秀坤同志任系党总支书记，赵长水、董兆钧任系党总支副书记。

11 月，张德齐担任系主任，戚叔纬、胡启俊任系副主任。

**1980 年**

1980 年，计算机工程专业（52）从电子工程系分出来，组建计算机科学与工程系，校内代号九系。调整之后，五系设置雷达技术（51）、微波技术（53）、半导体器件（54）、无线电遥控遥测（55）共四个专业。

1980 年 4 月，根据学校"院字（80）54 号"任命通知，任命：

林茂庸任 51 教研室主任，柯有安、王世一任副主任。

张绍诚任 52 教研室主任，江涛、彭一苇任副主任。

楼仁海任 53 教研室主任，刘静贞、李英惠任副主任。

李卫任 54 教研室主任，陶楚良、李印增任副主任。

俞宝传任 551 教研室主任，李光宇任副主任。

刘鹤鸣任 552 教研室主任，于在镐任副主任。

葛成岳任 501 教研室主任，黄九琰、张宝俊任副主任。

阎凤坛任 502 教研室主任，倪福卿任副主任。

杨继安任 503 教研室主任，吕德新任副主任。

苏舫任 506 教研室主任，李品生任副主任。

当时原 504 教研室主任李育珍教授已经调入九系，504 教研室没有任命新主任。506 教研室的任务是把五系各教研室的实验室及实验尽快恢复起来。

7 月，学校党委根据教育部、五机部和北京市委的指示精神，认真回顾和总结了党的十一届三中全会以来的工作，确定在 1980 年下半年着重抓好制定学校十年发展规划等工作。

10 月，五系建立了新的党总支，秦秀坤副书记担任代书记，赵长水、董兆钧任副书记。根据党委组织全校党员学习《关于党内政治生活的若干准则》、党章（修改草案）和党的十三届五中全会文件的要求，五系组织全体党员参加。还对 1966 年以后入党的党员和要求入党的积极分子开设党课，提高执行三中全

## 第四章 专业恢复及蓬勃发展初期（1977—2000年）

会路线、方针、政策的认识觉悟，坚持三会（支部委员会、支部大会、党小组会）一课（上党课）制度。对党员进行学习党规党法、保守党的机密、遵守党的组织纪律的教育。五系当时根据东北师范大学倡导的"共产主义学习实践会"做法，首先制定出电子工程系党总支"共产主义学习实践会"章程和实施细则，有不少教职工和学生组成学习小组，开展学习，并有多人提出入党要求。依据成熟一个发展一个的原则，陆续发展了一批党员，使五系党的组织不断扩大，党员数量不断增多。

这个时期本科生招生工作逐渐步入正轨，但1980年54专业没有招生。1980级本科生共招生三个班——51801、53801、55801班，共71人，硕士生招生2人。

1980年北京高校电路理论教学研究会成立，这是全市性的高校教学研究组织，由北京市高教局主管，挂靠在北京工业学院，李瀚荪副教授被推选为该会的理事长（此事在一定程度上反映了当时李瀚荪老师和我校电路课程在北京市高校中的地位），龚绍文老师担任秘书长。

**龚绍文教授**

到1980年，五系各个教学科研单位人员组成如下：

51专业：阮龙泉、吴祈耀、李德生、田成文、戴润林、费元春、胡杏生、韩月秋、苏坤隆、程之明、王世一、齐怀印、邓克勤、戚济民、李永庆、刁育才、林茂庸、匡镜明、卢锦、柯有安、毛二可、周思永、王中。

52专业：张前焜、高永峰、吴鹤龄、江涛、何件雄、韩建伟、彭一苇、李书涛、刘明业、张金烈、翟俊英、叶梅龙、龚元明、战守义、李敏生、石德华。

53专业：邓次平、卢荣章、甘翠英、史国华、蒋坤华、高本庆、闫润卿、尚洪臣、李鸿屺、刘瑞祥、李英惠、方子文。

54专业：李卫、赵显利、刘义荣、许德华、王玉光、林金建、吴涓涓、周永溶、李印增、朱广大、王华。

55专业：刘鹤鸣、刘淑敏、金振玉、向茂楠、于在镐、李光宇、朱秀英、罗一鸣、方再根、李聿修、郭志芬、朱贵明、辛肖明、李祯祥、王文凯、苏广川。

501：曾禹村、范家慧、蒋姞、任艮、何佩琨、甘淑贞、张宝俊、董志敏、贺白眉、戴永增、吴鹏翼。

502：王堃、赵汝彭、肖裔山、任世隆、董荔真、陈世伟、卞祖富、闫百兰、倪福卿、田成文、阎凤坛、吴丙申、罗伟雄、陆宗逸。

503：杨继安、吕德新、刘继华、程震先、周冬友、恽雪如。

504：魏丽媛、童骧一、吴庆丰、王堃。

电子厂：俞士良、区健昌、王金琪、王建华、王文吉、王勇。

1980年下半年，港商向学校捐赠一批微型计算机，学校又订购了一批CPU为6502的苹果Ⅱ型机，校领导谢箱到五系主持座谈，讨论将原来的521教研室、实验室一起规划为计算机教研室，抽调李光宇、向茂楠、王金琪、苏广川和马静娴等教师组成，命名为微机原理教研室，代号为505，李光宇任教研室主任。

## 4.2 80年代建设及提升工作

**1981年**

1980年12月至1981年1月，学校举办了专业调整讨论班，院系负责人、部分正副教授共50多人参加了讨论，达成了许多共识，为下一步专业调整奠定了思想基础。讨论比较一致地明确了以下几个方面的问题：一是专业调整的必要性；二是改变单一工科专业的现状，办成理、工、管相结合，以工为主的综合性大学；三是按学科办专业；四是保持军工特色，但不是要办国防专业；五是改变管理体制，按学科设系、系办专业；六是专业调整要慎重；七是明确教师学科方向。这次大讨论对学校办学具有深远的影响，是学校历史上一次重要的会议，对学校未来的发展起了重大作用。

根据这一讨论的精神，学校进入大幅度调整改造专业的阶段，对学科基础相近的9个专业调整合并，对一批军工产品型专业，有的拓宽了业务范围和服务方向，有的调整为通用专业，有的采用一个专业、两个牌子的办法调整为军民结合型专业。

学校的学科结构逐步向讨论归纳的14个方向调整和变化，其中就包括五系的电子工程专业，它是由雷达技术专业和无线电遥控遥测专业合并组成的。这样，五系的专业包括电子工程（51）、电磁场与微波技术（53）、半导体物理与器件（54），这种专业结构一直持续到1987年。

无线电遥控遥测专业与雷达技术专业合并组成电子工程专业后，无线电遥控遥测教研室（55教研室）仍然保留，在系领导下，教研室组织教师研讨专业发展方向，经过广泛调研、向兄弟学校取经，确定了无线电遥控遥测向通信工程学科方向发展的思路。之后，除开设通信原理课程外，还相继开设了信息论、纠错编码等新课程，同时大搞科研。之后，55教研室人员变化较大，除之前抽调部分老师组成505教研室之外，方再根、李在庭老师调入八系，李聿修老师赴加拿大进修，后来调入教委，李桢祥老师调入501教研室，刘凯老师调入军队院校，程延军老师到日本进修。

6月，党的十一届六中全会通过了《中国共产党中央委员会关于建国以来的若干历史问题的决议》，学校组织师生开展了系统学习，对于决议中的重大理论问题，大家普遍反映耳目一新、心悦诚服，认为澄清了引起混乱的重大理论问题，对党和国家的事业有重大促进作用，学生中也掀起了要求入党的热潮。

从1981级开始，五系本科生按照电子工程、电磁场与微波技术、半导体物理与器件三个专业招生，但电子工程专业包含雷达技术（51方向）和无线电遥控遥测（通信工程）（55方向）两个专业方向，一直持续到1987年。1981年本科生共招生4个班，分别是51811班、53811班、54811班和55811班，共121人，硕士研究生招生5人。

10月，当年五系第一批4名硕士研究生毕业，被授予工学硕士学位，这是我国、我校和五系首批获得硕士学位的研究生，他们是姜车波、林海、樊正芳和匡镜明。

11月，国务院批准学校博士和硕士学位授予权，由此我校成为我国首批学位授予单位之一。国务院批准学校首批博士学位授予学科和专业3个，硕士学位授予学科和专业24个，包括设置在五系的通信与电子系统和电磁场与微波技术。

**1982年**

1982年4月，电子工业部成立高等学校工科电子类专业教材编审委员会（此前1979年10月，教育部下发《关于建立高等学校理科和工科基础课程教材编审委员会的通知》），直接由电子工业部下属教育部门领导。共成立了高等学校无线电技术与信息系统、电磁场与微波技术、电子材料与固体器件、电子物理与器件、电子机械、计算机与自动控制和中等专业学校电子类专业、电子机械类专业共8个教材编审委员会，其主要任务是制定相关专业的教材建设规划（周期约5年）、制定教材的编审出版规划，以及组织和监督各统编教材从立项到出版中各个环节的具体实施。编审委员会的成员来自具有电子类专业学校在第一线工作的技术领导和教授。每个教材编审委员会有一个挂靠单位（大学或学院）。其中电磁场与微波技术编审委员会挂靠在北京工业学院，由当时电子工程系主任张德齐教授任主任委员，直至20世纪90年代。五系副主任戚叔纬教授、51专业教研室主任林茂庸教授均是无线电技术与信息系统教材编审委员会的委员，参加教材编审的各项活动。54专业教研室主任李卫教授是电子物理与器件教材编审委员会的委员。1987年国家机械委成立机电类专业教学指导委员会，邓次平教授任电子技术方面的主任委员、阎凤坛任委员。

在教材编审委员会成立后,学校开展了卓有成效的工作,以五系张德齐教授担任主任委员的电磁场与微波技术编审委员会为例,编委会副主任委员由当时来自成都电讯工程学院、西北电讯工程学院、南京工学院的教授出任,委员来自清华大学、浙江大学、西安交通大学、上海交通大学、华中理工学院、天津大学。编委会下设三个编审小组:电磁场理论编审组、天线编审组、微波技术编审组。电磁场理论编审组组长由当时五系 53 教研室主任楼仁海教授担任,而天线编审组和微波技术编审组分别由任职为副主任委员的两位外校教授担任组长。在 1982—1985 年度教材编审出版规划中,列出必修教材 11 本,其中有 7 本由微波技术编审组负责,主任委员张德齐教授一直参加微波技术编审组的工作。编委会的工作特点主要包括:

(1) 跟随改革开放大形势、贯彻教育部和电子工业部关于编审出版教材的精神,走全面独立自主立项编审和出版教材的新路子。

(2) 全部按计划立项教材,均要经历由编审委员会制定的"招标—投标—评审"的民主评选过程。规定亲近者回避,即编审委员会委员不参加本单位投标教材的投票。

(3) 坚决抵制在教材建设中的不正之风。如:在审看投标教材时,有一位评委发现某投标教材中上百页内容是"原封不动搬用"现用教材,经另一评委核实后,编审组坚决抵制了它的投标,并直接通告了投标者。

编审委员会的做法得到各校老师的认同。如微波技术编审组在征集投标教材通告发出后,按时收到了各种投标教材,其中投标《微波技术基础》的达 5 本,来自 5 所院校。编审委员会在编审教材中公正、民主、透明的全过程,得到各院校的赞誉、信任,甚至将编审委员会奉为教材编审的"评判裁决机构"。例如,有一院校投标教材时,在第一作者问题上产生争执,无法解决,后其系领导决定由争执双方各写出文字材料,连同投标教材寄给编审委员会裁决。编审委员会收到材料后,经微波技术编审组审查讨论做出决定,通知投标单位后,解决了这宗"难案"。编审委员会平均每年组织召开教材编审活动两次,编审委员会向电子部主管部门汇报工作,由主任委员张德齐教授负责完成。总的来说,北京工业学院五系作为挂靠单位付出很多,但也获益匪浅。它为五系在教材建设上提供了紧跟形势、向外院校学习的良机。例如,20 世纪六七十年代出版的教材,其作者是单位名或参编人名的组合名 [例如,张方英(张德齐、谢处方、甘翠英),《天线与馈电系统》;柯二中(柯有安、毛二可、王中),《雷达站》,等]。但 20 世纪 80 年代及以后出版的教材,均写作者全名(例如,张德齐,《微波天线》,国防工业出版社,1987)。编审委员会的工作也调动了五系教师参编教材的积极性。例如微波技术基础是五系的一门专业技术基础课程,早年选用外校编写出版的教材，后来主讲教师集多年教学经验编写教材，于1988年出版（闫润卿，李英惠，《微波技术基础》，北京理工大学出版社，1988），该书出版后深受用户欢迎，年均销售量3 000册以上。该书1998年获北京理工大学第八届优秀教材二等奖，2008年教育部批准该书（第3版）为"十一五"国家级精品教材等。

1982级五系本科生共招生3个班，分别是51821班、53821班和54821班，共80人，硕士研究生共招生14人。

9月，中国共产党召开了第十二次全国代表大会，通过了《全面开创社会主义现代化建设的新局面》报告。学校师生深受十二大向全党发出的奔向2000年的宏伟目标的鼓舞，学校工作进一步获得很大进展，包括按照干部四化要求，调整系处领导班子，整顿纪律，增进安定团结，推进教学科研改革；1983年2月，学校根据教育部和兵器工业部的通知要求，提出修订军工类、机械类和无线电电子类专业目录的意见；还开展了建设恢复改善提高公共设施，加强社会主义精神文明建设等工作。

从1980年开始，学校也大力抓了恢复和整顿科研组织，发布了《北京工业学院科学技术成果奖励条例》，并在1982年3月召开了学校第二次科研成果奖励表彰大会，表彰了18项科研成果和对国家做出重大贡献的3个实验室和研究室，其中包括五系的雷达研究室。同时，在科研工作上狠抓科研选题、科研管理和科研成果鉴定，组织跨学科研究项目，参加科技成果交易会，开展学术活动，活跃学校的学术氛围。

毛二可、费元春、韩月秋、周冬友等人完成的"高稳定本振源"及费元春、毛二可、韩月秋等人完成的"10公分微波晶体管压控振荡器"获得1982年国家发明三等奖，这两项成果很快在国内20多个厂、所、校推广并应用于多部雷达中。韩月秋、胡杏生、毛二可等人完成的"电荷耦合快慢钟"荣获1982年国家发明四等奖。

1982年后，在五系成立了英国马可尼公司仪器维修站，胡启俊担任首任（1982—1983）站长，其后苏舫担任站长（1983—1992）。成员包括任凤梅（1982—1998）、李钢（1985年考上研究生后退出）、邓克勤（1985—1998）、赵宏图（1992—1998）、李淑云（1986—1998）。主要工作包括：协调马可尼公司捐赠给学校价值10万英镑①的国际先进水平电子仪器，如微波信号源、标量网络分析仪、射频信号源、调制度表、频谱仪等。每年向学校上缴3万～10万元人民币的维修收入，改善院系收入。自筹建设了位于学校西南门的400平方米维修站用楼房。从1985年开始，以维修站为基础成立了教研室，魏丽嫒担任主任，

---

① 1英镑＝9.122 5元人民币。

承担了研究生和本科生的教学和毕业设计。苏舫编写了《近代测量仪器》讲义，给硕士生开课。

这一时期，学校还大力整顿后勤工作，不断改善和加强思想政治工作。

1982年以后，通过学习《邓小平文选》，开展教育思想大讨论，端正办学指导思想，树立坚定、正确的政治方向和明确大学生健康成长的道理，搞好教书育人、服务育人、管理育人，为人师表，把课程建设作为提高教学质量的基础，全校、全系出现了新的气象。

**1983 年**

1983年5月，学校在"文化大革命"后第一次通过民主推荐遴选系领导班子人选，校党委任命张德齐担任系主任，周思永、吴祈耀、李英惠担任系副主任。同年五系组建了系工会、改选了系学生会。系工会由系副主任戚叔纬任主席，俞士良、郝兰生任副主席。系学生会由崔君如任主席，张波、刘建夏、陈勇、吴仁华、王军任副主席。系学生工作组由杨学洲任书记，周东任副书记。

1983级五系本科生共招生4个班，分别是51831班、51832班、53831班和55831班，共122人，硕士研究生共招生21人。

1983年，学校制定了研究生培养规定，规定攻读硕士学位的学习年限为2.5年，其中课程学习1.5年，科学研究和撰写论文1年。在职硕士生学习年限可延长1年。规定硕士研究生的培养方式采取指导教师负责和教研室（研究室）集体培养相结合的办法，充分发挥指导教师和研究生两方面的积极性，师生合作，教学相长。这一规定执行到1992年。

硕士生的课程分必修课和选修课（包括任选课），课程学习实行学分制。硕士生在规定的学习年限内，必须累计学满34~40学分（选修本科生高年级课程学分不得超过3学分）。学分分配如下：自然辩证法5学分；第一外国语6学分；专业基础和专业课10~12学分；文献阅读、选题报告4学分；选修课任选课9~13学分；教学实践2学分。

从1983年开始，陶楚良、赵汝彭和熊如梅三位老师共同接受了航天部一院202工程用"双防"电爆管研制任务，其中进行的火工品测试获得了国家机械工业委员会颁发的科学技术进步奖三等奖3项。其后1990—1992年研制的微机监控电火工品测试仪获得中国兵器工业总公司科技进步二等奖，1992年10月获得光华科技基金三等奖，所研制的仪器在航天部和兵器工业部得到了广泛的应用。

1983年，五系又抽调55教研室区健昌老师（"文化大革命"后从工厂调入）、实验员代国智和王勇开办日本TEAC公司记录仪维修站，于在镐任首任站长（1983—1984），区健昌（1984—1986）和代国智（1986—2006）其后相继担任站长。维修站的主要工作包括：协调 TEAC 公司捐赠了价值 100 多万元人民币的仪器设备 20 余台，如 XR500 数据记录仪、XR200 数据记录仪、PS9000 数据采集分析系统、100M 示波器等。1983 年和 1990 年捐赠三菱面包车和切诺基越野车，1985 年为系购置了我校第一台日产复印机。每年上缴 8 万~10 万元创收收入。指导本科生毕业设计。

连同 1982 年设立的马可尼维修站一道，这两个维修站不仅提高了学校的声誉，对院系的发展做出了贡献（特别是在十一届三中全会之后、改革开放初期的特殊历史时期），而且对国家的航天、航空、船舶、高速铁路、汽车制造、电力、地震监测、高校等重要部门的科研生产助力很大，两个维修站共维修了 3 000 余台仪器设备，为国家的科研生产提供了保障。

**1984 年**

1984 年 1 月，国务院第二批批准学校 7 个博士学位授权点，包括设置在五系的通信与电子系统，柯有安教授获批为通信与电子系统专业博士生导师，成为学校 13 位博士生导师之一，这是国务院批准的全国第二批博士生导师，也是学校第一批博士生导师。另外，审批了学校 5 个硕士学位授权点。

1 月，阎凤坛任系副主任，负责教学工作。

1984 年五系本科共招生 4 个班，分别是 51841 班、51842 班、53841 班和 54841 班，共 130 人，硕士研究生共招生 35 人，并于当年开始招收攻读博士学位的研究生 3 人。

8 月，我校选派 4 名硕士学位研究生赴西德西柏林工业大学攻读博士学位，五系匡镜明入选，在该校电工系通信技术研究所攻读博士学位。

对于硕士研究生的培养，学校根据教育部的规定对硕士生的课程进行了调整：规定每位研究生必须学习足够学分的学位课程；学位课程由自然辩证法、第一外国语和 12~16 学分的其他学位课程组成；除学位课程外，每个专业还设有多门选修课程。学校鼓励研究生选修其他专业的研究生课程。关于博士生的课程设置，《北京工业学院攻读博士学位研究生培养工作暂行规定》（下面简称《暂行规定》）要求，博士生的课程设置包括三个方面：马列主义理论课程、基础理论与专业理论课程和外国语。关于博士学位论文，《暂行规定》要求：博士学位论文应对国民经济具有重要的实用价值或理论意义，应在科学或专门技术上做出创造性的成果，并反映出作者在本门学科上掌握了坚实宽广的基础理论和系统深入的专门知识。在时间安排上，要求博士生在第一或第二学期写出学位论文选题报告，并初拟论文题目。

10 月，中共中央作出了《中共中央关于经济体制改革的决定》，1985 年 3 月

和 5 月又作出了《中共中央关于科技体制改革的决定》和《中共中央关于教育体制改革的决定》。这三个决定把我国的社会主义革命和建设事业推上了一个新的历史阶段,也为学校的教育改革提供了强大的武器和动力,使学校的教育改革步步向深入发展。

从 1984 年 10 月开始,学校开展了教育思想大讨论,党委提出学校业务指导思想的基本原则是"三个面向""两个中心""一个目标",即邓小平同志提出的"教育要面向现代化、面向世界、面向未来",学校必须办成既是教育中心,又是科研中心,各项工作最终要落实到培养德、智、体全面发展的不同层次的高水平专门人才这样一个目标上。

为贯彻这个指导思想,1984 年以来,学校采取多种措施加强青年教师培养,推进转变教学思想、改革教学内容和方法,重视培养学生的能力,加强对科研工作的领导,明确重点学科,调整科研的规模和布局,加强对外学术交流和面向社会开展对外协作,把学生工作放在重要位置上,加强学生政治工作队伍的建设,搞好后勤保障,按照干部四化的方针选拔和使用干部,把有开拓精神、有组织能力、勤奋工作的干部尽快放到关键岗位上。

10 月 13 日,学校成立了研究生院,成为我国首批批准建立研究生院的 22 所高校之一。五系柯有安教授担任北京工业学院副院长兼研究生院首任院长,并牵头创办《学位与研究生教育》杂志。

11 月,周思永教授担任系主任,阎凤坛、于在镐担任系副主任。于在镐主管科研,并担任系工会主席。

当年五系毛二可教授被授予"国家有突出贡献的中青年专家"称号。

### 1985 年

1985 年五系本科生共招生 4 个班,分别是 51851 班、51852 班、53851 班和 54851 班,共 120 人,硕士研究生共招生 47 人,博士研究生招生 5 人。

9 月学校开始全面推行学分制教学计划,课程分为校定必修课、系定必修课、限定选修课和任意选修课。校定必修课为学校规定的学生必须学习的公共课和基础课,包括马列主义理论、基础外语、体育、高等数学、线性代数、概率与数理统计、普通物理、普通物理实验、算法语言、企业管理与技术经济,约占课内总学时的 43%。系定必修课是专业主干学科的技术基础课和专业理论基础课。限定选修课是按专业培养要求,在规定的某业务范围内,允许学生选修规定学分数的选修课。任意选修课是按专业培养要求,结合自己的志向、爱好和特长,包括学校和本专业开设的选修课或外系(专业)的必修课程等。这个计划将理论教学总学时压缩在 2 400 学时以下,增加选修课 20% 左右,其中有限定选修课、跨系的专业选修课和人文社会科学公共选修课。为使培养的人才更好更快地成长，在实行学分制的同时，因材施教，实行了选优制，在二年级第一学期，选拔占学生总数3%~5%的优异生，配备导师，特殊培养，并开始着手进行课程建设，从基础抓起，扎扎实实提高教学质量。

11月，当时的国家科委确定在全国73个单位建立博士后流动站，我校成为首批建站单位之一。

1985年，从55教研室分离出来一部分人成立图像制导技术研究室，成员包括朱贵明、郭志芬、刘天庆和俞兆媛。成立生物医学电子工程教研室，吴祈耀担任主任。刘淑敏调到校专利室。

**1986年**

1986年4月，国务院学位委员会第六次会议决定逐步试行在一定学科范围内下放硕士学位授权学科、专业审批权，我校成为首批试点院校之一，共在7个一级学科范围内有权自行审批硕士学位授权学科，五系的电子学与通信学科也在此列。当年，首次自行审定3个学科专业硕士点，获得兵器工业部初审通过并上报国务院学位委员会获准备案，包括设置在五系的半导体物理与器件，并在1986年7月28日被国务院学位委员会批准为第三批硕士学位授权学科专业。同时，国务院学位委员会批准第三批博士生导师，学校增列14位博士生导师，包括五系通信与电子系统专业的毛二可教授和电磁场与微波技术专业的李世智教授（当时兼职于北京邮电学院电磁场与微波技术专业）。

从1986年上半年开始，学校进行"七五"期间学科建设规划，选择31个学科作为重点建设学科，其中14个作为第一批重点建设学科，包括设置在五系的信号与信息处理学科。

从1986年起，学校实施从优异生中推荐免试攻读硕士学位研究生，第一批1983级有82.6%的优异生被推荐为免试入学的硕士研究生。选拔优异生制度的实施有利于优秀人才的培养。

当年，五系通信与电子系统学科在制定硕士研究生研究方向时共列出10个方向，包括：

（1）信号处理：研究近代信号处理理论、信号处理系统、信号处理技术及应用。

（2）信号处理理论与信号处理：研究信号波形最优设计、信号最优综合和处理。

（3）数据处理：研究雷达、语音、图像信号、地下信号、洪水预报数据处理。

（4）系统理论与应用：研究对系统描述、建模、辨识、仿真及应用于电子系统。

（5）数字图像处理：研究图像处理与识别、图像处理系统、图像处理技术及应用。

（6）通信技术：研究扩频数字通信技术，以及在战术通信台网、移动通信系统中的应用。

（7）生物医学电子工程：研究生物信息提取、处理、反馈，电子医疗仪器研制。

（8）模拟电路自动故障诊断：研究故障模拟、字典法、算法，微处理器实现。

（9）智能仪器：研究仪器智能化、自动化新型方案探索。

（10）微型计算机信息处理及应用：研究用硬－软件系统完成各类信息处理。

当年学校进一步确定，硕士研究生学位课程的设置要求体现二级学科对基础和专业基础的必要和重要的内容。学位课程包括数学基础、专业基础、高级实验或实践性课程。考虑现行学科专业目录还不尽合理，学位课程设置可一专业设一套多门课或三至四套课。根据这个要求，1986年五系通信与电子系统学科硕士研究生的课程设置见表4.2。

表4.2 1986年五系通信与电子系统学科硕士研究生的课程设置

| 类别 | 课程名称 | 学分数 | 考核方式 | 学期分配 |
| --- | --- | --- | --- | --- |
| 公共学位课程 | 自然辩证法 | 3 | 考试 | 1 |
| | 第一外国语 | 6 | 考试 | 1、2 |
| 基础和专业学位课程 | 矩阵理论 | 3 | 考试 | 2 |
| | 非线性规划 | 3 | 考试 | 1 |
| | 实变函数与泛函分析 | 3 | 考试 | 1 |
| | 信号检测与参量估计理论 | 2 | 考试 | 1 |
| | 统计信号处理 | 2 | 考试 | 2 |
| | 线性系统理论 | 2 | 考试 | 1 |
| | 信息论 | 2 | 考试 | 1 |
| | 近代电子测量与实验技术 | 2 | 考试 | 1 |

续表

| 类别 | 课程名称 | 学分数 | 考核方式 | 学期分配 |
|---|---|---|---|---|
| 选修课程 | 信号理论 | 2 | | 2、3 |
| | 系统理论 | 2 | | |
| | 卡尔曼滤波理论及应用 | 2 | | 2 |
| | 离散系统模拟 | 2 | | 1 |
| | 非线性电子线路分析基础 | 2 | | 1 |
| | 锁相技术及其应用 | 3 | | 3 |
| | 数字图像处理 | 3 | | 2 |
| | 电路的计算机辅助设计 | 3 | | 2 |
| | 网络图论及其应用 | 3 | | 1 |
| | 线性网络分析 | 3 | | 1 |
| | 信号处理专题 | 3 | | 2 |
| | 编码理论 | 2 | | 2 |
| | 信息率—失真函数 | 2 | | 2 |
| | 移动通信 | 2 | | 2 |
| | 生命科学概论 | 2 | | 2 |
| | 生物医学电子系统 | 2 | | 2 |
| | 生物电学与磁学 | 2 | | 2 |
| | 微型计算机系统与应用 | 3 | 考试 | 1 |
| | 数据组织 | 3 | 考试 | 1 |
| | 自动语音分析和识别 | 3 | | |
| | 通信原理 | 2 | | 1 |
| 文献选读 | | 2 | 报告讨论 | |
| 教学实践 | | 2 | 视具体情况而定 | 2、3 |
| 实习调研（2周） | | 4 | | 2、3 |
| 学位论文 | | 8 | 答辩 | 3—5 |

1986 年五系本科生共招生 4 个班，分别是 51861 班、51862 班、53861 班和 54861 班，共 121 人，硕士研究生共招生 37 人，博士研究生招生 1 人。

这一年，校长办公会议决定二系 204 教研室的电路教学组与五系 501 教研室的电路教学组合并组成新的电路教学组，连同 501 教研室的信号与系统教学组一起，组成新的教研室，归属五系，仍称为 501 教研室。新 501 教研室由李瀚荪担任主任，龚绍文、葛成岳和张宝俊担任副主任。随李瀚荪教授一起从二系调到五系的还有吴翠兰、张维中和方霞辉老师。

当年五系韩月秋被授予"国家有突出贡献的中青年专家"称号。

### 1987 年

到 1987 年春，学校形成了包含工、理、管、文共 16 个系的建制，与此同时，学校打破学科和专业界限，相继成立了机器人研究中心和材料科学研究中心等机构，五系的李德生、王堃等老师加入了材料科学研究中心。这些新兴学科和交叉学科的成长，改善和更新了学校的学科结构。

魏丽媛老师调入 55 教研室，之后担任维修站教研室主任。八系曹名扬老师调入五系 55 教研室，之后又加入维修站教研室，他长期从事单片机开发和应用，是国内研究单片机较早的专家，在国内有一定的影响，担任过北京市单片机学会的主要负责人，在五系为研究生开设单片机课程，开展单片机实验辅导。

5 月，学校发布博士生培养工作规范。对基础理论和专业理论课程的规定为：一般不少于两门，且应以加深拓宽基础理论和专业知识及吸收扩展边缘学科、交叉学科知识为目的。同时，要求博士生的论文工作计划要包括选题、开题报告、阶段性工作报告、预期结果及完成论文的时间等。在论文选题上，要求博士生的学位论文选题可以是对学科发展有重要意义的基础理论性的，也可以是对国民经济建设有重要价值的工程性的，课题应来源于科研生产实践。博士生可以自己选题，而且博士生在写作学位论文过程中的某些专题可作为硕士生、本科生的学位论文内容。

1987 级五系本科生共招生 5 个班，分别是 51871 班、51872 班、51873 班、53871 班和 54871 班，共 143 人，硕士研究生共招生 42 人，博士研究生招生 1 人。

1987 年年底，五系青年教师张樟森由于在教学科研一线取得了突出成绩，被破格评聘为副教授，成为首批 6 位破格晋升的青年教师之一。

从 1987 年开始，学校隶属于机械工业委员会，培养的学生除服务于兵器工业行业之外，还扩展到国家整个机械行业。

当年设立无线电电子学研究所。

毛二可、韩月秋、肖裔山、林海、周冬友等人完成"模数混合动目标检测处理机",荣获国家发明奖二等奖,这是当时军用电子学领域的最高奖。动目标显示技术的研究源自20世纪70年代小860雷达动目标显示系统,此后,动显系统从模拟系统改进为CCD(电荷耦合器件)系统,继而改进为数字化,动显系统也改进为动目标检测系统。系统抗消极干扰的性能有了显著提高,系统性能也更为稳定。

1984年以来,随着改革的深入和商品经济的发展,社会生活呈现出各种深刻而复杂的变化,随着资产阶级自由化的影响,社会和学校都出现了一些令人担忧的现象和不安定因素,出现了挣钱打工做生产的经商风,学生纪律涣散,不努力学习,打架跳舞成风,抄袭舞弊成风,厌学情绪明显增加,在上海、安徽发生了大规模的学潮。为此,1986年国家教委发出《关于加强高等学校思想政治工作的决定》,1987年夏,在开展反对资产阶级自由化的斗争后,中央发出了《中共中央关于加强和改进高等学校思想政治工作的决定》,五系加强组织建设,建立制度,除广泛动员全系教职工开展教书育人、管理育人、服务育人的活动外,同时建立健全专职和兼职学生工作队伍。加强学风、班风建设,开展五讲四美三热爱活动,对学生进行理想与纪律、形式与任务、知识与成长道路教育,整顿了秩序和教学纪律,严肃考场纪律,树立严谨、朴实、勤奋、文明的良好风气。同时,整顿教工的教风、工作作风和工作纪律,使其做到言传身教、身体力行,营造良好的育人环境。

## 1988年

1987年10月,党的十三大召开,1988年1月,国家教委召开了全国高等教育工作会议,对高校的改革和发展建设提出了新的要求,学校制定了《北京工业学院贯彻十三大精神,深化教育改革的意见》,在明确指导思想后提出了深化教育改革的15条具体意见。

1988年年初,在全国首次高等学校优秀教材评选中,全校共5本教材被评为国家级优秀教材,其中包括五系李瀚荪教授主编的《电路分析基础》和林茂庸、柯有安教授主编的《雷达信号理论》。1988年5月学校评选出12门校级重点课程,其中6门课称为一类课程,包括五系开设的电路分析基础课程,另外6门课程为二类课程。

4月,国家教委批复国家机械委,鉴于北京工业学院经过多年的发展和建设,已成为一所以工为主,理、工、管、文相结合的多科性高校,设有研究生院、成人教育学院和分院,多层次地培养各类科技人才,已具备一定条件,为了便于学校的进一步发展和进行国际交流,同意学校改名为北京理工大学。学校于

1988年5月11日正式启用新校名。当时，五系柯有安教授担任了北京理工大学副校长兼研究生院院长。

1988—1989年，根据学校深化教育改革的15条意见，五系实行按系招生录取的办法，全系学生专业名称统一为无线电技术，一、二年级不分专业，以系为基础按学科大类组织教学，三年级后根据社会需要确定专业方向和培养方案，确定四个专业方向，包括51、52、53和54专业，其中51专业方向是原来的雷达技术专业，52专业方向是原来的无线电遥控遥测专业（55专业），53专业方向是原来的电磁场与微波技术专业，54专业方向是原来的半导体物理与器件专业。这是电子工程系第一次全系本科专业合并及大类培养的尝试。

当年7月首次按照新的专业名称招生，1988级五系本科生招生5个班，共140人，分编为50881～50885班，大二末根据学生个人意愿和统筹调配，建立51881、51882、52881、53881、54881共四个专业方向的五个专业行政班，直到毕业，但所有学生均按照无线电技术专业名称毕业。

1988年硕士研究生共招生43人，博士研究生招生1人。

7月，国家教委批准学校4个学科为国家级重点学科，包括五系的通信与电子系统学科，要求用5年左右时间把这些学科建成国内一流水平、在国际上有一定影响力的学科。同年11月，学校7个学科被机械电子部评为部级重点学科，同时国家教委组织评选的重点学科及具有博士学位授予权的学科为当时的部级重点学科。

8月，匡镜明博士从西德西柏林工业大学攻读博士学位毕业回系工作。

当年，楼仁海、李鸿屺、李忠源老师调入55教研室。

10月13日，在北京国际发明展览会上，五系费元春教授发明的"X波段压控振动器""X波段高稳定本振源"获得金奖。

1988年开始，国务院学位委员会在审定第三批学位授予学科专业的同时，开始调整专业、修订专业目录。1988年10月公布修订草案，1990年10月正式公布首份《授予博士、硕士学位和培养研究生的学科、专业目录》，有一批专业拓宽了专业面，调整、充实了专业内涵，同时删掉或者归并了一些划分过细、过窄的专业，增加了一批新专业。学校前三批授予硕士学位的学科专业中有16个做了调整充实，五系的半导体物理与器件改名为半导体器件与微电子技术。

当年五系费元春教授被授予"国家有突出贡献的中青年专家"称号。

### 1989年

从1989年开始，学校隶属于机械电子工业部，毕业生分配去向拓宽，有利于五系的人才培养。

第四章 专业恢复及蓬勃发展初期（1977—2000年）

(a)

(b)

1988年校庆1953级校友返校庆祝毕业30周年

2月，全国博士后管理委员会批准学校设置以通信与电子系统学科为基础申报的电子学与通信流动站，这成为学校的第3个博士后流动站。通信与电子系统学科获得招收博士后研究人员的授权。

5月学校修订了《本科教学计划的原则和规定》，提出努力培养专业面宽、基础厚实、能力较强、适应性强的合格人才；遵循淡化专业、活化方向、强化基础、按需培养的专业调整方向，试行按学科设系，系办专业，按系招生，一、二年级不分专业，三、四年级后根据实际需要，确定学习专业和方向，按需进行必要的专业教育的方案。

6月，李世智教授开始担任系主任，匡镜明、杨学洲、韩月秋、赵显利担任系副主任。

当年，国家计委批准在五系成立信号采集与处理实验室国家重点学科专业实验室，由韩月秋、刘志文分别担任主任和副主任。

1989级五系本科生共招生4个班，即50891班、50892班、50893班、50894班，共120人，硕士研究生共招生32人，博士研究生招生3人。

10月1日，五系毛二可教授被评为"全国先进工作者"。

**1990年**

自1990年以来，学校明确树立了以重点学科建设为中心、以学科建设为龙头、促进和带动学校工作的指导思想。

1990年五系恢复按照3个本科专业招生，包括电子工程（51）、电磁场与微波技术（53）和半导体物理与器件（54）。1990级五系本科生共招生5个班，即51901班、51902班、52901班、53901班和54901班，共153人，硕士研究生共招生35人，博士研究生招生8人。

10月，国务院学位委员会批准第四批硕士学位授权学科专业，学校有3个专业获得批准，包括五系从通信与电子系统专业中独立出来的信号与信息处理专业。

11月，学校自行审批的5个硕士学位授权学科专业获得国务院学位委员会批准备案，包括设置在五系的电路与系统学科，电路与系统学科包括3个研究方向：功率电子学、电路理论和电路监控仪器。

12月，国务院学位委员会批准学校新增第四批博士点3个，包括设在五系的电磁场与微波技术和信号与信息处理，也被列为部级重点学科，获得招收博士后研究人员的授权。批准13位教授为博士生导师，包括五系电磁场与微波技术专业的李世智教授（结束北京邮电学院兼职）和信号与信息处理专业的顾怀瑾研究员（兼职）。

12月22日，五系雷达技术研究室被评为"全国高校科技工作先进集体"，毛二可教授被评为"全国高校先进科技工作者"。

1990年，经过深入讨论，五系通信与电子系统学科调整了硕士研究生研究方向，相对集中到5个方向，包括：

（1）信号处理：研究信号理论、信号检测与最佳估计、近代谱分析、信号波形设计、语音合成、语音识别、数字语音编码、汉字识别、雷达信号处理、地下信号处理、自适应信号处理、目标识别与成像技术等。

（2）数字图像处理：综合通信、电视、计算机等技术的二维信号处理。主要研究方向：图像识别理论及应用、图像制导、无破损探伤、生产检验自动化、汉字识别、指纹与人面的鉴别等。

（3）生物医学电子工程：用现代电子学理论、技术和方法研究生命现象及效应。主要研究方向：生物医学信息处理、生物医学电子技术、生物电磁学、智能化电子医疗仪器系统等。

（4）通信技术：现代通信技术是通信技术与计算机技术相结合的产物。主要研究方向：数字移动通信、扩频移动通信、图像压缩编码与传输、光纤局部网、单片机在通信系统中的应用等。

（5）微型计算机信息处理及应用：用硬-软件系统完成各类信息处理。主要研究方向：文字信息处理、汉字识别、语音信号处理、图像信号处理、多处理机研究、特殊外围设备研究、小型信息处理网络、智能仪器等。

同时，对硕士研究生课程进行了压缩，并重点增加反映现代科学技术理论与实践的课程。1990年五系通信与电子系统学科硕士研究生的课程由32门压缩为21门，见表4.3。

表4.3　1990年通信与电子系统学科研究生课程设置

| 类别 | | 课程名称 | 学分数 | 考核方式 | 讲授方式 | 学期分配 |
| --- | --- | --- | --- | --- | --- | --- |
| 学位课 | 校设公共课 | 自然辩证法 | 3 | 考试 | 讲授 | 1 |
| | | 科学社会主义理论与实践 | 1.5 | 考试 | 讲授 | 1、2 |
| | | 第一外国语 | 6 | 考试 | 讲授 | 2 |
| | 系设公共课 | 实变函数与泛函分析 | 3 | 考试 | 讲授 | 1 |
| | 其他基础和专业基础课 | 统计信号处理与信息论（二者选一） | 3 | 考试 | 讲授 | 1 |
| | | 近代电子测量与实验技术 | 3 | 考试 | 讲授实验 | 1 |

续表

| 类别 | 课程名称 | 学分数 | 考核方式 | 讲授方式 | 学期分配 |
|---|---|---|---|---|---|
| 选修课 | 线性系统理论 | 2 | 考试或考查 | 讲授 | 2 |
| | 信号理论与应用 | 2 | 同上 | 讲授 | 2 |
| | 信号处理专题 | 2 | 同上 | 讲授 | 2 |
| | 卡尔曼滤波理论与应用 | 2 | 同上 | 讲授 | 2 |
| | 移动通信 | 2 | 同上 | 讲授 | 2 |
| | 生物医学信号处理 | 2 | 同上 | 讲授 | 2 |
| | 微机系统结构分析及程序设计 | 3 | 同上 | 讲授实验 | 1 |
| | 单片机应用系统设计 | 2 | 同上 | 讲授实验 | 2 |
| | 数字图像处理 | 3 | 同上 | 讲授 | 2 |
| | 锁相技术及其应用 | 2 | 同上 | 讨论 | 2 |
| | 最优化设计 | 3 | 同上 | 讲授 | 2 |
| | 矩阵分析 | 2 | 同上 | 讲授 | 1 |
| | 第二外语 | 3 | 同上 | 讲授 | 2 |
| | 科技文献检索 | 2 | 同上 | 讲授 | 1 |
| 教学实践 | | 2 | 考查 | | 3 |
| 实习调研（2周） | | 2 | | | 3 |
| 学位论文 | | 8 | 答辩 | | 3—5 |

这一年，由费元春、陈世伟完成的"X波段高稳定本振源"荣获国家发明奖四等奖。

## 4.3 90年代巩固及发展工作

**1991年**

1991年8月20日，由校电教中心拍摄的反映五系毛二可教授事迹的专题片《情系雷达》，"七一"期间在北京电视台播出并获得北京市优秀专题片奖。

1991级五系本科生共招生5个班，即51911班、51912班、51913班、52911班和53911班，共145人，硕士研究生共招生33人，博士研究生招生8人。

10月，赵显利担任系党总支书记，李红兵担任副书记。

到1990—1991学年末，五系共有本科生556人，研究生119人（其中博士研究生16人，硕士研究生103人），函授生78人。

当时全系教职工总数为190人，其中女性为64人，教授16人，副教授43人，讲师41人，助教9人，研究员2人，副研究员6人，助研3人，工程师20人，助理工程师3人，技术员3人，技师1人，高级实验师6人，实验师1人，助理实验师 1 人，待定 13 人，行政干部 1 人，工人 21 人。

**1992 年**

1992 级五系本科生共招生 6 个班，即 51921 班、51922 班、52921 班、53921 班、54921 班和 51926 班（大专班），共 185 人，硕士研究生共招生 34 人，博士研究生招生 5 人。

9 月，五系匡镜明教授作为访问教授赴西德西柏林工业大学做学术研究工作 5 个月，期间向西德国家自然科学基金会（GTZ）申请资助 5 万马克，购买通信设备，回校后在五系建立了现代通信实验室。

10 月，五系与中国电子科学研究院联合创办了电子科学技术研究所。

从 1991 年开始，55 教研室主任金振玉教授连续两年递交申请报告，并到教委参加答辩，在学校教务处和五系的大力支持下，1992 年终于获得批准恢复设立无线电遥控遥测专业，并改名为通信工程专业。这时的本科专业共 4 个：电子工程、通信工程、电磁场与微波技术、半导体物理与器件。

学校在当年新编的《教学概览》中，对本科生 4 类课程又作了修订，校定必修课包括中国革命史、中国社会主义经济建设、马列主义原理、思想教育（含大学生品德修养、法律基础、形势与政策）、体育、基础外语、高等数学、线性代数、概率与数理统计、大学物理、物理实验，共 13 门，约占总学时的 40%。系定必修课约占总学时的 40%。限定选修课占总学时的 10%～15%；任意选修课约占总学时的 5%。1992 年本科生的校定必修课的学时学分见表 4.4。

表 4.4　1992 年本科生校定必修课的学时学分

| 序号 | 课程 | 学时 | 学分 |
| --- | --- | --- | --- |
| 1 | 中国革命史 | 54 | 6 |
| 2 | 中国社会主义经济建设 | 54 | 6 |
| 3 | 马克思主义原理 | 54 | 6 |
| 4 | 思想教育 | （不详） | （14） |
| 5 | 体育 | 128 | 8 |
| 6 | 基础外语 | 252 | 35 |
| 7 | 高等数学 | 190 | 32 |
| 8 | 线性代数 | 72 | 12 |
| 9 | 概率与数理统计 | 54 | 9 |
| 10 | 大学物理 | 144 | 20 |
| 11 | 物理实验 | 56 | 6 |

备注：数据来源于《北京理工大学志》171 页表 2.2.8　1992 年本科生校定必修课学时学分表。

电子工程专业（原雷达专业）除校定必修课以外的课程设置见表4.5。

表4.5 1992年电子工程专业（原雷达专业）课程设置

| 类别 | 课程 | 学时 | 学分 | 类别 | 课程 | 学时 | 学分 |
|---|---|---|---|---|---|---|---|
| 系定必修课 | 复变函数与积分变换 | 54 | 9 | 固定必修课 | A. 雷达信号处理 | 54 | 9 |
| | 数理方程与特殊函数 | 54 | 9 | | A. 微波电子线路 | 56 | 7 |
| | 工程制图基础 | 54 | 7 | | A. 接口与通信 | 52 | 5 |
| | 计算机应用基础 | 90 | 1 | | B. 模式识别 | 52 | 10 |
| | 电路分析基础 | 100 | 14 | | B. 图像处理 | 60 | 6 |
| | 信号与系统 | 72 | 10 | | B. 语言信号处理 | 50 | 6 |
| | 电路信号与系统实验 | 45 | 5 | | C. 通信原理 | 72 | 10 |
| | 固体电子器件 | 36 | 5 | | C. 应用通信工程 | 72 | 10 |
| | 线性电子线路 | 96 | 13 | | C. 通信原理与系统实验 | 36 | 5 |
| | 非线性电子线路 | 81 | 11 | | C. 信息论与编码 | 54 | 8 |
| | 脉冲与数字电路 | 87 | 12 | R 任意选修课（3~4门） | | 108 | 12 |
| | 电磁场理论 | 72 | 10 | 专业任选课程 | 网络理论及其应用 | 45 | 6 |
| | 微波技术基础 | 63 | 9 | | 电路的计算机辅助设计 | 36 | 5 |
| | 微型计算机原理与应用 | 90 | 10 | | 集成运算放大器的应用 | 36 | 5 |
| | 外语专业阅读 | 54 | 6 | | PASCAL语言与C语言 | 36 | 5 |
| 实践课 | 金工实习（分散2.5周） | 40 | 2.5 | | 模式识别 | 54 | 8 |
| | 电子实习（分散1.5周） | 25 | 1.5 | | 计算方法 | 54 | 8 |
| 固定选修课 | 随机信号分析 | 63 | 9 | | 语音信号处理 | 36 | 5 |
| | 数字信号处理 | 63 | 9 | | 毫米波技术概论 | 36 | 5 |
| | 反馈与控制 | 63 | 9 | | 微处理机及信号处理器 | 54 | 8 |
| | 电子仪器与测量技术 | 48 | 5 | | 纠错编码 | 36 | 5 |
| | | | | | 移动通信 | 36 | 5 |

1992年，学校进一步规定硕士生的学位论文工作时间一般不少于一年两个月，并在研究生教育中逐步建立学科领导下的导师负责制。为发挥学科的优势和特色，瞄准学科前沿，五系进一步把通信与电子系统学科硕士研究生研究方向调整为三个，包括：

（1）信号处理：研究信号理论、信号检测与最佳估计、近代谱分析、信号波形设计、语音合成、语音识别、数字语音编码、汉字识别、雷达信号处理、地下信号处理、自适应信号处理、目标识别与成像技术、神经网络的研究及应用等。

（2）通信技术：以现代通信理论为基础，对各种通信技术及其信号采集、传输与处理等方面的新技术进行研究。主要研究方向：数字移动通信、扩频移动通信、卫星通信、图像压缩编码与传输、信道编码、高效调制与解调技术、电磁兼容、单片机应用等。

（3）数字图像处理：研究图像识别理论及其应用、适时图像处理技术、图像制导、二维或三维图像处理的有效算法研究、遥感图像处理及分析等。

其他专业学科的硕士研究生研究方向，也类似地经历了1986年、1990年和1992年三次修改和完善。

同时，学校规定硕士研究生的课程学习实行学分制，每学分大致相当于20课内学时，每门课不超过3学分。学位课程按二级学科设置，由校设公共课、系设公共课和专业基础课三部分组成。1992年五系通信与电子系统学科硕士研究生课程设置见表4.6。

**表4.6 1992年通信与电子系统学科硕士研究生课程设置**

| 类别 | | 课程编码 | 课程名称 | 课内学时 | 学分 | 开课学期 |
|---|---|---|---|---|---|---|
| 学位课 | 校设公共课 | 116001<br>116002<br>115000 | 自然辩证法<br>科学社会主义理论与实践<br>外语（英、日、德、俄） | 60<br>36<br>240 | 3<br>1.5<br>6 | 1<br>2<br>1、2 |
| | 系设公共课 | 105001 | 近代电子测量与实验技术 | 60 | 3 | 1 |
| | 专业基础课 | 111006<br>105002<br>105003 | 应用泛函分析<br>统计信号处理<br>信息论<br>（二者选一） | 60<br>60<br>60 | 3<br>3<br>3 | 1<br>2<br>1 |

续表

| 类别 | 课程编码 | 课程名称 | 课内学时 | 学分 | 开课学期 |
|---|---|---|---|---|---|
| 选修课 | 005011 | 信号处理专题 | 40 | 2 | 2 |
| | 005012 | 通信与电子系统专题 | 40 | 2 | 2 |
| | 005013 | 信号理论与应用 | 40 | 2 | 2 |
| | 005014 | 卡尔曼滤波理论与应用 | 40 | 2 | 2 |
| | 005015 | 移动通信 | 40 | 2 | 2 |
| | 005016 | 卫星通信 | 40 | 2 | 1 |
| | 005017 | 生物医学信号处理与应用 | 40 | 2 | 2 |
| | 005018 | 微机系统结构分析及程序设计 | 60 | 3 | 1 |
| | 005019 | 单片机应用系统设计 | 40 | 2 | 2 |
| | 005020 | 数字图像处理 | 60 | 3 | 2 |
| | 005021 | 锁相技术及其应用 | 40 | 2 | 2 |
| | 111007 | 矩阵分析 | 40 | 2 | 2 |
| | 020001 | 文献检索与利用 | 40 | 2 | 2 |
| 实践环节 | | 教学（科研）实践 | 40 | 2 | |
| | | 实习调研 | （2周） | 4 | |

规定硕士研究生培养计划中的学位论文工作要点是：学位论文工作是使硕士研究生在科学研究方面受到较全面的基本训练，着重培养研究生文献查阅与总结的能力、实验技能、分析和解决问题的能力、综合运用所学知识的能力，以达到具有从事科学研究或独立担负专门技术工作的能力。研究生的论文工作计划在导师指导下由研究生拟订。在广泛调查研究的基础上，在第三学期内与导师共同商定或由导师指定论文题目。论文选题应来源于生产和科研实践，可以是理论研究，也可以是解决工程实际问题的。论文题目确定后，研究生在导师指导下制订出论文工作计划，论文需在导师指导下，由研究生本人独立完成。导师在指导研究生选题和进行论文工作时只把握方向和可行性，放手让研究生工作。这实际上是从1981年5月《中华人民共和国学位条例暂行实施办法》颁布后，至20世纪90年代多次修订完善的。

同年，学校发布对博士生课程的基础要求是：

（1）马克思主义理论课程。较好地掌握马克思主义的基本理论。要根据规定开设有关课程。在自学原著和选读代表作的基础上，进行专题研讨或讲授，撰写课程论文。

（2）外国语。第一外国语要求能熟练地阅读本专业的外文资料，有一定的写作能力和初步的听说能力；第二外国语要求有阅读本专业外文资料的初步能力。

（3）基础理论课和专业课。在硕士课程基础上，设置有关基础理论课和专业学位课程和其他课程，包括拓宽专业基础需要的理论课和实验课；为进入学科前沿或结合研究课题需要的理论专著、文献、专题；适应学科交叉，学习跨学科的课程。

当年，兵器工业总公司对学校4个国家重点学科进行了专家评估。

**1993年**

1993年2月，雷达专家王越院士从兵器工业部206研究所所长调任北京理工大学校长，并成为五系教授。他1991年当选为中国科学院院士，1992年被授予"国家有突出贡献的中青年专家"称号。王越院士1932年4月出生于江苏省丹阳市，他长期从事火控雷达系统、信息系统及其安全对抗领域的研究工作，直接推动了中国相关国防科技领域的发展，提出并建立了中国电子工程对抗系统的理论体系。他曾担任过许多大型火控雷达系统的总设计师和行政指挥，主持完成了多个军事电子系统的研制。

王越院士

2月，匡镜明教授担任电子工程系主任，刘天庆、杨树林等担任副主任。

3月，学校与英国中央兰开夏大学签订校际合作协议书，共同举办电子工程专业联合办学班，简称电子中英班，从1998年开始招生。

6月，学校校长工作会议决定成立三个研究所，其中包括北京理工大学雷达

技术研究所和北京理工大学专用集成电路研究所。

7月，学校规定博士生（全日制）学习年限一般为三年，在职博士生学习年限为四年，博士生可提前毕业或延长学习年限，延长期不得超过一年。

7月，五系匡镜明教授享受国务院授予的"政府特殊津贴"。

8月，国务院学位委员会同意学校在电子学与通信一级学科点内开展自行审批增列博士生指导教师工作。电子工程系主任匡镜明教授开始担任北京理工大学副校长，兼任研究生院常务副院长，刘天庆接任系主任，杨树林、吕昕等担任系副主任。

1993级五系本科生共招生6个班，即51931班、51932班、52931班、52932班、53931班和54931班，共180人，硕士研究生共招生43人，博士研究生招生12人。

11月，学校与西安电子工程研究所签署合作协议。

12月，国务院学位委员会批准第五批博士生导师，加上自行审批的13位，学校共有23位教授获聘博士生导师，包括五系通信与电子系统专业的王越和匡镜明教授，信号与信息处理专业的韩月秋教授以及电磁场与微波技术专业的费元春教授。至此，全校共有博士学位授权点20个，博士生导师61名，部级以上重点学科27个，13个学科招收博士后研究人员。共有硕士学位授权点58个。五系共有博士学位授权点3个，博士生导师8名（含兼职1名），部级以上重点学科3个。有硕士学位授权点5个：通信与电子系统、信号与信息处理、电磁场与微波技术、半导体器件与微电子技术、电路与系统。

至1993年年底，我校在仪器仪表、兵器科学与技术、电子学与通信3个博士后流动站下有13个学科（专业）可招收博士后研究人员。五系通信与电子系统、信号与信息处理、电磁场与微波技术3个学科（专业）可招收博士后研究人员。

1993年下半年，中国兵器工业总公司教育局对学校4个部级重点学科进行了检查评估，包括五系的电磁场与微波技术学科。

当年，吴祈耀、戴银涛等人完成的"小样本脑电信号处理方法及系统"获国家发明三等奖。

1993年，五系区健昌老师的专利项目"滤波器"在学校投产，他调到校产业公司工作。

### 1994年

1994年6月3日，时任北京理工大学校长、五系王越教授当选中国工程院院士，成为中国迄今为止仅有的34位"两院院士"之一。

## 第四章 专业恢复及蓬勃发展初期（1977—2000年）

8月，为加强学科建设，加强基础，发挥学校学科门类比较齐全的综合优势，促进新兴学科、边缘学科、交叉学科的发展，优化各种资源配置，推进"211工程"建设，增加学校整体实力，学校成立了一系列学院，电子工程系与工程光学系（后更名为光电工程系）一起组成信息工程学院，刘天庆任院长，倪国强任副院长。同时保留电子工程系建制，刘天庆任系主任，杨树林、杨学洲、吕昕、李红兵、张维中任副主任，赵显利任书记，张笈任副书记。

1994级五系共招生6个班，即51941班、52941班、52942班、53941班、54941班和50941班，共155人，包括从1994年开始创办的信息工程专业实验班50941班，年均招生60人。这一实验班探索面向大类、宽口径人才培养的教改思路，致力于培养优秀拔尖人才。当年硕士研究生共招生45人，博士研究生招生15人。

10月，学校顺利通过"211工程"主管部门兵器工业总公司部门预审。

1994年，学校获准自行审批增列博士学位授权学科、专业和博士生指导教师。11月，高本庆教授获批为电磁场与微波技术专业博士生导师。

1994年，聘请兵总发展规划局局长周培德研究员为顾问教授，电子部55所总工程师、研究员林金庭为兼职教授。

1994年，五系雷达技术研究所党支部获"北京高校先进党支部标兵"称号，费元春教授获得"全国教育系统'巾帼建功'标兵"称号。

五系雷达技术研究所党支部获"北京高校先进党支部标兵"称号

### 1995年

1995年5月30日，五系毛二可教授当选为中国工程院院士。毛二可院士1934年1月出生，内蒙古自治区赤峰市人。他在雷达系统及杂波抑制信号处理和雷达跟踪信号处理方面取得了重大研究成果，提高了中国雷达动目标显示、检测性能及跟踪的精度和速度,对中国雷达技术的发展做出了重要贡献。

1995 级五系本科生共招生 7 个班,即 51951 班、52951 班、53951 班、54951 班、55951 班、51956 班和 50951 班,共 207 人,硕士研究生共招生 45 人,博士研究生招生 22 人,博士后在站为 5 人。

**毛二可院士**

11 月 5 日,五系学生薛林、刘强和九系学生耿得力 3 人组队一举夺得 1995 年全国大学生电子设计竞赛最高荣誉——索尼杯。

11 月 21 日,学校聘请中国电子科学研究院副院长、中国工程院院士、五系校友王小谟为顾问教授,聘请国防科技大学校长、中国工程院院士郭桂蓉为顾问教授,聘请中国科学院院士、中国工程院院士罗沛霖为名誉教授,聘请电子部 55 所副总工程师、研究员过常宁为兼职教授。

12 月 5 日,学校被国家教委、国家计委和财政部确定为"211 工程"重点提高和改善单位,是首批 15 所高校之一。至此,学校进入"211 工程"建设的实质性阶段。

当年,五系增列"物理电子学与光电子学"硕士学位授权点。

当时的国家教委(现教育部)聘任五系龚绍文教授、刘蕴陶教授和罗伟雄教授为第三届(1995—2000 年)高等学校工科本科电工课程教学指导委员会委员。

这一年,由周冬友、高梅国、何佩琨等人研制成功的"动目标跟踪雷达回波波形分析处理机"荣获国家发明三等奖。

### 1996 年

1996 年 4 月 11 日,五系信号采集与处理国家重点学科点专业实验室通过中国兵器工业总公司组织的验收。

10月,党的十四届六中全会作出决定,对县处级以上领导干部进行一次以讲学习、讲政治、讲正气为主要内容的党性党风教育。

1996年,信息学院院长刘天庆兼任电子工程系主任,吕昕、张维中、张笈、杨仕明任副主任,学校又于11月任命梅文博为副主任。

学校获批成为全国第一批工程硕士专业学位教育试点单位之一。五系依托电子与通信工程学位点招收非全日制硕士。

1996级五系本科生共招生6个班,即51961班、52961班、53961班、54961班、55961班和50961班,共169人,招生1个专科班,即51966班,共37人;硕士研究生共招生50人,博士研究生招生25人,博士后在站为3人。

10月,罗伟雄(通信与电子系)、王小谟(兼职,通信与电子系)和刘鲁勤(兼职,信号与信息处理)获批为博士生导师。

安建平、费元春、陈世伟、金松、田正容共同完成的"低相噪高分辨直接数字频率合成器(DDS)"项目获得国家科技进步三等奖。匡镜明、石岩、范宁军、吕昕、冯淑华等人完成的"加强军工专业重点学科建设,培养国防高级科技人才"获北京市教学成果二等奖。

1996年,五系匡镜明教授与瑞典爱立信公司就双方在数字移动通信领域开展技术合作达成意向,并应邀访问爱立信公司瑞典斯德哥尔摩总部和德国纽伦堡研发中心,经深入探讨,双方明确在第三代数字移动通信系统的语音压缩编码与高效无线信息传输等方面开展长期合作。

1996年,五系成功举办CIE国际雷达会议,参会专家学者达到200人,其中包括海外专家学者60余人。

1996年在全系教师队伍中,有博士后3人、博士9人、硕士31人。学生合计977人,包含专科生78人、本科生691人、硕士生136人、博士生72人。

**1997年**

1997年1月,国家计委对《北京理工大学"211工程"建设项目可行性研究报告》进行了批复,同意学校作为"211工程"项目院校,学校成为第4所通过"211工程"可行性研究论证合格的高校。"211工程"的主要建设内容包括重点学科建设和公共服务体系建设两部分,五系的军用信息采集、传输与信号处理技术学科被列入,成为学校建设的7个学科(学科群)之一。

4月24日,校党委免去赵显利同志五系党总支书记职务,调任学校办公室主任。5月19日,任命冯喜春同志为五系党总支书记。

经近10年的探索,尤其是1994年开始的信息工程专业实验班的工作,从1997年开始,全系本科专业实现第二次合并,五系按教育部引导性本科专业目录中信息工程专业进行人才培养，实现了宽口径专业教育，覆盖了电子工程系原设置的4个本科专业（包括电子工程、通信工程、电磁场与微波技术、半导体物理与器件）。1997级五系本科生共招生6个班，即50971班、50972班、50973班、50974班、50975班和50970班，共203人，硕士研究生共招生48人，博士研究生招生22人，博士后在站为5人。

12月，经国务院学位办批准，五系电子与信息工程获得工程硕士专业学位授予权，成为首批获批的8个工程领域之一。

学校调整4个国家级重点学科点，调整后包括通信与信息系统，调整后的部级重点学科点36个，包括电磁场与微波技术和信号与信息处理。

1997年，随着教学组织改革的进展，学校各系纷纷取消教研室建立的课群，五系501教研室的电路课程组与502教研室的模拟、数字电路以及通信电路课程组合并组建成电路课群，代号为502，李瀚荪教授担任课群主任，龚绍文教授和罗伟雄教授担任副主任。

当年，高等学校电路、信号与系统课程教学与教材研究会成立，清华大学的郑君里教授担任理事长，五系龚绍文教授担任副理事长。

不久，五系安建平、费元春、陈世伟、金松、田正蓉共同完成的"低相噪高分辨直接数字频率合成器"项目获得国家科学技术进步三等奖。

以五系匡镜明教授为首的科研团队在全数字多业务直接序列扩频技术、跳频频率合成技术等方面，研究水平达到国内领先和国际先进水平。全数字扩频业务通信系统集扩频技术低比特率数字语音编码、高效数字图像压缩编码及GPS全球定位诸高新技术于一体，实现了无线、全数字、多业务信息高效传输，该项目研究于1997年7月获兵器工业总公司科技进步一等奖。在编码调制技术方面，研制出了2 Mb/s速率，采用先进的TCM格型编码调制的卫星通信用中频调制解调器，顺利完成"九五"军事电子预研项目"TCM格型编码调制在卫星通信中的应用"研究。在数字语音编码技术研究中，研制出具有高压缩比和良好语音质量的2.4 kb/s的IMBE声码器，并且对其他一些具有高压缩比和优良性能的语音编码技术如PWI进行了研究，对自适应多速率声码器（AMR）及其应用进行了研究，取得了有价值的成果。科研团队同期还承担了"集团军、师防空通信指挥系统""全数字业务混合扩频通信技术研究""直扩/跳频扩展频谱抗干扰通信技术研究"等国防重点科研项目。

1997年瑞典首相佩尔松访华期间，匡镜明教授领导的团队与瑞典爱立信公司的国际合作计划被列入中瑞两国政府合作备忘录，得到了中瑞两国政府的重视与支持。同年，五系与美国得克萨斯仪器（TI）公司合作开展"TMS320系列DSP联合开发与应用"研究。

第四章 专业恢复及蓬勃发展初期（1977—2000 年）

1997 年，五系成功举办第六届微波技术新进展国际会议（ISRAMT'97），参会总人数达 100 余人，包括 40 余位国外专家学者。

**1998 年**

1998 年 6 月，经国务院学位委员会第七次学位授权点审批，五系信息与通信工程学科获得一级学科的博士、硕士学位授予权，成为首批 5 个一级学科点之一。

1998 级五系本科生共招生 5 个班，即 50981 班、50982 班、50983 班、50984 班和 50985 班，共 180 人，硕士研究生 51 人，博士生 27 人。首届 1998 级中英班学生入学。

1998 年在校本科生 641 人，研究生 148 名，博士生 70 人，博士后研究人员 4 名。

9 月，苏广川（通信与电子系统）、何佩琨（信号与信息处理）和徐晓文（电磁场与微波技术）获批为博士生导师。

1998 年教育部批准设立信息对抗技术专业，并从 2000 年开始招生。本专业是教育部批准设立的我国首批 4 个信息对抗技术专业之一，它是为适应未来信息系统及安全对抗发展的需要，由北京理工大学率先论证，提出在武器类专业中申请增设的专业，充分体现了国家从战略上对信息安全人才培养的重视程度。

这样，1998 年电子工程系设立两个本科专业：信息工程和信息对抗技术，信息工程专业代号为 51，信息对抗技术专业代号为 56。

1998 年，五系开展了两项"211 工程"重点学科建设项目：

（1）军用信息采集、传输与信号处理技术，共投资 656 万元，其中上级拨款 607 万元，自筹 49 万元，投资中用于购置仪器设备经费 562 万元。

（2）教学实验基地——电子信息综合实验中心，建设经费 76 万元。当年，五系获得世界银行贷款。

（a）

**1998 年 1953 级校友返校庆祝毕业 40 周年**

(b)

1998年1953级校友返校庆祝毕业40周年（续）

## 1999年

1999年1月，学校管理体制调整为国防科工委所属高校。

2月，全国博士后管理委员会批准学校设立6个博士后流动站，包括信息与通信工程。

3月，教育部公布了获准设置"长江学者奖励计划"第二批岗位的110所高校的302个学科，五系的通信与信息系统学科获准设岗，成为全校4个学科之一。

7月，五系匡镜明教授被中共中央、国务院任命为北京理工大学校长，兼任研究生院院长，成为我校首位担任校长的本校毕业生。匡镜明教授1943年6月出生于湖南省益阳市，1966年本科毕业于北京工业学院无线电工程系雷达专业并留校任教；1981年硕士毕业于北京工业学院电子工程系信息与通信工程专业，获工学硕士学位；1984年赴西德西柏林工业大学攻读博士学位；1988年获工学博士学位后回国，创建了五系现代通信实验室。他1989年任五系副主任，同年晋升为教授。1993年2月任五系主任，1993年8月任北京理工大学副校长兼研究生院常务副院长。自1993

匡镜明教授

年起享受国务院"政府特殊津贴",1997年被国家教委、国家人事部联合授予"全国优秀留学回国人员"称号,1999年3月被国家人事部授予"中青年有突出贡献专家"称号。匡镜明教授主要从事数字移动通信及信号处理技术的研究,特别在数字语音编码、信道编码及无线通信领域取得突出成绩。1992年获得德国国际合作研究中心(GTZ)资助,在北京理工大学建立了现代通信实验室。1996年与瑞典爱立信公司合作建立了"北京理工大学—瑞典爱立信公司数字通信技术研究中心",该合作项目列入中瑞合作备忘录。他主持承担了多项国际合作、国家自然科学基金等项目,获得部级科技进步奖2项,出版专著1部,发表论文60余篇。

1999级,五系本科生按照信息工程专业共招生9个班,即51991班、51992班、51993班、51994班、51995班、51996班、51997班、51998班和51999班,共302人,当年信息对抗技术专业暂未招生。硕士研究生共招生64人,博士研究生招生23人,博士后在站为7人。

11月,由于前期合作研究成果突出,爱立信公司决定和我校在通信领域继续开展长期合作。五系匡镜明教授团队代表我校与瑞典爱立信公司共同建立数字通信技术研究中心,由爱立信公司每年为中心提供不少于100万元人民币的研究经费支持。双方举行了合作签字及揭牌仪式,中心1999年的研究方向是WCDMA关键技术研究。同年,五系与美国摩托罗拉(MOTOROLA)公司合作开展MOTOROLA-DSP技术开发研究,与美国微芯(Microchip)公司成立Microchip单片机联合实验室。

12月22日,学校党委任命韩思奇同志为系党总支书记,免去冯喜春同志系党总支书记职务,调任校党委组织部部长。

为开展教育部世界银行贷款高等教育发展项目建设,学校筹建电工电子教学实验中心,由机械工程系电工教研室及实验室、自动控制系电子技术教研室(204教研室)及实验室、电子工程系电路与电子线路教研室(502教研室)及实验室、光电工程系光电创新教育实验基地等整合组建,简称为"三电中心"。

国家确定学校国家级有突出贡献专家18名,五系5名教师获得此荣誉,他们是毛二可、韩月秋、费元春、王越和匡镜明。

1999年,王越获得何梁何利基金奖,安建平入选国家百千万人才工程。

1999年,学校聘请兵总规划局局长周德培研究员为顾问教授。

1999年,五系成功举办计算电磁学国际会议(ICCEA'99)和微波电磁场进展国际研讨会(PIERS'99),参会人数分别达到160余人和80余人。

**2000年**

2000年4月25日,由7所重点理工大学专家参加的鉴定会在五系召开,共同对教改重点课题"重点理工大学培养的人才素质要求与人才培养模式的研究与实践"进行了鉴定。

8月17日，学校与英国中央兰开夏大学合作举办电子工程专业首届全体学生赴英继续学习欢送会，首届学员全部拿到签证赴英国继续学习。

此时电子工程系设立两个本科专业：信息工程和信息对抗技术。2000级五系本科生招生专业为信息工程和信息对抗技术，共招生8个班，即5120000班、5120001班、5120002班、5120003班、5120004班、5120005班、5120006班、5620001班，共487人，硕士研究生共招生96人，博士研究生招生35人，博士后在站为5人。

9月，在校庆60周年之际，国防科工委、教育部、北京市人民政府签署重点建设北京理工大学协议，此举标志着学校是第10所进入"985工程"建设的高校。

11月，五系教授匡镜明（时任北京理工大学校长）当选为中国学位与研究生教育学会第二届理事会常务理事。12月17日当选为中国学位与研究生教育学会评估工作委员会主任委员，并连任四届至2019年10月，为我国学位与研究生教育工作做出了突出贡献。

12月，陶然（通信与信息系统）、安建平（通信与信息系统）、龙腾（信号与信息处理）、高梅国（信号与信息处理）、吴嗣亮（信号与信息处理）、袁起（兼职，信号与信息处理）、陈定昌（兼职，信号与信息处理）、赵宏康（兼职，信号与信息处理）获聘为博士生导师。

当年，五系聘请上海航天局张飞碧教授级高工和航天机电集团陈定昌研究员、袁起研究员为兼职教授。

这一年，五系与美国ANSOFT公司合作开展"射频电路与系统分析软件功能开发与培训"项目，与美国ALTERA公司合作开展"ALTERA大规模可编程逻辑器件开发"项目。五系成功举办第16届世界计算机大会——企业管理中的信息技术国际会议，参会人数180余人，含100余位国外专家学者。

这一时期，五系的国际交流逐渐开始活跃起来，除承担国际交流合作项目及举办国际学术会议外，还与国际学者开展了频繁互访。1996年以来，先后接受21名海外学者来校讲学，其中有美国犹他大学Gandhi教授、马萨诸塞州立大学D. M. Chesley教授、Bell实验室射频设计专家孙燕玲博士、德国柏林工业大学P. Noll教授、美国乔治梅森大学Van Trees教授、荷兰Delft大学Jan Slotboom和J. T. Touritz教授、马里兰大学郭和忠教授、英国One to One通信公司网络技术经理王立博士等知名专家学者。五系也向美、英、德、俄、日等国家派出访问学者19人次，派出参加国际学术会议90多人次。

# 第五章 进入新世纪（2001—2008 年）

进入新世纪之后，随着国家发展和世界范围内人才培养的日新月异、高技术进步突飞猛进的步伐，北京理工大学和五系都进入了快速发展的崭新阶段，在教育教学、科学研究的建设和改革等方面都走上了良性规范发展的轨道，取得了辉煌的成绩。这一时期，五系经历了从实质并入信息科学技术学院到又独立重组为信息与电子学院的过程，也是实现跨越式发展的重要准备阶段和过渡阶段。

## 2001 年

2001 年 4—5 月，学校组织校内外 50 余位院士、知名专家组成的验收专家组对学校"211 工程"建设项目分 13 个组进行了校内验收。

6 月学校"211 工程""九五"计划期间建设项目通过国家验收。

2001 年，五系本科生共招生 402 人，硕士研究生共招生 142 人，博士研究生招生 62 人。

2001 年，五系王越院士牵头的"重点理工大学培养的人才素质要求与人才培养模式的研究与改革实践"获得国家级教学成果一等奖。刘志文、张宝俊、沈庭芝、唐晓英、王士宏等人完成的"建设高水平信号与系统课群的改革与实践"获得北京高等教育教学成果奖一等奖。

中国兵器工业第 212 研究所研究员王学田

国家级教学成果奖一等奖证书

作为引进人才进入学校工作，任教于电磁场与微波技术教研室。

**2002 年**

2002 年 1 月，五系匡镜明教授（时任北京理工大学校长）获得北京市教育工会授予的"北京高校依靠教职工办好高校先进校长"称号。

1 月，教育部公布《教育部关于公布高等学校重点学科点名单的通知》，明确通信与信息系统学科点入选全国重点学科，成为全校 11 个全国重点学科之一。

1 月 10 日，位于 4 号教学楼的我校电工电子教学实验中心落成，项目通过学校阶段验收并投入使用，学校正式成立了北京理工大学电工电子教学实验中心，五系罗伟雄教授首任该中心主任。

5 月，北京市教育委员会下发《北京市教育委员会关于公布普通高等学校北京市重点学科点名单的通知》，明确信号与信息处理学科点入选北京市重点学科，成为全校 5 个北京市重点学科之一。

6 月，学校进行了一系列学科调整和学院重组，电子工程系与自动控制系、光电工程系、计算机科学工程系合并组建了信息科学技术学院，由吕昕担任院长，付梦印（常务）、薛唯（兼）、金伟奇、仲顺安、贾云德、张笈（兼）、郭宏（兼）、刘明奇（兼）、陈朔鹰、李庆常担任副院长，刘明奇、郭宏于 12 月被免职。由陈杰担任学院党委书记，薛唯（常务）、张笈、刘明奇、郭宏任副书记。

6 月，学校参加全国一级学科整体水平评估工作取得好成绩，五系信息与通信工程学科位居全国第七名。

当年，五系本科生共招生 383 人，硕士研究生共招生 189 人，博士研究生招生 65 人。

7 月，五系教授匡镜明（时任北京理工大学校长）当选为中国学位与研究生教育学会副会长，兼评估委员会主任。

8 月，国防科工委批准学校重点学科点 20 个，包括电磁场与微波技术、通信与信息系统、信号与信息处理，同时这三个学科也被确定为国防特色学科。

11 月，刘志文（通信与信息系统）、沈庭芝（通信与信息系统）和吕昕（电磁场与微波技术）获聘为博士生导师。

12 月，学校举行良乡校区奠基仪式。

当年，毛二可获得何梁何利基金奖，吴嗣亮获"教育部跨世纪优秀人才"称号，陶然、安建平获教育部高校青年教师奖。

## 2003 年

2003 年 5 月 23 日，学校组成新的北京理工大学学术委员会，五系王越院士当选为主任委员，毛二可院士当选为委员；同时，成立北京理工大学第七届学位评定委员会，匡镜明教授当选为主席，王越院士当选为委员。

6 月，五系匡镜明教授担任国务院学科评议组信息与通信工程一级学科召集人。

9 月，学校增列自设学科硕士点 5 个，包含目标探测与识别。国务院学位委员会批准增列 3 个博士学位一级学科授权点，包含电子科学与技术。

从 2003 年 9 月开始，设置电子科学与技术（微电子方向）专业。这时电子信息领域的本科专业共 3 个：信息工程、信息对抗技术、电子科学与技术（微电子方向）。

2003 年，五系本科生共招生 370 人，硕士研究生共招生 200 人，博士研究生招生 58 人。

## 2004 年

2004 年，五系本科生共招生 373 人，硕士研究生共招生 222 人，博士研究生招生 72 人。

11 月，廖波（微电子学与固体电子学）获聘为博士生导师。至此，五系共有 26 位导师获聘为博士生导师。

罗伟雄教授获评 2003 年北京市教学名师，龙腾被评为教育部跨世纪优秀人才，吕昕入选国防科技工业"511 人才工程"学术技术带头人，倪鸿宾入选国防科技工业"511 人才工程"高级技能人才。

当年，王越、韩力、沈伯弘（北京大学）、赵显利、俞信等人完成的"大学生电子设计竞赛的开展与学生创新能力的培养"获得 2004 年北京市高等教育教学成果（高等教育）奖一等奖（2005 年 9 月颁发证书）。王越院士主持的课程"信息系统与安全对抗导论"获得国家级和北京市级精品课程。曾禹村教授编著的教材《信号与系统》获得北京市精品课程教材。

2004 年匡镜明教授获国务院学位委员会、教育部"全国工程硕士研究生教育"突出贡献奖。

## 2005 年

2005 年 6 月，学校聘请总参通信部李德毅院士为兼职教授。

7 月，计算机科学工程系独立，成立计算机科学技术学院，这时信息科学技术学院包含自动控制系、光电工程系、电子工程系和电工电子教学实验中心4个系级单位。

2005年，五系本科生共招生363人，硕士研究生共招生237人，博士研究生招生74人。自2000年以来硕士研究生招生情况如表5.1所示。

表5.1　2000年以来硕士研究生招生情况　　　　　　　　　　　人

| 年份 | 电路与系统 | 微电子学与固体电子学 | 电磁场与微波技术 | 通信与电子系统 | 信号与信息处理 | 总人数 |
|---|---|---|---|---|---|---|
| 2000 | 8 | 7 | 15 | 41 | 25 | 96 |
| 2001 | 10 | 10 | 23 | 65 | 34 | 142 |
| 2002 | 16 | 12 | 36 | 67 | 48 | 179 |
| 2003 | 19 | 17 | 32 | 72 | 60 | 200 |
| 2004 | 17 | 21 | 33 | 84 | 67 | 222 |
| 2005 | 18 | 22 | 32 | 83 | 82 | 237 |

9月19日，学校全面启动校内本科教学评估工作。

11月，北京市教委组织专家组对我校电工电子教学实验中心进行了现场考察和评审，电工电子教学实验中心被认定为北京市级实验教学示范中心，同时被北京市推荐参加国家级实验教学示范中心评审。

2005年9月，五系王越、韩力、沈伯弘（北京大学）、赵显利、俞信（四系）、胡克旺（北京信息科技大学）等人完成的"大学生电子设计竞赛的开展与学生创新能力的培养"获得第五届国家级高等教育教学成果奖特等奖。全校同时有6个项目获奖，奖项之高、数量之多，是学校史上首次。

国家级教学成果奖特等奖证书

五系沈庭芝教授主持的课程"信号与系统"获评北京市精品课程。

至 2005 年，五系硕士学位授权点包括通信与电子系统、信号与信息处理、电路与系统、电磁场与微波技术、物理电子学、微电子学与固体电子学。

2005 年学校决定建设 5 个学科特区，包括雷达技术研究所。

中国科学院电子学研究所教育部长江学者特聘教授盛新庆作为引进人才来校工作，任教于电磁场与微波技术教研室。

**2006 年**

2006 年，电子工程系按照信息工程、电子科学与技术（微电子方向）、信息对抗技术 3 个专业招生。

2006 年招收本科生 293 人，硕士研究生 257 人，博士研究生 72 人。

6 月 23 日，中共北京市委教育工作委员会做出关于向毛二可同志学习的决定，随后中共北京理工大学委员会也做出关于向毛二可院士及其创新团队学习的决定。学校党委号召在全校师生员工中大力开展学习毛二可院士及其创新团队先进事迹的活动。向毛二可院士及其创新团队学习，就是学习他们心系祖国、自觉奉献的爱国精神；学习他们求真务实、勇于创新的科学精神；学习他们不畏艰险、勇攀高峰的探索精神；学习他们团结协作、淡泊名利的团队精神；学习他们与时俱进、争创一流的先锋精神。学院制订了详细的学习宣传活动计划，活动办得轰轰烈烈，扎扎实实，取得了可喜成效。

当年，由罗伟雄教授为课程负责人的"通信原理与电路"获评 2006 年北京市精品课程，获批北京市电子信息技术产学研基地，共计建设经费 60 万元。

电工电子教学实验中心获评首批 2005 年国家级实验教学示范中心，成为全国首批 6 个电工电子国家级实验教学示范中心之一。

王越获国家级教学名师奖；毛二可获北京市、全国优秀共产党员称号，其领导的创新团队被授予国防科技工业优秀科技创新团队、北京市教育创新工程优秀教育集体；陶然获国家杰出青年科学基金资助；吴嗣亮获评国防科技工业有突出贡献中青年专家、国防科技工业"511 人才工程"学术技术带头人；曾涛入选新世纪优秀人才支持计划。

现代通信实验室被国际电信联盟授权作为国际语音编码技术测试单位。

**2007 年**

2007 年 5 月 8 日学校任命仲顺安担任信息科学技术学院院长；免去吕昕信息科学技术学院院长职务，调研究生院任常务副院长；任命王军政担任学院常务副院长；任命张笈为学院党委常务副书记。6 月 21 日任命汪渤、赵长明、安建平为学院副院长，任命郑重为副处级组织员。

2007年，五系招收本科生312人、硕士研究生258人、博士研究生65人。

当年，信息科学技术学院5本教材入选"十一五"国家级教材规划选题。

毛二可创新团队获评全国教育系统先进集体。新体制雷达与实时信息处理创新团队入选教育部创新团队发展计划，信息系统与安全对抗教学团队获北京市优秀教学团队称号。

2007年，五系校友吴一戎当选为中国科学院院士。吴一戎1963年7月出生于北京，任中国科学院电子学研究所所长、微波成像技术国家重点实验室主任、研究员、博士生导师，中国科学院大学电子电气与通信工程学院院长；1985年、1988年先后在北京理工大学获学士和硕士学位，2001年在中国科学院电子学研究所获博士学位；长期从事合成孔径雷达（SAR）系统以及遥感卫星地面处理和应用系统的研究，系统性地解决了一系列理论问题与关键技术，提高了中国在该领域的技术水平。

吴一戎院士

2007年9月，匡镜明教授担任"多元信息系统"国防重点学科实验室主任。

## 2008年

2008年春节前夕，中共中央政治局委员、中共北京市委书记刘淇到毛二可院士家中看望毛二可院士。同年，毛二可院士被北京市选举为党的十七大代表。

2008年9月恢复单独设置通信工程专业。这时电子信息领域的本科专业共4个：信息工程、信息对抗技术、电子科学与技术（微电子方向）、通信工程。同年9月开始设立电子科学与技术（微电子方向）双语班，年均招生30人。信息工程获批北京市特色专业。信息系统与安全对抗教学团队获国家级教学团队称号。同年，学校8个本科专业被确定为国防科工委重点专业，其中包括设置在五系的信息工程、通信工程、信息对抗技术3个专业。

2008年,五系招收本科生355人、硕士研究生259人、博士研究生82人。

2008年4月,匡镜明教授担任国防科工委"一提三优"工程研究生教育总督导。

2008年8月,五系匡镜明教授担任北京理工大学学术委员会主任。

NTT都科摩北京通信技术有限公司副教授李祥明作为引进人才来校工作,任教于通信技术教研室。

**2008年1953级校友返校庆祝毕业50周年**

# 第六章　跨越发展时期（2009—2018年）

从2009年开始，学校以电子工程系为主体，重组为信息与电子学院，五系从此开始进入一个新的发展阶段，在2018年9月，信息与电子学院隆重庆祝学院建院65周年。这一时期，信息与电子学院师生继承五系人的精神，坚持60余年发展历程中积累的优良传统，与时俱进、不断创新开拓，在"双一流"建设的征程中快马加鞭、砥砺奋进，高质量发展、跨越式发展，五系进入一个从辉煌不断走向另一个辉煌的崭新时代。

**2009年**

2008年12月15日，根据学校党委《关于成立有关学院及分党委、党总支、直属党支部的决定》（党〔2008〕33号）文件，信息科学技术学院撤销，以电子工程系为主体，重组为信息与电子学院，同时成立信息与电子学院党委，开启了五系发展历史的新篇章。

2009年年初，经过民主推荐、选聘，组成了信息与电子学院领导班子，学校任命龙腾担任院长，张笈担任党委书记，党华担任党委副书记，安建平、徐晓文、党华（兼）担任副院长。

学院成立后，基层单位包括信号与图像处理研究所（原51教研室）、通信技术研究所（原52教研室）、微波技术研究所（原53教研室）、微电子技术研究所（原54教研室）、雷达技术研究所、电工电子教学实验中心。

从2009年3月开始，根据中央部署和学校党委的具体安排，学院集中半年多时间在领导班子及全体党员中开展了深入学习科学发展观活动。学院党委根据"党员干部受教育、科学技术上水平、人民群众得实惠"的总体要求和"提高思想认识、解决突出问题、创新体制机制、促进科学发展"的目标，围绕"办什么样的大学、怎样办好大学"和"培养什么人、怎样培养人"这个根本问题，通过学习讨论，明确办学理念，经过学习提出了"聚集特色、凝聚学科、激情进取、科学发展"的学习实践主题,树立了"创新、团队、开放、争先"的学院发展理念,并提出了具体的落实措施。

这时,信息与电子学院设置4个本科专业:信息工程、通信工程、电子科学与技术(微电子方向)、信息对抗技术。

2009年,学院开始设立信息工程专业本硕博连读实验班,年均招生30人。学院开始执行"2009版教学计划",按照电子科学与技术(微电子方向)、信息工程、信息对抗技术、通信工程、信息工程(本硕博连读班)、信息工程(实验班)、电子科学与技术(微电子方向双语班)7个专业招生。在信息工程专业设置了4个专业方向:信号与信息处理方向、信号与图像处理方向、电磁场与微波技术方向、电路与系统方向,在第六、第七学期分别开设4组专业教育课程。

2009年,五系共招收本科生328人、硕士研究生307人、博士研究生55人。

2009年成立学院教学指导委员会。获国家级教学成果二等奖1项、北京市教学成果一等奖2项。获评国家级精品课程1门、教育部双语教学示范课程1门。获全国"百优"博士论文提名1篇。学院成立学科建设指导委员会。成立人才引进考核委员会,制定绩效考核办法。

2009年,罗森林获第五届北京市教学名师奖,沈庭芝获评北京市优秀教师。信号与系统课程组获"全国巾帼文明岗"称号。嵌入式实时信息处理并行计算机专项完成可研论证,建设总经费9 800万元。批准成立航天电子技术研究中心。分别与航天五院西安分院、航天八院八部成立空间信号处理、目标仿真联合实验室。

2009年,学院举办首届IET国际雷达会议、2009微波技术与计算电磁学国际会议。

**2010年**

2010年3—6月,根据学校党委安排,通过"党建工作稳定和学习实践活动"回头看活动,进一步解决和落实具体问题和措施,为学院发展上一个新台阶打下了坚实的思想基础和物质基础。

2010年,五系共招收本科生376人、硕士研究生285人、博士研究生53人。

2010年,学院获评教育部双语教学示范课程、教育部英特尔精品课程、北京市精品课程各1门。

2010年,获批建设电子科学与技术研究生全英文专业,获批建设电子信息采集、传输与处理研究生教育实践创新平台。入选全国"百优"博士论文提名1篇,开始实施学院全国优秀博士论文育苗工程。

设立德育小导师制度,中央电视台、新华社等多家媒体进行了报道。

电工电子教学实验中心的"电工电子基础教学团队"相继获批北京市级优秀教学团队、国家级教学团队，团队带头人为韩力教授。

成立电子信息技术实验中心，并获评校级实验示范中心。

2010年，学院引进国家高层次人才长期项目专家刘大可。陶然入选2009年度领军人才特聘教授，韩力获第六届北京市教学名师奖。中航雷达与电子设备研究院研究员章传芳作为引进人才来校工作，任教于微波技术研究所。

该中心负责教学的"电路分析基础"获批北京市精品课程，课程负责人为仲顺安教授。

卫星导航电子信息技术教育部重点实验室立项建设，获批嵌入式实时信息处理技术北京市重点实验室。

嵌入式实时信息处理并行计算机专项启动，信息科学实验楼开工建设。

创办北京理工雷科电子信息技术学科性公司。

与爱立信公司签署新一期双边合作项目。

**2011年**

2011年9月，电子科学与技术（微电子方向）专业改名为电子科学与技术专业；电子科学与技术（微电子方向）双语班升级为电子科学与技术国际化教育班，学院组建专业工作组，聘请刘大可教授为专业学术负责人、刘家康教授为专业责任教授，年均招生30人，从全校新生中二次选拔招生。这样，2011年学院本科生招生专业为电子科学与技术、信息工程、信息对抗技术、通信工程、信息工程（本硕博连读班）、信息工程（实验班）6个专业。

2011年，五系共招收本科生378人、硕士研究生301人、博士研究生54人。

2011年，入选教育部首批精品视频公开课1门、国家级精品教材1部、北京市精品教材2部。

获批国家级工程实践教育中心4个，获批"无线通信创新研究"北京市产学研联合培养研究生基地。

同年建立信息安全与对抗技术、电工电子、信号与图像处理技术3个大学生实践创新基地。

修订信息工程专业本硕博教学计划。

组建学院本科教学督导组。

与中国科学院电子学研究所签署为期5年、总金额38万元奖学金资助协议。

龙腾、毛二可、刘峰、胡善清、曾大治、陈亮等人完成的"空天对地探测实时信息处理新技术及应用"获得国家技术发明二等奖。雷达高速实时信号处理技术是信息与电子学院长期研究形成的优势领域之一。"211"工程建设以来，先后完成的雷达信号处理机包括"红九"雷达信号处理机 MTT 及 FFT 组合、"LY60"雷达信号处理机、"TR47C"雷达信号处理机、"374 改"雷达信号处理机、扬州 723 所某跟踪雷达信号处理系统、某火控雷达高速实时信号处理系统等，获得部级科技进步二等奖 2 项、三等奖 1 项。为了满足我国新一代雷达复杂大运算量实时信号与信号处理的需要，研究团队还开展了雷达信号处理通用化、模块化技术的研究和雷达通用高速实时高精度数字信号与信息处理平台的研制，在以下几个方面取得了创新性成果：

（1）开发了基于 Compact PCI 总线的四通道高精度大动态高速模数转换器及双高速 DSP 处理器模块，研制了基于 Compact PCI 总线的通用信号处理及输入输出模块，模板配有并行标准并行口和多个串行口；研制了通用可编程定时信号和波门产生模块；构造了火控雷达多通道信号处理平台，高速采集通路达 16 通道，处理速度达 160 亿次/秒，完成了某火控雷达的信号处理；研制了单板 5 个 DSP（1 个 TMS320C6202 和 4 个 TMS320C6701）的通用信号处理模块，处理速度达 7 000 MIPS（每秒百万次指令数）和 2 400 MFLOP（每秒百万次浮点运算数），多板扩展可构建定点处理能力超过 500 亿次/秒、浮点处理能力超过 100 亿次/秒的处理系统。以上技术有些已在国家多种在研雷达中应用，雷达通用高速实时信号处理机的技术水平已达发达国家同期先进水平。

分数阶傅里叶变换信号与信息处理创新团队入选 2010 年度教育部创新团队发展计划。新加坡资讯通信研究院高级研究员李慧琦作为引进人才来校工作，入职岗位为教授，任教于信号与图像处理研究所，并入选新世纪优秀人才支持计划。

多元信息系统国防重点学科实验室通过中期评估。

与美国得州仪器（TI）公司达成共建 TI 联合实验室协议，与美国安捷伦科技有限公司签署"北京理工大学—安捷伦基础电子创新共建实验室"合作备忘录。

信息科学实验楼封顶。

获"载人航天交会对接微波雷达研制突出贡献单位"称号。

## 2012 年

2012 年，五系校友王小谟院士获得国家最高科学技术奖。王小谟院士出生于 1938 年 11 月，上海市金山区金山卫镇人，中国著名雷达专家，中国现代预警机事业的开拓者和奠基人，被誉为"中国预警机之父"；1961 年毕业于北京工业学院（现北京理工大学），1995 年当选为中国工程院院士，2009 年获国家科技进步特等奖，2010 年获"全国百名优秀共产党员"称号，2011 年荣获"五一劳动奖章"，2013 年 1 月 18 日荣获 2012 年度国家最高科学技术奖；从事雷达研制工作 50 余年，先后主持研制过中国第一部三坐标雷达等多部世界先进雷达，在国内率先力主发展国产预警机装备，提出中国预警机技术发展路线图，构建预警机装备发展体系，主持研制中国第一代机载预警系统，引领中国预警机事业实现跨越式、系列化发展，并迈向国际先进水平。

王小谟院士及其所获国家最高科学技术奖证书

2012年，五系共招收本科生457人、硕士研究生314人、博士研究生56人。

2012年10月，根据教育部2012年9月发布的《普通高等学校本科专业目录》和《普通高等学校本科专业设置管理规定》，信息工程专业改名为电子信息工程专业。至此，信息与电子学院共设置4个本科专业：电子信息工程（代码：080701）、电子科学与技术（代码：080702）、通信工程（代码：080703）和信息对抗技术（代码：082107）。

2012年，通信工程专业、电子科学与技术专业通过中国工程教育专业认证，有效期从2013年1月1日至2018年12月31日。

电子科学与技术获批一级学科北京市重点学科。

学院列入首批教育部与中科院联合实施"科教结合协同育人行动计划"。

与方正国际软件有限公司共建的"北京理工大学—方正国际软件有限公司创新创业训练基地"获批北京市校外人才培养基地。

信息系统与安全对抗实验中心获批工信部实验教学示范中心。

当年成立学院研究生教育督导组。

2012年，学校获批成为全国第一批工程博士试点单位之一，全校新增电子与信息、先进制造两个工程博士点。

德育小导师项目获北京市高校优秀基层党建工作创新项目，学院团委被授予2012年度北京市五四红旗团委。

学院开展新一轮岗位聘用工作。

龙腾获国家杰出青年科学基金资助,并入选教育部领军人才。潘小敏入选新世纪优秀人才支持计划。

学院获批毫米波与太赫兹技术北京市重点实验室。

**2013 年**

2013 年开始与中国科学院电子学研究所合办电子信息工程专业信息科技菁英班,这成为电子信息工程专业的第五个专业方向。从 2012 级开始,每年从进入大学二年级的电子信息工程专业学生中招生 30 人,第一届信息科技菁英班为 2012 级,2013 年 9 月组成。

2013 年 9 月,信息与电子学院开始按照大类招生和培养,招收电子信息类和电子信息类(试验班)两大类学生。电子信息类学生在经过大学一、二两个学期的公共基础阶段教育后,分流向 4 个本科专业,共 8 个专业方向。电子信息类(试验班)学生在经过大学前 5 个学期的公共基础阶段教育和专业基础阶段教育后,分流向 4 个本科专业,共 7 个专业方向(不含信息科技菁英班)。

2013 年,五系共招收本科生 383 人、硕士研究生 328 人、博士研究生 63 人。

从 2013 年开始,学院不再招收本硕博连读培养班,各个本硕博连读培养班改为在研究生院下属的徐特立学院招生,组建徐特立英才班,实施"明精"计划。

电子信息工程专业获批卓越工程师教育培养计划第三批专业,通过中国工程教育专业认证,有效期从 2014 年 1 月 1 日至 2019 年 12 月 31 日。

电子科学与技术和信息对抗技术获批工信部重点专业。

获批北京市教改项目 1 项,获北京市教学成果二等奖 1 项,获国家级精品资源共享课 1 门。

入选全国"百优"博士论文提名 1 篇、北京市优秀博士论文 1 篇。

仲顺安、韩力分别当选为 2013—2017 年教育部高等学校电子信息类专业教学指导委员会、电工电子基础课程教学指导委员会委员。

教育部学位与研究生教育发展中心发布 2012 年学科评估结果,信息与通信工程并列第八名,电子科学与技术并列第十五名。

2013 年,吴嗣亮、毛二可、王旭、魏国华、陈刚、侯舒娟等人完成的"无线电矢量脱靶量测量技术与应用"获得国家技术发明一等奖,这是北京理工大学首次获得国家技术发明一等奖。导弹相对靶标的末段弹道测量,即矢量脱靶量测量,是验证和定量评估导弹性能的关键技术。无线电矢量脱靶量测量技术是发达国家长期发展的国防专用技术,一直对我国实行封锁。无线电矢量脱靶量测量的研究工作起始于 1989 年,当时为了解决在渤海湾内导弹打靶对石油开采平台的安全保障问题，五系雷达研究室进行了方案论证及原理实验，提出了用全向发射天线和多接收天线组成立体天线阵、覆盖整个测量空间的全时空雷达方案。1992年正式开展研究工作，参加研究工作的有毛二可、周冬友、邬光浩、肖裔山、何佩琨、任丽香、任秀珍等教师，天线系统由53专业邓次平老师和研究生负责。到1995年，经过三年设计、装配、调试和实验打靶，完成了原理样机硬件的研制，获取了实验打靶的数据。这一年，吴嗣亮进入雷达研究室开展博士后研究，承担了利用各个接收天线数据反演目标航迹的工作，在他主导下编制了大量的软件，成功反演了导弹与靶标相对运动的航迹，精度满足指标要求，通过了实验基地组织的原理样机验收。之后，又开展了结构及可靠性方面的改进工作，对原理样机进行了大改造，到20世纪末完成了这项工作，于2001年8月2日获得了发明专利的授权。进入21世纪之后，无线电矢量脱靶量测量系统进入工程应用阶段，吴嗣亮老师主持了相关研究工作。经过20年的艰苦努力，通过测量原理的根本创新，研制出8型脱靶量测量系统，用于10余个重点型号的科研、定型、批检和装备训练试验，解决了10余个重点型号导弹研制与装备重大试验中命中精度评定的难题，这不仅填补了我国无线电矢量脱靶量测量技术的空白，而且彻底解决了大范围、高精度矢量脱靶量测量的难题，实现了主要性能指标大幅度超越英、美。成果还推广应用于天基空间目标探测，研制出我国第一部星载空间目标测量雷达——××—×试验卫星雷达测量仪，已通过在轨验收。应用于某多功能相控阵雷达半实物仿真系统、某雷达引信体目标模拟系统、某雷达导引头信号模拟器、某航天交会对接测量雷达信号处理机等。该成果也获得了2009年度国防科技发明一等奖。

（a）

**吴嗣亮团队获得国家技术发明一等奖**

（b） （c）

**吴嗣亮团队获得国家技术发明一等奖（续）**

2013年，五系2005级博士校友尹浩当选为中国科学院院士。尹浩院士1959年出生，原籍山东省日照市。他曾先后担任原中国人民解放军总参谋部第61研究所研究员、总工程师、副所长，现担任中国人民解放军军事科学院系统工程研究院系统总体所所长。尹浩院士长期从事通信网络技术研究，在复杂环境通信网络理论方法研究、体系结构设计和技术应用等方面取得了多项创新性成果。他作为总设计师研发的中国人民解放军新一代某型通信系统装备的总体设计与工程实施使中国成为世界上第二个具备独立研发该型号装备的国家。他提出了中国人民解放军的通信网络信息传送技术体制，创新提出网络"适变元"概念，构建了基于"适变元"的通信网络体系结构模型，支撑了中国人民解放军第三代通信网络建设。

**尹浩院士**

2013年，龙腾入选2012年度领军人才特聘教授。崔嵬、许稼入选新世纪优秀人才支持计划，刘峰副研究员获中国青年五四奖章。

2013年，学院获北斗二号卫星工程建设突出贡献集体奖和国家高技术"863-805"重大项目专家组杰出贡献团队称号。

2013年，学院申报并获批新体制雷达系统理论与关键技术学科创新引智基地；学院获批分数域信号与系统北京市重点实验室；卫星导航电子信息技术教育部重点实验室通过验收；信息科学实验楼建成并投入使用。

2013年，学院改革了各项评审投票制度，由全体教授参与投票，并制定了《信息与电子学院评聘计票规则》（以下简称《计票规则》），排除各团队教授人数对投票的影响，加强了投票制度的公平性，该《计票规则》已在职称评审、进人考核、人才项目评审中实行。

2013年，举办2013 IET国际雷达会议、2013年微波技术与计算电磁学国际会议，并签署IET教育合作伙伴协议。

**2014年**

2014年3月，五系匡镜明教授指导的博士生武楠获全国"百优"博士论文，匡镜明教授获教育部、国务院学位委员会授予的"全国优秀博士学位论文指导教师"荣誉称号。当年学院还获得"百优"博士论文提名1篇。

2014年，五系共招收本科生407人、硕士研究生209人、博士研究生64人。

2014年，微电子电路基础入选中国大学MOOC首批建设课程，两本教材入选第二批"十二五"普通高等教育本科国家级规划教材。建立电子与通信工程硕士学位全英文专业。

2014年，开始设立院级教改项目。

2014年，完成信息与通信工程、电子科学与技术的学科方向设置及学科责任教授遴选。

2014年，五系匡镜明教授获中国学位与研究生教育学会"突出贡献奖"。

2014年，增设中科院电子所助学金。

2014年，学院获批分数域信号与信息处理及其应用国家自然科学基金创新研究群体。

6月9日，成立雷达与对抗技术研究所。

获批硅基高速片上系统北京市工程技术研究中心。

龙腾入选创新人才推进计划中青年科技创新领军人才及科技北京百名领军人才培养工程。

吴嗣亮入选"百千万人才工程"国家级人选并被评为有突出贡献中青年专家，获"全国五一劳动奖章""全国模范教师""全国优秀科技工作者"称号。

高飞获第十届北京市教学名师奖。

吴嗣亮获2014年度何梁何利科学与技术进步奖。

学院举办首届中欧气象雷达学术论坛和全国博士生学术论坛（信息与电子技术）。

**2015年**

2015年，学院共招收本科生416人、硕士研究生341人、博士研究生72人。

2015年，学院获批推进行动本科教学建设项目建设经费225万元。出版"十二五"国家重点出版物出版规划项目教材1部。信息系统及安全对抗实验中心通过工信部实验教学示范中心验收。

2月12日，学院成立分数域信号与系统研究所。

博士招生首次实行"申请—考核制"。

在电子与通信工程全英文专业基础上，建成与一级学科匹配的信息与通信工程和电子科学与技术两个全英文专业。

2014年学院设立理工雷科奖教金并开展评选，于2015年教师节颁发第一届奖金。理工雷科是学校党委为突破高校人力资源瓶颈、推进科研成果转化成立的学科性公司，自2009年成立以来取得了快速发展。为了支持信息与电子学院的发展并回报学校，公司决定每年向信息与电子学院捐赠322 000元，设立北京理工大学信息与电子学院理工雷科奖教金，用于奖励学院从事本科和研究生教育教学的优秀教师以及学院所属专业本科生公共基础课教学的优秀教师。

理工雷科奖教金设置理工雷科教学贡献奖和理工雷科杰出教学贡献奖两个层次的奖励。理工雷科教学贡献奖每学年奖励30名教师，每人奖励1 000元。理工雷科杰出教学贡献奖每学年奖励8名教师，其中一等奖1名，奖励100 000元；二等奖2名，每人奖励50 000元；三等奖5名，每人奖励20 000元。

第一届理工雷科奖教金获奖名单如下（同一类别排名不分先后，以姓名拼音为序）：

理工雷科教学贡献奖获得者：陈禾、陈越洋、丁英涛、丁志杰、杜慧茜、杜娟、高巍、哈楠、侯舒娟、贾丽娟、李祥明、梁淼、刘珩、刘埔、陆军、马志峰、齐春东、任武、单涛、宋克辉（物理学院）、王晓华、王永庆、吴琼之、徐友根、闫志忠（数学学院）、杨杰、杨小鹏、尹鹏、张蕾、钟曼莉。

理工雷科杰出教学贡献奖获得者：三等奖为陆军、马志峰、宋克辉（物理学院）、王晓华、徐友根，二等奖为陈禾、侯舒娟，一等奖为吴琼之。

学院获批筹备建设示范性微电子学院并举行揭牌仪式。

学院编制完成两个一级学科"十三五"建设规划。

毛二可院士雷达系统及实时信息处理技术创新团队获2015年国防科技创新团队奖。

探测、制导与控制协同创新中心通过工信部评审。

2015年，五系校友樊邦奎当选中国工程院院士。樊邦奎1958年9月出生，安徽省滁州市人。为五系1989级硕士、1993级博士校友，1997年毕业于北京理工大学信号与信息处理专业，获工学博士学位。曾任总参某研究所所长、解放军原总装备部科学技术委员会兼职委员、解放军原总装备部光电子技术专业组组长、国家"973"计划项目专家组组长、国家"863"计划主题专家组成员。他是中国无人机侦察技术领域学术带头人之一，先后主持多型无人机侦察装备的研制，攻克无人机侦察体系建模、目标实时定位等多项关键技术，研究的成果参加国庆60周年和抗战胜利70周年阅兵。获国家科技进步特等奖、一等奖各1项，国家科技进步二等奖4项、省部级科技进步一等奖8项；荣立一、二等功各1次；获授权发明专利15项，出版专著4部，发表论文20余篇；带领团队获集体一等功和军队科技创新群体奖。

**樊邦奎院士**

龙腾被国务院学位委员会聘为第七届学科评议组成员，入选"百千万人才工程"国家级人选并被评为有突出贡献中青年专家。

为提升学校教师公开发表学术论文的质量，鼓励高水平科研成果产出，学院组织开展信息与通信工程、电子科学与技术两个一级学科的重点刊物目录讨论工作，并于2015年12月通过了学校第九届学术委员会审议，形成了重点刊物推荐原则和学科重点刊物目录。

为加快吸引、遴选和稳定优秀人才，本着"高标准、高要求、高薪酬"的基本原则，为建立健全教师聘用、晋升、流转通道，学校启动实施教师"预聘—

长聘—专聘"制度,并于2015年年底启动"预聘—长聘—专聘"岗位首次聘用工作。

学院举办2015 IET国际雷达会议,续签IET教育合作伙伴协议,签订北理工信息学院—土耳其奥坎大学工程与结构学院合作备忘录。

**2016年**

2016年,五系电子科学与技术专业按照微电子学院招生,当年招生共三个大类:信息与电子学院电子信息类、信息与电子学院电子信息工程(实验班)和微电子学院电子科学与技术专业。这种招生结构也延续到2017年。2016年,学院共招收本科生431人、硕士研究生339人、博士研究生68人。

2016年,学院评选第二届理工雷科奖教金,获奖名单如下(同一类别排名不分先后,以姓名拼音为序):

理工雷科教学贡献奖获得者为:陈志铭、丁英涛、杜娟、范哲意、费泽松、高玄怡、郭琨毅、何芒、贾丽娟、李祥明、刘兆龙(物理学院)、罗森林、马幼鸣、梅文博、盛新庆、时永刚、司黎明、宋巍、王润怡、王文华、王晓华、王兴华、吴琼之、吴莎莎、邢成文、徐友根、闫桂峰(数学学院)、杨小鹏、张峰、郑哲。

理工雷科杰出教学贡献奖获得者为:三等奖费泽松、马幼鸣、吴莎莎、闫桂峰(数学学院)、张峰,二等奖范哲意、邢成文,一等奖杜娟。

2016年7月,学校免去龙腾的信息与电子学院院长职务,调任校长助理,任命安建平担任信息与电子学院院长,谷千军、徐建(兼)、何遵文、陈禾、崔嵬、傅雄军、司黎明为副院长。薛正辉担任信息与电子学院党委书记,徐建任副书记。

2016年,信息与电子学院以高质量人才培养和高水平学科建设为核心,以加强师资队伍建设和提升科学研究水平为工作重点,在学校党委和行政的领导下、在校党政各部门的帮助以及学院全体师生的共同努力下,加强战略谋划,深化综合改革,全力推进各项事业科学发展,取得了可喜的成绩,圆满完成了2016年的各项目标任务。

**1. 学院发展谋划及学科建设**

【"十三五"教育事业发展规划编制】按照学校工作要求,学院自2016年3月起编制"十三五"教育事业发展规划,并分别于3月、7月向学校做了两次汇报。经过半年的论证,明确学院到2020年的发展目标为:学院总体水平占据国内高校电子信息领域的前列(信息与通信工程进入前4,电子科学与技术进入前10),同时确定了学院"十三五"规划建设各项指标。

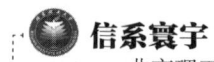

【第四轮学科评估】按照第四轮学科评估工作安排，学院自2016年4月起开展信息与通信工程、电子科学与技术两个一级学科的评估工作。学院成立由院长牵头的领导小组以及由两个学科责任教授小组组长牵头的工作小组。各工作组于5月初完成了学科简况表初稿，随后进行了学科简况表的修改完善以及相关证明材料的收集，6月中旬完成了评估系统的数据导入和核查工作，并向教育部正式上报评估材料。11月，学科评估进入材料公示期，学院对自身材料和其他单位的材料进行了核查。

【国防特色学科建设】根据学校统筹安排和学院论证结果，2016年3月，由吴嗣亮教授牵头完成申报信息与信号处理国防特色学科，4月下旬配合学校完成了申报答辩工作，并于9月成功获批。11月，完成了信息与信号处理国防特色学科"十三五"条件建设规划编制工作。

【"双一流"建设】"双一流"建设工作自2016年10月29日开始，学院制定了《信息与电子学院"双一流"建设方案》，目前方案已上报学校做进一步论证，同时开展了本年度50万元"双一流"建设经费执行工作，主要用于支持虚拟仿真实验中心建设。

【微电子学院建设】2016年，学院完成了《示范性微电子学院建设工作进展报告》，并报送教育部高教司，配合微电子研究所开展了"集成电路产学研融合协同育人设计实践平台"论证工作，相关材料报送国家发改委。

**2. 本科教学**

【本科教育教学改革专项】开展电子信息类专业本科专业综合改革建设立项与实施，已基本完成成果导向教育（OBE）人才培养模式体系建设，初步形成了学院级OBE教学管理软件需求分析与软件基本模式编程。开展通信导航军民融合协同育人实践教学基地建设立项与实施，通过校企合作的方式，进一步夯实与中兴协力超越公司、大唐电信集团在4GLTE和5G关键技术领域的人才培养和专业实习培训，重点搭建了基于软件无线电平台的通信与导航探测平台，为本科演示教学与研究生创新实践活动提供支撑。

【教改项目立项、中期检查与结题评优】组织完成北京市级教改项目的中期检查1项；组织完成北京理工大学校级教改项目的阶段总结6项，其中5项已在年底结题；组织完成2014—2016年度学院级教改项目的结题验收，评选出6项优秀结题项目；组织完成2015—2017年度学院级教改项目的中期检查13项；组织完成2016—2018年度学院级教改项目的立项12项。

【2016新版培养方案开始执行】学院开始执行2016版培养方案。这一版培养方案从2013年开始酝酿，经过非常全面的调研、校内外研讨、十余轮次的修订和征求意见过程，2015年年底成形，相较于之前的培养方案有较大的突破。

这一版培养方案的主要特点是：完全的书院制大类培养，完全自愿的专业选择机制。设置拔尖创新人才、高水平专业人才、宽口径复合人才多元化人才培养路线。开设模块化课程体系，设公共基础、大类核心课程、专业课程和实践环节模块。课程设基本和高端两个层次，执行弹性灵活的个性化选课制度。实验设验证性实验、设计性实验和创新性实验三个层次。赴以国家级工程实践教育中心为主体的企业实习实践基地联合培养。对本科生的培养模式是：第一、二学期通识培养，第三、四、五学期大类专业基础培养，第五、六学期专业深化培养，第七学期为自主学习学期，三个暑假小学期、第八学期集中实践。强化自主学习、研究型学习、课赛结合和国际化学习，开展普及型大学生创新训练项目和创新学分制度。

【新一轮课程体系和教学方法改革探索】学院在调研参考MIT、加州大学伯克利分校等世界名校电子工程系培养方案的基础上，通过交流研讨和赴清华实地调研的方式，形成建设模拟电子学和数字电子学两大核心课的课程改革思路，并形成了在实验班率先启动新一轮改革的思路。

【"双一流"建设项目及教学成果申报】围绕"双一流"建设，学院组织各教学单位开展项目申报、立项答辩和执行，获教务处支持经费80万元，所有建设项目已执行完毕。学院组织申报北京理工大学第十二届优秀教材5本；组织申报教育部高等教育司的产学合作协同育人项目2项；组织2016年工信部研究型教学创新团队申报；组织申报北京理工大学第二届迪文优秀教师奖。

【大学生创新训练计划项目】2015年立项的校级大学生创新创业训练项目获批2项优秀结题作品；获批2016年大学生创新训练计划项目立项11项，其中国家级项目7项，北京市级项目4项；组织完成2016年校级大学生创新训练项目立项，共申报158个项目，全部获批；2016年4月和10月，面向2014级、2015级学生，依托学院教学指导委员会分别组织完成了院级大学生创新项目结题工作。

【本科生保研推免工作】2016年9月中下旬，面向386名大四学生开展推荐免试硕士研究生工作宣讲、学习成绩数据统计、综合排名计算、推免名单公示等工作，共有58人获成绩保研资格，6人获竞赛保研资格，4人获国防补偿计划保研资格，保研学生总计68人。

【教务系统应用及档案数据整理】2016年完成了将旧教务系统的工作移植到新版教务系统中这个工作，并将2016—2017学年第一学期有关教学工作按要求在新教务管理系统中运行，确保了教务运行的稳定。暑假期间，按照2016版培养方案全面整理归集本科教学档案柜内目录及资料；2016年10月28日至12月初，顺利完成了全部18个教育部高校本科教学数据表的采集工作。

【信息科技菁英班培养及OBE本科毕业设计】学院对2012—2014级的信息科技菁英班工作进行了年度总结，针对存在的问题，撰写了《学院信息科技菁英班2015年度联合培养项目工作总结报告》；在与中科院电子所磋商的基础上，2017年年初学院与电子所签署5年奖学金资助协议，并邀请吴一戎院士为信息科技菁英班学生做学术报告。学院组织开展了毕业设计对毕业要求达成度评价的指标点分析，撰写《北京理工大学本科生毕业设计（论文）毕业要求达成度评价表》，组织教师按照成果导向教育（OBE）标准撰写毕业设计任务书。

【国际交流与合作】2016年，学院3位教师获批教务处资助的出国进修项目。学院本科生教育国际化工作也取得良好进展，学院获批留学基金委资助毕业设计总共3个项目，参与学生人数是9人，占全校的18%；获批海（境）外毕业设计23人（不含"2+2"项目及"3+1"项目），前往海（境）外高校共计9所；2016年我院本科生出国（境）交流人数124人，占全校出国（境）交流人数的比例为15%。学院组织出版了2016版《游学志》。

【本科生暑期交流访学】2016年7月3—16日，我校港澳台办公室和我院联合主办了"2016台湾学生赴北理暑期电子设计实践营"项目，历时14天，来自台湾"清华大学"、中原大学等5所台湾高校的19名师生以及我院的19名师生参与本次活动。7月11—29日，学院组织11名师生参加中原大学举办的暑期"国际创新创业营（II/ELE）"和"产业及学术国际领袖体验营（II/ALE）"项目。此外，学院组织接待了来自英国中央兰开夏大学6名学生的交流访问；选派12名学生参加该大学暑期实践训练项目，并开展创新实践性质的项目研究。2016年年底，我院与英国中央兰开夏大学签署了交换生协议，并申报了2017年国家留学基金委的资助项目。同时，完成了"2017年台湾学生赴北理暑期电子设计实践营"项目申报。

【全英文教学专业招生及全英文授课】学院面向2016级新生开展第六届电子科学与技术国际化教育专业招生工作，报名138人，参加面试60人，最终遴选出35人。学院邀请美国佛罗里达大学的谢会开教授为学院电子科学与技术全英文教学专业的学生讲授半导体物理与器件建模基础课48学时。

### 3. 研究生培养

【电子学会优秀硕博论文】学院组织实施了中国电子学会优秀博士学位论文、优秀硕士学位论文的校级选拔和申报，并取得丰硕成绩：学院获中国电子学会优秀博士学位论文1篇（全国共20篇），获优秀博士学位论文提名1篇（全国共19篇），获优秀硕士学位论文1篇（全国共20篇）。

【专业学位授权点自评估】学院组织完成了电子与通信工程专业学位授权点自评估工作，经评估专家组现场考察与评议，对电子与通信工程专业学位授权点的建设成效给予了充分肯定，一致认为该学位授权点评估合格。

【2016版研究生培养方案】学院组织完成了2016版研究生培养方案的制定，具体包括：确定各学科研究方向、培养目标，明确硕士专业学位研究生的知识能力结构和职业素养要求；制定学术型研究生（含博士、硕士）培养方案、专业学位（全日制和非全日制）硕士研究生培养方案；提交学科课程信息详表、教学大纲、实践环节大纲；提交英文版研究生培养方案。

【本硕博一张课表建设】作为试点学院，我院先行开展了本硕博一张课表建设工作，以一级学科为基础构建了学院的本硕博贯通课程体系，完成了本硕博一张课表的初步设计。

【"双一流"建设研究生教育教改项目】学院获批"双一流"建设研究生教育教改校级项目6项，预备项目1项，获批总金额49万元，获批数量与金额均位居学校前列。

【研究生国际学术交流】学院组织研究生开展国际学术交流，2016年29名博士生、1名硕士生获批国家留学基金委项目资助，赴国外攻读博士学位研究生6人，研究生国外访学10人次，参加国际学术会议35人次。

【研究生奖学金申报】与学生工作办公室联合组织研究生国家奖学金、学业奖学金的申报与初评，学院国家奖学金获批数达到30人，学业奖学金覆盖率博士达到100%，硕士达到57%。

【研究生招生】学院通过暑期夏令营、导师赴重点高校宣传、制定优秀生源政策等方式，进一步提高生源质量。学院录取全日制硕士生339人，其中"985"生源203人，"985"生源比例达60%。录取博士生68人，其中"985"生源64人，"985"生源比例达89%。2016级非全日制工程硕士报考75人，录取24人。2017年共接收推免研究生160人，其中硕士研究生137人，直博生23人；"985"生源99人，"985"生源占比为61.88%。

【研究生导师队伍建设】学院组织开展了硕士生导师招生确认与申报工作，2016年新增硕士生导师12人，我院在岗硕士生导师数达185人。组织开展了博士生导师招生确认与申报工作，2016年预聘副教授博士生导师资格认定1人，报送博士生导师申请8人（含1名院士申请博士生导师）。

### 4. 师资队伍建设

【人才项目】2016年，学院推荐申报国家高层次人才青年项目1人，领军人才奖励计划青年项目3人，万人计划青年拔尖人才项目2人。龙腾教授入选第二批国家万人计划科技创新领军人才，曾涛教授获得国家杰出青年科学基金资助，杨少石入选青年国家高层次人才。完成了两位2012年度新世纪优秀人才支持计划入选者、9位北京市青年英才计划入选者结题工作。完成了100万元领军人才

支持经费、50万元教育部团队滚动支持经费、10万元新世纪优秀人才经费的预算编制及执行。

【职称评聘】学院2016年度职称评聘工作于5月13日开始至7月13日结束，共有7人申报正高级职称、10人申报副高级职称，最终3人通过正高级专业技术职务评审，3人通过副高级专业技术职务评审。学院在本年度职称评聘中，首次引入校外专家参与评审，包括2名院士、5名"长江学者/杰青"、1名"973"首席、1名"百千万人才"。按照学校工作要求，学院对职称评聘改革进行了讨论，制定了《信息与电子学院教学科研岗高级专业技术职务评聘方案》《信息与电子学院教学科研岗高级专业技术职务岗位申报条件》，两个文件在2017年做进一步修订后于2018年实施。

【招聘工作】自2016年开始，学院进行预聘制青年骨干教师招聘工作。根据人员申报情况，共进行了3批次招聘工作，经过筛选，累计11人参加学院评审，5人通过校内评审委员会预聘助理教授岗位评审，目前1人已入校参加工作。组织A系列3个实验技术岗位的2批招聘工作，经过筛选累计9人参加学院评审，目前1人已入校工作。组织A系列2个管理岗位的两批招聘工作，目前1人已入校工作，1人由B系列转入A系列。组织B系列51个岗位的4批招聘工作，目前21人已入校工作，同时完成3位B系列人员续聘工作。

【专聘预聘】首次专聘岗位评聘工作共申报3人，其中吴嗣亮教授聘为讲席教授，龙腾、陶然教授聘为特聘教授，并于2016年9月与学校签订岗位目标责任书。2016年12月，在预聘助理教授、预聘副教授、长聘副教授岗位教师聘用工作中，共5人申报，最终上报3人，其中申报长聘副教授1人，预聘副教授2人。

【岗位聘任】2016年岗位聘用与分类管理工作自12月9日启动，学院制定了《北京理工大学信息与电子学院岗位聘用与分类管理实施方案》，完成了上一聘期166人的聘期考核工作，2016—2020年聘期202人的聘用工作。完成23名教师的人事代理合同续签工作。

【师资培养】2016年，组织申报留学基金委出国研修项目1次，1名教师及以陶然教授牵头的团队获批全额资助，已于当年派出。组织4人参加71期北京理工大学教师岗前培训班并结业。完成5人的教师资格认定工作。

【工资绩效】根据《北京理工大学教职工薪酬分配制度改革实施办法》，学院于2016年6月对217名教师的基础绩效津贴进行了调整，本次调标于7月全部调整到位，人均基础绩效津贴增幅40%以上。根据工信部《关于调整重要国家机关事业单位工作人员基本工资标准及增加机关事业单位离休人员离休费工作的通知》，学院于2016年11月对221名教师的基本工资进行了调整，本次调整于 12 月全部完成。

【博士后流动站建设】2016 年，学院博士后流动站办理入站 1 人、出站 1 人，钱李昌博士后获得第 59 批中国博士后科学基金面上二等资助。

### 5. 科研与保密工作

【科研工作概述】截至 2016 年 11 月 30 日，学院 2016 年度到校科研经费 1.596 018 亿元。获国家自然科学基金项目 21 项（杰青 1 项），资助总金额 1 266.8 万元。发表并检索 SCI 论文 138 篇，授予专利 95 项。雷达系统及实时信息处理技术创新团队荣获首届科工局国防科技创新团队奖。

【国家自然科学基金申报】在 2016 年度的国家自然科学基金申请中，学院共提交申请 59 份，其中，面上项目 29 项，青年项目 18 项，优秀青年科学基金项目 4 项，联合基金项目 4 项，仪器专项 1 项，杰青 2 项，国际合作与交流项目 1 项。学院共获批 21 个项目，其中，青年基金 9 项，面上项目 8 项，国际合作与交流项目 2 项，杰青项目 1 项，联合基金项目 1 项，获批经费总额 1 266.8 万元，获批项目数和经费数均列居全校第二。

【预先研究及科工局系列计划】组织装发、预研基金、陆装、空装、海装、火箭军、战支部队、军委科技委等单位的建议书申报和答辩等工作。针对"十三五"民用航天计划，重点组织在该领域基础雄厚的团队和项目组积极申报，牵头申报项目近 10 项，并对联合申报积极予以支持。

【国家重点计划】重点关注国家重点研发计划、互联网+和中国制造 2025 等领域的研发动态和指南，动员在相关领域有特色的团队积极申报。重点拓展高性能计算、太赫兹技术、大数据与云计算、空间信息技术等方面的研究，为项目申报提供支持。

【科工局系列计划】针对"十三五"民用航天计划，学院重点组织在该领域基础雄厚的团队和项目组积极申报，牵头申报项目近 10 项，并对联合申报积极予以支持，对重点项目提前加强沟通，为进一步拓展学院在航天领域的研究创造了条件。此外，为加强学院在强基工程方面的研究，积极动员在相关领域具有较好基础的团队申报项目。

【重大成果展示】在校科研院的统一部署下，我院成功组织了学院的重大成果展示，顺利迎接总装备部刘胜副部长、陆军装备部副部长马忠凯少将、工信部陈肇雄副部长等相关领导的检查指导。

【"十二五"科技工作会暨科协第五次大会筹备工作】党会研究拟定于 2016 年 12 月下旬召开"北京理工大学科技工作会暨科学技术协会第五次代表大会"，我院广泛推选了各基层单位先进教师代表 32 人，先进学生代表 3 人。在科协第五次代表大会代表推选中，我院推选代表 10 人，委员候选人 2 人。在"十二五"

科技工作评选中，学院获评科技工作先进单位，雷达系统及实时信息处理技术创新团队、航天电子技术创新团队获评优秀科研团队，龙腾、吴嗣亮、高梅国、安建平、陶然获评科技工作先进个人。

【顺利通过科研生产质量管理体系综合评议】我院质量管理体系认证范围涉及两个项目：测量雷达的设计、开发和服务，嵌入式实时通用信息处理系统的设计、开发、生产和服务。学院加强质量保障队伍的建设和合格供货方的管理，组织质量管理体系人员参加 GJB 9001B—2009《质量管理体系要求》知识培训、质量文档编写规范培训，开展合格供方（外购部分）名录编制和质量体系仪器设备的备案工作，确保质量管理体系有效运行。2016 年 11 月，在学校科研院的统一部署下，科研生产质量管理体系进行综合评议工作，并推荐保持原注册范围的认证资格。

【保密专项工作】学院从 2016 年 9 月底开始启动武器装备科研生产保密资格审查认证的迎评准备工作。学院专门成立了保密工作领导小组以及保密工作联络组，建立了学院和课题组的两级保密工作机制。学院组织召开保密联络员会议 16 次，召开保密动员会 2 次，督促学院领导班子成员开展保密检查和工作研讨 40 余次，确保了军工保密资格认定工作圆满完成。目前，学校已顺利通过国家军工保密认证委组织的保密资格检查。

### 6. 平台及实验室建设

【微波暗室公共平台】结合学科建设和教学科研的实际需要，学院启动公共平台——微波暗室建设规划，在北京理工大学信息科学实验楼 101 室建设一个多功能电磁场综合微波测试暗室，适用于天线性能测试、目标和材料的单站散射特性测量、雷达整机 ERIP 和收发链路测试、目标模拟跟踪测量、天线近场测量、目标成像测试、电磁环境干扰模拟等。暗室测试功能全面完整，测试指标将达到国际先进水平。按照进度安排，微波暗室公共平台 2016 年完成了公开招标，于 2017 年正式施工。

【空间载荷技术研究院】为尽快使学校在空间载荷方面达到国内领先，接近并赶上国际先进水平，我院跨学科组织空间载荷技术科研队伍，成立空间载荷技术研究院，加强空间载荷技术的理论基础和关键技术攻关，研发多种具有北京理工大学特色的载荷及应用，促进学校空间载荷资源的整合与共同发展。同时，通过与国内外科研院所和高校的联合，以及与企业的产学研用合作，提升我校在国家空间科技发展中的研究地位。2016 年年底，空间载荷技术研究院已进入组织架构建设阶段。

【三电中心良乡实训楼建设】为提高实验技术水平、加强实验室的资源开放共享，进一步提高培养人才的创新实践能力，电工电子教学实验中心（简称三电中心）明确新的发展目标，即打造高水平的国家级教学团队，通过深化中心教学团队内涵建设，推动国内一流水平的国家级实验教学示范中心的持续建设。配合学校在良乡实训楼的建设，2016年三电中心详细梳理了新的教学体系，规划了房屋布局和设备配置，目前已初步完成三电中心工程实训楼的规划答辩工作，阶段性地形成了工程实训楼的房屋布置及设备配置方案。

【虚拟仿真实验教学中心建设】2016年下半年，学院重新梳理了虚拟仿真实验教学中心的定位，结合教育部精神，确定了"三层次、四模块、五结合"的教学体系，重点组织相关老师建设了微波与电磁场、生命医学信号处理等课程，为虚拟仿真实验教学中心的后续发展奠定了基础。

【实体实验室建设】为适应创建一流大学的需要，切实加强学校对基层实验室的管理，把实验室各项管理责任落实到位，减少实验室设置交叉重叠所带来的管理问题，学院结合学校体制改革的实际情况，进一步推进实验室的信息化与规范化管理，于2016年9月底开展学院实体实验室的建设工作。在总结学院自身特色及学科特点的基础上，确定形成了学院实体实验室建设思路，制定了《实体实验室建设方案》，完成了《实体实验室设置信息登记表》的填报。

【实验室安全核查工作】根据实验室设备处2016年实验室工作文件，学院自2016年10月28日起，积极开展实验室安全自查与核查工作，各实验室已顺利完成《实验室安全检查对照表》和《实验室安全隐患报告》，并在实验设备管理处现场核查工作的基础上形成正式整改报告交实验设备管理处。

【实验室信息统计】按照学校工作要求，学院自2016年9月29日起，全面启动实验室信息统计工作，全面统计了各实验室教学实验项目、专任实验室人员、实验室基本情况及实验经费情况等信息，并对精密贵重仪器设备使用情况进行了统计。

【研究生实验室安全培训】按照学校工作部署，学院积极开展2016级研究生实验室安全培训工作。依据学院实验室的功能及特点，于2016年11月制定并提交信息与电子学院实验室安全培训课件及安全培训题库，并于12月组织落实2016级研究生开展实验室安全培训及考试工作。截至12月31日，学院2016级研究生已有381人顺利通过实验室安全培训考试。

【实验室项目验收】按照实验设备管理处《关于开展2014—2015年度实验室建设项目验收的通知》的相关要求，学院组织落实4个实验室的2014—2015年度建设项目验收工作。

【实验室安全标识制作】根据学校规范实验室安全标识工作的要求，组织学院各实验室编制实验室安全标识信息，本学期新提交了两个实验室的安全信息标识。基于现有工作，学院制定形成了学院《实验室安全注意事项》和《实验室突发事故应急处理预案》制度，并以学院名义申请制作了《实验室安全注意事项》和《实验室突发事故应急处理预案》展板各 20 份。

**7. 对外交流与合作**

【学术交流及合作概述】学院以国家级新体制雷达系统理论与关键技术学科创新引智基地（111 计划）为主要依托，2016 年共邀请院外专家 50 人次开展学术交流活动，其中境外专家 29 人次；赴海外学习交流教师 71 人次，学生 69 人次。

【主办高水平国际交流会议】学院主办了 2016 年国际微波毫米波技术会议、雷达新技术学术论坛和雷达目标识别技术学术论坛等高水平国际交流会议。其中，学院主办的 2016 国际微波毫米波技术会议于 2016 年 6 月 5—8 日在北京举行，参会代表共计 350 余人，其中国外代表 90 人，该会邀请了国内外电磁场与微波技术领域的著名专家和学者作了大会报告，并按照不同专题，就微波毫米波新技术、计算电磁学最新进展等展开小组讨论，加强了国际学术交流，扩大了北京理工大学相关学科的国际影响。

【建立校级国际联合实验室】2016 年 3 月，我院与瑞典查尔姆斯理工大学合作建立了高频段无线宽带信号与系统校级国际联合实验室，并签署了博士双学位授予协议。其重点合作研究内容包括超高速（10~20 Gb/s）无线数据链路技术及毫米波/太赫兹空间探测技术等，并希望通过此次联合研究，使双方在高速无线宽带通信与探测技术领域达到国际领先水平。

【签署了"3+1+1"联合培养项目】2016 年 8 月与新加坡国立大学签署了《北京理工大学和新加坡国立大学关于合作举办'3+1+1'联合培养项目框架协议》，并于 2016 年 9 月派出了吴光亚等 4 名学生执行该项目，该联合培养项目对我院师生扩大国际视野，与境外知名学术机构进行合作研究具有很大帮助。

【签署合作谅解备忘录】与荷兰 CONASENSE 学术组织签署了合作谅解备忘录。通过备忘录的签订，学院被认定为 CONASENSE 学术组织的中国区主席代表单位，第一任中国区主席为学院安建平院长，这有利于提高学院在电子与信息领域的国际学术影响力，扩大我院师生的国际视野，有助于与境外知名学术机构的合作研究。

【中英班合作办学】在中英班合作办学方面，主要进行了制度优化、项目评估及延期、加强学生管理及拓展招生渠道等工作。2016 年共招收新生 34 人，合作办学项目在校生为 65 人，学费从 2015 年的 45 000 元/年提高到 55 000 元/年。主要措施和成果包括：优化教学运行、提高教学质量；规范学生行为、加强学生引导；完成并通过了项目评估；完成并通过了项目的临时延期及正式延期；签署了新一轮的校际及项目协议；学费调整；上海生源基地及招生宣传工作顺利推行；珠海生源基地及招生宣传工作顺利推行；2016年度招生平面及网络宣传顺利推行；2016年度招生考试组织及面试工作效果进一步提升。

### 8. 党建及群团工作

【强化责任意识，认真履行党建职责】学院深入贯彻学校上级党委的规定，2016年共主持召开党委会2次，召开党支部书记会议8次，深入基层开展党建工作调研2次，与基层党支部书记谈话20余次，研究提出了支部建设工作思路和机制，指导各支部党建工作的开展。同时，学院加强三公经费的预算、控制、管理，开展中央八项规定落实情况学院自查工作1次，与院领导班子成员、基层单位所长书记、科研项目负责人签订廉洁从研承诺书132份。

【开展"两学一做"学习教育】按照中央和学校的要求，学院深入开展"两学一做"学习教育。根据学院实际，指导制定学习教育专题方案和具体方案。组织基层支部开展专题党课、重温入党誓词、党日活动142次。学院党委评比表彰"优秀党日"10例，选出优秀党员5人。听取广大师生意见60余人次，与领导班子成员谈心14次。此外，学院还开展"践行'两学一做'，对接精准扶贫"教育实践活动。27名师生党员赴山西省方山县向桥沟村捐赠2万余元文体活动设施，捐款1万余元建立村级教育基金，捐献衣物、图书、儿童玩具共13箱，对接9户建档立卡贫困户进行长期帮扶。

【做实基层党建工作】学院以党建导师制度为核心，创新党建品牌内涵，深入开展"两学一做"知识竞赛、"两学一做"学习教育主题征文、"两学一做"精品党课、微党课、微视频、微动漫征集、"忆抗战、学党史、强党性"党课等活动，学生党支部开展集体学习151次，召开"我心中的成才表率"专题组织生活会47次，组织党员志愿服务队、红色"1+1"、党员责任区等志愿活动127次。党建导师通过开展党建导师理论教育、参加民主生活会、指导支部工作等方式参与到学生党支部中，累计开展辅导答疑、健康运动、校园服务、义务支教、文化宣讲等活动431次，取得了丰硕的成果，《光明日报》于2016年7月24日对此项工作进行了专题报道。

【完善基层党组织建设】学院党委注重基层党组织建设，党支部设置得到优化，新建学生党支部18个，并配齐党性强、能力强、服务意识强的学生党支部书记18名。学院申请成立了中共北京理工大学党校信息与电子学院分校，制定了发展党员规划和年度工作计划，加强对入党积极分子的培养、教育和考察，做好党员发展工作。本学年共发展学生党员126人，转正133人。

【扎实开展思想政治工作】为贯彻落实意识形态责任制，及时传达中央精神，学院召开理论学习中心组集中学习会议4次，全面部署学院班子成员学习领会，认真从组织领导、队伍建设等方面对各类意识形态进行全面、彻底的清查，对新闻发布、新媒体管理和舆情方面进行监控。同时,学院党委严格执行党委中心组学习计划,与各基层党支部联动学习党的十八大和十八届三中、四中、五中、六中全会精神以及习近平总书记系列重要讲话,并将思想政治工作全程融入人才引进中,做到前期开展综合思想政治考评、工作中开展师德师风建设,从而及时从思想政治上对引进人才给予思想指引和帮助。

【"四个排查"工作】学院党委结合"两学一做"专题学习教育,扎实开展"四个排查"等基层党建重点专项工作,具体包括:①统筹抓好党员组织关系排查工作,对全院49支党支部814名党员进行逐一摸底核实;②学院全面梳理核实所有在册党员信息,切实做好排查、清理、整改工作;③学院党委根据学校文件要求对学院各党支部换届情况进行全面自查,建立了换届情况台账;④对组织关系在本院的党员自2008年4月以来的党费缴纳情况进行了全面自查自改,并按照《中共北京市委组织部关于在"两学一做"学习教育中开展党费收缴工作专项检查的通知》精神以及《北京理工大学党费收缴标准》进行了补缴。

【人大代表选举工作】圆满完成选区十六届人大代表选举工作,前期登记选民2 611人,实际投票2 581人,参选率达到98.85%。

### 9. 宣传工作

【学科发展史工作】为着力提升学院的形象和影响力,凝练和传承学院在60多年发展历程中形成的传统精神文化,学院着重推进学科发展史的撰写工作,全年共组织撰写工作组与学院离退休教师、校友,开展座谈、讨论及交流会议数次,与退休教师和在职教师沟通交流30余人次,并起草确定了学科发展史的新提纲,目前已完成文字6万余字。下一步学院会组织工作队伍,着手开展资料的汇集、整理、提炼;并制订工作计划,开展退休老教师访谈、查找档案、征集史料和院史实物等工作。

【学院宣传工作会议】2016年度,围绕学院宣传和文件建设工作,组织召开了学院宣传工作会议,初步建立了学院宣传工作体系,并形成了《2016年度信息学院宣传工作手册》。该手册明确了学院宣传工作的职责、执行体系及内容,并确定形成了学院定期工作通报制度,强化了学院的宣传和影响力。

【推进英文网站建设】根据学校精神,为进一步提高我校英文网站整体建设水平,提升国际化办学影响力,学校全面启动学院二级英文网站建设推进工作,已基本确定网站目录,并根据网站目录向宣传部提供了各目录下的主要材料,英文网站建设工作得到进一步推进。

【教学经验交流会】为弘扬李瀚荪教授"耕耘三尺讲台、培育满园桃李"的精神,学院于2016年11月组织筹备并开展李瀚荪教授教学交流研讨会暨90岁寿辰。李瀚荪教授一直致力于电路理论的教学和实验室筹建工作,在理论教学和教材编写方面具有突出的贡献和影响。学院希望以此活动传承李瀚荪先生的教书育人经验。

**10. 行政与财务工作**

【国有资产管理及突发状况处置】2016年1月26日，信息科学实验楼102实验室发生暖气管道多处爆裂漏水，事件发生后学院及时联系维修人员关闭楼层供暖的总阀门。由于实验室房屋和家具损坏严重，学院立即向国资处提交报告，组织国有资产管理处、后勤集团和维保公司召开会议，对暖气管道进行检查，在查找出爆裂原因的基础上，协调国有资产管理处和后勤集团对实验室进行暖气管道维修、更换、房屋整修等工作。

【屋顶使用方案】2016年4月，学院对信息实验楼屋顶的使用进行统一规划，根据学院各团队的需求进行汇总，并根据屋顶的实际情况进行协调分配，制定出使用方案后，上报国有资产管理处审批。

【公务接待自查整改】2016年3月，根据学校《关于开展公务接待经费自查整改工作的通知》要求，对学院使用行政事业经费、院长基金、科研发展基金等经费卡支出的公务接待用餐，以及涉外公务接待用餐进行自查。集中对2013年以来发生的公务接待用餐报销票据进行查询、整理，并将报销情况汇总，提出整改措施，形成自查整改报告。

【清理借款】2016年4月，配合财务处完成了2015年以前年度借款清理工作，逐一通知各团队财务负责人及相关借款人员及时报账，核销未报销借款。

【执行严肃财经纪律自查】2016年6月，根据学校《关于深入开展强化制度执行严肃财经纪律专项工作的通知》文件精神，全面梳理学院2013年以来执行国家部委及学校制定下发的各种财经法律法规和规章制度的情况，重点梳理"三重一大"等重点事项执行情况。集中整理学院有关支撑材料，根据自查自纠总体情况、资料整理情况、发现问题和整改措施及结果形成自查自纠情况报告。

【经费卡签字备案】2016年9月，根据学院财务管理现状及新领导班子换届情况对学院经费卡进行梳理，经过学院党政联席会讨论，确定了学院预算额度内财务报账签字的流程，以及学院自主经费卡和各业务口经费卡的签字权限，并到财务处进行签字备案。

【财务预算、决算】2016年12月，根据财务处要求，对学院行政事业经费进行2017年度的预算，并在财务处系统填报预算系统，填写资产配置表。对2016年学院公共经费卡的使用情况进行决算，包括行政事业费、院长基金、科研设施维修费、工程硕士培养费、中英办学费等，对经费卡按照具体使用人、使用项目进行分类结算。

【合作办学费用管理】2016年5月，按合作办学协议规定，办理51名学生的学费外汇手续，共计38 250英镑，折合人民币316 021.5元。办理学费结算上卡手续，参照我校关于中外合作办学的管理规定，除应缴学费外，将剩余经费的75%转入学院合作办学卡。办理了2016—2017学年中英合作办学项目的考试报名费用及录取学生学费收取工作。

**11. 学生工作**

【学生党建】依托党建导师制度，学院深入开展"两学一做"学习教育，组织专项学习讨论会、专题党课、微党课、党日活动等8类党建导师参与的"两学一做"主题学生党支部活动累计431次，获《光明日报》专题报道。为进一步发挥学生党员先锋模范作用，学院组织开展党员先锋工程、红色"1+1"、对接精准扶贫、明圆支教、时事论坛等党建特色活动7 000余人次，组织学院学生党员赴方山县扶贫2次，共计19人次。

【科技创新】2016年，学院组织学生参与各类学科竞赛、科技创新活动，成绩喜人。共计获各类奖项国际级65人次，国家级42人次，北京市级51人次，校级241人次。学院依托大学生创新创业人才培养基地组织学生参加校第十三届"世纪杯"竞赛。其中，科技类参赛项目为155个，创业类参赛项目为27个，创意类参赛项目为16个，总参赛人数达到927人。最终获得特等奖1个、一等奖8个、二等奖15个、三等奖63个，学院荣获"优胜杯"。

【特色品牌】学院建立"党建导师制""德育小导师"等特色和品牌工作。截至2016年12月，2016届与2017届"德育小导师"针对所辅导的班级定期赴良乡开展德育辅导和交流，并参与班级、团支部的建设工作，累计组织开展集体德育辅导活动达135次，接受集体辅导和单独辅导的学生人次超过4 185人次。

【社会实践】2016年学院暑期社会实践立项168项，参与师生1 200余人，创历史新高。在校级评审中，获评社会实践品牌团队1个，团队一等奖1个，二等奖3个，优秀实践团员10人，优秀指导教师1人，先进工作者1人，学院获评优秀组织单位。此外，"实践伴我成长——信息与电子学院"实践团获评2016年首都大学生暑期社会实践优秀团队。《关于方山农村土特产品外销问题的调研报告》《北京冬奥话京张，冰雪运动引新潮——基于北京冬奥对京张地区及冰雪运动发展的影响调查》获评2016年首都大学生暑期社会实践优秀成果。

【文体活动】2016年，学院组织参加一二·九合唱比赛并获得校级艺术表现奖。在体育活动方面，参加校运动会，且成功卫冕了学生组团体总分第一名、学生组男子和女子团体总分第一名，并获得教工组团体总分第四名与学生排舞比赛一等奖的好成绩。除此之外，还举办了院级足球比赛、院级篮球比赛、第三届智力运动会、院级拔河比赛、一二·九长跑比赛、宿舍趣味运动会等。

【学生干部队伍建设】学院现有主要学生干部总计170人，团学组织及社团

8个。2016年学院举办综合性培训2次，参与人数209人次；开展各年级、各社团专项培训14次，参与人数583人次；每周召开各年级班长、团支书例会，全年召开36次，参与人数达到2 340人次。5月21日，学院举行2016年学生骨干培训，来自两校区的70余名本科生和研究生骨干参与了此次培训。6月19日，两校区学生组织完成换届选举，全院6个本科生社团完成了新任主席及部长的选拔。

【志愿公益】学院世界树志愿者协会目前注册在案志愿者300余人，干事103人，主要干部18人。2016全年共开展志愿服务11项，志愿者培训4场，累计参与535人次。其中房山区儿童福利院关爱计划、民仁小学支教已建成品牌项目基地，长期进行对口帮扶。学院励志服务中队2016年继续开展赴明圆打工子弟学校支教活动，累计参与68人次，支教主题包括科普课程、读书活动、感恩教育等。2016年11月，院红十字学生服务队成立，来自两校区的本科生和研究生共计50人加入学生服务队中。

【招生工作】2016年学院成立本科生招生宣传工作小组，分别赴海南省、广东省、天津市进行招生宣传，累计参加18场大型咨询会，走访34所中学，接听咨询电话千余次。通过招生宣传小组全体成员的不懈努力，学院圆满完成了学校分派的任务，三个省市录取最低分分差均有显著提成，海南省分差较2015年提升15分，广东省分差提升31分，天津市分差提升16分。北京理工大学在三个省市均位列工信部高校排名第二名。

【就业工作】学院2015—2016年度就业工作在学院学生就业指导中心所有成员的积极努力和全院老师的积极配合下，取得了满意的成绩。2016年累计召开企业宣讲会68次，发布招聘信息1 878条，成功推荐毕业生就业130人。2016年毕业本科生492人，签约率92.07%，就业率98.37%，其中231人上研，132人出国；硕士生299人，签约率99.33%，就业率达100%，其中7人读博，12人出国，277人工作；博士毕业生51人，其中定向委培10人，1人出国，7人成为博士后，33人工作，签约率100%，就业率100%。

【评奖评优】2016年学院共设立三项院级奖学金，其中，优秀学生奖学金、中电仪器奖学金为2016年院级新增奖学金，分别由校友和中电科仪器仪表有限公司捐赠设立；2016年度共有37名学生获奖，累计奖金14.8万元。2016年我院学生获各项奖学金及奖励721项，团队奖励37项。具体包括：获社会捐助奖学金48人次、助学金33人次，本科生国家奖学金24人、国家励志奖学金41人、国家助学金161人，研究生国家奖学金硕士21人、博士9人；获优秀个人190人、优秀学生标兵21个、优秀学生干部45个、优秀集体4个、十佳人气班级3个、优良学风宿舍11个；五四评优优秀个人128人、集体15个；获北京市优秀班集体1个,获首都先锋杯十佳团支部2个、优秀团支部1个。

【学工干部获奖】2016年学院获得集体奖5项,包括:德育答辩优秀组织集体奖1个、思想引领实效奖一等奖1个、三等奖1个、暑期社会实践先进工作单位1个,世纪杯优胜杯1个;学院负责学生工作的7位领导、老师获北京市优秀德育工作者、首都大学"先锋杯"优秀基层团干部、北京市优秀辅导员等各项奖励13项,其中,市级奖励4项。

【辅导员工作室】2016年由学院申报的"创课工程——辅导员创新创业工作室"代表北京理工大学获批北京市高校辅导员工作室培育项目,该工作室是我校的第一个辅导员工作室。为进一步做好学生心理疏导工作,学院实时了解学生思想动态,辅导员工作室累计开展深度辅导总计1 627人次。针对所有毕业生,平均每人就业辅导谈话超过3次。

【新媒体平台建设】2016年学院完成了以学院学生工作系统网站、微信平台为主要宣传渠道的新媒体建设。其中,学院进行了以"面向'三全育人'机制的学生综合网络平台构建"为题的"德学理工计划"三期项目结题,初步完成了历时近两年的平台建设。学院团委建设了官方微信平台(bitxxxytw),开发了版块建设,加入了"吾言五系"和"五系师声"两个师生原创文章板块,并开通了学生维权通道,截至目前,已有2 479人关注,浏览量236 080人次。

【互联网+共青团】2016年10—12月,学院团委在全院98个团支部范围内深入开展了"互联网+共青团"网络思想引领主题教育活动,包括"青春微团课"、"互联网+团日活动创意大赛"、"工匠精神"主题讲座、青年评论文章征集等。其中,"互联网+团日活动创意大赛"获批校团委重点培育特色项目。2016年11月1日,学院邀请全国劳动模范高凤林举办了一场题为"践行工匠精神,放飞航天梦想"的主题报告会。现场观众200余人,同期进行的网络直播共计300余人次收看。

【校友工作】2016年9月24、25日学校举办以"延安根、军工魂、北理情、中国梦"为主题的校庆开放日。学院迎来1966届、1969届、1976届、1986届、1996届、1900届校友重回母校。2016年10月17日,学院9552班及5372级校友欢聚母校,张学东中将等多位校友前来看望母校并将自制的一幅画赠予学院,表达对学院的怀念与感激之情。

## 12. 其他

【人才培养大讨论】学校于2016年6月22日启动人才培养大讨论工作,学院先后组织了1次集中大讨论和2次分组讨论,向学校进行了3次意见反馈,同时开展了本硕博一张课表以及学院人才培养实施方案制定工作。

## 2017 年

2017年，五系共招收本科生443人、硕士研究生378人、博士研究生75人。

2017年，学院评选第三届理工雷科奖教金获奖名单如下（同一类别排名不分先后，以姓名拼音为序）：理工雷科教学贡献奖获得者为：陈志铭、杜娟、邰志峰、郭琨毅、侯舒娟、贾丽娟、李海、李祥明、刘家康、罗森林、马志峰、曲秀杰、任仕伟、宋巍、陶然、王晶、王晓华、王兴华、吴浩、吴海霞、吴琼之、邢成文、徐友根、杨杰、杨小鹏、张峰、张钦、张延军、张彦梅、张用友（物理学院）、房永飞（数学学院）。理工雷科杰出教学贡献奖获得者为：三等奖李海、刘家康、陶然、杨小鹏、张用友（物理学院），二等奖邰志峰、张延军，一等奖罗森林。

2017年，五系1988级硕士校友王沙飞当选中国工程院院士。王沙飞1964年出生，河北省张家口人。曾任总参某研究所副所长，国家"863"计划军口重大项目专家组组长、原总装备部科学技术委员会兼职委员。现任军事科学院首席专家、高级工程师，军委科技委需求、体系设计与规划领域专家委员会委员。长期从事卫星通信信号处理与信息安全领域的技术研究和工程实践工作。自1991年以来，先后主持完成了多个重大项目的工程研制，在推动领域技术进步方面取得了系列创新成果，做出了突出贡献。

王沙飞院士

2017年，五系1985级本科、1989级硕士校友谢会开，1988级本科、1992级硕士校友杜谦当选IEEE FELLOW。

谢会开1989年、1992年分别在北京理工大学原电子工程系获半导体与微电子学学士学位、硕士学位，1992—1996年在清华大学微电子学研究所工作。1996

年赴美留学，于 1998 年获美国塔夫兹（TUFTS）大学光电子学硕士学位，2002 年获美国卡内基梅隆大学（CMU）电子与计算机工程学博士学位，2018 年入选 IEEE FELLOW 和 SPIE FELLOW。曾作为助理教授（2002—2007）、副教授（2007—2011）、教授（2011—2020）任教于美国佛罗里达大学（UF）电气与计算机工程系。2020 年 5 月，成为北京理工大学信息与电子学院教授。主要研究方向包括 MEMS/NEMS、CMOS 集成传感器、惯性传感器、MEMS 集成功率器件、微纳光学、生物光子学、光学显微内窥影像、微型光谱仪和激光雷达，发表论文 300 余篇，论文累计引用 7 000 余次，担任国际期刊 IEEE Sensors Letters 和 Sensors and Actuators A 的编辑，以及国际期刊 International Journal of Optomechatronics 和 Micromachines 的编委。

杜谦，1992 年、1995 年分别在北京理工大学原电子工程系获学士学位、硕士学位，1998 年、2000 年分别在马里兰大学巴尔的摩分校获电子工程学硕士学位、博士学位。现任美国密西西比州立大学电子信息与计算机工程系教授，兼任国际模式识别协会（IAPR）委员会遥感模式识别（PRRS）主席（2010—2014）、IEEE 数据融合委员会（DFTC）联合主席（2009—2013）、国际光学与光子学学会（SPIE）FELLOW，同时担任 IEEE JSTARS、IEEE SPL、SPIE JARS 等期刊的特邀主编。主要研究方向是高光谱图像处理与分析、遥感、数据压缩、神经网络与超限分辨等，发表 230 余篇 SCI 杂志论文及会议文章。

谢会开教授　　　　　　杜谦教授

2017 年 12 月，张军院士从北京航空航天大学党委书记调任北京理工大学校长，同时担任五系教授。张军院士原籍四川省岳池县，1965 年 7 月出生于安徽省合肥市。他长期致力于航空交通工程技术、系统研究与人才培养，在民航航路网运行监控、星基航路运行监视、民航飞行校验等方面做了基础性和开拓性工作。主持研制了中国民航新一代空中交通服务平台、星基航路运行监视装备和民航机载飞行校验平台，研究成果获得广泛应用。他曾获国家技术发明一等奖、国家科技进步一等奖各 1 项，省部级科技进步一等奖 5 项；获得中国青年科技奖、何梁何利技术创新奖及国家教学成果奖二等奖。

张军院士

2017 年，学院深入学习宣传贯彻党的十九大精神和全国高校思想政治工作会议精神，以高质量人才培养和高水平学科建设为核心，围绕中心工作抓党建，抓住巡视整改的契机，系统开展综合改革，统筹推进"双一流"建设。

**1. 学科建设**

【"双一流"建设】根据学校《一流大学建设方案》，重点建设高效毁伤与防护、新材料科学与技术、复杂系统感知与控制、运载装备与制造、信息科学与技术 5 个一流学科群，其中信息与通信工程学科牵头建设信息科学与技术一流学科群，电子科学与技术学科重点参与复杂系统感知与控制一流学科群建设。2017 年 6—7 月，学院牵头制定了《信息科学与技术一流学科建设方案》，并组织召开了专家论证会。2017 年度"双一流"自主建设经费约 150 万元，主要用于支持微波暗室、空间载荷技术研究院建设。

【学科国际评估】根据学校安排，学院按照电子工程学科开展国际评估。评估工作自 2017 年 5 月启动，先后完成了参评方向论证，中英文评估报告、科学研究报告、支撑素材等评估材料的撰写以及国内预评估，11 月 5—8 日，评估专家组通过听取学科整体汇报、教师代表学术报告，参观科研成果展，考察教学科研实验室，参加师生座谈会等方式对学科进行考察，专家组认为学科在整体上具有国际竞争力、特色鲜明、科研成果显著、经费充足，毕业生在中国电子信息领域取得了重大成就并居于领先地位。专家组对课题组间合作、拓展新型研究领域等方面提出了建设性意见和建议。

【第四轮学科评估】2017年12月28日，教育部学位与研究生教育发展中心公布了全国第四轮学科评估结果，学院信息与通信工程学科评估结果为A-，电子科学与技术学科评估结果为B+。

【国防特色学科建设】根据上级部门工作安排，完成了信息与信号处理国防特色学科2017年度总结报告、统计年报以及2018年度工作计划编制工作。

【微电子学院建设】2017年5月，学院向微电子学院建设专家组汇报我校示范性微电子学院建设情况，6月，建设专家组到校对建设情况进行考察。根据学校安排，推进引进周华、王志宏、陈为群、胡永其4位国家企业创新千人事宜。

## 2. 本科教学

【教育部本科教学工作审核评估】2017年年初至12月7日，以本科教学办公室为主组织和完成了本科教学工作审核评估的学院迎评工作，包括学院自评估、学校自评估（预评估）和正式评估。在后两个环节均组织国家级电工电子实验教学中心中关村校区的6个教学实验室接受检查，得到专家认可。

【专业认证申请】2017年9月，完成信息与通信工程专业、电子科学与技术专业工程教育专业的认证申请书及支撑材料撰写，在线提交申请。2017年12月，两个专业的认证申请均被受理。

【校级"双一流"建设项目与深化教改项目】组织教师积极申报2017年度校级"双一流"建设项目与深化教改项目，"双一流"建设项目获批7门课程，每年共70万元经费，连续支持4年；第一批深化教育教学改革专项获批4项，共计22万元经费。

【教育部高等教育司产学合作协同育人项目】组织申报教育部高等教育司产学合作协同育人项目，2017年第一批产学合作协同育人项目获批4项。

【校级"十三五"规划教材】2017年1月18日，北京理工大学教务处组织召开校级"十三五"规划教材（2017）立项评审会，本次全校申报本科生教材和研究生教材共99种，信息与电子学院申报了10种，包括修订的5种和新编的5种。经过专家评审，10种教材全部获批，被认定为北京理工大学"十三五"（2017年）规划预立项教材。

【第六届兵工高校优秀教材】2017年11月2日，兵工高校教材工作研究会组织了第六届兵工高校优秀教材评选工作。按照申报条件和要求，我校共组织申报参评教材37种，经专家评审，我校15种教材获奖，其中一等奖6种，二等奖9种。信息与电子学院推荐的三部教材获一等奖1项，二等奖2项。

【北京理工大学第十四届优秀教育教学成果奖】信息与电子学院牵头申报5项，获特等奖1项、一等奖1项、二等奖3项。

【2014级本科生保研推免工作】2014级共有本科生469人（按注册数），共

有91名学生获得了保研推免资格。其中4人竞赛保研、4人国防补偿计划保研、5人保资、1人支教。保研比例为19.4%。

【2013级本科生毕业设计】顺利完成信息与电子学院2017年毕业论文查重和归档工作。共收到毕业论文403篇,经过审核,合格论文403篇,合格率为100%。优秀论文71篇,优秀率为17.6%。完成2013级40名海外毕业设计、17名全英文班学生毕业设计的过程管理及统一答辩工作。完成2013级385名学生毕业论文资料袋全部资料的审核归档工作(其中包括15名国外双学位项目、23名海外毕业设计项目、15名"3+1"项目、5名保研到校外做毕业设计项目的学生、2名留学生)。另外,还完成了徐特立学院28名毕业生的毕业设计过程管理工作。

【实验班学业导师双选】学院本学期为进入大三的2015级电子信息类(实验班)学生完成了配备学业导师的工作。共有66位教师申请担任学业导师,最终29位老师双选成功,成为2015级实验班29名学生的学业导师。同时,学院要求实验班学生双选成功后两周内与导师共同撰写学习计划、毕业前完成学习总结,加强导师与学生之间的沟通。

【教学大纲撰写与结集出版】组织各课程负责教师完成《2016版本科教学大纲》撰写,完成了172门课程的大纲收集工作;同时还完成了127门课程英文版大纲的收集工作,并交付教务处印刷出版。

【电子科学与技术全英文教学专业新版培养方案制定】完成41门全英文课程教学大纲的审阅、全部课程的中英文名称校译、新版《报考指南》的撰写以及培养方案全稿的修订。

【第13届全国大学生电子设计竞赛】组织承办第13届全国大学生电子设计竞赛,在北京赛区北京理工大学共有38队获奖,一等奖2队、二等奖3队、三等奖14队、成功参赛奖19队。最终获全国二等奖1队。

【第14届全国大学生信息安全与对抗技术竞赛(ISCC 2017)】组织承办第14届全国大学生信息安全与对抗技术竞赛(ISCC 2017),本项赛事自2004年起由信息与电子学院发起并承办第1届,至今共承办14届,累计3万多名学生参赛,2016年500多所院校参与,2017年900多所院校参与,影响力急剧扩大。

【大学生创新训练计划项目】2017年国家级项目立项6项,北京市级项目立项7项;2017年校级大学生创新训练共申报131个项目,全部获批;2016年院级大学生创新项目(面向2014级的学生)在2017年10月依托学院教学指导委员会组织完成了结题工作。

【国际化教育】2017年信息与电子学院学生海外访学取得良好进展,本科生出国(境)交流人数139人次,较2016年增加约13%。学院获批留学基金委资助毕业设计总共 3 个项目，参与学生人数 10 人，成功获批 4 人。

【访学交流】2017 年 5 月，学院组织接待了来自英国中央兰开夏大学 5 名学生的交流访问；7 月 3—28 日，学院选派了 9 名学生参加英国中央兰开夏大学暑期项目，由刘家康教授带队，并开展创新实践性质的项目研究。同时，双方已经签署了交换生协议，并且申报了 2019 年国家留学基金委的资助项目。此外，2017 年 7 月 3—16 日，我校港澳台办公室和学院联合主办了"2017 台湾学生赴北理暑期电子设计实践营"项目，历时 14 天，来自台湾"清华大学"、中原大学、成功大学、"中山大学"、中兴大学、淡江大学、东海大学、东华大学 8 所高校的 24 名师生以及学院的 29 名师生共同参与本次电子设计实践营。同时，学院已于 2017 年 11 月完成了"2018 年台湾学生赴北理暑期电子设计实践营"项目申报。2017 年 7 月 8—30 日，学院王勇老师带领 10 名学生参加台湾中原大学举办的暑期"国际创新创业营（II/ELE）"和"产业及学术国际领袖体验营（II/ALE）"项目，其中 8 名学生来自信息与电子学院。

【全英文教学】为培养具有国际视野的创新型人才，学院电子科学与技术专业面向 2017 级新生开始第六届招生工作。2017 年 8 月 20 日晚，学院组织召开专场宣讲会，并于 8 月 21 日对报名的 72 位学生进行了初选，并选择 60 位学生参加面试。根据学生的综合表现，于 2017 年 8 月 23 日确定了录取名单共 32 人。2017 年 9 月 6 日教务处公布 2017 级信息与电子学院全英文教学专业学生名单，此次全英文教学专业招生工作顺利完成。此外，2017 年学院邀请来自台湾地区中原大学的郑湘原教授来校为学院电子科学与技术全英文教学专业的学生进行"半导体物理与器件建模"基础课授课。

【档案室搬迁与归档资料整理】2017 年 11—12 月，完成了学院档案室由 10 号楼 201 室至中教档案室的搬迁和档案的归集整理工作。同时按照 2016 版培养方案进行全面梳理，完成了 10 号楼 205 室本科教学档案柜柜内目录及资料归档工作。

3. 研究生培养

【研究生课程教学质量评价】作为研究生课程教学质量评价试点学院，制定了《研究生课程教学质量评价实施办法》，召开了研究生课程学科专项评价工作会，课程评价工作主要从"教学全过程文档的完备性、符合性""教学组织的科学性和先进性""教学成效第三方评价"三个方面开展，开设的研究生课程全部纳入考评范围。完成了对 2017—2018 学年第一学期研究生课程质量的第一次系统性梳理和评价。

【2016 版研究生培养方案】在 2016 版研究生培养方案（试运行）的基础上，结合研究生教育发展的新形势、新问题，对培养方案的总体框架及要求进行修订

完善：①在专业必修课中增设学科基础课；②硕士生根据需要选修本科生课程；③删减 2016 版培养方案（试运行）中未开设课程。

【本硕博一体化】作为本硕博一体化试点学院，在对国内高校调研的基础上，系统规划本硕博人才培养结构及课程体系，梳理了本科大三和大四的专业基础课，对本科和硕士课程重复的课程做了优化和调整，实现了从本科到博士的一体化人才分类与贯通培养。

【"双一流"建设研究生教育教改项目】学院获批校级项目 13 项，获批金额 126 万元，获批数量与金额均位居学校前列。

【校级优秀博士学位论文育苗基金】组织校级优秀博士学位论文育苗基金申报，获批 2 人。

【科技创新活动】组织研究生开展科技创新活动，研究生在相关学科竞赛中获得国家级特等奖 1 项、二等奖 10 项、三等奖 1 项、优秀奖 1 项；省部级一等奖 2 项，二等奖 2 项。

【国际学术交流】2017 年度研究生出国人数共计 55 人，其中基金委资助项目 18 人（其中联合培养博士 16 人，CSC 专项硕士 2 人），研究生院资助项目 30 人，导师资助 4 人，研究生院及导师资助 1 人，其他出国 2 人。研究生国外访学人数共计 22 人次，其中联合培养博士 16 人，CSC 专项硕士 2 人，校内联培 2 人；参加国际会议 33 人。

【研究生招生】通过暑期夏令营、导师赴重点高校宣传、制定优秀生源政策等方式，进一步提高生源质量。录取全日制硕士生 343 人，其中"985"生源 204 人，"985"生源比例达 60%；录取博士生 75 人，其中"985"生源 59 人，"985"生源比例达 79%。

2017 级非全日制硕士研究生录取 35 人。2017 年共接收推免研究生 175 人，其中硕士研究生 159 人、直博生 16 人；"985"生源 107 人，"985"生源占比为 61.14%。完成了留学生的师生双选工作，2017 级博士新生 4 人，硕士新生 10 人。

【导师队伍建设】组织开展了硕士生导师招生确认与申报工作，2017 年度新增硕士生导师 3 人，我院在岗硕士生导师数达到 188 人。组织开展了博士生导师招生确认与申报工作，2017 年度预聘副教授申请博士生导师资格 3 人，报送博士生导师申请 11 人（含新体制 1 人）。

【首届全国研究生信息安全与对抗技术竞赛】2017 年 12 月 2—4 日，首届全国研究生信息安全与对抗技术竞赛在北京理工大学顺利举办。本次竞赛由中国电子学会、中国兵工学会、北京理工大学、中国电子教育学会研究生教育分会、教育部高等学校兵器类专业教学指导委员会主办，由北京理工大学信息与电子学

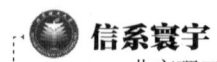

院、北京理工大学信息系统及安全对抗实验中心、中国兵工学会信息安全与对抗技术专业委员会承办。共有来自全国14所高校的25支队伍75名研究生参赛，一等奖2支队伍、二等奖5支队伍、三等奖10支队伍、优胜奖8支队伍。此外，共计20人获优秀教师奖。

**4. 师资队伍建设**

【人才项目及创新团队】2017年，学院推荐申报国家高层次人才创新人才长期项目1人、青年项目2人，领军人才奖励计划特聘教授1人、青年项目3人，万人计划青年拔尖人才项目2人。邢成文获批国家自然科学基金优秀青年科学基金资助，胡程入选国家"万人计划"青年拔尖人才。信息安全与对抗教学团队入选全国高校黄大年式教师团队。

【人事制度改革】2017年，学院重点推进人事制度改革。结合学科特色，改革完善教师聘用、晋升制度体系化建设，修订了《长聘、预聘岗位聘用条件及岗位职责》，制定了《教学科研岗高级专业技术职务岗位申报基本条件》。完善以实际贡献为导向、与分类评价匹配的差异化绩效激励。启动A系列教职工年度绩效考核评价办法修订工作，论证、修订学院年度绩效考核办法、绩效津贴实施方案，修订方案先后多次征求全院教师意见。

【职称评聘】2017年度职称评聘工作于5月开始至7月结束，共有6人申报正高级职称、6人申报副高级职称，最终2人通过正高级专业技术职务评审，2人通过副高级专业技术职务评审。

【招聘工作】2017年，学院开展了4批预聘制青年骨干教师招聘工作，累计7人参加学院评审，2人通过校评审委员会预聘副教授岗位评审，2人通过预聘助理教授岗位评审，目前2人已入校参加工作。组织开展了A系列2个实验技术岗位的招聘工作，目前1人已入校工作。组织B系列33个岗位的招聘工作，年度累计10人入校工作。

【专聘预聘及岗位聘任】在第二轮专聘岗位评聘工作中，盛新庆教授受聘为讲席教授，曾涛研究员受聘为特聘教授。在第一轮预聘助理教授、预聘副教授、长聘副教授岗位教师聘用工作中，潘小敏受聘为长聘副教授，金城受聘为预聘副教授。完成了2016—2020年聘期203名教职工的岗位聘用合同签订工作。

【师资培养】2017年，组织申报留学基金委出国研修项目1次，1名教师获批全额资助。组织2人参加73期北京理工大学教师岗前培训班并结业。完成3人的教师资格认定。

【工资绩效】根据2016—2020年聘期岗位聘用结果，学院对升降级聘用人员的工资进行了调整，并于7月兑现。年度共完成80余人次基础绩效津贴变动、217人工资正常晋级以及年终奖励绩效津贴发放。

【博士后流动站建设】2017年，学院博士后流动站入站4人，其中1人入选博士后创新人才支持计划，3人完成中期考核，1人获批第62批博士后科学基金面上二等资助。

5. 科学研究

【科研工作概述】截至2017年12月，学院年度到校科研经费2.2亿余元。获批国家自然科学基金项目19项（重大仪器1项，优青1项），资助总金额9 147万元；以副总师单位获批重点型号项目1项。发表并检索SCI论文166篇，申请专利124项，授予专利113项。获国防科学技术发明一等奖1项。

【国家自然科学基金申报】在2017年度的国家自然科学基金申请中，学院共提交申请60份。获批国家自然科学基金项目19项，其中，青年基金4项，优青1项，面上项目12项，联合基金项目1项，重大仪器1项，获批经费总额9 147万元，获批经费数居全校第一。

【国防科技研究】组织军委科技委、装发、陆装、空装、海装、火箭军、战支部队等的创新、预研、基金、型号项目和一些重点项目、重大计划和重大工程项目的申报和答辩等工作10余次，牵头获批和联合承担项目20余项。

【民口纵向】重点关注国家重点研发计划、互联网+和中国制造2025等领域的研发动态和指南，动员在相关领域有特色的团队积极申报。重点拓展高性能计算、太赫兹技术、大数据与云计算、空间信息技术、智能制造等方面的研究，为项目申报提供支持。成功牵头获批该类项目1项，联合参与获批近10项。

【科工局相关项目】针对民用航天、强基工程、条件建设等项目，重点组织在相关领域基础雄厚的团队和项目组积极申报，牵头申报各类项目近10项，并对联合申报积极予以支持。获批民用航天项目3项，获批数量和经费居校内前列。

【科技合作】对重点方向和领域的横向项目和科技合作予以重点支持，在与航天领域相关院所、中国电科集团等单位，公共安全、科技奥运以及京津冀一体化等方面的科技合作中取得了良好的成效。

【科研生产质量体系】学院质量管理体系认证范围包含三个项目：测量雷达的设计、CSC雷达的设计以及嵌入式实时通用信息处理系统（包括地空3××技术、双L）的设计、开发、生产和服务。学院加强质量保障队伍的建设和合格供货方的管理，组织质量管理体系人员进行GJB 9001C—2017《质量体系要求》、学校质量体系文件的学习、培训以及质量文档的编写规范培训，开展合格供方（外购部分）名录编制和质量体系仪器设备的备案工作，确保质量管理体系有效运行。2017年在学校统一部署下，完成了装备承制资格审查及其他相关工作，保证了质量体系的有效运行。

【其他相关工作】组织了学院军委科技委专家推荐和卓青申报工作；在校科研院的统一部署下，成功组织和参与了兵科院、装发、军委科技委、科工局、工信部、国家体育总局等单位领导和专家的考察接待及成果展示工作；有效开展了科研保密和定密工作，顺利通过了相关的检查和审核。

### 6. 平台及实验室建设

【微波暗室公共平台】结合学科建设和教学科研的实际需要，在北京理工大学信息科学实验楼101室拟建设一个多功能电磁场综合微波测试暗室，暗室测试指标拟达到国内先进水平。这对学院学科发展、人才培养、提升展示度、科学研究等有重要意义。暗室准备于2017年10月正式施工，预计2018年5月启动使用。进行了二期建设规划。

【空间载荷技术研究院】为了尽快使学校在空间载荷方面达到国内领先，接近并赶上国际先进水平，配合学校成立空间载荷技术研究院，加强空间载荷技术的理论基础和关键技术攻关，促进学校空间载荷资源的整合与共同发展，以及与企业的产学研用合作。2017年9月，完成研究院揭牌仪式并正式启动。

【电工电子教学实验中心良乡实训楼建设】为了提高实验技术水平、加强实验室的资源开放共享，进一步提高培养人才的创新实践能力，学院协助三电中心明确新的发展目标，并配合学校在良乡实训楼的建设，协助三电中心申报改基项目，协助三电中心与学校沟通实训楼建筑房屋布局和设备配置。

【虚拟仿真实验教学中心建设】重新梳理了虚拟仿真实验教学中心的定位，结合教育部精神，确定了"三层次、四模块、三结合"的教学体系，重点组织相关老师建设了微波与电磁场、生命医学信号处理等课程，积极申报国家虚拟仿真项目。

【国防科技重点实验室】学院充分调研，调动老师，组织材料，进行重点实验室规划和申报，学校把这个重点实验室列为第一个上报。

【科研服务平台建设】2017年规划一个集中式科研平台和学院的公共平台，进行组织调研与申请工作。2018年1月答辩。

【北理怀来小镇建设规划】按照学校步伐，配合学校做了两轮怀来规划，按照15 000平方米规模，围绕微电子与信息规划。

【实验室安全】开展实验室安全相关规划和建设工作，具体为实验室安全核查工作、教师和研究生实验室安全培训、实验室安全标识制作与自查和整改。

### 7. 对外交流与合作

【对外交流与合作概述】以国家级新体制雷达理论与关键技术学科创新引智基地为主要依托，2017年基地邀请16名111海外学术大师及骨干专家来访。

2017年，院外专家60余人次到学院作学术报告；学院赴境外交流教师64人次，学院赴境外交流学生195人次；教师在国际学术组织或国际刊物任职情况共计27人次。

【学术会议】主办国际学术会议，低慢小航空器管控与发展国际学术研讨会于2017年8月15日在北京举行，来自中国、美国等国家和地区的20余所高校及企事业单位的40余位专家学者参加会议；主办/承办国内学术会议，2017年10月主办中国高科技产业化研究会（简称中高会）全国信号和智能信息处理与应用学术会议，2017年12月主办第八届电磁理论与应用（北京）论坛。

【校级合作协议】2017年11月与意大利比萨大学签署两个协议：北京理工大学和比萨大学双博士联合培养项目协议、北京理工大学和比萨大学双学士联合培养本科生战略合作协议。

【中英班合作办学】在中英班合作办学方面，在校生共75人，其中大一44人，大二31人，2017年招生人数较往年增长37%。此外，2017年中英班教师共14位，其中英方外教3人，承担6门课程，共276学时；中方教师11人，承担13门课程，共872学时。2017年每人学费标准为55 000元/年，总学费为412万元。通过新增奖学金方式优化教学运行，提高教学质量。2017年中英班首次对在新生入学考试中取得优异成绩的同学进行奖学金鼓励，共5位学生获得新生奖学金，每人1 000英镑。此外，中英班合作办学也拓展了招生渠道，招生方式为：自主招生、滚动报名、滚动考试、滚动录取、随报随考、随考随录、录满为止。2017年共举行7次自主招生考试，其中44人进入2017级学习（较2016年增长了37%）。

**8. 党建及群团工作**

【履行党建职责】2017年，学院认真贯彻落实中央重大决策部署和学校党委的重要工作安排。共主持召开党委会9次，教工党支部书记会议9次，党委理论中心组学习10次，深入基层开展党建调研5次，与基层党支部书记谈话20余次。坚持民主集中制，全年共召开党政联席会16次，7月启动绩效改革工作，已召开教代会主席团专题讨论2次，在各类学术委员会中引入校外高层次专家，占比1/3以上。学院严格实施党风廉政建设责任制，落实八项规定、"三重一大"和院务公开制度，持续纠正"四风"，规范权力运行，2017年与院领导班子成员、基层单位负责人签订《党风廉政建设责任书》25份。

【深入学习贯彻十九大精神】围绕宣传贯彻十九大精神和落实习近平新时代中国特色社会主义思想，学院党委开展了一系列学习教育活动：带领500余名师生参观了"砥砺奋进的五年"大型成果展和"电科院央企双创"成就展，感受国家五年辉煌，增添时代前进动力；组织220余名党员集中收看十九大开幕式盛况，开展十九大学习研讨交流会，第一时间把思想和行动统一到十九大精神上来；召开学习传达报告会，学院领导作为主讲人对习总书记系列重要讲话内容进行了细致解读和全面分析；学院领导牵头制定《信息与电子学院关于开展学习贯彻党的十九大精神系列教育活动的通知》，选拔支部书记、兼职辅导员、本硕博党员骨干组建多层次全覆盖的理论学习小组，建立"E党专栏"，开展"E党网红"带你学、"不忘初心、牢记使命"等系列线上线下实践教育活动。

【党建规范化建设】组织召开学院党委扩大会议、党委会、党政联席会对巡视反馈意见、整改工作要求进行学习和传达，对学院情况进行全面自查，牵头制定整改实施方案。年初制订党建工作节点计划，分解"三会一课"活动，督促指导基层党支部实施，并规范化记入《党支部工作手册》，监督支部完成党建述职评议。吸纳教工党支部书记加入学院党委理论学习中心组，加强学习交流。2017年9—11月，完成北京市党建基本标准检查工作，共计整理与提交198份党建思政材料。此外，积极配合学校开展党支部规范化建设试点工作，按照全员参与、系统覆盖的原则，推进"两学一做"学习教育常态化制度化，共计开展支部内专题党课150余次、90余场党建导师理论学习活动，提交"两学一做"微党课优秀材料20余份。加强二级党校管理，2017年共发展党员124名。

【思想政治工作】落实全国高校思想政治工作会议精神，2017年学院党委书记带头讲党课4次，邀请校内外党建专家讲党课4次，领导班子成员讲思政课20余场，研究部署意识形态工作5次，牵头制定《信息与电子学院关于加强和改进师德师风建设工作的实施方案》，在人才引进、年度考核等环节，实行师德一票否决制；制定并实施《党员领导干部联系学生党支部实施方案》《院班子成员联系教工党支部工作方案》，全体院班子成员完成与所有教工党支部及21个学生党支部的联系对接工作；参与发布《专业教师参与学生教育管理工作方案》和《关于博士研究生从事研究生思想政治教育工作实施办法》，举办"笃信·知息"首届学术交流周，组织学术讲座32场，开放实验室12间，参与学生达2 300人次，保障"三全育人"工作落到实处。重点加强思想文化阵地建设，落实意识形态工作责任制，敏感时期值班制度，全年累计值班70余天，处理突发事件10余起，严格审查宣传推送内容。学院网站全年发布新闻62篇，通知110篇，微信公众号关注人数4 460人，推送文章314篇。2017年学院辅导员发表思政论文4篇，党建、思政研究课题2项，参与出版书籍1部，讲授课程10课时，6名本科生获北京高校师生马克思主义经典著作学术论文征文比赛一、二、三等奖。

【群团工作】学院党委积极管理建设"党员之家"，秉承"党员之家　服务大家"的建设理念，致力于打造"党建四地乐园"。积极实施党建带团建、做好群团组织和教代会、学代会工作，召开教职工代表大会，参与学院重大决策；完善工会运行体制，丰富教职工文体生活，切实保障教职工权益；密切与退休教师的联系，组织退休教师编撰院史，加强学院文化建设，群团工作取得实效。此外，配合学校校友工作，着力开展77周年校庆暨校友值年返校协调服务工作，组织1987届与1997届五系校友返校交流，策划学院校友论坛及相关学术活动，组织开展了全体1997届毕业班、1987级校友、53741班、51831班、51832班、53831班、55831班与51956班的校友返校聚会活动，联络校友感情。

【"双一流"建设】始终坚持发挥政治核心作用，在发展规划、重大改革等方面进行顶层设计，稳步推进学科建设规划和人才培养综合改革实施方案，顺利完成学科国际评估、本科教学评估与北京市党建基本标准检查工作。吸收骨干教师担任支部书记，目前教工党支部书记中教授3人、副教授5人，高级职称比例为89%，其中6人兼任本单位行政职务。加大对优秀青年党员教师的培养，2017年学院优秀青年教师胡程入选国家万人计划青年拔尖人才，作为核心骨干申请获批国家自然基金重大仪器设备研制专项（8 220万元），邢成文获自然基金委优秀青年基金资助。学院党员骨干团结协作、攻坚克难，为国防科技工业培养科技人才梯队，充分发挥基层党委战斗堡垒和党员先锋模范作用，助力学校"双一流"建设。

## 9. 宣传工作

【学科发展史工作】学院进一步推进学科发展史的撰写工作，2017年，学院联合红雨新闻社组建工作小组，分章节整理现有文档，为后续查档案和专家访谈提供内容指导；同时，学院组织走访老校友与老先生，开展专家访谈10次。

【中英文网站】学院2017年累计发布新闻121条，包括学生工作66条，学院综合新闻55条；发布通知公告61条。此外，为进一步提升我校国际化办学影响力，学校全面启动学院二级英文网站建设推进工作。目前，学院英文网站已建设完成并成功上线，后续英文网站的维护管理模式也已基本确定。

【学院形象设计】为进一步弘扬学院文化，推进文化建设与宣传工作，学院邀请潮风设计公司开展学院形象设计。2017年，组织开展学院VI（可视化实体）设计沟通会5次，现学院LOGO已初步设计5款并组织了公开投票。此外，学院组织落实10号教学楼一层大厅、过道及二层过道、报告厅、会议室等的空间设计，对空间设计区域及规划已有初步提案。

【学院发展基金】为进一步促进学院的文化建设，加强宣传力度及影响力，让更多的校内外师生、学子及家长了解学院发展及成果，感受学院的特色文化氛围，学院设立了信息与电子学院发展基金，设计并印刷基金筹款手册1 000册，并于校友返校活动与校友走访时分发给校友。同时，依托校教育基金会，开通了学院发展基金在线捐款途径。

【校友活动】2017年学院配合学校校友工作，着力开展77周年校庆暨校友值年返校协调服务工作，累计有19个班级约280名校友返校，策划学院校友论坛及相关学术活动；同年9月，学院赴西安调研，走访了中国兵器工业集团206所、西安恒达微波技术开发公司与中国航天科技集团公司五院西安分院（原504所）等校友企业与合作单位，详细了解电子行业发展前景和企业人才需求，就校企合作与人才培养输送工作进行了深入交流，推动了学院校友走访和就业走访工作的顺利进行。

**10. 行政与财务工作**

【行政工作】行政人员积极参与学院发展建设讨论，参与学院绩效考核方案制定讨论，参与电子与通信工程学位授权点国内预评估及国际同行评估，参与本科教学评估等工作，为学院发展献言献策；同时也进行机关办公用品、办公家具、仪器设备的购买验收、固定资产建账工作，办公面积成本核算工作，公共空间装修、租车、维修等工作；也进行地下空间安全检查及4号楼防晒架更换、顶层房屋防水、学位点评估等支撑工作。

【财务工作】行政人员积极规范学院报账签字流程，大额资金使用，提请党政联席会讨论，征求教代会通过。合理安排学院行政事业费的支出，全部完成今年预算执行。

【工会工作】行政人员积极组织大型活动，如古北水镇健步走及登司马台长城活动，53人参加；趣味运动会，180人次参加；从不同的层面，灵活开展小规模的活动，如插花活动有24人参加，小合唱活动有6人参加，瑜伽活动有23人参加，太极活动有18人参加等。通过开展大众为重点和小众分层次的活动，从不同的点面组织安排，以点带面，争取让每位教职工结合自己的业余时间，参加不同的工会活动，为教职工交流搭建一个和谐的平台。

**11. 学生工作**

【"三全育人"体系建设情况概述】2017年，信息与电子学院有学生3 004名。班级103个，学生党员658名，党支部34个。学生工作办公室（含研究生工作办公室）从服务学院中心工作出发，围绕"三全育人"体系，开展学生培养教育工作。在原有全员育人的基础上，覆盖面继续延伸到全体专业教师，形成了由全体教师、辅导员、学生骨干组成的全员育人队伍，全面覆盖学生各个成长阶段，依托"六个平台"开展7×24小时的学生引领、培养、服务工作，取得了一定成效。在学院党委指导下进一步完善制度建设工作，在关键敏感时期做好值班维稳工作，处理学生突发事件，同时为学院国际学科评估、党建基本标准检查、审核评估等工作做好服务保障。

【党建思政教育平台】学生党建思政工作重点依托基层党团组织建设，开展覆盖面广、受益面大的党建思政教育活动，实现34个学生党支部和103个团支部的全覆盖，全年参与人数达2万余人次。在"党建导师""两学一做""E党网红""信仰·青春·阳光"等主题教育活动中，学生党员、团员参与比例达100%。学院发挥党团干部的积极性、主动性、创造性，将理论与实践紧密结合，深化党建思政教育成果。

【二级党校、团校培训工作】根据上级党委、团委指示精神，学生工作办公室重点开展二级党校、团校建设工作。依托党校对2017级新生、积极分子、发展对象、党支部书记进行针对性培训，在暑假期间组织党员干部开展为期5天的武乡红色社会实践培训，举办新生入党启蒙教育1次、入党积极分子党课培训4次（32学时）、发展对象培训2次（24学时）、党支部书记培训多次（32学时）。学院依托二级团校开展学生班团学生干部培训13场，开展学生组织业务培训20场，举办团员团课3场。

【"两学一做"学习教育】结合研究生党支部调整，推进党建导师工作。"两学一做"教育开展以来，学院将党建导师制度作为"两学一做"学习教育方案实施的核心。2017年下半年研究生党支部拆分后，各学生党支部结合自身实际情况，以"两学一做"为重点，与党建导师以多种形式开展学习活动共计70余场。同时，为了使"两学一做"学习教育常态、长效化，学院鼓励学生党支部依托新媒体平台开展"两学一做"微党课。2017年共计开展支部内专题党课292次，提交"两学一做"微党课优秀材料30余份。开展领导干部联系党支部工作，联系开展组织生活共计27次，覆盖率达80%。

【党员继续教育】在理论学习方面，学院邀请马克思学院张雷书记开展"学习十九大新党章，做合格共产党员"主题报告会；面向全体学院学生开展"读红色经典，树理想信念"主题读书征文活动，参与读书活动共计220人，收到征文作品共计102份。在实践活动方面，学院组织开展"红色1+1"共建活动，组织学生党员参观"砥砺奋进的5年"大型成果展、"中央企业贯彻落实新发展理念·深入实施创新驱动发展战略·大力推动双创工作"成就展等多种类型展览，开展第十四届时事论坛，入围决赛选手9名，观摩学生200余名。开展"永远跟党走"主题教育活动，收到PPT、海报、征文类作品80余份，书法作品42份，并利用微信公众号推送了10期作品展示，累计阅读量2 180余次。

【十九大专题教育系列活动】利用微信公众号开设"E党专栏"，此专栏活动学生党员参与比例达100%。学生党支部依托组织生活会，开展批评与自我批评，评选出他们心目中的"E党网红"。"E党网红"前三期推送累计阅读量达500余次，34名"E党网红"带领学生共同学习党的十九大精神、新党章，

共诉他们眼中的十九大。同时，学院在广大党员当中开展了"不忘初心，做好党员"系列活动，包括"对党说句心里话""党言党语解读""牢记使命，做合格党员"征文、"我是共产党员，我为自己宣言"励志宣言以及"厉害了，我的国"作品征集等活动。通过一系列活动的开展，促进学生自觉学习十九大精神，使十九大精神入脑入心。此外，为了深入学习贯彻十九大精神，学院选拔学生党员骨干组建多层次全方位学习小组，小组成员共计 6 名，以跨专业、跨年级、跨校区为基础，涵盖学生党支部书记、学生组织骨干、兼职辅导员、网红党员。

【团组织思想引领工作】开展"信仰·青春·阳光"主题教育活动；召开共青团北京理工大学信息与电子学院委员会第二十四届代表大会，通过在 96 个团支部中反复酝酿提名学校团委会委员、学校团代会代表提名人选，推进团组织自查整顿工作。从 6 月 13—28 日，学院团委在校团委的指导和布置下，在全院 98 个团支部中开展基层团委自查工作，形成 98 份团支部自查报告和整顿报告。

【学业指导服务平台】学院结合新生入学教育开展"一年级工程"；开展学业指导及专业引导工作，在学业指导方面，学院积极招募"学业小导师"，开展一对一学业辅导 144 人次，学业团体辅导 6 场，涉及大二到大四三个年级近 20 门课程。在专业引导方面，学院一年累计举办专业引导类讲座 13 场；举办德育答辩及"金牌毕业生"评选工作，2017 年举办答辩活动 15 场，收集报告 1 332 份。张右承同学荣获"金牌毕业生"称号，聂平、张靖奇同学荣获"银牌毕业生"称号。同时，学院继续开展"德育小导师"特色育人工作，在 2018 届毕业生中挑选 17 名品学兼优的学生组成"德育小导师"团，2017 年累计开展"德育小导师"团体辅导 90 余次，参与辅导 2 000 余人次。

【实践创新创业平台】组织学生开展寒假社会实践，2017 年开展包括招生宣传思源专项计划、返乡调查、校友走访、读书实践 4 种形式在内的活动，成果累计 2 756 件，其中 21 名学生获得校级奖励。学院被评为 2017 年社会实践先进工作单位，获得优秀团队 8 个，优秀个人 26 人；在科技创新方面，学院积极组织全国大学生电子设计竞赛、北京市大学生电子设计竞赛等专业相关竞赛，培训学生参加各类国家级、省部级竞赛，2017 年获得国家级奖项 94 人次，北京市级奖项 88 人次，校级奖项 288 人次。此外，学院参加校第十四届"世纪杯"竞赛，获得一等奖 5 个、二等奖 22 个、三等奖 27 个，创业赛铜奖 1 个，学院荣获"优胜杯"；在创业辅导方面，2017 年学院继续围绕北京市高校辅导员工作室培育项目"创课工场——辅导员创新创业工作室"开展相关工作。

【生涯发展指导平台】进一步开展以人职匹配为培养目标，与德育教育相契合的"四位一体"的全程化服务型就业指导体系的建设工作。邀请职业生涯规划专家、企业 HR 召开就业指导讲座 6 次。开展了由学院党委书记薛正辉、学院副书记徐建、学院副院长何遵文带队的深圳、西安两地就业走访工作。充分利用校友资源，举办第四届"吾信位来"就业指导系列活动 6 场；辅导员重点开展学生深度辅导工作，举办团体辅导 37 场，开展"心理健康节""减压节"等活动；开展一对一辅导谈话 1 881 人次，建立"五困"学生档案 60 余个；走访宿舍 1 700 余间次，召开班级干部例会 45 次；举办年级大会 14 场，举办研究生导师及学生干部心理培训 1 次，与研究生导师共同开展研究生心理情况整体摸排工作 4 次，处理研究生特殊紧急事件 4 起；2017 年 3—6 月，学院围绕德育答辩工作全面开展了以"致信青春"为主题的毕业季系列活动，进一步加强毕业生的教育与管理，增强毕业生的集体荣誉感和爱校荣院情怀。

【辅导员队伍发展平台】2017 年辅导员累计参与培训 18 人次，发表论文 6 篇，出版书籍 1 部，获得校级以上个人荣誉奖励 9 人次，集体荣誉 11 项，讲授课程 10 课时，1 人获得初级职称，1 人获得中级职称，2 人晋升为 8 级职员。

【新媒体宣传平台】信息与电子学院学生工作共设立 2 个新媒体宣传平台，分别为学生工作平台与微信公众号北京理工大学信息与电子学院团委。学生工作平台 2017 年总计发布新闻 62 篇，发布通知 110 篇。截至 2017 年年底，微信公众号北京理工大学信息与电子学院团委关注人数 4 460 人，推送文章 314 篇。全年为学院重大事件推送新闻 15 篇，开展 22 个专题活动，总体阅读量 15 万次。2017 年 11 月 19—25 日，在学工系统网络文章影响力周榜评选时，此公众号推送的新闻"北理工信息与电子学院谢会开、杜谦两位校友当选 IEEE FELLOW"荣登榜首，累计阅读量 1 647 次，点赞数 25 次。

【就业指导工作】就业指导工作取得优异成绩，2016—2017 年度，就业工作在学生就业指导中心所有成员的积极努力和全院老师的积极配合下，取得了令人满意的成绩。2017 年累计召开企业宣讲会 83 次，发布招聘信息 1 922 条，成功推荐毕业生就业 209 人。2017 年毕业本科生 385 人，签约率 86.75%，就业率 97.92%，其中 172 人上研，108 人出国；研究生毕业总人数 373 人，就业率 98.66%。2016—2017 年度，我院向国防单位及其相关单位输送本科生 163 人，硕士生 153 人，博士生 34 人，总计 350 人，占全部 785 名毕业生人数的 44.86%。

【招生工作】招生工作成效显著，学院 2017 年继续负责广东、天津和民族大学附属中学的招生宣传工作，招生宣传组共计对广东和天津派出 20 人次 4 支队伍，走访了 19 所中学，参加 5 场大型咨询会，新建生源基地 1 个（深圳外国语中学），举办讲座 2 场。2017 年两个省（市）的生源质量都获得稳步提升，天津市理科录取最低名次上升至 1 119 名，高出一本线 122 分；广东省理科录取最低名次上升至 8 121 名，高出一本线 96 分。

【学生工作成绩】2017 年，在学院党委的指导下，学生工作个人和集体都取得了一定的成绩，总计 4 名教师获校级若干奖项，1 名教师获市级奖项，集体获 11 个校级奖项。

2017 年度学院基本数据统计见表 6.1。

**表 6.1　2017 年度学院基本数据统计（截至 2017 年 12 月 31 日）**

| | | | | |
|---|---|---|---|---|
| 学科建设 | 国家重点学科 | 1 个 | 市级重点学科 | 1 个 |
| | 一级学科博士授权专业 | 2 个 | 一级学科硕士授权专业 | 2 个 |
| | 专业硕士学位授权点 | 2 个 | 博士后流动站 | 2 个 |
| | 第四轮学科评估——信息与通信工程学科评估结果 | A− | 第四轮学科评估——电子科学与技术学科评估结果 | B+ |
| 教学培养 | 本科专业数量 | 4 个 | 本科专业涵盖学科门类 | 3 个 |
| | 教学实验室数量 | 6 个 | 学生开放创新实验室 | 3 个 |
| | 国家级实验教学示范中心个数 | 1 个 | 国家级特色专业 | 1 个 |
| | 国家级精品课程 | 2 门 | 国家级教学团队数量 | 2 个 |
| | 2017 年校级"双一流"建设项目 | 7 项 | 2017 年校级深化教育教学改革专项 | 11 项 |
| | 2017 年教育部高等教育司产学合作协同育人项目 | 4 项 | 校级"十三五"规划教材 | 10 本 |
| | 第六届兵工高校优秀教材获奖 | 3 项 | 北理工第十四届优秀教育教学成果奖 | 5 个 |
| | 校级"双一流"建设研究生教育教改项目 | 13 项 | 校级优秀博士学位论文育苗基金 | 2 个 |

续表

| | | | | |
|---|---|---|---|---|
| 师资队伍 | A、B系列教职工 | 266人 | A系列教职工 | 224人 |
| | 教学科研岗教师 | 172人 | B系列教职工 | 42人 |
| | 博士学位教职工 | 183人 | 硕士学位教职工 | 41人 |
| | 博士生导师 | 73人 | 硕士生导师 | 185人 |
| | 正高级职称教师 | 40人 | 副高级职称教师 | 74人 |
| | 博士后 | 10人 | 兼职博士生导师 | 5人 |
| | 工程院院士 | 2人 | 科学院院士 | 1人 |
| | 国家高层次人才专家 | 2人 | 领军人才特聘教授 | 3人 |
| | 国家杰出青年基金获得者 | 3人 | 万人计划科技创新领军人才 | 1人 |
| | 国家百千万人才工程入选者 | 4人 | "973"首席科学家 | 1人 |
| | 型号总师 | 1人 | 国家优秀青年科学基金获得者 | 1人 |
| | 万人计划青年拔尖人才 | 1人 | 教育部跨（新）世纪人才 | 6人 |
| | 国家级教学名师 | 1人 | 北京市教学名师 | 3人 |
| | 国家级教学团队 | 2个 | 国家自然科学基金创新研究群体 | 1个 |
| | 教育部创新团队 | 2个 | 国防科技创新团队 | 2个 |
| 科研情况 | 上一年到校经费 | 3亿元 | 民口纵向牵头获批项目 | 1项 |
| | 国家自然科学基金立项数 | 19项（重大仪器、优青各1项） | 国家自然科学基金经费总额 | 9 147万元 |
| | 副总师单位获批重点型号项目 | 1项 | 发表并检索SCI论文 | 166篇 |
| | 申请专利 | 124项 | 授予专利 | 113项 |
| | 国防科技发明一等奖 | 1项 | | |

续表

| | | | | |
|---|---|---|---|---|
| 党建群团 | 2017年召开党委会 | 9次 | 2017年召开教工党支部书记会议 | 9次 |
| | 2017年党委理论中心组学习 | 9次 | 2017年深入基层开展党建调研 | 5次 |
| | 2017年召开党政联席会 | 16次 | 2017年发展党员 | 124人 |
| | 2017年发布新闻 | 121篇 | 2017年接待校友返校 | 280人 |
| 学生情况 | 本科生人数 | 1 775人 | 研究生人数 | 1 229人 |
| | 本科生班级 | 67个 | 研究生班级 | 36个 |
| | 2017年大学生创新训练计划项目（国家级） | 6项 | 2017年大学生创新训练计划项目（市级） | 7项 |
| | 2017年社会实践成果 | 2 756项 | 2017年竞赛国家级获奖 | 94人次 |
| | 2017年竞赛市级获奖 | 88人次 | 2017年竞赛校级获奖 | 288人次 |
| | 2017年本科毕业生就业率 | 97.92% | 2017年硕士毕业生就业率 | 99.08% |
| | 2017年博士毕业生就业率 | 93.48% | 官方微信公众号关注人数 | 4 460人 |
| 对外交流 | 2017年邀请外专来访 | 42人 | 2017年教师出国访学 | 64人 |
| | 2017年接收留学生 | 22人 | 2017年学生出国交流 | 195人 |
| | 2017年主办/承办国内学术会议 | 3次 | 2017年中英班合作办学（大一新生） | 44人 |
| | 2017年中英班教师 | 14人 | | |

## 2018年

2018年3月，信息与电子学院龙腾教授担任北京理工大学副校长。

2018年开始，五系所有本科专业单独按照电子信息工程实验班大类招生，入学后加入学校睿信书院大类培养，从大一末开始学生自愿分流进入学院4个本科专业，分别按照4个本科专业毕业。2018年，五系共招收本科生538人，硕士研究生382人，博士研究生91人。

2018年6月5日，成立应用电磁研究所、电路与系统研究所。

第六章 跨越发展时期（2009—2018年）

**2018年6月全院教职员工合影**

2018年教师节，五系王越院士获得学校首届"懋恂终身成就奖"。"有这样一位先生，80岁高龄仍执教三尺讲台，坚守爱国之志与报国之志，牢记教书育人之使命天职，培育了一批又一批科技先锋、国之栋梁。立己正身、率先垂范！……"这是在学校庆祝第34个教师节暨教师表彰大会上，中国科学院、中国工程院院士，北京理工大学原校长，杰出的战略科学家、工程教育家，雷达与通信系统专家王越先生，获颁北理工首届"懋恂终身成就奖"的一段颁奖词。

"懋恂终身成就奖"，"懋恂"取自学校延安办学时期老校长徐特立先生的原名，意为勤勉奋进、诚信谦逊。2018年，学校经研究决定正式设立"懋恂终身成就奖"，以表彰在"立德树人、教书育人"工作中做出突出贡献、取得卓越成就的优秀教师，旨在进一步完善学校教师队伍激励机制，着力建设政治素质过硬、业务能力精湛、育人水平高超的高素质教师队伍。该奖项原则上每5年评选一次，每次评选表彰1~2人，设立奖金100万元。

获颁首届"懋恂终身成就奖"的两院院士王越先生见证了国家和民族从站起来、富起来到强起来的伟大转变，并在这个伟大的历史进程中坚守爱国之情与报国之志，牢记教书育人之使命天职，甘当播种机和铺路石，用深厚的学术造诣和独特的人格魅力培育了一批又一批科技先锋、国之栋梁！他坚持教书和育人相统一，坚持言传和身教相统一，坚持潜心问道和关注社会相统一，坚持学术自由和学术规范相统一，立己正身、率先垂范，是北理工老一辈教育工作者的杰出代表，也是新时代全体北理工人身边的榜样和楷模，是令人景仰当之无愧的"大先生"。

这一年，学院以高质量人才培养、高水平师资队伍、高标准学科建设为核心，加强战略谋划，深化综合改革，全力推进学院科学发展。

**80 岁高龄的王越院士在讲台上**

### 1. 学科建设

【瞄准一流学科目标】明确信息科学与技术、复杂系统感知与控制 2 个学科群建设任务；修订 2 个一级学科建设规划；申报北京高校高精尖学科 1 个（通过初审）；完成集成电路工程学位授权点评议工作。

【学科群建设】根据学校《一流大学建设方案》，明确信息科学与技术、复杂系统感知与控制 2 个学科群建设任务，其中信息与通信工程学科牵头建设信息科学与技术一流学科群，电子科学与技术学科重点参与复杂系统感知与控制一流学科群建设。2018 年，学院完成信息科学与技术一流学科群任务分解，并分别于 5 月和 6 月牵头开展信息科学与技术学科建设情况汇报、参与开展复杂系统感知与控制学科群建设情况汇报。

【修订"十三五"规划】结合第四轮学科评估结果，修订完善信息与通信工程、电子科学与技术 2 个一级学科的建设规划和学院"十三五"发展规划。

【申报重点学科和实验室】组织申报空天信息感知网络与智能处理北京市高精尖学科；组织申报空间态势快速感知与生成国家级国防科技重点实验室；组织开展集成电路工程学位授权点评议工作。

【国防特色学科建设】根据上级部门工作安排，完成了信息与信号处理国防特色学科年度总结报告、统计年报以及 2018 年度工作计划编制工作。

【推进微电子学院建设】引进国家杰青王业亮，构建"三位一体"学科发展模式；围绕微纳量子结构与信息器件开辟新的研究方向；引进孙家涛、刘立巍、叶术军、张腾等青年骨干教师；推进前沿交叉研究院暨军民融合交叉研究院建设。

【开展学位授权点评估】顺利开展了集成电路工程学位授权点国内同行专家评议工作。

【打造一流科研平台】新建微纳量子光子平台，成立北理工—安天网络安全自动化分析技术联合实验室；推进微电子学院、微波暗室等公共实验平台建设；以智能空天网络为主题举办特立论坛，推动军民融合交叉研究院发展；组织申报空间态势快速感知与生成国家级国防科技重点实验室。

**2. 本科教学**

【工程教育专业认证申请】2018 年 9 月，以本科教学办公室为主组织和完成 2019 学院工程教育认证申请工作，包括电子信息工程专业、通信工程专业、电子科学与技术专业的认证申请书及支撑材料撰写，在线提交申请。2018 年 12 月，三个专业的认证申请均被受理，在提交申请后，本科教学办公室即启动并完成了部分自评报告撰写工作和相应的支撑材料收集工作。

【第十一届青年教师教学基本功比赛】学院积极组织青年教师参加北京理工大学第十一届青年教师教学基本功比赛，本次比赛取得了优秀的成绩，获奖情况如下：信息与电子学院获优秀组织奖；个人综合奖：一等奖宋巍，二等奖武楠、刘珩、任仕伟、邓长江；个人单项奖：优秀教案奖刘珩，优秀指导教师高飞。在学院内部比赛预选环节，本科教学办公室负责邀请所有的校内外评委（绝大多数是北京市教学名师）对青年教师的优点和不足进行点评和指导，有效提升了青年教师在后续全校比赛中发挥的水准。

【北京理工大学精品课程】2018 年 6 月 14 日，北京理工大学时隔 14 年再次启动精品课程评选。此次评选标准按照 OBE、以学生为中心和持续改进的理念全新设计，并为后续的教育部万门精品课及一流专业评选奠定坚实的基础。学院积极组织 2018 年学校精品课程申报工作，本次评选全校共有 42 门课程申报，经过标准研制、材料申报、初评复评和结果公示，2018 年 9 月 7 日，最终评出全校精品课程 10 门，其中我院获评 2 门。

【大学生毕业设计（创业类）项目】根据北京市教育委员会印发的《关于北京高等学校高水平人才交叉培养"实培计划"征集遴选 2018 年项目的通知》，学院组织教师申报该计划中的大学生毕业设计（创业类）项目 2 项并获批。

【国家精品在线开放课程】2017 年 8 月，由罗森林教授主讲的"信息系统与安全对抗理论"在北京高校优质课程研究会平台上线，于 2018 年 12 月 14 日被评为国家级在线开放课程。

【国家级和北京市级高等教育教学成果奖】在 2018 年国家级教育教学成果奖评比中，北京理工大学获奖共 6 项，其中包括信息与电子学院崔嵬老师的"基于人才成长规律的本硕博一体化培养探索与实践"1 项（完成人：王军政、肖文英、栗苹、唐胜景、杨东晓、黄明福、程杞元、何洪文、崔嵬、李明磊）。2018 年 4 月，2017 年北京市高等教育教学成果奖获奖名单揭晓，我院共有 3 项成果获

奖，其中一等奖1项、二等奖2项。

【校级"十三五"规划教材】2018年3月2日教务处组织专家对全部74项申报选题进行评审，经校专家认真评审，最终确认53项选题被列为校级"十三五"（2018年）规划预立项教材。信息与电子学院申报3种，经过专家评审，高玄怡老师申报的《电子实习教程》教材获批，被认定为北京理工大学"十三五"（2018年）规划预立项教材。

【教育部高等学校教学指导委员会换届】2018年11月1日，教育部在北京召开高等学校教学指导委员会成立会议，陶然教授当选为电工电子基础课程教学指导分委员会委员并作为代表参会。

【校级"双一流"建设项目与深化教改项目】组织教师积极申报2018年度校级"双一流"建设项目与深化教改项目，"双一流"建设项目获批7门课程，每年共70万元经费，连续支持4年，2018年为连续支持的第2年。

【北京市高等学校教学名师奖】2018年11月，信息与电子学院陶然老师荣获第十四届北京市高等学校教学名师奖。

【信息与电子学院教学前沿论坛】2018年11月创建学院本科"教学前沿论坛"，第一期活动邀请北京市教学名师、北京航空航天大学张有光教授为我院作题为"面向新工科的电子信息类专业培养方案修订和实践"的报告。"教学前沿论坛"的创建是信息与电子学院落实新时代全国高等学校本科教育工作会议"坚持以本为本、推进四个回归"精神的重要举措，此论坛将成为本科教学任课教师、学院领导和教学管理人员开阔视野、变革理念、提升水平的重要平台，并为本科教学专业建设、课程体系建设、课程建设和教育教学改革提供重要的策动力。

【大学生创新训练计划项目】2016年度的国家级/北京市级大学生创新训练计划项目结题12项，2018年组织学院学生申报校级大学生创新训练计划项目，申报168项并全部获批。

【全国集成电路设计竞赛】学院积极组织学生参加2018全国集成电路设计竞赛，在此次竞赛中，学院共获得华北赛区一等奖1项、华北赛区二等奖4项、全国一等奖3项和全国二等奖1项。

【北京市电子设计大赛】学院积极组织学生参加2018年北京市电子设计大赛，信息与电子学院共获得12个一等奖、11个二等奖、2个三等奖，一等奖获奖数量在所有参赛高校中高居榜首。

【第15届全国大学生信息安全与对抗技术竞赛】全国大学生信息安全与对抗技术竞赛是北京理工大学信息与电子学院发起的全国性学科竞赛。2004年首次举办，是教育部、工业和信息化部主办的第一个国家级信息安全技术竞赛，2018

年为第 15 届。从第一届至今，该项竞赛一直由北京理工大学信息与电子学院承办。2018 年 7 月 16 日，ISCC2018 在北京理工大学圆满落幕，该项竞赛共吸引了来自 1 000 多所学校（含高中）的 5 900 多名学生参赛，已经成为一项具有较高影响力的技术竞赛。

【学生学籍处理与学业精准帮扶】统计并上报上一学期达到学籍处理规定的学生名单。经统计，2017—2018 年度第二学期初共有 18 人达到退学条件、61 人达到学业警示条件。根据 2017—2018 年度第二学期期末全体学生的成绩，本学期期初对在校的 4 个年级进行了学籍处理方面的认真排查，统计出 19 名学生达到退学条件、91 人达到学业警示条件（其中 2 人申请降级）。

【教授、副教授总上课率为 96.34%】除有特殊原因可以不上本科生课的教授与副教授外，我院应为本科生授课的教授有 36 人，上课率为 100%；应为本科生授课的副教授有 46 人，其中有 3 人（马淑芬、田卫明、刘飞峰）未上本科生课，上课率为 93.48%。

【倡导教师增开研究型教学课程】2018 年学院教师共开设研究型教学课程 27 门次。

【学生海（境）外访学情况】2018 年信息与电子学院本科生教育国际化工作继续取得良好进展，2018 年信息与电子学院本科生出国（境）交流人数 106 人次，位列各学院前茅。

【电子科学与技术全英文教学班境外专家引智】2018 年学院全英文教学专业专家引智共 5 人次，开设了 3 门课程，境外专家为我院 2016 级、2015 级全英文教学专业累计授课 120 学时。

【北理暑期电子设计实践营活动】台湾地区学生赴北理暑期电子设计实践营（简称电子设计营）是我校唯一的对台交流重点项目，我院已连续四年成功举办，自 2015 年起，已有 74 名台湾地区高校师生参加，营队效果明显。2018 年 7 月 3 日至 7 月 16 日，在教育部港澳台事务办公室的关心和支持下，由北京理工大学信息与电子学院承办的 2018 台湾学生赴北理暑期电子设计实践营顺利举行，电子设计营以"电子设计"为主题，历时 14 天，来自台湾"清华大学""中山大学"、台北科技大学、辅仁大学、东华大学、东海大学、铭传大学共 7 所高校的 16 名学生以及信息与电子学院的 24 名师生共同参加本次电子设计营。由本科教学办公室邹晓娜完成项目的组织、策划、联络、带队，由马志峰老师完成项目课程教学。四年实践积累了宝贵的经验，电子设计营受到台湾青年的关注与好评，在 2018 年 7 月 17 日收到北京市人民政府台湾事务办公室的感谢信，北京市台办已将我院电子设计营列为两岸大学生科技交流的特色品牌和首都高校对台青年交流的示范项目。

### 3. 研究生培养

【学院研究生培养方案修订】突出前沿、强化基础，形成了"基础课＋核心课＋前沿课"的学科知识体系架构，圆满完成了学院2018版研究生培养方案的修订工作。

【一级学会优秀博士学位论文的选拔与申报】2018年度学院新获批中国通信学会优秀博士学位论文1篇，中国电子学会优秀博士学位论文1篇，中国电子学会优秀硕士学位论文1篇，学院连续三年均获批一级学会优秀博士学位论文。

【研究生教学督导组换届工作】完成了新一届研究生教学督导组的换届工作，教学督导组对研究生课程进行听课及评价，并提交了研究生课程督导工作总结与课程完善建议，对课程质量的提升起到了良好的推动作用。

【中国高等教育学会工程教育专项课题】组织开展中国高等教育学会工程教育专项课题申报并成功获批1项。

【"双一流"建设研究生教育教改项目】组织了2018年度"双一流"建设研究生教育教改项目申报，学院获批研究生教育教改项目数量与金额均位居学校前列。

【校级优秀博士学位论文育苗基金】组织校级优秀博士学位论文育苗基金申报，学院获批校优博育苗基金2人。

【科技创新活动】组织研究生开展科技创新活动，研究生在相关学科竞赛中获得国际竞赛三等奖2项，国家级一等奖4项、二等奖8项、三等奖2项，省部级一等奖2项，北京市二等奖1项。

【国际学术交流】组织研究生进行国际学术交流，9名博士生、2名硕士生获批留学基金委CSC项目资助，获批研究生院资助项目21人。

【研究生招生】通过暑期夏令营、制定优秀生源政策等方式，进一步提高生源质量。2018年度录取全日制硕士生379人、博士生91人。完成2019年推免研究生招生：共接收推免研究生169人，其中硕士研究生152人，直博生17人；"985"生源91人，"985"生源占比达到54%。完成了留学生的师生双选工作，录取2018级留学博士新生4人，留学硕士新生11人。

【学位授权点合格评估与导师遴选】组织完成了集成电路工程学位授权点的国内评估，经评估专家组现场考察与评议，对集成电路工程学位授权点的建设成效给予了充分肯定，一致认为该专业学位授权点评估合格。组织并审核完成了学位授权点合格评估工作，组织完成了学院"两个学术学位＋三个专业学位"共5个学位授权点评估总结报告的撰写、修订与最终提交工作。完成了工程硕士、博士专业学位授权点的学科方向调整，原工程硕士专业学位电子与通信工程、集成电路工程合并调整为电子信息；原工程博士专业学位电子与信息调整为电子信息。组织开展了研究生导师招生确认与申报工作，学院2018年度新增各类博士生导师16人。

【第二届全国研究生信息安全与对抗技术竞赛】组织承办了第二届全国研究生信息安全与对抗技术竞赛，共有来自全国多所高校的51名研究生参赛，竞赛取得了圆满成功，进一步扩大了学院、学科的影响力。

**4. 师资队伍建设**

【高层次人才建设】2018年，学院引进王小谟等5位双聘院士；龙腾当选2019年度IEEE FELLOW；从中国科学院物理研究所引进国家杰青王业亮（入选中青年科技创新领军人才）；从我校光电学院调入国家杰青、领军人才特聘教授辛建国；引入的外籍教师美国佛罗里达大学教授谢会开，已入围国家高层次人才创新人才长期计划；从北京科技大学引进教授张中山，从中国工程院战略咨询中心引进副研究员隋秀峰。陈亮获卓越青年基金；从海外引进的胡晗、张伟锋已入围青年国家高层次人才；胡程、邢成文、于季弘3人获特立青年学者支持计划。

【人才项目申报】推荐申报国家高层次人才创新人才长期项目1人（通过评审）、青年项目7人（2人通过），长江特聘项目2人，青年长江项目4人（包括海外2人）、青年拔尖人才项目国防类2人、特立青年申报7人（3人通过）、中央网信办的网络安全优秀教师申报1人、中青年科技创新领军人才申报1人。

【人事制度改革】2018年，学院重点推进人事制度改革。结合学科特色，在对标国内外高校EE学科的基础上，完善以实际贡献为导向、与分类评价匹配的差异化绩效激励，修订、完善学院年度绩效考核办法、绩效津贴实施方案，并对方案进行测算、论证及宣讲，新的考核方案于2019年起正式执行。为充分体现学科特色、差异化和小同行评价，根据学校统一安排，完成了学院信息与通信工程、电子科学与技术两个一级学科的重点期刊目录修订工作。

【职称评聘】在职称申报中正式执行修订后的原体系教学科研岗高级职称岗位申报条件，并设置过渡期一年，2012版和2018版申报条件并行执行。2018年度职称评聘工作于5月开始至7月结束，共有10人申报正高级职称，15人申报副高级职称，1人申报中级职称，最终4人通过正高级专业技术职务评审，7人通过副高级专业技术职务评审，1人通过中级职称评审，本年度职称申报人数和通过学校评审人数均创历史新高。

【招聘工作】2018年，学院开展了4批预聘制青年骨干教师招聘工作，累计25人参加学院评审，5人通过校评审委员会准聘教授岗位评审，4人通过校评审委员会预聘副教授岗位评审，5人通过预聘助理教授岗位评审，有9人已入校参加工作。引进老体系副研究员1人；组织41位B系列人员的招聘工作，年度累计20人入校工作（含学校经费4人）；办理退休返聘5人。

【师资培养】2018年，组织完成4人次的职称认定工作；组织完成高等学校教师资格认定7人次；完成国家留学基金全额资助公派留学项目申请1人次；组织完成青年教师学术启动计划9人次；组织成立学院青年教师发展论坛及联谊会，并召开第一次理事会会议。

【工资绩效】2018年4月，学院对A系列教职工基础绩效津贴进行了调整，并于5月兑现。为使广大教职工最大限度地享受低税率，达到税后收益最大化，学院对2018年1—4月的绩效津贴采用按月合理避税的方式进行补发。2018年12月，根据工信部文件精神，完成200余名A系列教职工基本工资调整工作（年薪制人员待1月正常晋级后统一进行调整），于2019年1月起兑现，并补发2018年7—12月的新旧标准差额。根据2018年职称晋升情况，学院对升级聘用的人员工资进行了调整，并于9月进行兑现。2018年度共完成40余人次的基础绩效津贴变动，完成学院209位A系列教职工的入档工资制作及核对工作。

【博士后流动站建设】2018年，学院完成了11人次的博士后面试工作，博士后流动站入站8人，其中2人入选博士后创新人才支持计划，1人办理出站手续。

## 5. 科学研究

【科研工作概述】截至2018年12月，学院年度到校科研经费2.6亿余元。获批国家自然科学基金项目12项，资助总金额1 139万元，1人获得卓越青年基金。发表并检索SCI论文160余篇，申请专利179项，授予专利108项。鉴定科技成果1项。龙腾、毛二可、陈亮、丁泽刚、毕福昆、杨柱等人完成的"一种天基在轨实时信息处理新技术及应用"获得国家科学技术发明二等奖；获部科技发明一等奖2项。

【国家自然科学基金申报】组织学院国家和北京市自然科学优青、杰青以及卓青的申报工作，多次召开内部评审会，邀请专家做好评审把关工作。学院共提交合格的国家自然基金项目申请书45份，北京市自然基金12份，1人获得卓青，获国家自然科学基金项目12项，重点项目和国际合作重点项目各1项，联合基金重点项目1项，直接经费资助总金额1 139万元。

【国防科技研究】组织装发、预研基金、陆装、空装、海装、火箭军、战支部队、军委科技委等10余次项目申报，获批项目24项。积极谋划军委科技委创新特区的研究工作，提交申请10余项，获批项目5项。

【民口纵向】重点关注国家重点研发计划、互联网+和中国制造2025等领域的研发动态和指南，动员在相关领域有特色的团队积极申报。重点拓展高性能计算、太赫兹技术、空间信息技术、智能制造等方面的研究，为项目申报提供支持，参与并获批6项。

【科工局相关项目】针对民用航天、强基工程、条件建设等项目，重点组织在相关领域基础雄厚的团队和项目组积极申报，牵头申报各类项目近10项，组织条件建设、固定资产投资等项目的申报和"十三五"规划项目的论证，2项通过评审。

【科技合作】对重点方向和领域的横向项目和科技合作予以重点支持，在与航天领域相关院所、中国电科集团等单位，公共安全、科技奥运以及京津冀一体化等方面的科技合作中取得了良好的成效。在载人航天、神舟、北斗导航、福星、航天测控、航天遥感、雷达信号处理等领域保持了持续的优势。

【科研生产质量体系】顺利实现2018年质量体系工作，实现了年度质量目标。根据学校科研生产质量管理体系质量方针、中长期质量目标及2018年度质量工作的要求，3月完成了质量体系管理评审；4月完成质量体系2个续审项目和3个扩项项目的材料准备和院内预审；6月组织质量全体人员质量体系培训；8月通过武器装备许可证星上SAR数据处理分系统、测量雷达的续审和CSC雷达、××地面检测设备、××数据链通信系统的扩项审查。10月质量体系全员参加了（GJB 90001C）质量手册和程序文件培训，完成了内审员培训，建立了内审员队伍，圆满完成GJB 90001C版国军标换版认证工作。

【其他相关工作】组织学院军委科技委专家推荐和卓青申报工作；在校科研院的统一部署下，成功组织和参与了兵科院、装发、军委科技委、科工局、工信部、国家体育总局等单位领导和专家的考察接待及成果展示；圆满完成了科研经费管理和整改的各项工作；有效开展了科研保密和定密工作，顺利通过相关的检查和审核。

**6. 平台及实验室建设**

【微波暗室公共平台】结合学科建设和教学科研的实际需要，在北京理工大学信息科学实验楼101室拟建设一个多功能电磁场综合微波测试暗室，暗室测试指标拟达到国内先进水平。暗室于2018年3月正式施工，施工期间，经历多重波折，已基本完工，进入试运行阶段；制定了收费标准和一系列的规章制度，2019年1月正式投入使用。

【电工电子教学实验中心良乡实训楼建设】为了提高实验技术水平、加强实验室的资源开放共享，进一步提高培养人才的创新实践能力，协助三电中心明确新的发展目标，并配合学校在良乡工训楼的建设，协助三电中心与学校沟通工训楼建筑房屋布局、设备配置、房屋改造等。与学校和三电中心沟通，协调房屋腾退、规划等事宜，2019年1月正式投入使用。

【嵌入式实时处理与导航实验室平台改造】2018年规划了一个集中式科研平台和学院的公共平台，并对两个省部级实验室进行集中改造，目的是提高科研实验的利用率和提升展示度。2018年10月经费下达，组织并协调招投标等事宜，沟通建设方案和文化建设。已处于紧张施工阶段，2019年3月完工。

【微纳量子光子器件平台】协助王业亮规划微纳量子光子器件平台，针对进一步提升该平台水平进行新一轮论证。

【实验室管理】根据学校下发的文件，于2018年9月编写完成了《北京理工大学实验室管理制度汇编》（第1版），主要针对近几年学校新下发的常用的一些实验室管理文件进行了整理汇编，并下发给各实验室负责人进行学习，提高实验室工作的效率。2018年12月梳理了学校以及学院所有关于实验室管理与安全的相关文件，完成了《北京理工大学实验室规章制度汇编》（第2版）电子版，准备2019年1月正式下发给各实验室进行学习。2018年9月对三个实验室共计20个安全标识牌进行了补做。

【实验室安全管理工作】2018年对信息科学实验楼及4号教学楼进行多次自查，查到并整改的安全隐患多于10项，为学院的安全生产保驾护航。2018年6月，信息与电子学院按照学校的统一部署，认真开展安全生产的宣传、检查与培训等工作，成功举办了安全生产月活动。按照学校工作部署，学院积极对2018级研究生与2015级本科生以及以往不合格的学员进行实验室安全培训工作。2018年10月完成了校院两级必修环节以及房间级安全培训，并与学院主管领导和指导教师完成三方责任书的签订。

【实验室信息统计】按照学校工作要求，学院自2018年9月起全面开展了实验室信息和精密贵重仪器设备的使用情况统计工作，对实验室人员、实验项目、人员获奖和成果、人员培训情况、科研教研与社会服务、毕业设计与论文人数、论文信息、教材信息、开放实验信息、经费投入信息进行了统计，同时统计了精密贵重仪器设备的使用机时、测样数、培训人员数、教学实验项目数、社会服务项目数、获奖情况、发明专利以及论文等情况。完成了学院各实验室相关仪器设备的建账、报废、盘亏工作，为以后的信息化管理奠定了基础。

【学院绩效考核评判办法】完成学院绩效考核办法中的工程实验岗位绩效考核考评办法，其间多次与基层沟通，调研外单位办法，2018年正式试用。

### 7. 对外交流与合作

【对外交流与合作概述】信息与电子学院在2018年共邀请境外专家40余人次开展学术交流活动，举行8次百家大讲堂，教师出国（境）交流74人次，学生出国（境）交流148人次，位于全校前列。现有国家级新体制雷达系统理论与关键技术学科创新引智基地1个，执行期为2014—2018年。

【学术会议】信息与电子学院承办了2018年IET国际雷达会议、国际雷达和信号处理论坛（先进理论和技术）等高水平国际交流会议。本次国际大会吸引了雷达领域世界知名专家和海外学者60余人,其中IEEE FELLOW 14人,以及我国雷达领域的专家学者700余人参会,为中外雷达及信号处理领域的专家学者提供了可以面对面进行学术交流的平台,也为国内与国外知名专家的合作奠定了一定的基础。

【校级合作协议】信息与电子学院2018年与境外知名学术机构和大学签订合作谅解备忘录、联合培养项目、国际联合实验室等6项,包括意大利比萨大学、美国佛罗里达大学、英国萨里大学(已送校审)、日本东北大学、英国曼彻斯特大学、兰开夏大学本硕博连读。拓宽与国外大学在人才培养、学者互访、教学科研等方面的合作,构建包含综合学科、国际资源的国际化人才培养体系,提升国际化办学水平。

【中英班合作办学】信息与电子学院承办的电子工程中英班项目2018年在招生、教学和管理方面成果显著提升。2018年电子工程中英班面向全国共招生60人,符合教育部规定的招生指标要求,完成率达到100%,2018年招生人数较往年增长了39.5%。在校生共103人,其中大一60人,大二43人。2018年中英班教师共13位,其中英方外教3人,承担6门课程,共276学时;中方教师10人,承担13门课程,共872学时。2018年每人学费标准为55 000元/年,总学费为564.9万元。2018年6月23日,中英班举办了20周年庆典活动,中英双方校领导以及毕业校友100余人出席了此次活动,见证了中英班20年所取得的辉煌成就。此外,中英班首次成立团支部,积极参与校团委组织的各项主题团日活动。

## 8. 党建及群团工作

【履行党建职责】2018年,学院认真贯彻落实中央重大决策部署和学校党委的重要工作安排,共主持召开党委会15次,教工党支部书记会议10余次,党委理论中心组学习10次,深入基层开展党建调研5次,与基层党支部书记谈话20余次。坚持民主集中制,牵头制定了《信息与电子学院党委会、党政联席会议事细则》,全年共召开党政联席会21次。学院严格实施党风廉政建设责任制,不断加强班子作风建设,坚持贯彻落实中央八项规定,查摆形式主义和官僚主义问题。结合党风廉政宣传教育月开展活动20余次,与班子成员、教工党支部书记、中心负责人签订责任书33份,加强反腐败斗争工作,推进职权清单制度建设,梳理完成了133项职权行使依据和流程。

【开展五项主题教育活动】组织开展"不忘初心、牢记使命""纪念建党97周年""做新时代'四有好老师'和'四个引路人'""弘扬爱国奋斗精神、建功立业新时代""担复兴大任、做时代新人"等主题活动,学院党委召开党委会专题讨论,牵头制定活动实施方案和任务分解表,落实具体责任人,推进活动开展。指导师生党支部通过理论学习、党支部共建和红色实践等形式开展活动430

余次，征集时代故事 213 个，形成专题系列报道 30 余篇。结合主题教育活动，组织师生赴赣州、延安、井冈山开展红色实践教育 3 次，邀请校外专家主讲专题党课 2 次。

【党员教育管理】依托二级党校，开展对新生、入党积极分子、发展对象、预备党员、正式党员、党支部书记在内的多层次全覆盖理论培训，2018 年共举办新生入党启蒙 1 次，入党积极分子培训 4 次，发展对象培训 2 次，党支部书记与支部委员理论培训 4 次，党员集中培训 5 次，井冈山党员骨干红色社会实践 1 次；2018 年共培养积极分子 144 人，青年教工积极分子 2 人。承办全校学生党支部书记培训 1 次，培训累计达 200 学时，参与 2 500 人次。建立党建思政宣传教育线上平台——"E 党专栏"，下设"E 党网红带你学""E 党网红带你做""E 享天开"等栏目，实现系列主题教育活动双线开展。继续规范对党员信息管理系统的使用，完善教职工党员信息；严格审核毕业生党员和新入学党员档案，做好教职工和学生党员党组织关系转接。认真做好党费的收缴和管理工作，完成教育党内统计工作。

【党员队伍建设】2018 年，新成立 3 个教师党支部，现有教工党支部 12 个，全部按时完成换届。按照"双带头人"要求选配教师党支部书记，其中教授 4 人，副教授 6 人，高级职称比例占 83%，其中各所、中心负责人 10 人。按照巡视整改工作要求，优化调整研究生党支部结构，完善纵向组建党支部制度；共有本科生党支部 8 个，研究生党支部 23 个；建立党员领导干部联系党支部制度，完善教工党支部与学生党支部对接工作，建立"指导—实施—调整—反馈"闭环工作体系。

【党支部规范化建设试点】以党建工作节点计划为指导，分解"三会一课"活动，督促指导基层党支部实施。按时开展党支部书记抓党建述职评议工作，吸纳教工党支部书记加入学院党委理论学习中心组，组织支部书记参加校、院党课培训以及网络培训。落实"一月一学""每月半天政治学习日"制度，学院党委定期抽查《党支部工作手册》《党员学习记录》。2018 年，研究生雷达第一党支部和研究生信电党支部代表学院参评学校样板党支部建设，本科良乡党支部和研究生雷达第一党支部代表学校参评北京市"红色 1+1"活动。

【创新党建形式】学院加强党建导师品牌活动，指导所有党支部完成党建导师聘任，开展党建导师理论指导活动 120 余次；以党建导师和联系工作为抓手，全年共计开展支部内党课 380 余次，录制微党课 2 节，提交"一党委一品牌，一支部一活动"材料 11 份。打造"理论小组引领思想""E 党网红领航行动""领头羊工程领航建设"三项品牌计划。成立党建工作室，以"党员之家"活动基地为平台，发扬纵向成立党支部的优势，建立教工党支部和学生党支部匹配性对接。打造青年党员文化论坛品牌活动，招募优秀的青年党员加入论坛，开展午餐督导论坛活动。结合"三全育人"试点单位申报工作，建设思政工作室，开展读书交流、时政沙龙、青年论坛等活动，建立起长效的学习机制。建设"双带头人"党支部书记工作室，由符合"双带头人"条件的党支部书记作为负责人主持开展工作，创新工作方法，创立典型示范，着力发挥党支部战斗堡垒作用。

【意识形态工作】成立意识形态工作领导小组，制定关于意识形态工作责任制的实施细则。把意识形态工作纳入党委理论中心组学习和领导班子成员民主生活会和述职报告的重要内容。2018年年中向学校党委专题汇报意识形态工作，通过党委会、党政联席会等研究意识形态工作，落实责任体制。2018年研究部署意识形态工作4次，听取学生心理健康汇报2次。2018年学院领导讲思政课、党课累计16次，党委书记、院长每学期至少上一次思政课。立足教育教学实际，将课程划分成28类且均设置课程思政责任点，不同课程的思政责任侧重点不同。专业实习课程向学生强调工程实践促进国富民强的目标，创新对社会的价值贡献，学以致用，服务社会。在网络意识形态管理方面把握导向，实行学院微信公众号管理办法，在学院官网、微信公众号等网络平台上坚持正面引导。建立学院文化手册、青年交流学术论坛，着重加强网络阵地建设，引导师生增强网络安全意识，打造文化自信网络空间。

【教师思想政治教育】围绕"做新时代'四有'好老师和'四个引路人'"学习实践活动，学院党委牵头制定实施了《做新时代"四有好老师"和"四个引路人"学习实践活动实施方案》和任务分解推进表。开展理论学习，加强理想信念教育，开展爱国主义文化教育。以党支部为单位开展主题交流、学习实践活动，组织党员教师进行重温入党誓词、参观爱国主义教育基地等一系列活动。组织青年教师成立青年教师联谊会，制定《关于信息与电子学院举办青年教师发展论坛的实施方案》，并召开了第一次理事会会议，以青年联谊会为依托，定期举办青年教师发展论坛系列活动。制定《信息与电子学院青年教师领路人计划实施办法》，筹备青年教师发展论坛启动仪式暨首场主题报告会。

【师德师风建设】成立信息与电子学院师德师风分委员会，由学院书记、院长担任组长，成员主要由学院相关副院长、党委委员、教工党支部书记代表、学生党支部书记代表等组成。制定《信息与电子学院关于加强和改进师德师风建设工作的实施方案》《信息与电子学院教师职业道德行为规范》，逐步建立完善教育、宣传、考核、监督与奖惩相结合的师德建设工作机制。以"党委理论中心组—基层党支部"的形式，面向全院教师对开展教师思政和师德师风相关制度文件进行宣讲。在全院教工范围内对学校初拟的《北京理工大学师德考核实施办法》和《师德一票否决制实施细则》征集意见，贯彻落实《北京理工大学师德一票否决实施细则》，师德的考核评价与年度考核同时进行。按照学校党委要求，在人才引进、年度考核、专业技术职务评聘、岗位聘用、导师遴选、评奖评优、人才项目申报等环节，突出政治要求，实行师德一票否决制度。

【"三全育人"试点单位建设工作】积极申报教育部第二批"三全育人"试点单位（已通过资格审核），构建了"1+2+3+10""三全育人"大思政同心圆格局。坚持"一个中心"，围绕学生这个中心，将立德树人作为学院育人工作的根本任务，以理想信念教育为核心，将思想政治教育贯穿教育过程的方方面面；统筹"两个资源"，努力挖掘和提升校内和校外两种资源，将育人供给与学生需求相结合；围绕"三个工程"，协同知识养成工程、价值塑造工程、实践创新工程三大工程同时发力，形成育人同心圆，实现"三全育人"大思政格局。紧握"十个抓手"，遵循三大规律，争取做到试点单位应有的示范性和代表性。以课程、科研、实践、文化、网络、心理、管理、服务、资助、组织十个方面为抓手，在"三全育人"试点工作中完善对学生的思想理论教育和价值引领。

【扶贫工作】对照2018年度扶贫计划，学院已经完成定点扶贫指标的要求。学院已投入帮扶资金5万元，购买农产品3万元，挑选优秀学生支教团赴方山开展暑期支教，完成桥沟村蔬菜种植大棚智慧农业改造方案设计，参与方山县北武当景区数字旅游工程的总体规划和关键技术的实施，洽谈包建移民"扶贫车间"项目等。

【群团和统战工作】开展党建带团建工作，领导团委做好团员工作。发动党员师生的力量，走访、慰问退休老领导、退休教师及校友。顺利举办65周年院庆，并以此为契机编写院史、联络校友、完善校友智库。督促党员在工会中发挥作用，组织开展丰富的文体活动，丰富教师业余生活。加强对民主党派、非党知识分子的联系，开展宗教知识宣讲，结合新生入学教育开展民族宗教教育。2018年开展安全稳定相关集中培训9场，面向班主任、导师布置安全稳定相关工作7次，开展宗教活动及宗教信仰一对一摸查1次。

【"双一流"建设】学院始终坚持发挥政治核心作用，在发展规划、重大改革等方面进行顶层设计。结合第四轮学科评估结果，修订完善一级学科建设规划和学院"十三五"发展规划；组织论证、申报空天信息感知网络与智能处理北京市高精尖学科；顺利开展了集成电路工程学位授权点国内同行专家评议工作。持续推进引进王小谟等5位双聘院士工作；龙腾教授当选2019年度IEEE FELLOW；调入国家杰青王业亮，其已入选中青年科技创新领军人才，谢会开通过国家高层次人才创新人才长期项目评审。持续论证、推进大类培养改革方案，拓展与新加坡国立大学、美国佛罗里达大学合作办学项目，积极引入外籍教师等优质教学资源；持续推进公共实验室、公共平台建设的资源调整，调整完善学院内设机构设置，充分发挥基层党委战斗堡垒和党员先锋模范作用，助力学校"双一流"建设。

### 9. 宣传工作

【学科发展史工作】学院进一步推进学科发展史的撰写工作，2018年，学院联合红雨新闻社，组织走访老校友与老先生，开展专家访谈8次，同时整理雷达三代人相关材料，也完成了院史2.0版本。

【宣传网站及新媒体建设】学院网站2018年总计发布新闻102篇，发布通知36篇；2018年秋季学期开始至今，学校新闻网中信息学院所供稿的新闻特写所占比例接近10%，学工平台2018年总计发布新闻21篇，发布通知108篇。同时，也与通元公司开启学院网站的全新设计工作。截至2018年12月31日，微信公众号关注人数6 295人，全年推送文章521篇，全年登榜推送65篇，榜首推送10篇，为学院重大事件推送新闻22篇，开展25个专题活动，总体阅读量逾30万次，较去年增加80%。

【学院形象设计】为进一步弘扬学院文化，推进文化建设与宣传工作，学院邀请潮风设计公司与设计学院开展学院形象设计。首先是标志工程，学院LOGO已初步实行，期望实现宣传内容的统一化、规范化。第二个是空间工程，学院组织落实10号教学楼一层大厅、过道及二层过道、报告厅、会议室等的空间设计，现空间设计区域及规划已有初步提案，使信息科学实验楼不仅有满足日常需求的实验室和办公教学空间，同时也增设文化展示区、实物模型展示区、多功能区、休闲区、交流区等公共空间，赋予内部空间新的功能与气质。第三个是文化手册工程。第四个是院史工程，不断整理完善编纂稿，彰显学科特色。第五个是外部楼宇标识工程，2018年已与宣传部达成初步沟通，在2019年建一座582雷达雕塑与LOGO导视雕塑，增强学院荣誉感与认同感。此外，学院2018年还进行了队伍形象建设工程，通过全体大合影、基层单位团队照与个人照的方式，增强教师的归属感。

【学院发展基金】为进一步促进信息学院的文化建设，加强学院宣传力度及影响力，让更多的校内外师生、学子及家长了解学院的发展及成果，感受信息学院的特色文化氛围，学院设立了信息与电子学院发展基金，设计并印刷基金筹款手册1 000册，并于校友返校活动与校友走访时分发给校友。同时，依托校教育基金会，开通了学院发展基金在线捐款途径。

【校友活动】2018年共接待12个班级234名校友返校，较2017年增加20%，同时也有53781班与51751班的两个班级在京外相聚，相关影像视频资料已留存。2018年走访枭龙科技、木牛科技、慧众科技、成都10所、成都29所、四川欣科奥电子科技有限公司共6家校友企业与用人单位，同时起草与成都29

所的合作框架协议，不断加强与校友及其单位的交流与合作，建立广阔的校企、院企合作平台。2018年整理汇总了65年来现有的校友数据，按照19个名录更新了学院自己现有的校友数据库。2018年与粤港澳校友会建立联系，共有33名学院校友登记在册。同时积极挖掘优秀校友史晓刚，参加第四届中国"互联网+"大学生创新创业大赛，并获全国金奖（季军）。

### 10. 行政与财务工作

【行政工作】行政人员协助制定学院职权清单制度中的行政部分，并绘制相关职权运行流程图，确保行政相关工作在学院内进行合理可行的任务分解并落实；严格按照学院印章管理要求使用学院印章，落实用印申请程序；参与学院管理人员年度考核及B系列年度优秀差额评选等工作；确保学院机关的日常办公需求得到满足，采买办公用品、硒鼓及家具等，帮助新入职的教师购置基本的办公用品；处理学院4号楼和信息科学实验楼的漏水等情况，通过了中央国家机关人民防空网的地下空间安全使用培训，提高相关业务水平。

【财务工作】严格按照北京理工大学财务管理办法核准每笔业务，审核票据的真实合法性，审查报销内容的合规性；管理学院公共的经费卡，合理分配各业务口的预算额度，并及时根据实际情况作出调整，及时处理相关报销和酬金业务，协助完成学院"双一流"自主经费预算执行工作；大额资金使用按照"三重一大"规定执行。

【工会工作】工会牵头学院青年教师教学基本功比赛的相关工作，获得优秀组织奖1个、一等奖1个、二等奖4个、优秀教案奖1个、优秀指导教师1个；组织学院的盘山春游、双龙峡秋游健步走等活动，共有169人参加；开展小型的兴趣班，如声乐、瑜伽、太极等活动，丰富教职工的业余生活，以期教职工在工作之余能够放松心情、锻炼身体，切实履行工会的各项职能，成为职工教学与生活的黏合剂。

### 11. 学生工作

【"三全育人"体系建设情况】信息与电子学院现有学生3 046名，班级95个，学生党员694名，党支部31个。学院经过多年来对"三全育人"工作的探索，不断与时俱进，依托党建导师制、学术班主任、德育小导师、书院制教学等特色举措，凝练了学生思政教育十主体，实施全员育人；确保了学生思政教育在"全年级+全时段+全环节"实现全过程育人；将思想政治教育融入课程设计、学生工作、管理服务、开学教育、毕业季教育等学生成长成才的各个环节中，同时搭建了德育教育平台、专业辅导平台、实践创新平台、生涯发展平台、文化素质平台、信息化引领平台等多个平台，实现思政教育从课堂到课外、从入学到毕业、从理论到实践和"学校+社会+家庭大环境"贯通的全方位育人渠道。进一步完善制度建设工作,为学院各项重大事件做好支撑和保障工作。

【党建思政教育】学生党建思政工作重点依托基层党团组织建设,开展覆盖面广、受益面大的党建思政教育活动,实现31个学生党支部和95个团支部的全覆盖,全年参与人数达2万余人次。开展"红色1+1"共建活动、第十五届时事论坛、"领头羊"工程,充分发挥党团干部的积极性、主动性、创造性,将理论与实践紧密结合,深化党建思政教育成果。

【二级党校、团校】根据上级党委、团委指示精神,学生工作办公室依托二级党校、团校加强教育培训工作,依托二级党校,开展包括入党积极分子、发展对象、预备党员、正式党员、党支部书记在内的多层次全覆盖理论培训共计37场,培训累计达200学时、参与活动3 830人。2018年,学院对积极分子培训与发展对象考察管理进行改革,建立发展党员线上线下同步培养体系,细化审查考核标准,全年共发展党员134名。

【"两学一做"学习教育】积极配合学校开展党支部规范化建设试点工作,以学院党委出台的党建工作节点计划为指导,分解"三会一课"活动;优化调整研究生党支部结构,完善纵向组建党支部制度;加强党建导师品牌活动,开展党建导师理论指导活动120余次,全年共计开展支部内党课380余次,录制微党课2节。大力宣传贯彻十九大精神和落实习近平新时代中国特色社会主义思想,建立党建思政宣传教育线上平台——"E党专栏",下设"E党网红带你学""E党网红带你做""E享天开"等栏目,全年开展了"不忘初心、牢记使命""传承红色基因,担当复兴大任""担复兴大任,做时代新人""弘扬爱国奋斗精神,建功立业新时代"等系列主题教育活动,共计开展系列主题活动750余次,在"E党专栏"专题推送优秀活动40余次,总阅读量达6 184次。

【学业指导服务平台】学院结合学生实际情况,建立了跨校区系统性专业引导体系。开展"人才之成出于学,奋斗之行始于勤"主题学风建设活动月活动;针对不同年级、不同学习水平的学生制定了个性化的辅导方案,整合多方资源,建立学业辅导队伍,对于学业困难学生,配备学业小导师进行辅导串讲,对76人全年累计开展辅导183次,辅导时长300小时。在专业引导方面,学院一年累计举办专业引导类讲座20场;开展德育答辩及"金牌毕业生"评选,2018年累计开展德育答辩活动47场,收集报告1 347份。殷健源同学荣获"金牌毕业生"称号,张泽堃、吴佳奕同学荣获"银牌毕业生"称号。同时,学院继续开展德育小导师特色育人工作,在2019届毕业生中挑选17名品学兼优的学生组成德育小导师团,2018年累计开展德育小导师团体辅导90余次,参与辅导2 000余人次。

**【实践创新工作】** 在社会实践方面，组织学生开展寒假社会实践，2018 年开展了包括招生宣传"思源"专项计划、返乡调查、校友走访、读书实践四种形式的活动，形成了 1 282 件成果，其中 27 名学生获得校级奖励。暑假社会实践以"担复兴大任，做时代新人"为主题，开设社会实践培训课程，发出包括 5 种形式 4 个专题在内的 177 个专题暑期社会实践团，评选院级优秀实践团 22 个。在科技创新方面，2018 年学院成立了微系统与集成电路科技创新俱乐部，俱乐部成员获得国家级以上科技竞赛奖励 17 人次，省部级奖励 25 人次；学院 2018 年共计获得国家级以上学科竞赛奖 89 人次，省部级奖励 83 人次，校级奖励 253 人次。在创业辅导方面，2018 年学院继续围绕北京市高校辅导员工作室培育项目"创课工场——辅导员创新创业工作室"开展相关工作。

**【生涯发展指导】** 进一步开展以人职匹配为培养目标，与德育教育相契合的"四位一体"全程化服务型就业指导体系的建设工作。继续在大二学生中开设"职业生涯规划与就业指导"必修课程。2018 年，学院先后走访 20 余所用人单位，建立长期合作，并与中电科 29 所、10 所、14 所等 10 余家单位建立了长期合作机制。充分利用校友资源，成功举办"致信位来"就业指导系列活动，内容涵盖职业规划、创新创业指导、求职技巧、就业选择、企业文化介绍、经验交流等。开展学生深度心理辅导工作，举办团体辅导 35 场，开展心理健康节、减压节等活动；建立"五困"学生档案 55 个，走访宿舍 1 800 余间次，召开班级干部例会 66 次，举办年级大会 16 场。加大力度配合研究生导师开展研究生心理辅导工作，举办研究生导师及学生干部心理培训 1 场，与研究生导师共同开展研究生心理情况整体摸排工作 2 次，处理研究生特殊紧急事件 10 余起；2018 年 3—6 月，学院围绕德育答辩工作全面开展了以"致信青春"为主题的毕业季系列活动，进一步加强毕业生的教育与管理，增强毕业生的集体荣誉感和爱校荣院情怀。

**【新媒体宣传平台】** 信息与电子学院学生工作共设立 2 个新媒体宣传平台，分别为学生工作平台、微信公众号北京理工大学信息与电子学院。学生工作平台 2018 年总计发布通知 108 篇，截至 2018 年年底，微信公众号关注人数 6 295 人，2018 年全年推送文章 521 篇，为学院重大事件推送新闻 22 篇，开展 25 个专题活动，总体阅读量逾 30 万次。在学工系统网络文章影响力周榜评选中，两篇文章荣登榜首，累计阅读量超过 9 000 次，点赞近 500 次。大力推进特约撰稿人队伍建设，现有特约撰稿人 31 人，累计发布特约撰稿人文章 16 篇，累计阅读量超过 4 万次，分享与点赞量共计 4 800 余次，多次荣登学工处榜单。

**【就业指导工作】** 就业指导工作取得优异成绩，2017—2018 年度，就业工作在学生就业指导中心所有成员的积极努力和全院老师的积极配合下，取得了满意的成绩。2018 年累计召开企业专场宣讲会近 40 次，发布招聘信息近 1 800 条，成功推荐毕业生就业 200 余人。2018 年毕业本科生 463 人，签约率 85.75%，就业率 97.84%，其中 242 人上研，108 人出国；硕士毕业生 366 人，就业率 100%。2017—2018 年度，学院向国防单位及其相关单位输送本科生 198 人，硕士生 127 人，博士生 30 人，总计 355 人，占全部 827 名毕业生人数的 42.93%。

【招生工作】学院招生工作成效显著，2018 年继续负责广东、天津和清华大学附属中学的招生宣传工作，招生宣传组共派出领航人 28 名，举办北理讲堂 8 场，开展各类宣传活动 50 余次，新建优秀生源基地 7 所。我校在天津市录取分数线在"985""双一流"高校中排名第 12 位，在广东省"985""双一流"高校录取线中排名第 18 位，天津招生组荣获招生工作先进集体二等奖。

【学生工作成绩】2018 年，学生工作在学院党委的指导下，个人和集体都取得了一定的成绩，辅导员获市校级奖项 6 人次，获校级荣誉 10 人次；获校级奖项 15 项，辅导员发表论文 6 篇，开设校级辅导员工作室 1 个。

**12. 65 周年院庆**

2018 年 9 月 15 日，学院隆重庆祝了建院 65 周年。中国工程院院士、国家最高科技奖获得者王小谟，北京理工大学教授、中国工程院院士毛二可，北京理工大学原校长匡镜明，北京理工大学原校领导董兆钧，北京理工大学副校长龙腾，学院退休老领导、老教师代表以及信息与电子学院师生代表共计 200 余人齐聚一堂，共度院庆。同时，学院还在信息科学实验楼报告厅设立分会场，通过直播，使教师、校友和在校同学感受院庆氛围、了解学院发展情况。

龙腾副校长代表学校致辞，他代表学校向信息与电子学院建院 65 周年表示祝贺；他肯定了信息与电子学院对北京理工大学军工报国优良传统的传承，并向全体学院师生校友的帮助和扶持表示感谢；他勉励信息与电子学院师生既要有专业的知识，又要兼具深厚的政治、经济、文化底蕴，争做知识扎实、专业熟练、底蕴深厚的优秀人才；同时，他回顾了自己在信息学院的学习、成长经历，鼓励全体员工励精图治、开拓创新，助力学校的人才培养和"双一流"建设。

信息与电子学院院长安建平教授作"同创五系辉煌史、共筑信息一流梦"主题发言。他向多年来关心支持学院发展的各级领导及各界校友表示感谢，他从寻根、叙旧、发展、规划四个方面向与会领导、嘉宾汇报学院发展状况和发展愿景；他代表学院希望与各位校友继续携手前行，在统筹推进"双一流"建设、高等教育改革的新形势下共同实现建设世界一流电子工程学科的目标。

在院庆会上，1977级本科校友、解放军理工大学教授、少将陈彬，1977级本科校友、世界工程组织联合会主席龚克教授，1978级本科校友、中国北方工业公司党委书记张冠杰，1980级本科校友、战支卫星通信中心总设计师孙宝升，2001级博士校友、空军研究院少将沈齐，2001级本科校友、IBM中国公司崔婧雯，2009级本科校友、创业典范、北京枭龙科技公司CEO史晓刚，1956级本科校友尚洪臣老先生分别作为校友代表发言，他们对学院的精心培养表示感谢，纷纷表示牢记母校恩情、不负五系培养、助力学院发展；赵长水、刘天庆、吴祈耀三位老先生作为信息与电子学院老教师代表向学院65周年院庆表示祝贺。

1991级本科校友、中电科集团首席科学家、总师曹晨研究员作为王小谟院士学生代表发言。他通过讲述自己跟随王小谟院士进行预警机研究的故事，为在场观众勾画了王小谟院士一个军工报国、矢志风险的国之栋梁形象。

1956级本科校友、中国工程院院士、国家最高科技奖获得者王小谟作"天地一体化信息网络"主题学术报告，从国外现状、发展趋势、方案构想三个角度向观众介绍了天地一体化信息系统的发展现状，他讲道："国家确立建设天地一体化信息系统，为我们提供了网络科技创新的平台。"同时，他代表中电科集团表示愿与信息学院携手，创立中国自主可控的新型网络。会后，龙腾与安建平代表学校和王小谟院士互相赠送了礼物。

忆往昔、话未来，言挑战、谋发展，为充分凝聚校友、发挥校友作用、助力母校发展，学校设立了校友智库，在院庆大会上还举行了学校校友智库聘用仪式。

(a)

**2018年9月学院隆重庆祝建院65周年**

(b)

(c)

(d)

**2018年9月学院隆重庆祝建院65周年（续）**

2018 年度学院基本数据统计见表 6.2。

表 6.2  2018 年度学院基本数据统计（截至 2018 年 12 月 31 日）

| | | | | |
|---|---|---|---|---|
| 学科建设 | 国家一级重点学科 | 1 个 | 北京市一级重点学科 | 1 个 |
| | 一级学科博士授权专业 | 2 个 | 一级学科硕士授权专业 | 2 个 |
| | 专业硕士学位授权点 | 2 个 | 博士后流动站 | 2 个 |
| | 第四轮学科评估——信息与通信工程学科评估结果 | A− | 第四轮学科评估——电子科学与技术学科评估结果 | B+ |
| 教学培养 | 本科专业 | 4 个 | 本科专业涵盖学科门类 | 3 个 |
| | 教学实验室 | 6 个 | 学生开放创新实验室 | 3 个 |
| | 国家级实验教学示范中心个数 | 1 个 | 国家级特色专业 | 1 个 |
| | 国家级精品在线开放课程 | 1 门 | 国家级教学团队 | 2 个 |
| | 2018 年校级"双一流"建设项目 | 4 项 | 2018 年校级深化教育教学改革专项 | 3 项 |
| | 2018 年教育部高等教育司产学合作协同育人项目 | 3 项 | 2018 年校级"十三五"规划教材 | 1 本 |
| | 校级精品课程 | 3 项 | 校级第十一批教育教学改革立项 | 11 项 |
| | 2018 年北京市高等教育教学成果奖 | 5 项 | 2018 年国家级教育教学成果奖 | 1 项 |
| | 北京市大学生毕业设计（创业类） | 2 项 | 校级优秀博士学位论文育苗基金 | 2 人 |
| | 校级"双一流"建设研究生教育教改项目 | 10 项 | | |

续表

| | | | | |
|---|---|---|---|---|
| 师资队伍 | A、B系列教职工 | 292人 | A系列教职工 | 226人 |
| | 教学科研岗教师 | 172人 | B系列教职工 | 66人 |
| | 博士学位教职工 | 184人 | 硕士学位教职工 | 50人 |
| | 博士生导师 | 63人 | 硕士生导师 | 179人 |
| | 正高级职称教师 | 42人 | 副高级职称教师 | 77人 |
| | 博士后 | 14人 | 兼职博士生导师 | 5人 |
| | 工程院院士 | 3人 | 科学院院士 | 1人 |
| | IEEE FELLOW | 3人 | 国家级有突出贡献中青年专家 | 5人 |
| | 国家高层次人才专家 | 3人 | 领军人才特聘教授 | 3人 |
| | 国家杰出青年基金获得者 | 5人 | 万人计划科技创新领军人才 | 1人 |
| | 中青年科技创新领军人才 | 1人 | 何梁何利基金奖 | 3人 |
| | 国家百千万人才工程入选者 | 4人 | "973"首席科学家 | 1人 |
| | 型号总师 | 1人 | 国家优秀青年科学基金获得者 | 1人 |
| | 国防科技卓越青年人才基金获得者 | 1人 | 国家高层次人才青年项目 | 2人 |
| | 青年人才托举计划 | 1人 | 万人计划青年拔尖人才 | 1人 |
| | 教育部跨（新）世纪人才 | 6人 | 国家级教学名师 | 1人 |
| | 北京市教学名师 | 5人 | 北京市教学成果奖 | 1个 |
| | 国家级教学团队 | 2个 | 国家自然科学基金创新研究群体 | 1个 |
| | 教育部创新团队 | 2个 | 国防科技创新团队 | 2个 |

续表

| | | | | |
|---|---|---|---|---|
| 科研情况 | 上一年到校经费 | 2.6 亿元 | 国家自然科学基金资助总金额 | 1 139 万元 |
| | 卓越青年基金 | 1 人 | 发表并检索 SCI 论文 | 160 余篇 |
| | 申请专利 | 179 项 | 授予专利 | 108 项 |
| | 国防科技发明二等奖 | 1 项 | 部科技发明一等奖 | 2 项 |
| 党建群团 | 2018 年召开党委会 | 16 次 | 2018 年教工党支部书记集中谈话 | 20 余次 |
| | 2018 年党委理论中心组学习 | 11 次 | 2018 年深入基层开展党建调研 | 5 次 |
| | 2018 年召开党政联席会 | 21 次 | 2018 年共发展党员 | 134 人 |
| | 2018 年发布新闻 | 102 篇 | 2018 年接待校友返校 | 234 人 |
| | 教师党支部数量 | 12 个 | 学生党支部数量 | 31 个 |
| | 教师党员数量 | 158 人 | 学生党员数量 | 797 人 |
| | 入党积极分子数量 | 146 人 | | |
| 学生情况 | 本科生 | 1 744 人 | 硕士研究生 | 1 015 人 |
| | 博士研究生 | 402 人 | 本科留学生 | 14 人 |
| | 研究生留学生 | 47 人 | | |
| | 本科生班级 | 60 个 | 研究生班级 | 35 个 |
| | 2018 年社会实践成果 | 1 282 项 | 2018 年竞赛国家级获奖 | 89 人次 |
| | 2018 年竞赛市级获奖 | 83 人次 | 2018 年竞赛校级获奖 | 253 人次 |
| | 2018 年本科毕业生就业率 | 97.84% | 2018 年硕士毕业生就业率 | 100% |
| | 2018 年博士毕业生就业率 | 100% | 官方微信公众号关注人数 | 6 202 人 |
| 对外交流 | 2018 年邀请外专来访 | 40 余人 | 2018 年教师出国访学 | 74 人次 |
| | 2018 年接收留学生 | 20 人 | 2018 年学生出国交流 | 148 人次 |
| | 2018 年主办/承办国内学术会议 | 1 次 | 2018 年中英班合作办学（大一新生） | 60 人 |
| | 2018 年中英班教师 | 13 人 | | |

## 13. 阶段总结

截至 2018 年,这一时期学院办学情况统计数据见表 6.3～表 6.7。

表 6.3  2009—2018 年牵头获得教育教学成果奖一览

| 序号 | 奖励类别、等级 | 获奖项目 | 获奖人 | 证书时间 |
|---|---|---|---|---|
| 1 | 国家级教学成果奖二等奖 | 信息对抗技术专业创新人才培养方案与实践 | 王越等 | 2009.09 |
| 2 | 北京市教育教学成果奖一等奖 | 信息对抗技术专业创新人才培养方案与实践 | 王越等 | 2009.05 |
| 3 | 北京市教育教学成果奖一等奖 | 以大平台、大团队、大项目为依托,教学与科研相结合,培养研究生的创新能力 | 毛二可等 | 2009.05 |
| 4 | 北京市教育教学成果奖二等奖 | 多元密集型创新实践教育方法研究与实践 | 罗森林等 | 2013.09 |
| 5 | 北京市教育教学成果奖一等奖 | 网络空间安全研究型课程教材内容体系建设与应用 | 王越等 | 2018.04 |
| 6 | 北京市教育教学成果奖二等奖 | 融合个性和全面发展的 54321 工程与创新教育体系研究与实践 | 罗森林等 | 2018.04 |
| 7 | 北京市教育教学成果奖二等奖 | 知识架构和工程实践并重的工科专业培养方法 | 陈志铭等 | 2018.04 |

2006—2018 年,学院承担"973"、"863"、总装型号、陆航型号、航天型号、载人航天与探月工程重大专项、二/三代导航卫星工程专项、重点研发计划、自然基金重大仪器研制专项等国家重大科研项目,取得海、陆、空系列高速交会相对定位测量雷达、空天对地探测实时信息处理体系结构、空间目标探测雷达增程信号处理系统、天基在轨实时信息处理技术等多项重大成果。牵头获国家级科研奖励 3 项、省部级科研奖励 14 项,参与获科研奖励 20 余项。

表 6.4  2006—2018 年科学研究情况统计

| 年度 | 到校经费/亿元 | 获批自然基金/项(万元) | 发表 SCI 论文/篇 | 授权发明专利/项 |
|---|---|---|---|---|
| 2006 | 0.39 | 3(67) | 34 | 2 |
| 2007 | 0.45 | 3(62) | 30 | 3 |

续表

| 年度 | 到校经费/亿元 | 获批自然基金/项（万元） | 发表SCI论文/篇 | 授权发明专利/项 |
|---|---|---|---|---|
| 2008 | 0.94 | 10（310） | 29 | 8 |
| 2009 | 1.00 | 5（113） | 33 | 15 |
| 2010 | 1.98 | 17（649） | 41 | 66 |
| 2011 | 1.66 | 13（717） | 46 | 52 |
| 2012 | 1.70 | 13（1 029） | 57 | 88 |
| 2013 | 2.40 | 19（1 310） | 87 | 116 |
| 2014 | 2.35 | 14（3 101） | 99 | 98 |
| 2015 | 2.30 | 14（1 141） | 148 | 120 |
| 2016 | 1.60 | 22（1 334.8） | 138 | 95 |
| 2017 | 2.20 | 19（9 147） | 166 | 113 |
| 2018 | 2.60 | 112（1 139） | 160 | 108 |

注：2006—2008年数据为信息科学技术学院电子工程系相关统计数据。

表 6.5 2006—2018 年牵头获得科研奖励一览

| 序号 | 奖励类别、等级 | 获奖项目 | 获奖人 | 证书时间 |
|---|---|---|---|---|
| 1 | 国防科学技术进步奖 三等奖 | 远程多管火箭炮武器系统指挥通信能力仿真系统 | 安建平等 | 2008.12 |
| 2 | 国防科学技术进步奖 二等奖 | 基于SOC的弹载/机载扩频抗干扰传输技术 | 安建平等 | 2009.12 |
| 3 | 国防技术发明奖 一等奖 | 无线电×××测量技术与应用 | 吴嗣亮等 | 2009.12 |
| 4 | 国防技术发明奖 一等奖 | 空天对地探测实时信息处理新技术及应用 | 龙腾等 | 2010.12 |
| 5 | 国防科学技术进步奖 二等奖 | 基于LTCCD KU波段相控阵T/R组件 | 费元春等 | 2010.12 |
| 6 | 北京科学技术奖 一等奖 | 电磁计算快速精确算法及其应用 | 盛新庆等 | 2011.02 |
| 7 | 国家技术发明奖 二等奖 | 空天对地探测实时信息处理新技术及应用 | 龙腾等 | 2011.12 |

续表

| 序号 | 奖励类别、等级 | 获奖项目 | 获奖人 | 证书时间 |
|---|---|---|---|---|
| 8 | 国防技术发明奖 二等奖 | ×××新技术及应用 | 高梅国等 | 2011.12 |
| 9 | 军队科技进步奖 一等奖 | 2012863808101 | 付佗等 | 2012.11 |
| 10 | 国家技术发明奖 一等奖 | 无线电×××测量技术与应用 | 吴嗣亮等 | 2013.12 |
| 11 | 教育部自然科学奖 一等奖 | 分数傅里叶分析理论与方法 | 陶然等 | 2014.01 |
| 12 | 军队科技进步奖 二等奖 | 实践号卫星全空域防撞告警雷达 | 吴嗣亮等 | 2014.12 |
| 13 | 卫星导航定位科技进步奖 三等奖 | 北斗卫星导航手持型用户机研制 | 张磊等 | 2015.09 |
| 14 | 国防技术发明奖 一等奖 | 一种天基在轨实时信息处理新技术及应用 | 龙腾等 | 2017.12 |
| 15 | 国家技术发明奖 二等奖 | 一种天基在轨实时信息处理新技术及应用 | 龙腾等 | 2018.12 |
| 16 | 中国电子学会科学技术奖 一等奖 | 天基空间目标广角凝视探测雷达技术及应用 | 崔嵬等 | 2018.12 |
| 17 | 中国通信学会科学技术奖 一等奖 | 卫星通信大规模阵列测量技术及应用 | 安建平等 | 2018.12 |

表6.6 学院教学/科研平台一览

| 序号 | 国家级实验教学示范中心 | 批准部门 | 批准年份 |
|---|---|---|---|
| 1 | 电工电子国家级实验教学示范中心 | 教育部 | 2005 |
| 序号 | 高等学校学科创新引智基地 | 批准部门 | 批准年份 |
| 1 | 新体制雷达理论与关键技术学科创新引智基地 | 教育部、外专局 | 2013 |
| 序号 | 省部级科研平台/实验教学示范中心 | 批准部门 | 批准年份 |
| 1 | 卫星导航电子信息技术教育部重点实验室 | 教育部 | 2010 |
| 2 | 多元信息系统国防重点学科实验室 | 原国防科工委 | 2007 |
| 3 | 信号采集与处理国家重点专业实验室 | 原国家计委、教委 | 1989 |

续表

| 序号 | 省部级科研平台/实验教学示范中心 | 批准部门 | 批准年份 |
|---|---|---|---|
| 4 | 嵌入式实时信息处理技术北京市重点实验室 | 北京市科委 | 2010 |
| 5 | 毫米波与太赫兹技术北京市重点实验室 | | 2012 |
| 6 | 分数域信号与系统北京市重点实验室 | | 2013 |
| 7 | 硅基高速片上系统北京市工程技术研究中心 | | 2014 |
| 8 | 探测、制导与控制工信部协同创新中心 | 工信部 | 2016 |
| 9 | 信息系统及安全对抗实验教学示范中心 | | 2012 |

表6.7 高层次人才情况一览

| 高层次人才 | 人数 | 姓名 |
|---|---|---|
| 院士 | 3 | 王越、毛二可、张军 |
| 领军人才特聘教授 | 4 | 龙腾、陶然、盛新庆、辛建国 |
| "973"首席科学家 | 1 | 龙腾 |
| 国家杰出青年科学基金获得者 | 5 | 龙腾、陶然、曾涛、辛建国、王业亮 |
| 万人计划领军人才 | 1 | 龙腾 |
| 百千万人才工程国家级人选 | 4 | 安建平、龙腾、陶然、吴嗣亮 |
| 卓越青年基金获得者 | 1 | 陈亮 |
| 优秀青年科学基金获得者 | 1 | 邢成文 |
| 青年拔尖人才 | 1 | 胡程 |
| 教育部新世纪优秀人才 | 3 | 李慧琦、潘小敏、崔嵬 |
| 国家级教学名师 | 1 | 王越 |
| 北京市教学名师 | 5 | 罗伟雄、韩力、罗森林、高飞、陶然 |
| IEEE FELLOW | 1 | 龙腾 |
| 国务院学科评议组成员 | 4 | 张军、匡镜明、龙腾、辛建国 |
| 创新团队 | 个数 | 带头人 |
| 国家级教学团队 | 2 | 王越、韩力 |
| 国家自然基金委创新研究群体 | 1 | 陶然 |
| 国防科技创新团队 | 2 | 王越、毛二可 |
| 教育部创新团队 | 2 | 龙腾、陶然 |
| 全国黄大年式教师团队 | 1 | 王越 |

# 第二部分 各组成部分的发展分述

本部分是信息与电子学院学科发展史的第二部分,主要是以信息与电子学院目前的基层教学科研单位为主要框架,追溯内设于信息与电子学院的这些组成部分的发展历程与变迁沿革。同时,对于各个历史时期曾经设立在学院,但是之后撤销并无继承者的机构,也尽量依据史料予以记述。

# 第七章 专业与本科人才培养

截至2018年年底，信息与电子学院共设立4个本科专业：电子信息工程（代码：080701）、电子科学与技术（代码：080702）、通信工程（代码：080703）和信息对抗技术（代码：082107）；举办一个中外合作办学本科专业：北京理工大学与英国中央兰开夏大学合作电子工程本科学历教育项目，简称电子工程中英班，教育部中外合作办学许可证编号为MOE11GB2A19980919O。

## 7.1 电子信息工程专业

电子信息工程专业起源于1953年设立的雷达设计与制造专业，是当时学校设置的11个兵工专业之一，是我国第一批高等兵工技术专业，是国内地方高校创建最早的雷达专业，是信息与电子学院的起源。在近70年的发展历程中，先后采用了雷达技术、无线电定位、雷达设计与制造、雷达、电子工程、无线电技术、信息工程等专业名称，始终是无线电工程系、电子工程系、信息科学技术学院、信息与电子学院的主体专业。

自1997年起，北京理工大学在国内率先整合了原电子工程、通信工程、电磁场与微波技术、微电子技术、应用电子技术、计算机通信等专业领域，以信息工程专业名称招生，并实行以厚基础、宽口径、强能力、高素质、理工结合为特色的培养模式，取得了非常好的人才培养效果，这一教改理念和成果凝练为"重点理工大学培养的人才素质要求与人才培养模式的研究与改革实践"，于2001年获得国家级教学成果奖一等奖。2012年，根据教育部新发布的专业目录，结合专业多年发展形成的内涵，专业名称变更为电子信息工程。2013年并入电子信息类统一招生，2018年开始合并到电子信息工程（实验班）统一招生。

本专业现为北京市特色专业、北京理工大学名牌专业、教育部卓越工程师教育培养计划专业，2013年通过了国际实质等效的全国工程教育专业认证（全国序二），2019年通过了第二轮专业认证。

本专业主要覆盖电子电路理论与技术、电磁场理论与微波技术、信号理论与信息处理技术、计算机技术及应用、信息系统工程、电磁波与无线技术、微波/毫米波/太赫兹系统与器件技术等专业领域。

多年来，本专业在保持传统国防特色的同时，积极开拓民用科技领域，服务国家经济建设。本专业始终坚持培养厚基础、宽口径、强能力、高素质创新型人才的教育理念，全面提高学生的专业素养和适应社会需求的能力。

本专业拥有一支学术水平高、专业素质好、年龄结构合理、认真、负责、敬业的优秀教师队伍，其中包括毛二可院士领导的国防科技创新团队、北京市教学名师和北京市优秀教师。近年来，本专业获得了包括北京市教学成果奖一等奖、北京市精品课程、全国及北京市精品教材在内的各类成果多项，为国家培养了大批优秀人才。

### 7.1.1 专业历史沿革

1953年12月，在苏联专家的建议下，正式设置雷达设计与制造专业，当时称为九专业。专业成立后，将1951年、1952年和1953年入学的电机工程系学生整体转入雷达设计与制造专业，其中51级的9511班成为学院历史上最早的一届学生。

1959年，学校确定了系、专业和教研室名称代号。无线电系代号为五系，雷达专业代号为51专业。

1960年称为雷达线路设计专业，专业代号为51。

1971年复称雷达设计与制造专业，专业代号为51。

1972年改名为雷达技术专业，专业代号为51。

1981年开始与无线电遥控遥测专业合并组成电子工程专业，专业代号为51。

1988年开始与电子工程系其他所有专业一起按照"无线电技术专业"大类招生及毕业，这是电子工程系第一次全系本科专业合并及大类培养的尝试。一、二年级不分专业，以系为基础按学科大类组织教学，三年级后根据社会需要确定专业方向（51、52、53和54）和培养方案，所有学生均按照无线电技术专业毕业。其中51专业方向是原来的雷达技术专业。

1990年恢复按照电子工程专业招生，专业代号为51。

从1994年开始，依托电子工程专业设立信息工程专业实验班。

1997年开始，电子工程系所有本科专业实现第二次合并，按教育部引导性本科专业目录中信息工程专业进行招生和人才培养，彻底实现了宽口径大类专业教育。在大三、大四也设置了不同的专业方向（电子工程、通信工程、电磁场与微波技术、微电子技术、应用电子技术、计算机通信专业）。

2008年，信息工程专业获批北京市特色专业。

2009 年开始设立信息工程专业本硕博连读实验班。

2012 年 10 月，根据教育部 2012 年 9 月发布的《普通高等学校本科专业目录》和《普通高等学校本科专业设置管理规定》，信息工程专业改名为电子信息工程专业，设置电路与系统、电磁场与微波技术、信号与信息处理、信号与图像处理 4 个专业方向。

2013 年，与中国科学院电子学研究所合办电子信息工程专业信息科技菁英班，这成为电子信息工程专业的第 5 个专业方向。

2013 年，信息与电子学院开始按照大类招生和培养，招收电子信息类和电子信息类（实验班）两大类学生，实现了所有专业第三次合并招生。学生在经过大学一、二两个学期的公共基础阶段教育后，分流向 4 个本科专业，共 8 个专业方向，这 4 个本科专业就包括电子信息工程专业。毕业时，学生分别按照 4 个本科专业毕业。

2013 年，电子信息工程专业获批卓越工程师教育培养计划第三批专业。

2013 年，电子信息工程专业通过了中国工程教育专业认证，有效期从 2014 年 1 月 1 日至 2019 年 12 月 31 日。2019 年通过了第二轮中国工程教育专业认证。

从 2018 年开始，学院所有本科专业按照电子信息工程（实验班）大类单独招生（全校共划分 10 个大类招生），入学后加入学校"睿信书院"大类培养。从大二上学期开始按照自愿原则陆续修习相关专业的课程，到大四上学期根据课程修习情况认定归属于 4 个本科专业之一，分别按照 4 个本科专业毕业（从 2016 级数据来看，电子信息工程专业是毕业生主体选择的专业）。

2020 年，学院所有本科专业按照电子信息实验班大类单独招生，学生入学后，按照自愿原则陆续修习相关专业的课程，到大四上学期根据课程修习情况，按照 4 个本科专业（电子信息工程、电子科学与技术、通信工程、信息对抗技术）之一毕业。

### 7.1.2 专业特色及培养方案

**1. 专业特色**

多年来，本专业在保持传统国防特色的同时，积极开拓民用科技领域，服务地方经济建设。本专业始终坚持宽口径、厚基础、强能力、高素质的创新型人才培养理念，全面提高学生的专业素养和适应社会需求的能力。

本专业拥有一支学术水平高、专业素质好、年龄结构合理、认真、负责、敬业的优秀教师队伍，其中包括毛二可院士领导的国防科技创新团队、北京市教学名师和北京市优秀教师。近年来，本专业获得了包括国家教学成果奖特等奖、国家教学成果奖一等奖、北京市教学成果奖一等奖、北京市精品课程、全国及北京市精品教材在内的各类成果多项，为国家培养了大批优秀人才。

电子信息工程专业的培养目标：面向广阔的电子信息领域，培养具有高远的理想信念、健全的身心人格、精湛的专业学识、深厚的人文素养、开阔的国际视野、批判的创新思维，具有文化包容、沟通与团队合作能力，能够用系统的观点提出、分析和解决复杂工程问题，能够胜任电子信息工程领域的科学研究、技术研究、产品开发、教育教学或管理工作，具有终身学习和自我完善能力的领军领导潜质人才。

毕业生可从事电子信息相关领域的科学研究、技术开发、教育教学和管理等工作。

学生在专业工程领域、社会发展实践方面应该具备的能力和素质包括：

（1）具有深厚的人文素养、较强的社会责任感和较高的职业道德。具备法律、社会伦理、经济、环境等领域的知识。

（2）具有较强的创新意识和工程实践能力，能够综合运用专业及人文知识，创新性地、系统地分析和解决电子信息领域复杂工程问题，具有较强的沟通能力、团队合作能力和科研管理能力。

（3）具有较强的科学思辨能力、系统分析综合解决科学技术问题的能力。

（4）具有开阔的国际视野，能通过文献检索、资料查询及现代信息技术，获取并跟踪相关领域前沿理论和工程技术。

（5）具有较强的终身学习和适应社会发展的能力。

（6）能够胜任电子信息工程领域的项目经理、部门经理的岗位职责。

**2. 1963 年培养方案**

1963 年雷达线路设计专业的课程设置见表 7.1，这一课程设置与 1957 年课程设置对比的情况见表 7.2。二者的区别如下：

（1）关于学制与总学时数。学制均是五年，1963 年的课程总学时数是 3 396 学时，比 1957 年的总学时数（4 222 学时）减少 826 学时（约占 20%）。总学时数略高于所要求的 3 200 学时。

（2）关于政治课与外语课学时数。政治课学时数在 1957 年是 352 学时，1963 年是 350 学时，基本上持平。外语课学时数在 1957 年是 290 学时，1963 年是 240 学时，后者有显著减少（17%）。

（3）关于公共基础课数学、物理、化学的学时数。1957 年是 631 学时，1963 年是 780 学时，多了 149 学时，即 1963 年比 1957 年增加了约 24% 的学时数。

（4）关于专业基础课的学时数。由 491 学时变为 424 学时，减少了约 14%；下降幅度最大的是专业课，由 846 学时减为 432 学时，下降了约 49%。

总的来看，学时数下降的主要是专业课和专业基础课，而数理化不但未减少，反而加强了，这体现出这次修订对公共基础课的高度重视，更能看出 1963 年制订的教学计划确实贯彻了教育部和国防科工委关于"少而精""保证主要课程有充足的教学时间"的指示精神，更有利于对学生的培养。

表 7.1　1963 年雷达线路设计专业课程设置

| 序号 | 课程 | 学时 | 序号 | 课程 | 学时 |
|---|---|---|---|---|---|
| 1 | 思想政治教育报告 | 160 | 19 | 无线电测量 | 70 |
| 2 | 马克思列宁主义基础理论 | 190 | 20 | 脉冲技术 | 90 |
| 3 | 体育 | 120 | 21 | 天线与电波传播 | 104 |
| 4 | 外语 | 240 | 22 | 微波技术 | 45 |
| 5 | 数学 | 440 | 23 | 电机学 | 50 |
| 6 | 物理 | 250 | 24 | 无线电发送设备 | 108 |
| 7 | 化学 | 90 | 25 | 无线电接收设备 | 124 |
| 8 | 画法几何及制图 | 120 | 26 | 雷达基础 | 64 |
| 9 | 金属工艺学 | 36 | 27 | 雷达显示设备 | 36 |
| 10 | 理论力学 | 72 | 28 | 雷达自动装置 | 72 |
| 11 | 材料力学 | 60 | 29 | 雷达结构设计 | 30 |
| 12 | 机械原理及零件 | 76 | 30 | 雷达系统 | 60 |
| 13 | 电路磁路基础 | 180 | 31 | 企业组织与计划 | 20 |
| 14 | 无线电技术基础 | 160 |  | 选修课程 | 学时 |
| 15 | 电子及离子器件 | 102 | 1 | 第二外国语 | 120 |
| 16 | 电磁场理论 | 84 | 2 | 雷达信号理论 | 60 |
| 17 | 无线电材料与元件工艺 | 65 | 3 | 计算技术和数据变换装置 | 60 |
| 18 | 放大与整流 | 102 | 4 | 无线电遥控原理 | 60 |

备注：数据来源于《北京理工大学志》166 页 3. 雷达线路设计专业课程设置表。

表 7.2　雷达线路设计专业 1963 年课程设置与 1957 年课程设置的对比情况

| 年度 | 政治课 | 数理化 | 专业基础课 | 专业课 | 外语 | 课程数/学时总数 |
|---|---|---|---|---|---|---|
| 1957 | 352 | 631 | 491 | 846 | 290 | 32/4 222 |
| 1963 | 350 | 780 | 424 | 432 | 240 | 31/3 396 |

备注：①专业基础课对比

　　　1957 年：电工原理、无线电基础、电磁场理论及电磁波

　　　1963 年：电路磁路基础、无线电技术基础、电磁场理论

　　②专业课对比

　　　1957 年：天线馈电设备、无线电发送设备、无线电接收设备、雷达指示器设备、雷达站

　　　1963 年：天线与电波传播、无线电发送设备、无线电接收设备、雷达显示设备、雷达系统

　　③数据来源于《北京理工大学志》163 页和 166 页 3. 雷达线路设计专业课程设置表

### 3. 1972 年培养方案

1972 年雷达设计与制造专业课程设置如表 7.3 所示。

表 7.3　1972 年雷达设计与制造专业课程设置

| 序号 | 课程 | 学时 | 序号 | 课程 | 学时 |
|---|---|---|---|---|---|
| 1 | 政治 | 1 209 | 8 | 电路磁路基础 | 235 |
| 2 | 体育 | 170 | 9 | 电子器件 | 120 |
| 3 | 英语 | 400 | 10 | 晶体管电路 | 620 |
| 4 | 数学 | 1 000 | 11 | 微波技术 | 180 |
| 5 | 化学 | 140 | 12 | 雷达线路设计原理 | 540 |
| 6 | 制图 | 130 | 13 | 雷达新技术讲座 | 30 |
| 7 | 物理 | 300 | | | |

备注：数据来源于《北京理工大学志》168 页 2. 雷达设计与制造专业课程设置表。

### 4. 1979 年培养方案

1979 年，随着"文化大革命"后拨乱反正，修订的教学计划主要包括：四年中理论教学为 131.5～137.5 周，考试 13.5 周，毕业设计 10～14 周，实习 10～14 周，公益劳动 1 周，机动 2 周，假期 27 周。课内总学时不得超过 2 800 学时；课内周时数不得超过 20～22 学时。

根据这次修订的教学计划，雷达设计与制造专业的课程设置如表 7.4 所示。

表 7.4　1979 年雷达设计与制造专业课程设置

| 序号 | 课程 | 学时 | 序号 | 课程 | 学时 |
|---|---|---|---|---|---|
| 1 | 政治理论 | 180 | 15 | 线性系统与反馈系统 | 70 |
| 2 | 体育 | 140 | 16 | 统计无线电技术 | 70 |
| 3 | 外语 | 280 | 17 | 微波技术与天线 | 100 |
| 4 | 高等数学 | 250 | 18 | 微波电子线路 | 100 |
| 5 | 工程数学 | 180 | 19 | 雷达系统 | 100 |
| 6 | 普通物理 | 240 | | 总学时数 | 2 745 |
| 7 | 普通化学 | 80 | | 选修课程 | |
| 8 | 机械制图 | 70 | 1 | 第二外语 | 72 |
| 9 | 电路分析基础 | 120 | 2 | 雷达信号理论 | 60 |
| 10 | 信号与系统 | 140 | 3 | 雷达系统分析 | 60 |
| 11 | 电子线路 | 330 | 4 | 雷达信号数字处理 | 60 |
| 12 | 脉冲及数字电路 | 135 | 5 | 数字技术在雷达中的应用 | 20 |
| 13 | 计算机原理与应用 | 60 | 6 | 雷达发射系统 | 60 |
| 14 | 电磁场与电磁波 | 100 | 7 | 工业管理系统工程 | 40 |

与1963年雷达线路设计专业的课程设置相比，有许多特点。1963年的课程是按雷达站的各分机设置的，主要包括天线与电波传播（104）、无线电发送设备（108）、无线电接收设备（124）、雷达显示设备（36）、雷达自动装置（72）、雷达基础（63）、雷达系统（60）。而1979年的课程，除保留雷达系统（100）外，已没有按雷达站各分机设置的课程，取而代之的是按能服务于雷达的学科技术而设置的课程，主要包括信号与系统（140）、电磁场与电磁波（100）、微波技术与天线（100）、雷达信号理论（60）、雷达信号数字处理（60）、雷达发射系统（60）等。

**5. 1992年培养方案**

1992年电子工程专业本科生校定必修课设置如表7.5所示。

表7.5　1992年电子工程专业本科生校定必修课设置

| 序号 | 课程 | 学时 | 学分 |
| --- | --- | --- | --- |
| 1 | 中国革命史 | 54 | 6 |
| 2 | 中国社会主义经济建设 | 54 | 6 |
| 3 | 马克思主义原理 | 54 | 6 |
| 4 | 思想教育 | （不详） | （14） |
| 5 | 体育 | 128 | 8 |
| 6 | 基础外语 | 252 | 35 |
| 7 | 高等数学 | 190 | 32 |
| 8 | 线性代数 | 72 | 12 |
| 9 | 概率与数理统计 | 54 | 9 |
| 10 | 大学物理 | 144 | 20 |
| 11 | 物理实验 | 56 | 6 |

备注：数据来源于《北京理工大学志》171页2.2.8　1992年本科生校定必修课学时学分表。

除校定必修课以外的课程设置如表7.6所示。

**6. 1999年教学计划**

本专业培养在信息工程专业领域所含的电子工程、通信工程、电磁场与微波技术、微电子技术、信息工程、应用电子技术和计算机应用等方面具有扎实的理论基础，宽广的知识面，能够用系统的观点分析、综合和处理科学技术问题，进行科学研究、技术发展和应用研究的高等工程技术人才。要求掌握有关信息系统的基本理论，特别是电子信息的采集、处理、传输、存储、显示和控制技术，并获得工程综合的能力、创造发明的能力和继续进行自我教育的能力；理解和重视社会、经济和环境与科学技术发展的关系。

1999年教学计划中学生最低毕业学分包括所有课程156学分（另外加19学分

实验或上机），实践教学环节 36 学分，军训 5 学分，共计 216 学分，见表 7.7 和表 7.8。

表 7.6　1992 年电子工程专业课程设置（校定必修课除外）

| 类别 | 课程 | 学时 | 学分 | 类别 | 课程 | 学时 | 学分 |
|---|---|---|---|---|---|---|---|
| 系定必修课 | 复变函数与积分变换 | 54 | 9 | 限定必修课 | A. 雷达信号处理 | 54 | 9 |
| | 数理方程与特殊函数 | 54 | 9 | | A. 微波电子线路 | 56 | 7 |
| | 工程制图基础 | 54 | 7 | | A. 接口与通信 | 52 | 5 |
| | 计算机应用基础 | 90 | 1 | | B. 模式识别 | 52 | 10 |
| | 电路分析基础 | 100 | 14 | | B. 图像处理 | 60 | 6 |
| | 信号与系统 | 72 | 10 | | B. 语言信号处理 | 50 | 6 |
| | 电路信号与系统实验 | 45 | 5 | | C. 通信原理 | 72 | 10 |
| | 固体电子器件 | 36 | 5 | | C. 应用通信工程 | 72 | 10 |
| | 线性电子线路 | 96 | 13 | | C. 通信原理与系统实验 | 36 | 5 |
| | 非线性电子线路 | 81 | 11 | | C. 信息论与编码 | 54 | 8 |
| | 脉冲与数字电路 | 87 | 12 | R | 任意选修课（3~4 门） | 108 | 12 |
| | 电磁场理论 | 72 | 10 | 专业任选课程 | 网络理论及其应用 | 45 | 6 |
| | 微波技术基础 | 63 | 9 | | 电路的计算机辅助设计 | 36 | 5 |
| | 微型计算机原理与应用 | 90 | 10 | | 集成运算放大器的应用 | 36 | 5 |
| | 外语专业阅读 | 54 | 6 | | PASCAL 语言与 C 语言 | 36 | 5 |
| 实践课 | 金工实习（分散 2.5 周） | 32 | 12 | | 模式识别 | 54 | 8 |
| | 电子实习（分散 1.5 周） | 32 | 12 | | 计算方法 | 54 | 8 |
| 限定必修课 | 随机信号分析 | 63 | 9 | | 语音信号处理 | 36 | 5 |
| | 数字信号处理 | 63 | 9 | | 毫米波技术概论 | 36 | 5 |
| | 反馈与控制 | 63 | 9 | | 微处理机及信号处理器 | 54 | 8 |
| | 电子仪器与测量技术 | 48 | 5 | | 纠错编码 | 36 | 5 |
| | | | | | 移动通信 | 36 | 5 |

表 7.7 1999 版北京理工大学信息工程专业指导性教学计划进程

| 教育类别 | 专业 | 课程性质 | 课程编号 | 课程名称 | 学期安排 考试 | 学期安排 考查 | 课内学时 | 其中 实验 | 其中 上机内 | 其中 上机外 | 学分 | 周1 | 周2 | 周3 | 周4 | 周5 | 周6 | 周7 | 周8 |
|---|---|---|---|---|---|---|---|---|---|---|---|---|---|---|---|---|---|---|---|
| 基础教育 | 信息工程 | 必修课 | BG151002 | 大学英语B | 1 | | 64 | | | | 4 | 4 | | | | | | | |
| | | | BG152002 | 大学英语B | 2 | | 64 | | | | 4 | | 4 | | | | | | |
| | | | BG153002 | 大学英语B | 3 | | 64 | | | | 4 | | | 4 | | | | | |
| | | | BG154002 | 大学英语B | 4 | | 64 | | | | 4 | | | | 4 | | | | |
| | | | BG171001 | 体育 | | 1 | 32 | | | | 2 | 2 | | | | | | | |
| | | | BG172001 | 体育 | | 2 | 32 | | | | 2 | | 2 | | | | | | |
| | | | BG173001 | 体育 | | 3 | 32 | | | | 2 | | | 2 | | | | | |
| | | | BG174001 | 体育 | | 4 | 32 | | | | 2 | | | | 2 | | | | |
| | | | BG051003 | 计算机应用基础 | 1 | | 24 | 8 | | | 1.5 | 1.5 | | | | | | | |
| | | | BG051004 | C语言与程序设计方法 | 1 | | 64 | | 16 | | 4 | 4 | | | | | | | |
| | | | BG111006 | 高等代数 | 1 | | 64 | | | | 4 | 4 | | | | | | | |
| | | | BG111003 | 数学分析A | 1 | | 96 | | | | 6 | 6 | | | | | | | |
| | | | BG111003 | 数学分析A | 2 | | 96 | | | | 6 | | 6 | | | | | | |
| | | | BG113008 | 概率与数理统计B | 3 | | 48 | | | | 3 | | | 3 | | | | | |
| | | | BG113009 | 复变函数与积分变换 | 3 | | 48 | | | | 3 | | | 3 | | | | | |
| | | | BG053005 | 矢量分析与场论 | 3 | | 32 | | | | 2 | | | 2 | | | | | |

续表

| 教育类别 | 专业 | 课程性质 | 课程编号 | 课程名称 | 学期安排 考试 | 学期安排 考查 | 课内学时 | 其中 实验 | 其中 上机内 | 其中 上机外 | 学分 | 1 | 2 | 3 | 4 | 5 | 6 | 7 | 8 |
|---|---|---|---|---|---|---|---|---|---|---|---|---|---|---|---|---|---|---|---|
| 基础教育 | 信息工程 | 必修课 | BG115010 | 数理方程与特殊函数 | 3 | | 32 | | | | 2 | | | 2 | | | | | |
| | | | BG122040 | 大学物理C | 2 | | 64 | | | | 4 | | 4 | | | | | | |
| | | | BS123003 | 物理实验A | | 3 | 24 | 20 | | | 1.5 | | | 1.5 | | | | | |
| | | | BS124003 | 物理实验A | | 4 | 32 | 32 | | | 2 | | | | 2 | | | | |
| | | | BG126039 | 近现代物理基础 | | 6 | 32 | | | | 2 | | | | | | 2 | | |
| | | | BG067002 | 大学化学B | 7 | | 48 | 16 | | | 3 | | | | | | | 3 | |
| | | | BG053006 | 电磁学 | 3 | | 48 | | | | 3 | | | 3 | | | | | |
| | | | BG053007 | 固态基础 | | 3 | 32 | | | | 2 | | | 2 | | | | | |
| | | | BG161001 | 思想道德修养 | 1 | | 32 | | | | 2 | 2 | | | | | | | |
| | | | BG162002 | 法学基础 | 2 | | 32 | | | | 2 | | 2 | | | | | | |
| | | | BG163004 | 马克思主义哲学原理 | 3 | | 32 | | | | 2 | | | 2 | | | | | |
| | | | BG164005 | 毛泽东思想概论 | 4 | | 32 | | | | 2 | | | | 2 | | | | |
| | | | BG165006 | 马克思主义政治经济学原理 | 5 | | 32 | | | | 2 | | | | | 2 | | | |
| | | | BG166007 | 邓小平理论概论 | 6 | | 32 | | | | 2 | | | | | | 2 | | |
| | | | BG167003 | 现代科学与技术概论 | | 7 | 32 | | | | 2 | | | | | | | 2 | |
| | | | | 基础教育任选课 | 1、3、5 | 7 | 96 | | | | 6 | 2 | | 2 | | 2 | | 2 | |

续表

| 教育类别 | 专业 | 课程性质 | 课程编号 | 课程名称 | 学期安排 考试 | 学期安排 考查 | 课内学时 | 其中 实验 | 其中 上机 内 | 其中 上机 外 | 学分 | 1 | 2 | 3 | 4 | 5 | 6 | 7 | 8 |
|---|---|---|---|---|---|---|---|---|---|---|---|---|---|---|---|---|---|---|---|
| 工程科学技术基础教育 | 信息工程 | 必修课 | BJ072011 | 工程制图基础B | 2 | | 32 | | | | 2 | 2 | | | | | | | |
| | | | BJ052002 | 电路分析基础B | 2 | | 56 | 16 | | | 3.5 | | 3.5 | | | | | | |
| | | | XJ054008 | 微电子器件与电路 | 4 | | 56 | | | | 3.5 | | | | 3.5 | | | | |
| | | | XJ054009 | 数字电路 | 4 | | 48 | | | | 3 | | | | 3 | | | | |
| | | | XS052010 | 电路基础实验(一) | | 3 | 24 | 24 | | | 1.5 | | | 1.5 | | | | | |
| | | | XS054011 | 电路基础实验(二) | | 4 | 24 | 24 | | | 1.5 | | | | 1.5 | | | | |
| | | | XS052012 | EDA设计(一) | | 3 | 16 | | 12 | | 1 | | | 1 | | | | | |
| | | | XS054013 | EDA设计(二) | | 4 | 8 | | 8 | | 0.5 | | | | 0.5 | | | | |
| | | | XJ054015 | 信号与系统 | 4 | | 56 | 8 | | | 3.5 | | | | 3.5 | | | | |
| | | | XS054016 | 信号基础实验(一) | | 4 | 8 | 8 | | | 0.5 | | | | 0.5 | | | | |
| | | | XJ055017 | 电磁波理论 | 5 | | 40 | 12 | | | 2.5 | | | | | 2.5 | | | |
| | | | XJ055018 | 微机原理与应用 | 5 | | 80 | 24 | | | 5 | | | | | 5 | | | |
| | | | XJ055019 | 随机信号分析 | 5 | | 40 | | | | 2.5 | | | | | 2.5 | | | |
| | | | XJ055020 | 通信原理与电路 | 5 | | 64 | | | | 4 | | | | | 4 | | | |
| | | | XS055021 | 电路基础实验(三) | | 5 | 16 | 16 | | | 1 | | | | | 1 | | | |
| | | | XS055022 | EDA设计(三) | | 5 | 16 | | 16 | | 1 | | | | | 1 | | | |

续表

| 教育类别 | 专业 | 课程性质 | 课程编号 | 课程名称 | 学期安排 考试 | 学期安排 考查 | 课内学时 | 其中 实验 | 其中 上机 内 | 其中 上机 外 | 学分 | 各学期课内周学时分配 1 | 2 | 3 | 4 | 5 | 6 | 7 | 8 |
|---|---|---|---|---|---|---|---|---|---|---|---|---|---|---|---|---|---|---|---|
| 工程科学技术基础教育 | 信息工程 | | XS055023 | 信息基础实验(二) | | 5 | 16 | 16 | | | 1 | | | | | 1 | | | |
| | | | XJ056024 | 数字信号处理 | 6 | | 40 | | | | 2.5 | | | | | | 2.5 | | |
| | | | XJ056025 | 数据结构与算法设计 | 6 | | 64 | | 20 | | 4 | | | | | | 4 | | |
| | | | XJ056026 | 微波工程基础 | 6 | | 72 | 16 | | | 4.5 | | | | | | 4.5 | | |
| | | | XJ056027 | 控制理论基础 | 6 | | 40 | 8 | | | 3.5 | | | | | | 2.5 | | |
| | | | XS056028 | EDA 设计(四) | | 6 | 18 | | 18 | | 0.5 | | | | | | 0.5 | | |
| | | | XS056029 | 信息综合实验(一) | | 7 | 16 | 16 | | | 1 | | | | | | 1 | | |
| 专业教育 | | | | 技术基础教育任选课 | 6 | | 64 | | | | 4 | | | | | | | 4 | |
| | | | | 专业教育任选课 | | | 128 | | | | 8 | | | | | | | | 8 |
| 合计 | | | | | | | 2 530 | 248 | 98 | | 156 | 25.5 | 23.5 | 29 | 22.5 | 21 | 19 | 17 | |

表 7.8　1999 版信息工程专业实习、课程设计、毕业设计（论文）

| 编号 | 项目 | 内容 | 场所 | 学期 | 周数 | 学分 |
|---|---|---|---|---|---|---|
| BT051401 | 电子实习（一）（分散进行） | 电子装、连、焊 | 本系 | 1 | 0.5 | 0.5 |
| BS162401 | 人文社会实践 | 社会调查研究 | 校外 | 2 | 1 | 1 |
| BT052402 | 电子实习（二）（分散进行） | 组装黑白电视机 | 本系 | 2 | 1 | 1 |
| BT054403 | 电子实习（三） | 无线电收发信机制作 | 本系 | 4 | 3 | 3 |
| BT055404 | 计算机实习 | 计算机软件设计 | 本系 | 5 | 3 | 3 |
| BD055405 | 课程设计（一）（分散进行） | 数字系统设计 | 本系 | 5 | 2 | 2 |
| BT056406 | 电子实习（四） | 遥控彩色电视机实习 | 本系 | 6 | 3 | 3 |
| BD056407 | 课程设计（二）（分散进行） | 模拟系统设计 | 本系 | 6 | 2 | 2 |
| BT057408 | 生产实习 | 信息系统及对抗技术 | 校内外 | 7 | 3 | 3 |
| BD057409 | 课程设计（三）（分散进行） | 信息综合实验 | 本系 | 7 | 1 | 1 |
| BD057410 | 课程设计（四）（分散进行） | 数模混合系统设计 | 本系 | 7 | 1.5 | 1.5 |
| BG058411 | 毕业设计 | 专题设计与研究 | 校内外 | 8 | 20 | 20 |
| | 合计 | | | | 41 | 41 |

**7. 2003 版培养方案**[①]

进入 21 世纪，信息工程专业的培养目标开始侧重培养研究型人才，突出宽基础、高层次的思路，重点培养学生的创新意识，进一步加强和拓宽基础教育，以适应电子信息领域的发展和创新。

2003 版电子信息类专业信息工程（通信与电子工程方向）教学计划进程如表 7.9 所示，信息工程（通信与电子工程方向）专业共 2 304 学时，140 学分。

**8. 2006 版培养方案**

对比 2003 版培养方案，2006 版培养方案中信息工程专业基础教育课程共 2 816 学时，172 学分。2006 版培养方案信息工程专业教学计划如表 7.10 所示，2006 版培养方案中实践周数教学计划进程如表 7.11 所示，2006 版培养方案信息工程专业教育选修课如表 7.12 所示。

---

① 2003 版培养方案以下简称 2003 版，其他 2006 版，2007 版同。

表7.9 2003版电子信息类专业信息工程（通信与电子工程方向）教学计划进程

| 专业 | 教育类别 | 课程性质 | 课程编号 | 课程名称 | 学期安排 | 课内总学时 | 课内实验 | 学分 | 各学期课内周学时分配 | | | | | | | |
|---|---|---|---|---|---|---|---|---|---|---|---|---|---|---|---|---|
| | | | | | | | | | 1 | 2 | 3 | 4 | 5 | 6 | 7 | 8 |
| 电子信息类 | 基础教育 | 必修课 | A091001 A092001 | 大学英语 | 1—2 | 192 | | 12 | 6 | 6 | | | | | | |
| | | | A011001 | 计算机基础 | 1 | 32 | | 2 | 2 | | | | | | | |
| | | | A012150 | 计算机程序设计 | 2 | 64 | | 4 | | 4 | | | | | | |
| | | | A071121 A072121 | 数学分析 | 1—2 | 176 | | 11 | 6 | 5 | | | | | | |
| | | | A073122 | 高等代数 | 3 | 48 | | 3 | | | 3 | | | | | |
| | | | A073004 | 概率与数理统计 | 3 | 48 | | 3 | | | 3 | | | | | |
| | | | A072006 A073006 | 大学物理 | 2—3 | 128 | | 8 | | 4 | 4 | | | | | |
| | | | A073007 A074007 | 物理实验 | 3—4 | 48 | 40 | 3 | | | 1.5 | 1.5 | | | | |
| | | | A091002 | 思想道德修养 | 1 | 16 | | 1 | 1 | | | | | | | |
| | | | A091005 | 法学基础 | 1 | 16 | | 1 | 1 | | | | | | | |
| | | | A091006 | 毛泽东思想概论 | 1 | 16 | | 1 | 1 | | | | | | | |
| | | | A092007 | 邓小平理论概论 | 2 | 16 | | 1 | | 1 | | | | | | |
| | | | A092008 | "三个代表"重要思想概论 | 2 | 16 | | 1 | | 1 | | | | | | |
| | | | A093009 | 马克思主义哲学原理 | 3 | 32 | | 2 | | | 2 | | | | | |
| | | | A094010 | 马克思主义政治经济学原理 | 4 | 32 | | 2 | | | | 2 | | | | |

续表

| 专业 | 教育类别 | 课程性质 | 课程编号 | 课程名称 | 学期安排 | 课内总学时 | 课内实验 | 学分 | 各学期课内周学时分配 | | | | | | | |
|---|---|---|---|---|---|---|---|---|---|---|---|---|---|---|---|---|
| | | | | | | | | | 1 | 2 | 3 | 4 | 5 | 6 | 7 | 8 |
| 电子信息类 | 基础教育 | 选修课 | B121001<br>B122001<br>B123001<br>B124001 | 体育 | 1—4 | 128 | | 4 | 2 | 2 | 2 | 2 | | | | |
| | | | | 专项数学 | 4 | 64 | | 4 | | | | 4 | | | | |
| | | | | 专项英语 | 3—4 | 64 | | 4 | | | 2 | 2 | | | | |
| | | | | 通识教育专项 | 2—4 | 96 | | 6 | | 2 | 2 | 2 | | | | |
| | 学科基础教育 | 学院公共平台 | D014110 | 数据结构与算法设计 A | 4 | (64) | | (4) | | | | | | | | |
| | | | D014111 | 数据结构与算法设计 B | 4 | 48 | | 3 | | | | 3 | | | | |
| | | | D014511 | 信号与系统 A | 4 | 64 | | 4 | | | | 4 | | | | |
| | | | D015220 | 控制理论基础 A | 5 | (64) | | (4) | | | | | | | | |
| | | | D015221 | 控制理论基础 B | 5 | 48 | | 3 | | | | | 3 | | | |
| | | | D016416 | 光电信息基础 | 6 | (48) | | (3) | | | | | | | | |
| | | 必修课 | C013003 | 电路分析基础 | 3 | 72 | 20 | 4.5 | | | | 4.5 | | | | |
| | | | C031009 | 工程制图基础 B | 1 | 32 | | 2 | 2 | | | | | | | |
| | | | C014011 | 模拟电路基础 | 4 | 56 | | 3.5 | | | | 3.5 | | | | |
| | | | C014012 | 模拟电路实验 | 4 | 24 | | 1.5 | | | | 1.5 | | | | |
| | | | C015013 | 数字电路与系统 | 5 | 64 | | 4 | | | | | 4 | | | |

(选修10学分)

续表

| 专业 | 教育类别 | 课程性质 | 课程编号 | 课程名称 | 学期安排 | 课内总学时 | 课内实验 | 学分 | 各学期课内周学时分配 ||||||||
|---|---|---|---|---|---|---|---|---|---|---|---|---|---|---|---|---|
| | | | | | | | | | 1 | 2 | 3 | 4 | 5 | 6 | 7 | 8 |
| 信息工程（通信与电子工程方向）·信息对抗技术 | 学科基础教育 | 必修课 | C015014 | 数字电路实验 | 5 | 24 | | 1.5 | | | | | 1.5 | | | |
| | | 学科基础教育选修课 | | | 5—7 | 112 | | 7 | | | | | 2 | 2 | 3 | |
| | 专业教育 | 必修课 | E016501 | 信息系统及安全 | 6 | 40 | 8 | 2.5 | | | | | | 2.5 | | |
| | | | E015502 | 电磁场理论 | 5 | 64 | | 4 | | | | | 4 | | | |
| | | | E016503 | 微波工程基础 | 6 | 48 | | 3 | | | | | | 3 | | |
| | | | E015504 | 数字信号处理 | 5 | 48 | 8 | 3 | | | | | 3 | | | |
| | | | E016505 | 随机信号分析 | 6 | 48 | 8 | 3 | | | | | | 3 | | |
| | | | E016506 | 微机原理与应用 | 6 | 64 | 16 | 4 | | | | | | 4 | | |
| | | | E015507 | 通信原理与电路 | 5 | 88 | 24 | 5.5 | | | | | 5.5 | | | |
| | | 专业教育选修课 | | | 7 | 128 | | 8 | | | | | | | 8 | |

续表

| 专业 | 教育类别 | 课程性质 | 课程编号 | 课程名称 | 学期安排 | 课内总学时 | 课内实验 | 学分 | 各学期课内周学时分配 | | | | | | | |
|---|---|---|---|---|---|---|---|---|---|---|---|---|---|---|---|---|
| | | | | | | | | | 1 | 2 | 3 | 4 | 5 | 6 | 7 | 8 |
| 电子科学与技术（微电子方向） | 学科基础教育 | 必修课 | C015508 | 理论物理基础 | 5 | 56 | | 3.5 | | | | | 3.5 | | | |
| | | | 学科基础教育选修课 | | 5—7 | 96 | | 6 | | | | | 2 | 2 | 2 | |
| | 专业教育 | 必修课 | E015502 | 电磁场理论 | 5 | 64 | | 4 | | | | | 4 | | | |
| | | | E015504 | 数字信号处理 | 5 | 48 | 8 | 3 | | | | | 3 | | | |
| | | | E016506 | 微机原理与应用 | 6 | 64 | 16 | 4 | | | | | | 4 | | |
| | | | E015507 | 通信原理与电路 | 5 | 88 | 24 | 5.5 | | | | | 5.5 | | | |
| | | | E016509 | 半导体物理 | 6 | 48 | | 3 | | | | | | 3 | | |
| | | | E016510 | 微电子器件基础 | 6 | 48 | | 3 | | | | | | 3 | | |
| | | | 专业教育选修课 | | 7 | 128 | | 8 | | | | | | | 8 | |
| | 合 计 | | | 信息工程（通信与电子工程方向） | | 2 304 | | 140 | 21 | 25 | 24 | 25.5 | 23 | 14.5 | 11 | 0 |
| | | | | 信息对抗技术 | | 2 304 | | 140 | 21 | 25 | 24 | 25.5 | 23 | 14.5 | 11 | 0 |
| | | | | 电子科学技术（微电子方向） | | 2 304 | | 140 | 21 | 25 | 24 | 25.5 | 26.5 | 12 | 10 | 0 |

备注：合计数据内容准确，不是简单相加。表中学院公共平台课程需要选修 10 学分，因此这部分课程按照 10 学分及对应学时统计。加括号学时、学分为可选学时学分，相应课程为可选课程。

表7.10  2006版信息工程专业教学计划

| 课程类别 | 课程性质 | 课程代码 | 课程名称 | 学分 | 总学时 | 讲课学时 | 实验学时 | 上机学时 | 各学期平均周学时分配 | | | | | | | |
|---|---|---|---|---|---|---|---|---|---|---|---|---|---|---|---|---|
| | | | | | | | | | 1 | 2 | 3 | 4 | 5 | 6 | 7 | 8 |
| 基础教育 | 必修课 | 09000353<br>09000354 | 大学英语（I、II）<br>（普通班，Q） | 12 | 192 | 192 | | | 6 | 6 | | | | | | |
| | | 09000367<br>09000368 | 大学英语B口语（I、II）<br>（普通班，Q） | 2 | 32 | 24 | | 8 | 2 | | | | | | | |
| | | 12000068 | 计算机科学导论 | | | | | | | | | | | | | |
| | | 07000130<br>07000131 | 数学分析B（I、II） | 12 | 192 | 192 | | | 6 | 6 | | | | | | |
| | | 12000073 | C语言程序设计 | 3 | 48 | 32 | | 16 | 3 | | | | | | | |
| | | 07000055 | 高等代数C | 3.5 | 56 | 56 | | | | 3.5 | | | | | | |
| | | 07000051 | 概率与数理统计 | 3 | 48 | 48 | | | | 3 | | | | | | |
| | | 07000032<br>07000033 | 大学物理（I、II） | 8 | 128 | 128 | | | 4 | 4 | | | | | | |
| | | 07000169<br>07000170 | 物理实验B（I、II） | 3 | 48 | 4 | 44 | | | 1.5 | 1.5 | | | | | |
| | | 09000417 | 思想品德修养与法律基础 | 2 | 32 | 32 | | 2 | 2 | | | | | | | |

续表

| 课程类别 | 课程性质 | 课程代码 | 课程名称 | 学分 | 总学时 | 讲课学时 | 实验学时 | 上机学时 | 各学期平均周学时分配 | | | | | | | |
|---|---|---|---|---|---|---|---|---|---|---|---|---|---|---|---|---|
| | | | | | | | | | 1 | 2 | 3 | 4 | 5 | 6 | 7 | 8 |
| 基础教育 | 必修课 | 09000488 | 知识产权法基础 | 1 | 16 | 16 | | | 1 | | | | | | | |
| | | 09000490 | 中国近现代史纲要 | 3 | 48 | 32 | 16 | | 3 | | | | | | | |
| | | 09000489 | 毛泽东思想、邓小平理论及"三个代表"重要思想 | 4 | 64 | 48 | 16 | | | 4 | | | | | | |
| | | 09000008 | 大学生心理素质发展 | 1 | 16 | 16 | | | | | 1 | | | | | |
| | | 09000191 | 马克思主义基本原理 | 3 | 48 | 48 | | | | | 3 | | | | | |
| | | 99000001 99000002 99000003 99000004 | 体育（Ⅰ~Ⅳ） | 4 | 128 | 128 | | | 2 | 2 | 2 | 2 | | | | |
| | 选修课 | 07000048 | 复变函数与积分变换 专项教学 | 2 | 32 | 32 | | | | | | 2 | | | | |
| | | 07000125 | 数理方程与特殊函数 | 2 | 32 | 32 | | | | | 2 | 2 | | | | |
| | | | 专项英语 | 4 | 64 | 64 | | | | | | 2 | | | | |
| | | | 通识教育专项 | 6 | 96 | 96 | | | 2 | 2 | 2 | 2 | | | | |

续表

| 课程类别 | 课程性质 | 课程代码 | 课程名称 | | 学分 | 总学时 | 讲课学时 | 实验学时 | 上机学时 | 各学期平均周学时分配 | | | | | | | |
|---|---|---|---|---|---|---|---|---|---|---|---|---|---|---|---|---|---|
| | | | | | | | | | | 1 | 2 | 3 | 4 | 5 | 6 | 7 | 8 |
| 学科基础教育 | 必修课 | 01500257 | 面向对象程序设计 | | 2 | 32 | 24 | 8 | | | | | | | | | |
| | | 01500259 | 数据结构A | 学院公共平台课选修不低于9学分 | 2 | 32 | 24 | 8 | | | | | | | | | |
| | | 01500260 | 数据结构B | | 2 | 32 | 24 | 8 | | | | | 2 | | | | |
| | | 01500237 | 信号与系统A | | 4 | 64 | 56 | 8 | | | | | 4 | | | | |
| | | 01500238 | 信号与系统B | | 3 | 48 | 48 | | | | | | | | | | |
| | | 01200257 | 自动控制理论A | | 4 | 64 | 64 | | | | | | | | 3 | | |
| | | 01200258 | 自动控制理论B | | 3 | 48 | 48 | | | | | | | | | | |
| | | 01400100 | 光电技术与实验 | | 4 | 64 | 40 | 24 | | 2 | | | | | | | |
| | | 03000114 | 工程制图基础B | | 2 | 32 | 32 | | | | | 4.5 | | | | | |
| | | 01500255 | 电路分析基础 | | 4.5 | 72 | 52 | 20 | | | | 1 | | | | | |
| | | 01500171 | 电路仿真 | | 1 | 16 | 8 | 8 | | 1.5 | | | | | | | |
| | | 01500256 | 电子工艺实践 | | 1.5 | 24 | | 24 | | | | | 3.5 | | | | |
| | | 01500193 | 模拟电路基础 | | 3.5 | 56 | 56 | | | | | | 1.5 | | | | |
| | | 01500194 | 模拟电路实验 | | 1.5 | 24 | | 24 | | | | | | 3.5 | | | |
| | | 01500261 | 数字电路 | | 3.5 | 56 | 56 | | | | | | 2 | 2 | | | |
| | 选修课 | 01500262 | 数字系统设计与实验 | | 2 | 32 | | 32 | | | | | 2 | 2 | 2 | | |
| | | | 实验选修课 | | 6 | 96 | | 96 | | | | | | | | | |

续表

| 课程类别 | 课程性质 | 课程代码 | 课程名称 | 学分 | 总学时 | 讲课学时 | 实验学时 | 上机学时 | 各学期平均周学时分配 | | | | | | | |
|---|---|---|---|---|---|---|---|---|---|---|---|---|---|---|---|---|
| | | | | | | | | | 1 | 2 | 3 | 4 | 5 | 6 | 7 | 8 |
| 专业教育 | 必修课 | 01500166 | 电磁场理论 | 4 | 64 | 60 | 4 | | | | | | 4 | | | |
| | | 01500217 | 随机信号分析 | 3 | 48 | 40 | 8 | | | | | | 3 | | | |
| | | 01500263 | 通信电路与系统 | 4 | 64 | 64 | | | | | | | 4 | | | |
| | | 01500264 | 通信电路与系统实验 | 1.5 | 24 | | 24 | | | | | | 1.5 | | | |
| | | 01500213 | 数字通信原理 | 3 | 48 | 48 | | | | | | | 3 | | | |
| | | 01500265 | 计算机原理与应用 | 3.5 | 56 | 40 | 16 | | | | | | | 3.5 | | |
| | | 01510266 | 毕业设计（论文） | 16 | 256 | | 256 | | | | | | | | | | 16 |
| | 选修课 | | 专业教育选修课 | 24 | 384 | 384 | | | | | | | | | 12 | 12 | |
| 总计 | | | | 172 | 2 816 | 2 196 | 596 | 24 | 25.5 | 28 | 26.5 | 24.5 | 26 | 17.5 | 12 | 12 |

备注：总计数据内容准确，不是简单相加，学院公共平台课选修不低于9学分，因此表中该类课程总计按9学分和对应学时做计算。

表 7.11　2006 版实践周数教学计划进程

| 编号 | 项目 | 内容 | 学分 | 学期 | 周数 | 周次 | 场所 |
| --- | --- | --- | --- | --- | --- | --- | --- |
| 09000211 | 人文社会实践 | 社会调查、研讨 | 1 | 2 | 1 | 19 | 校内外 |
| 98000001 | 军事理论 | 军事理论教学 | 1 | 2 | 2 | 20，21 | 校内外 |
| 98000002 | 军事训练 | 军事实践训练 | 1.5 | 3 | 3 | 暑假 | 校内外 |
| 01500267 | 文献检索 | 科技文献检索 | 1 | 4 | 1 | 19—21 | 本院 |
| 01500313 | 电子实习Ⅱ | 无线收发信机制作 | 2 | 4 | 2 | | 本院 |
| 01500307 | 课程设计Ⅰ | 计算机软硬件设计与实践 | 3 | 5 | 3 | 1—3 | 本院 |
| 01500308 | 课程设计Ⅱ | 数字电路课程设计 | 2 | 6—7 | 2 | 19—21，1—3 | 本院 |
| 01500309 | 课程设计Ⅲ | 模拟电路课程设计 | 2 | 6—7 | 2 | | 本院 |
| 01510311 | 专业实习 | 按专业方向选择 | 2 | 6—7 | 2 | | 校内外 |

**9. 2009 版培养方案**

2009 版培养方案重新审视教学内容，注重将知识传授与研究方法和研究能力的培养相结合，在专业教育课设置方面保持宽口径、厚基础的特色优势，较好地处理知识广度与深度的关系，并更加深入地注重教学内容的先进性、前瞻性、研究性和应用性，建设高水平的专业课程，适应社会主义现代化建设的需要。该专业大类基础、专业教育课程共 2 848 学时，174 学分。

学生最低毕业学分应达到 189.5 学分（包括《形势与政策》2 学分），其中理论课程 132.5 学分，实践教学环节 57 学分。2009 版培养方案电子信息工程教学计划如表 7.13 所示。2009 版培养方案实践周教学计划进程如表 7.14 所示。2009 版培养方案专业教育选修课如表 7.15 所示。

**10. 2013 版培养方案**

2013 年学院结合工程教育专业认证的理念，以本科人才培养目标为基础，以专业建设为主线，科学设计课程体系，合理规划学时设定和各环节学分比例，有效利用各项教学资源。课程设置紧密围绕人才培养（拔尖创新人才、合格专业人才和复合型人才）目标实现的全面性而展开。

表7.12 2006版信息工程专业教育选修课

| 课程编号 | 课程名称 | 学分 | 学时 | 学期 | 课程编号 | 课程名称 | 学分 | 学时 | 学期 |
|---|---|---|---|---|---|---|---|---|---|
| 01500154 | 数字信号处理 | 3 | 48 | 6 | 01500179 | 光纤通信 | 2 | 32 | 7 |
| 01500239 | 信息论 | 2 | 32 | 6 | 01500242 | 移动通信 | 2 | 32 | 7 |
| 01500199 | 嵌入式系统原理与应用 | 2 | 32 | 6 | 01500163 | 程控交换原理 | 2 | 32 | 7 |
| 01500185 | 近代电子测量技术 | 2 | 32 | 6 | 01500222 | 微波电子线路 | 2 | 32 | 7 |
| 01500270 | 微波工程基础 | 3 | 48 | 6 | 01500218 | 天线理论与技术 | 2 | 32 | 7 |
| 01500314 | 信息系统安全对抗理论 | 3 | 48 | 6 | 01500226 | 微波通信技术 | 2 | 32 | 7 |
| 01500271 | 微电子与集成电路设计基础 | 3 | 48 | 6 | 01500227 | 微波网络与CAD | 2 | 32 | 7 |
| 01500184 | 计算机网络技术 | 2 | 32 | 7 | 01500190 | 宽带通信与XDSL | 2.5 | 40 | 7 |
| 01500236 | 信号检测与估计 | 3 | 48 | 7 | 01500216 | 随机数字信号处理 | 3 | 48 | 7 |
| 01500220 | 数字图像处理 | 3 | 48 | 7 | 01500177 | 实时数字信号处理技术 | 2.5 | 40 | 7 |
| 01500215 | 现代谱估计 | 2 | 32 | 7 | 01500316 | 无线电定位系统与技术 | 2.5 | 40 | 7 |
| 01500272 | 信息网络系统概论 | 2 | 32 | 7 | 01500101 | 信息系统安全与对抗技术 | 3 | 48 | 7 |
| 01500273 | 通信系统概论 | 2 | 32 | 7 | 01500275 | 操作系统原理 | 2.5 | 40 | 7 |
| 01500212 | 数字通信网 | 2 | 32 | 7 | 01500196 | 模拟集成电路分析与设计基础 | 3.5 | 56 | 7 |
| 01500235 | 现代通信系统 | 3 | 48 | 7 | 01500210 | 数字集成电路分析与设计基础 | 4.5 | 72 | 7 |
| 01500274 | 信道编码 | 2 | 32 | 7 | 01500258 | 信号处理、通信和控制中的估计理论 | 2 | 32 | 7 |

219

表 7.13 2009 版信息工程教学计划

| 课程类别 | 课程性质 | 课程代码 | 课程名称 | 学分 | 总学时 | 讲课学时 | 实验学时 | 上机学时 | 各学期平均周学时分配 | | | | | | | |
|---|---|---|---|---|---|---|---|---|---|---|---|---|---|---|---|---|
| | | | | | | | | | 1 | 2 | 3 | 4 | 5 | 6 | 7 | 8 |
| 公共基础 | 必修课 | ENG24005 ENG24006 | 大学英语（Ⅰ、Ⅱ）College English（Ⅰ、Ⅱ） | 6 | 96 | 64 | 32 | | 3 | 3 | | | | | | |
| | | ENG24007 ENG24008 | 大学英语视听说（Ⅰ、Ⅱ）English Watching, Listening and Speaking (Ⅰ, Ⅱ) | 6 | 96 | 64 | 32 | | 3 | 3 | | | | | | |
| | | MTH17003 MTH17004 | 工科数学分析（Ⅰ、Ⅱ）Mathematical Analysis for Engineers（Ⅰ、Ⅱ） | 12 | 192 | 192 | | | 6 | 6 | | | | | | |
| | | MTH17012 | 线性代数 A Linear Algebra A | 3.5 | 56 | 56 | | | 3.5 | | | | | | | |
| | | MTH17037 | 概率与数理统计 Probability and Statistics | 3 | 48 | 48 | | | | | 3 | | | | | |
| | | COM07001 | 大学计算机基础 Computer Fundamentals | 2 | 32 | 24 | | 8 | 2 | | | | | | | |
| | | COM07003 | C 语言程序设计 C Programming Language | 3 | 48 | 32 | | 16 | | 3 | | | | | | |
| | | PHY17016 PHY17017 | 大学物理（Ⅰ、Ⅱ）College Physics（Ⅰ、Ⅱ） | 8 | 128 | 128 | | | | 4 | 4 | | | | | |

续表

| 课程类别 | 课程性质 | 课程代码 | 课程名称 | 学分 | 总学时 | 讲课学时 | 实验学时 | 上机学时 | 各学期平均周学时分配 |  |  |  |  |  |  |  |
|---|---|---|---|---|---|---|---|---|---|---|---|---|---|---|---|---|
| | | | | | | | | | 1 | 2 | 3 | 4 | 5 | 6 | 7 | 8 |
| 公共基础 | 必修课 | PHY17018 PHY17019 | 物理实验B（I，II） College Physics Lab B（I，II） | 3 | 48 | 4 | 44 | | | 1 | 2 | | | | | |
| | | POL22003 | 思想道德修养与法律基础 Morals, Ethics and Law | 3 | 48 | 32 | 16 | | 3 | | | | | | | |
| | | POL22001 | 中国近现代史纲要 Modern Chinese History | 2 | 32 | 32 | | | 2 | | | | | | | |
| | | LAW23005 | 知识产权法基础 Law of Intellectual Property Rights | 1 | 16 | 16 | | | 1 | | | | | | | |
| | | POL22004 | 大学生心理素质发展 Psychology Education | 1 | 16 | 16 | | | | 1 | | | | | | |
| | | POL22002 | 毛泽东思想与中国特色社会主义理论体系概论 General Introduction to Mao Zedong Thought and Socialist Theory with Chinese Characteristics | 4 | 64 | 48 | 16 | | 4 | | | | | | | |

续表

| 课程类别 | 课程性质 | 课程代码 | 课程名称 | 学分 | 总学时 | 讲课学时 | 实验学时 | 上机学时 | 各学期平均周学时分配 | | | | | | | |
|---|---|---|---|---|---|---|---|---|---|---|---|---|---|---|---|---|
| | | | | | | | | | 1 | 2 | 3 | 4 | 5 | 6 | 7 | 8 |
| 公共基础 | 必修课 | POL22017 | 马克思主义基本原理 Basic Theory of Marxism | 3 | 48 | 48 | | | | | 3 | | | | | |
| | | INF05151 | 文献检索 Document Retrieval | 1 | 16 | 16 | | | | | 1 | | | | | |
| | | GYM32001 GYM32004 | 体育（Ⅰ～Ⅳ） Physical Education（Ⅰ～Ⅳ） | 4 | 128 | 128 | | | 2 | 2 | 2 | 2 | | | | |
| | 选修课 | | 专项英语 English Electives | 4 | 64 | 64 | | | | 2 | 2 | 2 | | | | |
| | | | 通识教育课专项 General Education | 6 | 96 | 96 | | | | | | 2 | 2 | 2 | | |
| | | | 实验选修课专项 Lab Electives | 6 | 96 | | 96 | | | | | 2 | 2 | 2 | | |
| | | | 校公共选修课 | | | | | | | | | | | | | |

续表

| 课程类别 | 课程性质 | 课程代码 | 课程名称 | 学分 | 总学时 | 讲课学时 | 实验学时 | 上机学时 | 各学期平均周学时分配 | | | | | | | |
|---|---|---|---|---|---|---|---|---|---|---|---|---|---|---|---|---|
| | | | | | | | | | 1 | 2 | 3 | 4 | 5 | 6 | 7 | 8 |
| 大类基础 | 必修课 | MTH17036 | 复变函数与积分变换 Complex Function and Integral Transform | 2 | 32 | 32 | | | | | | 2 | | | | |
| | | MTH17041 | 数理方程与特殊函数 Equations of Mathematical Physics and Special Function | 2 | 32 | 32 | | | | | | 2 | | | | |
| | | COM05113 | 数据结构与算法设计（C 描述）Data Structure and Algorithm Design C | 2 | 32 | 24 | | 8 | | | | 2 | | | | |
| | | INF05038 | 信号与系统 A Signals and Systems A | 4 | 64 | 56 | | 8 | | | | 4 | | | | |
| | | INF05018 | 控制理论基础 Fundamentals of Control Theory | 3 | 48 | 40 | | 8 | | | | | 3 | | | |
| 专业教育 | 必修课 | MAC03002 | 工程制图基础 Fundamentals of Engineering Drawing | 2 | 32 | 32 | | | 2 | | | | | | | |
| | | INF05001 | 电子工艺实践 Practice in Electronic Technology | 1.5 | 24 | | 24 | | 1.5 | | | | | | | |

续表

| 课程类别 | 课程性质 | 课程代码 | 课程名称 | 学分 | 总学时 | 讲课学时 | 实验学时 | 上机学时 | 各学期平均周学时分配 ||||||||
|---|---|---|---|---|---|---|---|---|---|---|---|---|---|---|---|---|
| | | | | | | | | | 1 | 2 | 3 | 4 | 5 | 6 | 7 | 8 |
| 专业教育 | 必修课 | ELC05009 | 电路分析基础 A<br>Fundamentals of Circuits A | 3.5 | 56 | 56 | | | | | 3.5 | | | | | |
| | | ELC05011 | 电路分析实验 A<br>Electric Circuit Lab A | 1 | 16 | | 16 | | | | 1 | | | | | |
| | | INF05008 | 电路仿真<br>Circuit Simulation | 1 | 16 | 8 | | 8 | | | 1 | | | | | |
| | | INF05057 | 数字收发通信模块原理与设计<br>Digital Transceiver Communication Module Theory and Design | 1 | 16 | 16 | | | | | 1 | | | | | |
| | | ELC05021 | 模拟电路基础<br>Fundamentals of Analog Circuits | 3.5 | 56 | 56 | | | | | | 3.5 | | | | |
| | | ELC05022 | 模拟电路实验<br>Analog Circuits Lab | 1.5 | 24 | | 16 | 8 | | | | 1.5 | | | | |
| | | ELC05025 | 数字电路<br>Digital Electronics | 3.5 | 56 | 56 | | | | | | | 3.5 | | | |

续表

| 课程类别 | 课程性质 | 课程代码 | 课程名称 | 学分 | 总学时 | 讲课学时 | 实验学时 | 上机学时 | 各学期平均周学时分配 | | | | | | | |
|---|---|---|---|---|---|---|---|---|---|---|---|---|---|---|---|---|
| | | | | | | | | | 1 | 2 | 3 | 4 | 5 | 6 | 7 | 8 |
| 专业教育 | 必修课 | INF05028 | 数字系统设计与实验 Design and Lab of Digital System | 2 | 32 | 8 | 12 | 12 | | | | | 2 | | | |
| | | INF05005 | 电磁场理论 Theory of Electromagnetic Fields | 4 | 64 | 60 | 4 | | | | | | 4 | | | |
| | | INF05029 | 数字信号处理 Digital Signal Processing | 3 | 48 | 40 | | 8 | | | | | 3 | | | |
| | | INF05031 | 通信电路与系统 Communication Circuit and System | 4 | 64 | 64 | | | | | | | 4 | | | |
| | | INF05032 | 通信电路与系统实验 Communication Circuit and System Lab | 1.5 | 24 | | 16 | 8 | | | | | 1.5 | | | |
| | | INF05034 | 微波技术基础 Fundamentals of Microwave Technology 微波方向 | | | | | | | | | | | 3 | | |
| | | INF05033 | 微波工程导论 Introduction to Microwave Engineering 其他方向 | 3 | 48 | 44 | 4 | | | | | | | | | |

续表

| 课程类别 | 课程性质 | 课程代码 | 课程名称 | 学分 | 总学时 | 讲课学时 | 实验学时 | 上机学时 | 各学期平均周学时分配 | | | | | | | |
|---|---|---|---|---|---|---|---|---|---|---|---|---|---|---|---|---|
| | | | | | | | | | 1 | 2 | 3 | 4 | 5 | 6 | 7 | 8 |
| 专业教育 | 必修课 | INFO5030 | 随机信号分析<br>Random Signal Analysis | 3 | 48 | 40 | | 8 | | | | | | 3 | | |
| | | INFO5027 | 数字通信原理 B<br>Principle of Digital Communication B | 3 | 48 | 48 | | | | | | | | 3 | | |
| | | COM05017 | 计算机原理与应用<br>Computer Principle and Application | 3.5 | 56 | 40 | 16 | | | | | | | 3.5 | | |
| | | INFO5003 | 毕业设计（论文）<br>Graduation Project (Thesis) | 16 | 256 | | 256 | | | | | | | | | | 16 |
| | 选修课 | | 专业教育选修课<br>Special Electives | 18 | 288 | 288 | | | | | | | | 6 | 12 | |
| 总计 | | | | 174 | 2848 | 2148 | 600 | 100 | 29 | 29 | 25.5 | 23 | 23 | 20.5 | 12 | 16 |

表 7.14　2009 版信息工程专业实践周教学计划进程

| 课程代码 | 课程名称 | 内容 | 学分 | 学期 | 周数 | 周次 | 场所 |
|---|---|---|---|---|---|---|---|
| MIL98002 | 军事训练 Military Training | 军事实践训练 | 1.5 | 1 | 4 | 1—4 | 校内外 |
| MIL98001 | 军事理论 Military Theory | 军事理论教学 | 1 | 1 | | | 校内外 |
| POL22008 | 人文社会实践 Humanities | 社会调查、研讨 | 2 | 2 | 2 | 暑假 | 校内外 |
| ELC05014 | 电子实习Ⅰ（MP3 制作） Practice in Electronics Ⅰ | MP3 数码播放器制作 | 1 | 3 | 1 | 1—3 | 本院 |
| ELC05050 | 电子实习Ⅱ（无线收发信机制作） Practice in Electronics Ⅱ | 无线收发信机制作 | 1 | 3 | 1 | | 本院 |
| INF05062 | 认知实习 Specialized Cognition | 专业教育 | 1 | 3 | 1 | | 本院 |
| INF05058 | 课程设计Ⅰ（CPU 与汇编） Project Ⅰ | 计算机软硬件设计与实践 | 3 | 5 | 3 | 1—3 | 本院 |
| INF05059 | 课程设计Ⅱ（数字电路） Project Ⅱ | 数字电路课程设计 | 1 | 7 | 1 | | 本院 |
| INF05060 | 课程设计Ⅲ（通信电路） Project Ⅲ | 通信电路课程设计 | 1 | 7 | 1 | | 本院 |
| | 专业实习 Graduation Internship | 按方向选择一门课程 | 1 | 7 | 1 | | 本院 |
| INF05078 | 专业实习（信号处理系统设计） Graduation Internship | 信号处理系统设计 | 1 | 7 | 1 | 1—3 | 校内外 |
| INF05079 | 专业实习（图像处理系统设计） Graduation Internship | 图像处理系统设计 | 1 | 7 | 1 | | 校内外 |
| INF05131 | 专业实习（PLC 编程及应用） Graduation Internship | PLC 的编程及应用 | 1 | 7 | 1 | | 校内外 |
| INF05080 | 专业实习（微波工程建模与仿真） Graduation Internship | 微波工程建模与仿真 | 1 | 7 | 1 | | 校内外 |
| INF05081 | 专业实习（电子信息处理技术） Graduation Internship | 电子信息处理技术 | 1 | 7 | 1 | | 校内外 |
| | 合　计 | | 13.5 | | | | |

备注：合计内容计算准确，不是简单相加。表中专业实习按方向选择一门课程，因此该类课程按 1 学分进行计算，非全部相加。

表7.15  2009版信息工程专业教育选修课

| 课程代码 | 课程名称 | 学分 | 学时 | 学期 | 学分要求 | 课程代码 | 课程名称 | 学分 | 学时 | 学期 | 学分要求 |
|---|---|---|---|---|---|---|---|---|---|---|---|
| INF05055 | 天线理论与技术（Antenna Theory and Technology） | 3 | 48 | 6 | 电磁场与微波技术方向必选 | INF05073 | 现代电路分析（Modern Electric Circuits） | 2 | 32 | 7 | 续左 所有方向按总修学分要求任选 |
| INF05069 | 计算电磁学基础（Fundamentals of Computational Electromagnetics） | 3 | 48 | 6 | | INF05088 | 现代电子测量技术（Modern Electric Measurement Techniques） | 2 | 32 | 7 | |
| INF05069 | 微波测量基础（Fundamentals of Microwave Measurement） | 3 | 48 | 7 | | ELC05091 | 微电子与集成电路设计基础（Fundamentals of Microelectronics and Integrated Circuit Design） | 2 | 48 | 7 | |
| INF05098 | 微波电子线路（Microwave Electronic Circuits） | 3 | 48 | 7 | | INF05047 | 电磁兼容基础（Fundamentals of Electromagnetic Compatibility） | 2 | 32 | 7 | |
| INF05071 | 微波系统设计（Microwave System Design） | 3 | 48 | 7 | | INF05070 | 微波网络基础（Fundamentals of Microwave Network） | 2 | 32 | 7 | |

续表

| 课程代码 | 课程名称 | 学分 | 学时 | 学期 | 学分要求 | 课程代码 | 课程名称 | 学分 | 学时 | 学期 | 学分要求 |
|---|---|---|---|---|---|---|---|---|---|---|---|
| INF05053 | 高级数字信号处理（Advanced Digital Signal Processing） | 3.5 | 56 | 6 | 信号与信息处理方向必选 | INF05077 | 遥感成像信息处理概论（Introduction to Information Processing in Remote-sensing Imaging） | 2 | 32 | 7 | |
| INF05064 | 实时数字信号处理技术（Realtime Digital Signal Processing Technology） | 2.5 | 40 | 6 | | INF05061 | 扩频信号处理技术与应用（Spread Spectrum Signal Processing Technology and Application） | 2 | 32 | 7 | |
| INF05046 | VHDL硬件描述语言（VHDL Hardware Description Language） | 2.5 | 40 | 6 | | INF05054 | 电子对抗原理（Fundamentals of Electronic Counter Measure） | 2 | 32 | 7 | |
| INF05067 | 随机数字信号处理（Statistical Digital Signal Processing） | 2.5 | 40 | 7 | | INF05054 | 航天测控通信技术概论（Introduction to Spaceflight TT&C and Telecommunication Technology） | 2 | 32 | 7 | |
| COM05063 | 实施嵌入式系统与应用（Realtime Embedded System and Application） | 3 | 48 | 7 | | INF05056 | 军用信息系统概论（Introduction to Military Information Systems） | 1 | 16 | 7 | |

续表

| 课程代码 | 课程名称 | 学分 | 学时 | 学期 | 学分要求 | 课程代码 | 课程名称 | 学分 | 学时 | 学期 | 学分要求 |
|---|---|---|---|---|---|---|---|---|---|---|---|
| COM05065 | 数字图像处理（Digital Image Processing） | 3 | 48 | 6 | 信号与信息处理方向必选 | XOM05066 | 数字图像处理理论与系统设计（Digital Image Processing Theory and System Design） | 2 | 32 | 7 | |
| INF05075 | 现代谱估计导论（Introduction to Modern Spectral Estimation） | 3 | 48 | 7 | | INF05072 | 无线传感网络概论（Introduction to Wireless Sensor Networks） | 2 | 32 | 7 | |
| INF05076 | 信号检测与估计（Signal Detection and Estimation） | 3 | 48 | 7 | | INF05045 | Matlab与信号处理（Matlab & Signal Processing） | 3 | 48 | 7 | |
| INF05083 | 自适应信号处理（Adaptive Signal Processing） | 3 | 48 | 7 | | INF05132 | 信号处理、通信和控制估计理论（Estimation Theory for Signal Processing, Communications, and Control） | 2 | 32 | 7 | |
| INF05044 | FPGA与SOPC设计基础（Fundamentals of FPGA and SOPC Design） | 3 | 48 | 6 | 电路与系统方向必选（续右） | ELC05120 | 模拟集成电路分析与设计基础（Fundamentals of Analog IC Analysis and Design） | 4 | 64 | 7 | |
| ELC05052 | 电子系统与信号检测（Electronic System and Signal Detection） | 3 | 48 | 6 | | ELC05121 | 数字集成电路分析与设计基础（Fundamentals of Digital IC Analysis and Design） | 4 | 64 | 7 | |

续表

| 课程代码 | 课程名称 | 学分 | 学时 | 学期 | 学分要求 | 课程代码 | 课程名称 | 学分 | 学时 | 学期 | 学分要求 |
|---|---|---|---|---|---|---|---|---|---|---|---|
| ELC05049 | 电子设计与实践(Electronic Design and Practice) | 3 | 48 | 7 | | COM05087 | 计算机网络技术(Technique of Computer Network) | 2 | 32 | 7 | |
| | | | | | | | 学分要求 18 | | | | |

备注：合计内容计算准确，不是简单相加。表中专业实习按方向选择一门课程，因此该类课程按 1 学分进行计算，非全部相加。

本专业主要覆盖电子电路理论与技术、电磁场理论与微波技术、信号理论与信息处理技术、计算机技术及应用、信息系统工程、微波毫米波系统与器件技术等专业领域。本专业包括信号与图像处理、电磁场与微波技术、信号与信息处理、电路与系统和信息科技菁英班 5 个专业方向，学生在进入专业的同时选择修读某个专业方向的成组课程如表 7.16 所示。2013 版培养方案电子信息工程专业教学（含实验）如表 7.17 所示。

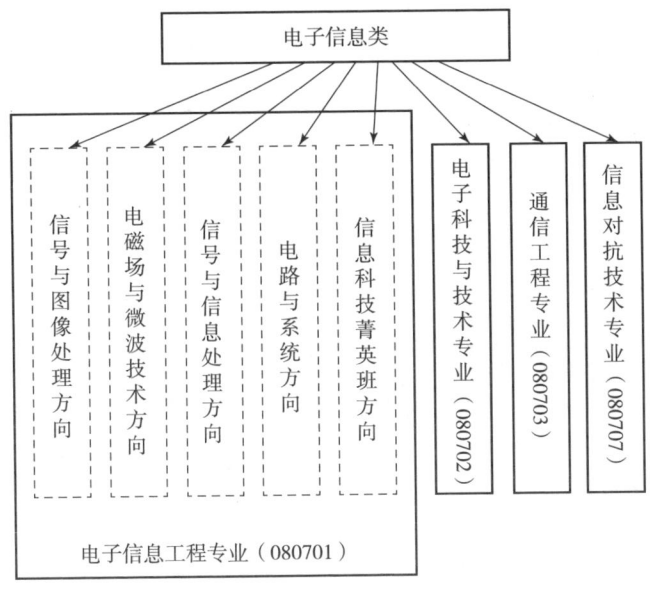

**电子信息类相关专业**

### 表7.16 2013版电子信息工程专业专业课程（含实验）计划

| 课程代码 | 课程名称 | 学分 | 学时 | 理论学时 | 实验学时 | 学期 | 学分要求 | 开课专业 | 培养环节类别标志 |
|---|---|---|---|---|---|---|---|---|---|
| INF05030 | 随机信号分析（Random Signal Analysis） | 3 | 48 | 40 | 8 | 6 | 各方向必修（3学分） | 本专业 | C |
| INF05068 | 天线理论与技术（Antenna Theory and Technology） | 3 | 48 | 40 | 8 | 6 | 电磁场与微波技术方向必修（17学分） | 本专业 | C |
| INF05055 | 计算电磁学基础（Fundamentals of Computational Electromagnetics） | 3 | 48 | 30 | 18 | 6 | | 本专业 | C |
| INF05069 | 微波测量基础（Fundamentals of Microwave Measurement） | 3 | 48 | 32 | 16 | 7 | | 本专业 | C（2）/D（1） |
| INF05098 | 微波电子线路（Microwave Electronic Circuits） | 3 | 48 | 40 | 8 | 7 | | 本专业 | C |
| INF05071 | 微波系统设计（Microwave System Design） | 3 | 48 | 32 | 16 | 7 | | 本专业 | C（2）/D（1） |
| INF05174 | 微波频率源设计（Microwave Frequency Source Design） | 2 | 32 | 32 | | 7 | | 本专业 | C |
| INF05053 | 高级数字信号处理（Advanced Digital Signal Processing） | 3 | 48 | 32 | 16 | 6 | 信号与信息处理方向必修（11学分） | 本专业 | C（2.5）/D（1） |
| INF05064 | 实时数字信号处理技术（Realtime Digital Signal Processing Technology） | 2.5 | 40 | 32 | 8 | 6 | | 本专业 | C（2）/D（0.5） |
| INF05046 | VHDL硬件描述语言（VHDL Hardware Description Language） | 2.5 | 40 | 32 | 8 | 7 | | 本专业 | C（2）/D（0.5） |
| INF05067 | 随机数字信号处理（Statistical Digital Signal Processing） | 3 | 48 | 48 | | 7 | | 本专业 | C |

续表

| 课程代码 | 课程名称 | 学分 | 学时 | 理论学时 | 实验学时 | 学期 | 学分要求 | 开课专业 | 培养环节类别标志 |
|---|---|---|---|---|---|---|---|---|---|
| INF05045 | Matlab 与信号处理（Matlab & Signal Processing） | 3 | 48 | 32 | 16 | 6 | | 本专业 | C（2）/D（1） |
| COM05065 | 数字图像处理（Digital Image Processing） | 3 | 48 | 40 | 8 | 6 | | 本专业 | C |
| INF05075 | 现代谱估计导论（Introduction to Modern Spectral Estimation） | 3 | 48 | 40 | 8 | 7 | 信号与图像处理方向必修（15学分） | 本专业 | C（2.5）/D（0.5） |
| INF05076 | 信号检测与估计（Signal Detection and Estimation） | 3 | 48 | 40 | 8 | 7 | | 本专业 | C（2.5）/D（0.5） |
| INF05083 | 自适应信号处理（Adaptive Signal Processing） | 3 | 48 | 40 | 8 | 7 | | 本专业 | C（2.5）/D（0.5） |
| INF05044 | FPGA 与 SOPC 设计基础（Fundamentals of FPGA and SOPC Design） | 3 | 48 | 48 | | 6 | | 本专业 | C |
| ELC05052 | 电子系统与信号检测（Electronic System and Signal Detection） | 3 | 48 | 48 | | 6 | 电路与系统方向必修（11学分） | 本专业 | C |
| ELC05049 | 电子设计与实践（Electronic Design and Practice） | 3 | 48 | 16 | 32 | 7 | | 本专业 | C（1）/D（2） |
| INF05073 | 现代电路分析（Modern Electric Circuits） | 2 | 32 | 32 | | 7 | | 本专业 | C |

续表

| 课程代码 | 课程名称 | 学分 | 学时 | 理论学时 | 实验学时 | 学期 | 学分要求 | 开课专业 | 培养环节类别标志 |
|---|---|---|---|---|---|---|---|---|---|
| INF05175 | 高级数字信号处理与实现（Advanced Digital Signal Processing and Implementation） | 3 | 48 | 32 | 16 | 6 | 信息科技菁英班方向必修（18学分） | 本专业 | C（2）/D（1） |
| INF05176 | 嵌入式系统及FPGA（Embedded System and FPGA） | 3 | 48 | 48 | | 6 | | 本专业 | C |
| INF05177 | 遥感概论（Introduction to Remote Sensing） | 3 | 48 | 48 | | 7 | | 本专业 | C |
| INF05178 | 微波电路与系统（Microwave Circuits and Systems） | 3 | 48 | 48 | | 7 | | 本专业 | C |
| INF05179 | 雷达原理及其信号处理（Radar Principle and Signal Processing） | 3 | 48 | 48 | | 7 | | 本专业 | C |
| INF05180 | 数字图像处理与实践（Digital Image Processing and Practice） | 3 | 48 | 32 | 16 | 7 | | 本专业 | C（2）/D（1） |
| INF05056 | 军用信息系统概论（Introduction to Military Information Systems） | 1 | 16 | 16 | | 6 | 所有方向按总学分要求任选 | 本专业 | C |

续表

| 课程代码 | 课程名称 | 学分 | 学时 | 理论学时 | 实验学时 | 学期 | 学分要求 | 开课专业 | 培养环节类别标志 |
|---|---|---|---|---|---|---|---|---|---|
| INF05156 | 通信与网络系统前沿技术（Frontiers in Communication and Network Systems） | 1 | 16 | 16 | | 6 | 所有方向按总学分要求任选 | 本专业 | C |
| INF05155 | 电子信息系统前沿关键技术（Frontiers in Electronic Information Systems） | 1 | 16 | 16 | | 6 | | 本专业 | C |
| INF05088 | 现代电子测量技术（Modern Electronic Measurement Techniques） | 2 | 32 | 32 | | 7 | | 本专业 | C |
| INF05047 | 电磁兼容基础（Fundamentals of Electromagnetic Compatibility） | 2 | 32 | 32 | | 7 | | 本专业 | C |
| INF05070 | 微波网络基础（Fundamentals of Microwave Networks） | 2 | 32 | 32 | | 7 | | 本专业 | C |
| INF05077 | 遥感成像信息处理概论（Introduction to Information Processing in Remote-sensing Imaging） | 2 | 32 | 20 | 12 | 7 | | 本专业 | C |
| INF05061 | 扩频信号处理技术与应用（Spread Spectrum Signal Processing Technology and Application） | 2 | 32 | 32 | | 7 | | 本专业 | C |

续表

| 课程代码 | 课程名称 | 学分 | 学时 | 理论学时 | 实验学时 | 学期 | 学分要求 | 开课专业 | 培养环节类别标志 |
|---|---|---|---|---|---|---|---|---|---|
| INF05048 | 电子对抗原理（Fundamentals of Electronic Counter Measure） | 2 | 32 | 32 | | 7 | 所有方向按总学分要求任选 | 本专业 | C |
| INF05054 | 航天测控通信技术概论（Introduction to Spaceflight TT&C and Telecommunication Technology） | 2 | 32 | 32 | | 7 | | 本专业 | C |
| COM05066 | 数字图像处理理论与系统设计（Digital Image Processing Theory and System Design） | 2 | 32 | 32 | | 7 | | 本专业 | C |
| INF05072 | 无线传感器网络概论（Introduction to Wireless Sensor Networks） | 2 | 32 | 32 | | 7 | | 本专业 | C |
| INF05132 | 信号处理、通信和控制中的估计理论（双语）（Estimation Theory for Signal Processing, Communications, and Control） | 2 | 32 | 32 | | 7 | | 本专业 | C |
| COM05087 | 计算机网络技术（Technique of Computer Network） | 2 | 32 | 32 | | 7 | | 本专业 | C |
| | 合计 | 100 | 1 600 | 1 370 | 230 | | 21 | | |

表 7.17 2013 版电子信息工程专业教学(含实验)

| 课程类别 | 课程性质 | 课程代码 | 课程名称 | 学分 | 总学时 | 讲课学时 | 实验学时 | 上机学时 | 各学期平均周学时分配 |||||||| 培养环节类别标志 | 备注 |
|---|---|---|---|---|---|---|---|---|---|---|---|---|---|---|---|---|---|---|
| | | | | | | | | | 1 | 2 | 3 | 4 | 5 | 6 | 7 | 8 | | |
| 公共基础课程 | 必修课 | ENG24005<br>ENG24006 | 大学英语(Ⅰ,Ⅱ)(普通班,G)<br>[College English (Ⅰ,Ⅱ)] | 6 | 96 | 64 | 32 | | 3 | 3 | | | | | | | B | |
| | | ENG24007<br>ENG24008 | 大学英语视听说(Ⅰ,Ⅱ)<br>(普通班,G)<br>[English Watching Listening and Speaking(Ⅰ,Ⅱ)] | 6 | 96 | 64 | 32 | | 3 | 3 | | | | | | | B | |
| | | MTH17003<br>MTH17004 | 工科数学分析(Ⅰ,Ⅱ)<br>[Mathematical Analysis for Engineers(Ⅰ,Ⅱ)] | 12 | 192 | 192 | | | 6 | 6 | | | | | | | A | |
| | | MTH17012 | 线性代数 A<br>(Linear Algebra A) | 3.5 | 56 | 56 | | | 3.5 | | | | | | | | A | |
| | | MTH17037 | 概率与数理统计<br>(Probability and Statistics) | 3 | 48 | 48 | | | | | 3 | | | | | | A | |
| | | COM07001 | 大学计算机基础<br>(Computer Fundamentals) | 2 | 32 | 24 | | 8 | 2 | | | | | | | | C | |
| | | COM07003 | C语言程序设计<br>(C Programming Language) | 3 | 48 | 32 | | 16 | | 3 | | | | | | | C | |
| | | PHY17016<br>PHY17017 | 大学物理(Ⅰ,Ⅱ)<br>[College Physics(Ⅰ,Ⅱ)] | 8 | 128 | 128 | | | | 4 | 4 | | | | | | A | |

续表

| 课程类别 | 课程性质 | 课程代码 | 课程名称 | 学分 | 总学时 | 讲课学时 | 实验学时 | 上机学时 | 1 | 2 | 3 | 4 | 5 | 6 | 7 | 8 | 培养环节类别标志 | 备注 |
|---|---|---|---|---|---|---|---|---|---|---|---|---|---|---|---|---|---|---|
| 公共基础课程 | 必修课 | PHY17018 PHY17019 | 物理实验 B(Ⅰ,Ⅱ) [Physics Lab B(Ⅰ,Ⅱ)] | 3 | 48 | 4 | 44 | | | 1 | 2 | | | | | | A | |
| | | POL22003 | 思想道德修养与法律基础 (Morals, Ethics and Law) | 3 | 48 | 32 | 16 | | 3 | | | | | | | | B | |
| | | POL22001 | 中国近现代史纲要 (Modern Chinese History) | 2 | 32 | 32 | | | 2 | | | | | | | | B | |
| | | LAW23005 | 知识产权法基础 (Law of Intellectual Property Rights) | 1 | 16 | 16 | | | 1 | | | | | | | | B | |
| | | POL22004 | 大学生心理素质发展 (Psychology Education) | 1 | 16 | 16 | | | | 1 | | | | | | | B | |
| | | POL22002 | 毛泽东思想与中国特色社会主义理论体系概论 (General Introduction to Mao Zedong Thought and Socialist Theory with Chinese Characteristics) | 4 | 64 | 48 | 16 | | | 4 | | | | | | | B | |

238

续表

| 课程类别 | 课程性质 | 课程代码 | 课程名称 | 学分 | 总学时 | 讲课学时 | 实验学时 | 上机学时 | 各学期平均周学时分配 1 | 2 | 3 | 4 | 5 | 6 | 7 | 8 | 培养环节类别标志 | 备注 |
|---|---|---|---|---|---|---|---|---|---|---|---|---|---|---|---|---|---|---|
| 公共基础课程 | 必修课 | POL22017 | 马克思主义基本原理 (Basic Theory of Marxism) | 3 | 48 | 48 | | | | | 3 | | | | | | B | |
| | | GEN96001 | 文献检索 (Document Retrieval) | 1 | 16 | 16 | | | | | 1 | | | | | | D | |
| | | GYM32001 GYM32002 GYM32003 GYM32004 | 体育（Ⅰ～Ⅳ）[Gym(Ⅰ～Ⅳ)] | 4 | 128 | 128 | | | 1 | 1 | 1 | 1 | | | | | B | |
| | | | 形势与政策 (Policy and Political Situation) | 2 | 32 | 32 | | | | | | | | | | | B | |
| | 选修课 | | 专项英语 (English Electives) | 4 | 64 | 64 | | | | | 2 | 2 | | | | | B(2)/D(2) | |
| | | | 通识教育课专项 (General Education) 校公共选修课 | 4 | 64 | 64 | | | | | 2 | 2 | | | | | B | |
| | | | 实验选修课专项 (Lab Electives) | 4 | 64 | | 64 | | | | | 2 | 2 | | | | D | |

续表

| 课程类别 | 课程性质 | 课程代码 | 课程名称 | 学分 | 总学时 | 讲课学时 | 实验学时 | 上机学时 | 各学期平均周学时分配 1 | 2 | 3 | 4 | 5 | 6 | 7 | 8 | 培养环节类别标志 | 备注 |
|---|---|---|---|---|---|---|---|---|---|---|---|---|---|---|---|---|---|---|
| 大类基础课程 | 必修课 | MAC03002 | 工程制图基础（Fundamentals of Engineering Drawing） | 2 | 32 | 32 | | | 2 | | | | | | | | C | |
| | | INFO5001 | 电子工艺实践（Practice in Electronic Technology） | 1.5 | 24 | | 24 | | 1.5 | | | | | | | | D | |
| | | COM05114 | 信息与电子专业导论（Professional Introduction for Information and Electronics Major） | 1 | 16 | 16 | | | | 1 | | | | | | | C | |
| | | ELC05009 | 电路分析基础A（Fundamentals of Eletric Circuits A） | 3.5 | 56 | 56 | | | | | 3.5 | | | | | | C | |
| | | ELC05011 | 电路分析实验A（Electric Circuit Lab A） | 1 | 16 | | 16 | | | | 1 | | | | | | C | |
| | | INFO5008 | 电路仿真（Circuit Simulation） | 1 | 16 | 8 | | 8 | | | 1 | | | | | | D | |
| | | MTH17036 | 复变函数与积分变换（Complex Function and Integral Transform） | 2 | 32 | 32 | | | | | | 2 | | | | | A | |

续表

| 课程类别 | 课程性质 | 课程代码 | 课程名称 | 学分 | 总学时 | 讲课学时 | 实验学时 | 上机学时 | 各学期平均周学时分配 1 | 2 | 3 | 4 | 5 | 6 | 7 | 8 | 培养环节类别标志 | 备注 |
|---|---|---|---|---|---|---|---|---|---|---|---|---|---|---|---|---|---|---|
| 大类基础课程 | 必修课 | MTH17041 | 数理方程与特殊函数（Equations of Mathematical Physics and special function） | 2 | 32 | 32 | | | | | | 2 | | | | | A | |
| | | COM05113 | 数据结构与算法设计（C描述）（Data Structure and Algorithm Design C） | 2 | 32 | 24 | | 8 | | | | 2 | | | | | C | |
| | | INF05135 | 信号与系统（Signals and Systems） | 3.5 | 56 | 56 | | | | | | 3.5 | | | | | C | |
| | | INF05134 | 信号与系统实验（Signals and Systems Lab） | 1 | 16 | | | 16 | | | | 1 | | | | | C | |
| | | ELC05021 | 模拟电路基础（Fundamentals of Analog Circuits） | 3.5 | 56 | 56 | | | | | | 3.5 | | | | | C | |
| | | ELC05022 | 模拟电路实验（Analog Circuits Lab） | 1.5 | 24 | | 16 | 8 | | | | 1.5 | | | | | C | |
| | | ELC05025 | 数字电路（Digital Electronics） | 3.5 | 56 | 56 | | | | | | | 3.5 | | | | C | |

续表

| 课程类别 | 课程性质 | 课程代码 | 课程名称 | 学分 | 总学时 | 讲课学时 | 实验学时 | 上机学时 | 各学期平均周学时分配 ||||||||| 培养环节类别标志 | 备注 |
|---|---|---|---|---|---|---|---|---|---|---|---|---|---|---|---|---|---|---|
| | | | | | | | | | 1 | 2 | 3 | 4 | 5 | 6 | 7 | 8 | | |
| 大类基础课程 | 必修课 | INFO5028 | 数字系统设计与实验（Digital System Design and Experiment） | 2 | 32 | 8 | 12 | 12 | | | | | 2 | | | | C | |
| | | INFO5005 | 电磁场理论（Theory of Electromagnetic Fields） | 4 | 64 | 60 | | | | | | | 4 | | | | C | |
| | | INFO5029 | 数字信号处理（Digital Signal Processing） | 3 | 48 | 40 | 4 | 8 | | | | | 3 | | | | C | |
| | | INFO5058 | 课程设计 I（CPU 与汇编）[Project I（CPU and Assembly Language）] | 3 | 48 | 24 | | 24 | | | | | 3 | | | | C | |
| | | INFO5031 | 通信电路与系统（Communication Circuit and System） | 4 | 64 | 64 | | | | | | | 4 | | | | C | |
| | | INFO5032 | 通信电路与系统实验（Experiments in Communication Circuit and System） | 1.5 | 24 | | 16 | 8 | | | | | 1.5 | | | | C | |
| | | INFO5018 | 控制理论基础（Fundamentals of Control Theory） | 3 | 48 | 40 | | 8 | | | | | | 3 | | | C | |

续表

| 课程类别 | 课程性质 | 课程代码 | 课程名称 | 学分 | 总学时 | 讲课学时 | 实验学时 | 上机学时 | 各学期平均周学时分配 ||||||||  培养环节类别标志 | 备注 |
|---|---|---|---|---|---|---|---|---|---|---|---|---|---|---|---|---|---|---|
| | | | | | | | | | 1 | 2 | 3 | 4 | 5 | 6 | 7 | 8 | | |
| 大类基础课程 | 必修课程 | INFO5034 | 微波技术基础 (Fundamentals of Microwave Technology) 电磁场与微波技术方向信息科技菁英班方向 | 3 | 48 | 44 | 4 | | | | | | | 3 | | | C | |
| | | INFO5033 | 微波工程导论 (Introduction to Microwave Engineering) 其他方向 | 3 | 48 | 48 | | | | | | | | 3 | | | C | |
| | | INFO5027 | 数字通信原理B (Principle of Digital Communication B) | 3.5 | 56 | 40 | 16 | | | | | | | 3.5 | | | C | |
| | | COM05017 | 计算机原理与应用 (Computer Principle and Application) | 2 | 32 | | 32 | | | | | | | 2 | | | D | |
| | | MAC03027 | 制造技术基础训练 (Basic Training of Manufacture) | 1 | 16 | 16 | | | | | | | | | 1 | | D | |
| | | INFO5163 | 工程概论 (Engineering Generality) | | | | | | | | | | | | | | | | |

续表

| 课程类别 | 课程性质 | 课程代码 | 课程名称 | 学分 | 总学时 | 讲课学时 | 实验学时 | 上机学时 | 各学期平均周学时分配 | | | | | | | | 培养环节类别标志 | 备注 |
|---|---|---|---|---|---|---|---|---|---|---|---|---|---|---|---|---|---|---|
| | | | | | | | | | 1 | 2 | 3 | 4 | 5 | 6 | 7 | 8 | | |
| 专业课程 | 必修课 | | (按照专业方向成组必修) | 21 | 336 | 336 | | | | | | | | | | | C(16)/D(2) | |
| | 选修课 | | (不分方向,按照总学分要求任意选择) | | | | | | | | | | | 6 | 12 | | | |
| 总计 | | | | 162.5 | 2 664 | 2 196 | 344 | 124 | 28 | 27 | 23.5 | 22.5 | 23 | 20.5 | 13 | 0 | | |

学生最低毕业学分应达到 191 学分（含《形势与政策》2 学分、创新创业 4 学分），如表 7.18 所示，其中理论课 148 学分，实践教学环节 43 学分，如表 7.19 和表 7.20 所示。

表 7.18　2013 版电子信息工程专业培养方案构成

| 课程类别 | | 最低毕业要求 | | |
|---|---|---|---|---|
| | | 总学分 | 总学时 | 学分比例/% |
| 课程教学（含实验） | 公共基础课 必修 | 67.5 | 1 080 | 35.3 |
| | 公共基础课 选修 | 12 | 192 | 6.3 |
| | 大类基础课 必修 | 62 | 992 | 32.5 |
| | 大类基础课 选修 | 0 | 0 | 0 |
| | 专业课 必修 | 21 | 336 | 11.0 |
| | 专业课 选修 | | | |
| 实践环节 | | 24.5 | 30 周 | 12.8 |
| 创新创业 | | 4 | 4 周 | 2.1 |
| 合计 | | 191 | 2600 + 34 周 | 100 |

表 7.19　2013 版电子信息工程专业培养方案中各类别环节比例

| 培养环节类别 | 总学分 | 总学时 | 学分比例/% | 培养环节类别标志 |
|---|---|---|---|---|
| 数学与自然科学类课程 | 33.5 | 536 | 17.5 | A |
| 人文社会科学类通识教育课程 | 38 | 608 | 19.9 | B |
| 工程基础类课程<br>专业基础类课程<br>专业类课程 | 76.5 | 1224 | 40.1 | C |
| 工程实践与毕业设计（论文） | 43 | 折合 43 周 | 22.5 | D |
| 总计 | 191 | 2 368 + 43 周 | 100 | |

表 7.20　2013 版电子信息工程专业实践环节计划

| 课程代码 | 课程名称 | 内容 | 学分 | 学期 | 周数 | 周次 | 场所 |
|---|---|---|---|---|---|---|---|
| MIL98002 | 军事训练<br>（Military Training） | 军事实践训练 | 1.5 | 1 | 4 | 1—3 | 校内外 |
| MIL98001 | 军事理论<br>（Military Theory） | 军事理论教学 | 1 | 1 | | | 校内外 |

续表

| 课程代码 | 课程名称 | 内容 | 学分 | 学期 | 周数 | 周次 | 场所 |
|---|---|---|---|---|---|---|---|
| POL22008 | 人文社会实践（Humanities） | 社会调查、研讨 | 2 | 2 | 2 | 暑假 | 校内外 |
| ELC05014 | 电子实习Ⅰ（Practice in Electronics Ⅰ） | 电子设计与制作 | 1 | 3 | 1 | 1—3 | 本院 |
| ELC05050 | 电子实习Ⅱ（Practice in Electronics Ⅱ） | 无线收发信机制作 | 1 | 3 | 1 | 1—3 | 本院 |
| INF05062 | 认知实习（Specialized Cognition） | 专业教育 | 1 | 3 | 1 | 1—3 | 本院 |
| INF05059 | 课程设计Ⅱ（Project Ⅱ） | 数字电路课程设计 | 1 | 5 | 1 | 17—18 | 本院 |
| INF05060 | 课程设计Ⅲ（Project Ⅲ） | 通信电路课程设计 | 1 | 5 | 1 | 17—18 | 本院 |
| INF05159 | 毕业实习（Graduation Internship） | 信号与图像处理实践 | 3 | 7 | 3 | 1—3 | 校内外 |
| | | 微波工程实践 | | 7 | | | 校内外 |
| | | 信号与信息处理实践 | | 7 | | | 校内外 |
| | | 电路与系统实践 | | 7 | | | 校内外 |
| | | 信息科技菁英班实践 | | 7 | | | 校内外 |
| INF05190 | 毕业设计（论文）[Graduation Project (Thesis)] | | 12 | 8 | 16 | 1—16 | 校内外 |
| 合计 | | | 24.5 | | 30 | | |

## 11. 2016 版培养方案

2016 年秉承高度弹性灵活、模块化的人才培养模式，施行适应拔尖创新人才、高素质专业人才以及复合型人才都有充分发展空间的培养方案。学院建立了面向大类培养的基础课程、专业课程、实践能力训练课程三大课程模块（表7.21），构建了基于三大课程模块的基本层次（表7.22）和高端层次（表7.23）课程体系结构。学生可根据自己的兴趣、爱好和特长在大类内自由确定主修专业，这充分体现了该方案更尊重学生的个性差异。

建立了四类人才培养路线图，如表7.24所示，让达到电子信息专业领域基本培养要求的学生成为合格毕业生；让一部分兴趣爱好特别广泛、适应能力特别强的学生，成长为基础扎实、具有宽口径的专业知识或较强创新应用能力的复合型人才；让主流的毕业生成为具有基础扎实、系统的专业知识和一定的创新应用能力的高水平、高素质专业人才；让特别优秀的毕业生成为具有深厚的基础、系统的专业知识和突出的创新能力的拔尖创新人才。

学生最低毕业学分要求：157.5学分，如表7.25～表7.27所示。

表7.21　2016版电子信息类专业课程体系层次标志

| 三大模块 | 基础课程 | 专业课程 | 实践能力训练课程 |
| --- | --- | --- | --- |
| 基本层次 | Bj | Bz | Bs |
| 高端层次 | Aj | Az | As |

表7.22　电子信息类专业基础层次三类课程模块

| 序号 | 模块名称 | 课群名称 | 课程名称 | 备注 |
| --- | --- | --- | --- | --- |
| 1 | 基础课程（Bj层次课程） | 大学英语 | 学术用途英语一级、二级 | |
| 2 | | 大学数学 | 工科数学分析Ⅰ、Ⅱ | |
| 3 | | | 线性代数A | |
| 4 | | | 概率与数理统计 | |
| 5 | | 大学自然科学 | 大学物理AⅠ、Ⅱ | |
| 6 | | 思想政治课 | 思想道德修养与法律基础 | |
| 7 | | | 中国近现代史纲要 | |
| 8 | 基础课程（Bj层次课程） | 思想政治课 | 马克思主义基本原理概论 | |
| 9 | | | 毛泽东思想和中国特色社会主义理论体系概论 | |

续表

| 序号 | 模块名称 | 课群名称 | 课程名称 | 备注 |
|---|---|---|---|---|
| 10 | 专业课程（Bz层次课程） | 人文素质 | 知识产权法基础 | |
| 11 | | | 形势与政策Ⅰ~Ⅷ | |
| 12 | | | 大学生心理素质发展 | |
| 13 | | | 管理学概论Ⅰ（网络课堂） | |
| 14 | | | 经济学概论Ⅰ（网络课堂） | |
| 15 | | | 体育Ⅰ~Ⅳ | |
| 16 | | | 军事理论 | |
| 17 | | | 文化素质类通识教育课专项 | |
| 18 | | 工程基础 | 工程制图C | |
| 19 | | 工程数学 | 复变函数与数理方程 | |
| 20 | | 电子信息类概论 | 信息与电子专业导论 | |
| 21 | | | 文献检索与学术写作 | |
| 22 | | | 信息与通信工程学科前沿与进展 | |
| 23 | | | 电子科学与技术学科前沿与进展 | |
| 24 | | | 工程概论 | |
| 25 | | 电路与电子线路 | 电路分析基础B | |
| 26 | | | 模拟电路基础B | |
| 27 | | | 数字电路B | |
| 28 | | | 通信电路与系统B | |
| 29 | | 信号与信息处理 | 信号与系统B | |
| 30 | | | 数字信号处理B | |
| 31 | | | 随机信号分析B | 电子科学与技术专业不含 |

续表

| 序号 | 模块名称 | 课群名称 | 课程名称 | 备注 |
|---|---|---|---|---|
| 56 | 实践能力训练课程（Bs层次课程） | 信号与信息处理 | 信号与信息处理实验（Ⅲ） | 电子科学与技术专业不含 |
| 57 | | | 信号与信息处理课程设计 | |
| 58 | | | 控制理论基础实验 | |
| 59 | | 电磁场与微波 | 电磁场与微波实验（Ⅰ） | |
| 60 | | | 电磁场与微波实验（Ⅱ） | |
| 61 | | | 电磁场与微波课程设计 | |
| 62 | | 计算机与网络 | 计算机与网络实验（Ⅰ） | |
| 63 | | | 计算机与网络实验（Ⅱ） | |
| 64 | | | 计算机与网络课程设计 | |
| 65 | | 通信理论与技术 | 数字通信原理实验 | 电子科学与技术专业不含，信息对抗技术专业不含 |
| 66 | | 电子信息类专业教育 | 专业实习 | |
| 67 | | | 毕业设计（论文） | |
| 68 | | | 创新创业实践B | |

表7.23 电子信息类专业高端层次三类课程模块

| 序号 | 模块名称 | 课群名称 | 课程名称 | 备注 |
|---|---|---|---|---|
| 1 | 基础课程（Aj层次课程） | 大学自然科学 | 大学物理BⅠ、Ⅱ | 可替代大学物理AⅠ、Ⅱ |
| 2 | 专业（含实践能力训练）课程（Az/As层次课程） | 电路与电子线路 | 电路分析基础A | 可替代电路分析基础B及电路与电子线路实验（Ⅰ） |
| 3 | | | 模拟电路基础A | 可替代模拟电路基础B及电路与电子线路实验（Ⅱ） |

续表

| 序号 | 模块名称 | 课群名称 | 课程名称 | 备注 |
|---|---|---|---|---|
| 4 | 专业（含实践能力训练）课程（Az/As 层次课程） | 电路与电子线路 | 数字电路 A | 可替代数字电路 B 及电路与电子线路实验（Ⅲ） |
| 5 | | | 通信电路与系统 A | 可替代通信电路与系统 B 及电路与电子线路实验（Ⅳ） |
| 6 | | | 现代嵌入式系统设计入门 | 该课程为"数字电路与数字系统设计"系列贯通课的第 1 门，学生自愿报名，任课老师遴选部分学生参加，选修学生需完成贯通课全部三学期课程 |
| | | | 基于 ARM 处理器的嵌入式系统设计 | 该课程为"数字电路与数字系统设计"系列贯通课的第 3 门，学生自愿报名，任课老师遴选部分学生参加，选修学生需完成贯通课全部三学期课程 |
| 7 | | 信号与信息处理 | 信号与系统 A | 可替代信号与系统 B 及信号与信息处理实验（Ⅰ） |
| 8 | | | 数字信号处理 A | 可替代数字信号处理 B 及信号与信息处理实验（Ⅱ） |
| 9 | | | 随机信号分析 A | 可替代随机信号分析 B 及信号与信息处理实验（Ⅲ）电子科学与技术专业不含 |
| 10 | | | 控制理论基础 A | 可替代控制理论基础 B 及控制理论基础实验 |
| 11 | | 电磁场与微波 | 电磁场理论 A | 可替代电磁场理论 B 及电磁场与微波实验（Ⅰ） |
| 12 | | | 微波技术基础 A | 可替代微波技术基础 B 及电磁场与微波实验（Ⅱ） |
| 13 | | 计算机与网络 | 数据结构与算法设计 A（C++描述） | 可替代数据结构与算法设计 B 及计算机与网络实验（Ⅰ） |

续表

| 序号 | 模块名称 | 课群名称 | 课程名称 | 备注 |
|---|---|---|---|---|
| 14 | 专业（含实践能力训练）课程（Az/As 层次课程） | 计算机与网络 | 计算机原理与应用 A | 可替代计算机原理与应用 B 及计算机与网络实验（Ⅱ）；也可被"现代嵌入式系统设计入门"+"基于 ARM 处理器的嵌入式系统设计"替代 |
| 15 | | 通信理论与技术 | 数字通信原理 A | 可替代数字通信原理 B 及通信实验 电子科学与技术专业不含，信息对抗技术专业不含 |
| 16 | | 电子信息类专业教育 | 专业教育模块 | 任选一专业，电子科学与技术、通信工程、信息对抗技术专业是固定成组课程 |
| 17 | 实践能力训练课程（As 层次课程） | 电子信息类专业基础 | 电子综合设计（课赛结合） | 任选一组 |
| 18 | | | 信号处理综合设计（课赛结合） | |
| 19 | | | 通信系统综合设计 | |
| 20 | | | 网络空间安全综合设计（课赛结合） | |
| 21 | | 电子信息类专业教育 | 专业教育模块 | 任选一专业，电子科学与技术、通信工程、信息对抗技术专业是固定成组课程 |

表7.24 2016版信息类专业人才培养路线图

| 模块 | 基础课程模块 | 专业课程模块 | 实践能力训练模块 | 第二专业拓展模块 | 毕业学分 |
|---|---|---|---|---|---|
| 合格毕业生 | Bj 层次 | Bz 层次 | Bs 层次 | | 157.5 |
| 宽口径复合型人才 | Bj 层次 | Bz 层次 | Bs + As 层次 | — | 约165 |
| | | | Bs 层次 | Bz 层次 | 约170 |
| 高水平专业人才 | Bj 层次 | Bz + Az 层次 | Bs 层次 | — | 约170 |
| | | Bz + Az 层次 | Bs + As 层次 | | 约175 |
| 拔尖创新人才 | Bj + Aj 层次 | Bz + Az 层次 | Bs 层次 | — | 约185 |
| | | Bz + Az 层次 | Bs + As 层次 | | 约185 |

表7.25 2016版电子信息工程专业培养方案构成

| 课程类别 | | | 最低毕业要求 | | |
|---|---|---|---|---|---|
| | | | 总学分 | 总学时 | 学分比例/% |
| 课程教学 | 公共基础课 | 必修 | 56.5 | 1 048 | 35.90 |
| | | 选修 | 6 | 96 | 3.80 |
| | 大类基础课 | 必修 | 47 | 840 | 29.80 |
| | | 选修 | 0 | 0 | |
| | 专业课 | 必修 | 0 | 0 | |
| | | 选修 | | | |
| | 实践环节 | | 48 | 1 536 | 30.50 |
| | 合计 | | 157.5 | 3 520 | 100 |

表7.26 2016版电子信息工程专业培养方案中各类别环节比例

| 培养环节类别 | 总学分 | 总学时 | 学分比例/% | 培养环节类别标志 |
|---|---|---|---|---|
| 数学与自然科学类课程 | 32.5 | 552 | 20.60 | A |
| 工程基础类课程，专业基础类课程，专业类课程 | 49.75 | 992 | 31.60 | B |
| 工程实践与毕业设计（论文） | 37.75 | 1 208 | 24 | C |
| 人文社会科学类通识教育课程 | 37.5 | 768 | 23.80 | D |
| 总计 | 157.5 | 3 520 | 100 | |

表7.27 2016版电子信息工程专业课程教学(含实践环节)计划

| 课程类别 | 课程性质 | 课程代码 | 课程名称 | 学分 | 总学时 | 讲课学时 | 实验学时 | 上机学时 | 各学期平均周学时分配 | | | | | | | | 培养环节类别标志 | 模块与层次标志 | 可否用高层次课程替代及替代课程 | 说明 | 开课学院 |
|---|---|---|---|---|---|---|---|---|---|---|---|---|---|---|---|---|---|---|---|---|---|
| | | | | | | | | | 1 | 2 | 3 | 4 | 5 | 6 | 7 | 8 | | | | | |
| 公共基础课程 | 必修课 | 100245201 | 学术用途英语一级 [English for General Academic Purposes (Level 1)] | 4 | 80 | 64 | 16 | | 5 | | | | | | | | D | Bj | 否 | | 平台课 |
| | | 100245202 | 学术用途英语二级 [English for General Academic Purposes (Level 2)] | 4 | 80 | 64 | 16 | | | 5 | | | | | | | D | Bj | 否 | | 平台课 |
| | | 100172103 | 工科数学分析 I [Mathematical Analysis for Engineers (Ⅰ)] | 6 | 96 | 96 | | | 6 | | | | | | | | A | Bj | 否 | | 平台课 |
| | | 100172203 | 工科数学分析 II [Mathematical Analysis for Engineers (Ⅱ)] | 6 | 96 | 96 | | | | 6 | | | | | | | A | Bj | 否 | | 平台课 |

续表

| 课程类别 | 课程性质 | 课程代码 | 课程名称 | 学分 | 总学时 | 讲课学时 | 实验学时 | 上机学时 | 各学期平均周学时分配 1 | 2 | 3 | 4 | 5 | 6 | 7 | 8 | 培养环节类别标志 | 模块与层次标志 | 可否用高层次课程替代及代课程 | 说明 | 开课学院 |
|---|---|---|---|---|---|---|---|---|---|---|---|---|---|---|---|---|---|---|---|---|---|
| 公共基础课程 | 必修课 | 100172105 | 线性代数 A（Linear Algebra A） | 3.5 | 56 | 56 | | | 3.5 | | | | | | | | A | Bj | 否 | | 平台课 |
| | | 100172003 | 概率与数理统计（Probability and Statistics） | 3 | 48 | 48 | | | | | 3 | | | | | | A | Bj | 否 | | 平台课 |
| | | 100180111 | 大学物理 A I（College Physics A I） | 4 | 64 | 64 | | | | 4 | | | | | | | A | Bj | 可 | | 平台课 |
| | | 100180121 | 大学物理 A II（College Physics A II） | 4 | 64 | 64 | | | | | 4 | | | | | | A | Bj | 可 | | 平台课 |
| | | 100180116 | 物理实验 B I（Physical Lab B I） | 1 | 32 | 2 | 30 | | | 2 | | | | | | | A | Bs | 否 | | 平台课 |
| | | 100180125 | 物理实验 B II（Physics Lab B II） | 1 | 32 | 2 | 30 | | | | 2 | | | | | | A | Bs | 否 | | 平台课 |

续表

| 课程类别 | 课程性质 | 课程代码 | 课程名称 | 学分 | 总学时 | 讲课学时 | 实验学时 | 上机学时 | 各学期平均周学时分配 ||||||||培养环节类别标志 | 模块与层次标志 | 可否用高层次课程替代及替代课程 | 说明 | 开课学院 |
|---|---|---|---|---|---|---|---|---|---|---|---|---|---|---|---|---|---|---|---|---|---|
| | | | | | | | | | 1 | 2 | 3 | 4 | 5 | 6 | 7 | 8 | | | | | |
| 公共基础课程 | 必修课 | 100270001 | 思想道德修养与法律基础 (Ideological and Moral Cultivation and Basics of Law) | 3 | 48 | 32 | 16 | | 3 | | | | | | | | D | Bj | 否 | | 平台课 |
| | | 100270002 | 中国近现代史纲要 (The History of Modern China) | 2 | 32 | 32 | | | | 2 | | | | | | | D | Bj | 否 | | 平台课 |
| | | 100270003 | 马克思主义基本原理概论 (Introduction to Basic Principles of Marxism) | 3 | 48 | 48 | | | | | 3 | | | | | | D | Bj | 否 | | 平台课 |

续表

| 课程类别 | 课程性质 | 课程代码 | 课程名称 | 学分 | 总学时 | 讲课学时 | 实验学时 | 上机学时 | 各学期平均周学时分配 | | | | | | | | 培养环节类别标志 | 模块与层次标志 | 可否用高层次课程替代及替代课程 | 说明 | 开课学院 |
|---|---|---|---|---|---|---|---|---|---|---|---|---|---|---|---|---|---|---|---|---|---|
| | | | | | | | | | 1 | 2 | 3 | 4 | 5 | 6 | 7 | 8 | | | | | |
| 公共基础课程 | 必修课 | 100270004 | 毛泽东思想和中国特色社会主义理论体系概论（Introduction to Mao Zedong Thought and the Theoretical System of Socialism with Chinese Characteristics） | 4 | 64 | 48 | 16 | | | | | 4 | | | | | D | Bj | 否 | | 平台课 |
| | | 100230057 | 知识产权法基础（Law of Intellectual Property Rights） | 1 | 16 | 16 | | | 1 | | | | | | | | D | Bj | 否 | | 平台课 |
| | | 100930001 | 大学生心理素质发展（Psychology Education） | 0 | 10 | 10 | | | 1 | | | | | | | | D | Bj | 否 | | 平台课 |

续表

| 课程类别 | 课程性质 | 课程代码 | 课程名称 | 学分 | 总学时 | 讲课学时 | 实验学时 | 上机学时 | 各学期平均周学时分配 1 | 2 | 3 | 4 | 5 | 6 | 7 | 8 | 培养环节类别标志 | 模块与层次标志 | 可否用高层次课程替代及替代课程 | 说明 | 开课学院 |
|---|---|---|---|---|---|---|---|---|---|---|---|---|---|---|---|---|---|---|---|---|---|
| 公共基础课程 | 必修课 | 100160501 | 生命科学基础 A | 2 | 32 | 32 | | | 2 | | | | | | | | D | Bj | 否 | | 平台课 |
| | | 104210002 | 管理学概论 I（网络课堂）[Introduction to Management (Network Classroom)] | 1 | 16 | 16 | | | | | 1 | | | | | | D | Bj | 否 | | 平台课 |
| | | 104210004 | 经济学概论 I（网络课堂）[Introduction to Economics (Network Classroom)] | 1 | 16 | 16 | | | | | | 1 | | | | | D | Bj | 否 | | 平台课 |
| | | 100320001 | 体育 I [Physical Education (I)] | 0.5 | 32 | 32 | | | 2 | | | | | | | | D | Bj | 否 | | 平台课 |

续表

| 课程类别 | 课程性质 | 课程代码 | 课程名称 | 学分 | 总学时 | 讲课学时 | 实验学时 | 上机学时 | 各学期平均周学时分配 ||||||||  培养环节类别标志 | 模块与层次标志 | 可否用高层次课程替代及代替代课程说明 | 开课学院 |
|---|---|---|---|---|---|---|---|---|---|---|---|---|---|---|---|---|---|---|---|---|
| | | | | | | | | | 1 | 2 | 3 | 4 | 5 | 6 | 7 | 8 | | | | |
| 公共基础课程 | 必修课 | 100320002 | 体育Ⅱ [Physical Education (Ⅱ)] | 0.5 | 32 | 32 | | | | 2 | | | | | | | D | Bj | 否 | 平台课 |
| | | 100320003 | 体育Ⅲ [Physical Education (Ⅲ)] | 0.5 | 32 | 32 | | | | | 2 | | | | | | D | Bj | 否 | 平台课 |
| | | 100320004 | 体育Ⅳ [Physical Education (Ⅳ)] | 0.5 | 32 | 32 | | | | | | 2 | | | | | D | Bj | 否 | 平台课 |
| | | 100980002 | 军事训练 (Military Training) | 1.5 | 48 | | 48 | | 3 | | | | | | | | D | Bs | 否 | 平台课 |
| | | 100980001 | 军事理论 (Military Theory) | 1 | 16 | 16 | | | 1 | | | | | | | | D | Bj | 否 | 平台课 |

续表

| 课程类别 | 课程性质 | 课程代码 | 课程名称 | 学分 | 总学时 | 讲课学时 | 实验学时 | 上机学时 | 各学期平均周学时分配 | | | | | | | | 培养环节类别标志 | 模块与层次标志 | 可否用高层次课程代替及替代课程 | 说明 | 开课学院 |
|---|---|---|---|---|---|---|---|---|---|---|---|---|---|---|---|---|---|---|---|---|---|
| | | | | | | | | | 1 | 2 | 3 | 4 | 5 | 6 | 7 | 8 | | | | | |
| 公共基础课程 | 必修课 | 100270006 | 形势与政策（I～VIII）[The Situation and Policy(I～VIII)] | 2 | 32 | 32 | | | 0.5 | | | 0.5 | | 0.5 | 0.5 | 2 | D | Bj | 否 | | 平台课 |
| 公共基础课程 | 限定选修课 | | 文化素质类通识教育课专项（哲学与历史,文学与艺术,科学与技术,创新与创业类中,任意3类,每类2学分） | 6 | 96 | 96 | | | | 6 | | | | | | | D | Bj | 可 | 允许以选修跨专业课程充抵同类型文化素质通识课学分 | 平台课 |
| 公共基础课程 | 限定选修课 | | 实践训练通识课专项（艺术实践,科技实践,文化实践类,任意2类,每类1学分） | 2 | 64 | | 64 | | | 4 | | | | | | | C | Bs | 否 | | 平台课 |

续表

| 课程类别 | 课程性质 | 课程代码 | 课程名称 | 学分 | 总学时 | 讲课学时 | 实验学时 | 上机学时 | 各学期平均周学时分配 1 | 2 | 3 | 4 | 5 | 6 | 7 | 8 | 培养环节类别标志 | 模块与层次标志 | 可否用高层次课程代替及替代课程 | 说明 | 开课学院 |
|---|---|---|---|---|---|---|---|---|---|---|---|---|---|---|---|---|---|---|---|---|---|
| 公共基础课程 | 限定选修课 | 100270005 | 社会实践(Social Practice) | 2 | 32 | | 32 | | | | | | 2 | | | | C | Bs | 否 | | 平台课 |
| | | 100050114 | 素质拓展(Quality Development) | 4 | 128 | | 128 | | | 8 | | | | | | | C | Bs | 否 | | 本学院开课 |
| | | 第1组:<br>100245203-04<br>第2组:<br>100245301-02,<br>100245303-04,<br>100245305-06,<br>10024530708 | 第1组:学术用途英语三级,四级<br>[English for General Academic Purposes (Level 3,4)]<br>第2组:学业英语交流、听力,阅读,写作之二<br>[English Speaking for Academic Study (Ⅰ,Ⅱ)<br>English Listening for Academic Study(Ⅰ,Ⅱ)<br>English Reading for Academic Study(Ⅰ,Ⅱ)<br>English Writing for Academic Study(Ⅰ,Ⅱ)] | 8 | 128 | 128 | | | | | 4 | 4 | | | | | D | Aj | 否 | 2组中任选1组 | 平台课 |

续表

| 课程类别 | 课程性质 | 课程代码 | 课程名称 | 学分 | 总学时 | 讲课学时 | 实验学时 | 上机学时 | 各学期平均周学时分配 ||||||||  培养环节类别标志 | 模块与层次标志 | 可否用高层次课程替代及替代课程 | 课程说明 | 开课学院 |
|---|---|---|---|---|---|---|---|---|---|---|---|---|---|---|---|---|---|---|---|---|
| | | | | | | | | | 1 | 2 | 3 | 4 | 5 | 6 | 7 | 8 | | | | | |
| 公共基础课程 | 限定选修课 | | 数学类高层次课程 | 3 | 48 | | | | | | 3 | | | | | | A | Aj | 否 | 2组中任选1组 | 平台课 |
| | | 100070010<br>100070008<br>100070011 | 第1组：Python语言程序设计（Python Programming Language）<br>第2组：数据库技术及应用（Access）（Database Technology and Applications）<br>第3组：网页设计基础（Web Design Basics） | 3 | 48 | | | | | | 3 | | | | | | B | Aj | 否 | 3组中任选1组 | 平台课 |

续表

| 课程类别 | 课程性质 | 课程代码 | 课程名称 | 学分 | 总学时 | 讲课学时 | 实验学时 | 上机学时 | 各学期平均周学时分配 1 | 2 | 3 | 4 | 5 | 6 | 7 | 8 | 培养环节类别标志 | 模块与层次标志 | 可否用高层次课程代替及替代课程 | 说明 | 开课学院 |
|---|---|---|---|---|---|---|---|---|---|---|---|---|---|---|---|---|---|---|---|---|---|
| 公共基础课程 | 限定选修课 | 100180112 | 大学物理B I (College Physics B I) | 5 | 80 | 80 | | | | 5 | | | | | | | A | Aj | 可替代大学物理A(I) | | 平台课 |
| | | 100180222 | 大学物理B II (College Physics B II) | 5 | 80 | 80 | | | | | 5 | | | | | | A | Aj | 可替代大学物理A(II) | | 平台课 |
| | | 100190003 | 大学化学C (General Chemistry C) | 2 | 32 | 32 | | | | | 2 | | | | | | A | Aj | 否 | | 平台课 |

续表

| 课程类别 | 课程性质 | 课程代码 | 课程名称 | 学分 | 总学时 | 讲课学时 | 实验学时 | 上机学时 | 各学期平均周学时分配 1 | 2 | 3 | 4 | 5 | 6 | 7 | 8 | 培养环节类别标志 | 模块与层次标志 | 可否用高层次课程代替及替代课程 | 说明 | 开课学院 |
|---|---|---|---|---|---|---|---|---|---|---|---|---|---|---|---|---|---|---|---|---|---|
| 大类基础课程 | 必修课 | 100031150 | 工程制图C (Engineering Drawing C) | 2 | 32 | 32 | | | | 2 | | | | | | | B | Bz | 否 | | 平台课 |
| | | 100031314 | 制造技术基础训练C (Basic Training C of Mechanical Physics Technology) | 2 | 70 | | 70 | | | | | | | 4 | | | C | Bs | 否 | | 平台课 |
| | | 100172001 | 复变函数与积分变换 (Complex Function and Integral Transform) | 2 | 32 | 32 | | | | 2 | | | | | | | A | Bz | 否 | | 平台课 |
| | | 100172205 | 数理方程与特殊函数 (Eequations of Mathematical Physics and Special Function) | 2 | 32 | 32 | | | | | 2 | | | | | | A | Bz | 否 | | 平台课 |
| | | 100050201 | 信息与电子专业导论 (Specialized Introduction to Information and Electronics) | 0 | 24 | 24 | | | 1.5 | | | | | | | | B | Bz | 否 | | 本学院开课 |

续表

| 课程类别 | 课程性质 | 课程代码 | 课程名称 | 学分 | 总学时 | 讲课学时 | 实验学时 | 上机学时 | 各学期平均周学时分配 | | | | | | | | 培养环节类别标志 | 模块与层次标志 | 可否用高层次课程代替及替代课程 | 说明 | 开课学院 |
|---|---|---|---|---|---|---|---|---|---|---|---|---|---|---|---|---|---|---|---|---|---|
| | | | | | | | | | 1 | 2 | 3 | 4 | 5 | 6 | 7 | 8 | | | | | |
| 大类基础课程 | 必修课 | 100051271 | 电子系统体验与工艺实践（Experience and Technique Practice of Electronic System） | 1 | 32 | | 32 | | 2 | | | | | | | | C | Bs | 否 | | 本学院开课 |
| | | 100053201 | C语言程序设计（C Language Programming） | 3 | 48 | 40 | | 8 | 3 | | | | | | | | B | Bz | 否 | | 本学院开课 |
| | | 100051202 | 电路分析基础 B | 3 | 48 | 48 | | | | 3 | | | | | | | B | Bz | 可 | | 本学院开课 |
| | | 100051277 | 电路与电子线路实验（I） | 1 | 32 | | 32 | | | 2 | | | | | | | B | Bs | 可 | | 本学院开课 |
| | | 100053204 | 数据结构与算法设计 B（C 描述） | 1.5 | 24 | 24 | | | | 1.5 | | | | | | | B | Bz | 可 | | 本学院开课 |

续表

| 课程类别 | 课程性质 | 课程代码 | 课程名称 | 学分 | 总学时 | 讲课学时 | 实验学时 | 上机学时 | 各学期平均周学时分配 ||||||||  培养环节类别标志 | 模块与层次标志 | 可否用高层次课程代替及替代课程说明 | 开课学院 |
|---|---|---|---|---|---|---|---|---|---|---|---|---|---|---|---|---|---|---|---|
| | | | | | | | | | 1 | 2 | 3 | 4 | 5 | 6 | 7 | 8 | | | | |
| 大类基础课程 | 必修课 | 100053271 | 计算机与网络实验（Ⅰ） | 0.25 | 8 | | | 8 | | 0.5 | | | | | | | B | Bs | 可 | 本学院开课 |
| | | 100050203 | 文献检索与学术写作 | 2 | 40 | 24 | 16 | | | | 2.5 | | | | | | B | Bz | 否 | 本学院开课 |
| | | 100052202 | 信号与系统B | 3 | 48 | 48 | | | | | 3 | | | | | | B | Bz | 可 | 本学院开课 |
| | | 100052271 | 信号与信息处理实验（Ⅰ） | 0.5 | 16 | | 16 | | | | 1 | | | | | | B | Bs | 可 | 本学院开课 |
| | | 100051205 | 模拟电路基础B | 3 | 48 | 48 | | | | | 3 | | | | | | B | Bz | 可 | 本学院开课 |
| | | 100051279 | 电路与电子线路实验（Ⅱ） | 0.75 | 24 | | 16 | 8 | | | 1.5 | | | | | | B | Bs | 可 | 本学院开课 |

续表

| 课程类别 | 课程性质 | 课程代码 | 课程名称 | 学分 | 总学时 | 讲课学时 | 实验学时 | 上机学时 | 各学期平均周学时分配 ||||||||| 培养环节类别标志 | 模块与层次标志 | 可否用高层次课程代替及代替课程 | 说明 | 开课学院 |
|---|---|---|---|---|---|---|---|---|---|---|---|---|---|---|---|---|---|---|---|---|---|
| | | | | | | | | | 1 | 2 | 3 | 4 | 5 | 6 | 7 | 8 | | | | | |
| 大类基础课程 | 必修课 | 100051208 | 数字电路B | 3 | 48 | 48 | | | | | | 3 | | | | | B | Bz | 可 | | 本学院开课 |
| | | 100051281 | 电路与电子线路实验(Ⅲ) | 1 | 32 | 8 | 12 | 12 | | | | 2 | | | | | B | Bs | 可 | | 本学院开课 |
| | | 100054202 | 电磁场理论B | 3 | 48 | 48 | | | | | | 3 | | | | | B | Bz | 可 | | 本学院开课 |
| | | 100054271 | 电磁场与微波实验(Ⅰ) | 0.25 | 8 | | 8 | | | | | 0.5 | | | | | B | Bs | 可 | | 本学院开课 |
| | | 100052205 | 数字信号处理B | 2.5 | 40 | 40 | | | | | | | 2.5 | | | | B | Bz | 可 | | 本学院开课 |
| | | 100052273 | 信号与信息处理实验(Ⅱ) | 0.25 | 8 | | 8 | | | | | | 0.5 | | | | B | Bs | 可 | | 本学院开课 |
| | | 100051311 | 通信电路与系统B | 3 | 48 | 48 | | | | | | | 3 | | | | B | Bz | 可 | | 本学院开课 |

续表

| 课程类别 | 课程性质 | 课程代码 | 课程名称 | 学分 | 总学时 | 讲课学时 | 实验学时 | 上机学时 | 各学期平均周学时分配 1 | 2 | 3 | 4 | 5 | 6 | 7 | 8 | 培养环节类别标志 | 模块与层次标志 | 可否用高层次课程替代及替代课程 | 说明 | 开课学院 |
|---|---|---|---|---|---|---|---|---|---|---|---|---|---|---|---|---|---|---|---|---|---|
| 大类基础课程 | 必修课 | 100051383 | 电路与电子线路实验(Ⅳ) | 0.75 | 24 |  | 16 | 8 |  |  |  | 1.5 |  |  |  |  | B | Bs | 可 |  | 本学院开课 |
| | | 100055302 | 控制理论基础B | 2 | 32 | 32 |  |  |  |  |  | 2 |  |  |  |  | B | Bz | 可 |  | 本学院开课 |
| | | 100055371 | 控制理论基础实验 | 0.25 | 8 |  | 8 |  |  |  |  | 0.5 |  |  |  |  | B | Bs | 可 |  | 本学院开课 |
| | | 100053307 | 计算机原理与应用B | 4 | 64 | 64 |  | 32 |  |  |  |  | 4 |  |  |  | B | Bz | 可 |  | 本学院开课 |
| | | 100053373 | 计算机与网络实验(Ⅱ) | 1 | 32 |  |  |  |  |  |  |  | 2 |  |  |  | B | Bs | 可 |  | 本学院开课 |
| | | 100054305 | 微波技术基础B | 2.5 | 40 | 40 |  |  |  |  |  |  | 2.5 |  |  |  | B | Bz | 可 |  | 本学院开课 |
| | | 100054373 | 电磁场与微波实验(Ⅱ) | 0.25 | 8 |  | 8 |  |  |  |  |  | 0.5 |  |  |  | B | Bs | 可 |  | 本学院开课 |

续表

| 课程类别 | 课程性质 | 课程代码 | 课程名称 | 学分 | 总学时 | 讲课学时 | 实验学时 | 上机学时 | 各学期平均周学时分配 1 | 2 | 3 | 4 | 5 | 6 | 7 | 8 | 培养环节类别标志 | 模块与层次标志 | 可否用高层次课程替代及替代课程 | 开课学院 | 说明 |
|---|---|---|---|---|---|---|---|---|---|---|---|---|---|---|---|---|---|---|---|---|---|
| 大类基础课程 | 必修课 | 100057302 | 数字通信原理B | 3 | 48 | 48 | | | | | | | 3 | | | | B | Bz | 可 | 本学院开课 | |
| | | 100057371 | 数字通信原理实验 | 0.25 | 8 | | 8 | | | | | | 0.5 | | | | B | Bs | 可 | 本学院开课 | |
| | | 100052308 | 随机信号分析B | 2.5 | 40 | 40 | | | | | | | 2.5 | | | | B | Bz | 可 | 本学院开课 | |
| | | 100052375 | 信号与信息处理实验（Ⅱ） | 0.25 | 8 | | 8 | | | | | | 0.5 | | | | B | Bs | 可 | 本学院开课 | |
| | | 100050306 | 工程概论 | 0 | 24 | 24 | | | | | | | | 1.5 | | | B | Bz | 否 | 本学院开课 | |
| | | 100050304 | 信息与通信工程学科前沿与进展 | 0 | 16 | 16 | | | | | | | | 1 | | | B | Bz | 否 | 本学院开课 | |
| | | 100050305 | 电子科学与技术学科前沿与进展 | 0 | 16 | 16 | | | | | | | | 1 | | | B | Bz | 否 | 本学院开课 | |

续表

| 课程类别 | 课程性质 | 课程代码 | 课程名称 | 学分 | 总学时 | 讲课学时 | 实验学时 | 上机学时 | 各学期平均周学时分配 1 | 2 | 3 | 4 | 5 | 6 | 7 | 8 | 培养环节类别标志 | 模块与层次标志 | 可否用高层次课程替代及替代课程 | 课程说明 | 开课学院 |
|---|---|---|---|---|---|---|---|---|---|---|---|---|---|---|---|---|---|---|---|---|---|
| 大类基础课程 | 必修课 | 100051273 | 电子实习（Ⅰ） | 1 | 32 | | 32 | | | | 2 | | | | | | C | Bs | 否 | 第1小学期 | 本学院开课 |
| 大类基础课程 | 必修课 | 100051275 | 电子实习（Ⅱ） | 1 | 32 | | 32 | | | | 2 | | | | | | C | Bs | 否 | 第1小学期 | 本学院开课 |
| 大类基础课程 | 必修课 | 100050202 | 认知实习 | 1 | 32 | | 32 | | | | 2 | | | | | | C | Bs | 否 | 第1小学期 | 本学院开课 |
| 大类基础课程 | 必修课 | 100051385 | 电路与电子线路课程设计 | 2 | 64 | | 64 | | | | | | 4 | | | | C | Bs | 否 | | 本学院开课 |
| 大类基础课程 | 必修课 | 100053375 | 计算机与网络课程设计 | 1 | 32 | | 32 | | | | | | 2 | | | | C | Bs | 否 | 第2小学期（后） | 本学院开课 |

续表

| 课程类别 | 课程性质 | 课程代码 | 课程名称 | 学分 | 总学时 | 讲课学时 | 实验学时 | 上机学时 | 各学期平均周学时分配 ||||||||| 培养环节类别标志 | 模块与层次标志 | 可否用高层次课程代替及替代课程 | 说明 | 开课学院 |
|---|---|---|---|---|---|---|---|---|---|---|---|---|---|---|---|---|---|---|---|---|---|
| | | | | | | | | | 1 | 2 | 3 | 4 | 5 | 6 | 7 | 8 | | | | | |
| 大类基础课程 | 必修课 | 100052376 | 信号与信息处理课程设计 | 0.75 | 24 | | 24 | | | | | | | 1.5 | | | C | Bs | 否 | 第2小学期（后） | 本学院开课 |
| | | 100054374 | 电磁场与微波课程设计 | 1 | 32 | | 32 | | | | | | | 2 | | | C | Bs | 否 | 第2小学期（后） | 本学院开课 |
| | 选修课 | 103051201 | 电路分析基础A | 4.5 | 88 | 56 | 32 | | | 5.5 | | | | | | | B | Az/As | 可代替电路分析基础B及电路与电子线路实验（I） | 研究型教学 | 本学院开课 |

续表

| 课程类别 | 课程性质 | 课程代码 | 课程名称 | 学分 | 总学时 | 讲课学时 | 实验学时 | 上机学时 | 各学期平均周学时分配 | | | | | | | | 培养环节类别标志 | 模块与层次标志 | 可否用高层次课程替代及代替课程 | 说明 | 开课学院 |
|---|---|---|---|---|---|---|---|---|---|---|---|---|---|---|---|---|---|---|---|---|---|
| | | | | | | | | | 1 | 2 | 3 | 4 | 5 | 6 | 7 | 8 | | | | | |
| 大类基础课程 | 选修课 | 103053203 | 数据结构与算法设计A（C++描述） | 2.75 | 48 | 40 | 8 | | | | 3 | | | | | | B | Az/As | 可代替数据结构与算法设计B及计算机网络实验（I） | 研究型教学 | 本学院开课 |
| | | 103052201 | 信号与系统A | 4 | 72 | 56 | 16 | | | | | 4.5 | | | | | B | Az/As | 可代替信号与系统B及信号与信息处理实验（I） | 研究型教学 | 本学院开课 |

续表

| 课程类别 | 课程性质 | 课程代码 | 课程名称 | 学分 | 总学时 | 讲课学时 | 实验学时 | 上机学时 | 各学期平均周学时分配 ||||||||  可否用高层次课程代替及替代课程 | 模块与层次标志 | 培养环节类别标志 | 课程说明 | 开课学院 |
|---|---|---|---|---|---|---|---|---|---|---|---|---|---|---|---|---|---|---|---|---|
| | | | | | | | | | 1 | 2 | 3 | 4 | 5 | 6 | 7 | 8 | | | | |
| 大类基础课程 | 选修课 | 103051204 | 模拟电路基础A | 4.5 | 88 | 56 | 32 | | | | 5.5 | | | | | | 可替代模拟电路基础B及电子线路实验(Ⅱ) | Az/As | B | 研究型教学 | 本学院开课 |
| | | 103051207 | 数字电路A | 4.5 | 88 | 56 | 32 | | | | | | 5.5 | | | | 可替代数字电路基础B及电子线路实验(Ⅲ) | Az/As | B | 研究型教学 | 本学院开课 |

续表

| 课程类别 | 课程性质 | 课程代码 | 课程名称 | 学分 | 总学时 | 讲课学时 | 实验学时 | 上机学时 | 各学期平均周学时分配 ||||||||  可否用高层次课程替代及替代课程 | 模块与层次标志 | 培养环节类别标志 | 课程说明 | 开课学院 |
|---|---|---|---|---|---|---|---|---|---|---|---|---|---|---|---|---|---|---|---|---|
| | | | | | | | | | 1 | 2 | 3 | 4 | 5 | 6 | 7 | 8 | | | | |
| 大类基础课程 | 选修课 | 103054201 | 电磁场理论A | 4 | 72 | 56 | 16 | | | | | 4.5 | | | | | 可代替电磁场理论B及电磁场波仿真实验（Ⅰ） | Az/As | B | 研究型教学 | 本学院开课 |
| | | 103052204 | 数字信号处理A | 3.25 | 56 | 48 | 8 | | | | | | 3.5 | | | | 可代替数字信号处理B及信号与信息处理实验（Ⅱ） | Az/As | B | 研究型教学 | 本学院开课 |

续表

| 课程类别 | 课程性质 | 课程代码 | 课程名称 | 学分 | 总学时 | 讲课学时 | 实验学时 | 上机学时 | 各学期平均周学时分配 | | | | | | | | 培养环节类别标志 | 模块与层次标志 | 可否用高层次课程替代及替代课程 | 说明 | 开课学院 |
|---|---|---|---|---|---|---|---|---|---|---|---|---|---|---|---|---|---|---|---|---|---|
| | | | | | | | | | 1 | 2 | 3 | 4 | 5 | 6 | 7 | 8 | | | | | |
| 大类基础课程 | 选修课 | 103051310 | 通信电路与系统A | 4.25 | 80 | 56 | 24 | | | | | | 5 | | | | B | Az/As | 可替代通信电路与系统B及电路电子线路实验(Ⅳ) | 研究型教学 | 本学院开课 |
| 大类基础课程 | 选修课 | 103055301 | 控制理论基础A | 3.25 | 56 | 48 | 8 | | | | | 3.5 | | | | | B | Az/As | 可替代控制理论基础B及信号与信息处理实验(Ⅲ) | 研究型教学 | 本学院开课 |

续表

| 课程类别 | 课程性质 | 课程代码 | 课程名称 | 学分 | 总学时 | 讲课学时 | 实验学时 | 上机学时 | 各学期平均周学时分配 1 | 2 | 3 | 4 | 5 | 6 | 7 | 8 | 培养环节类别标志 | 模块与层次标志 | 可否用高层次课程替代及替代课程 | 课程说明 | 开课学院 |
|---|---|---|---|---|---|---|---|---|---|---|---|---|---|---|---|---|---|---|---|---|---|
| 大类基础课程 | 选修课 | 103051310 | 通信电路与系统A | 4.25 | 80 | 56 | 24 | | | | | 5 | | | | | B | Az/As | 可替代普通电路、信号与系统及电子线路实验（Ⅳ） | 研究型教学 | 本学院开课 |
| 大类基础课程 | 选修课 | 103055301 | 控制理论基础A | 3.25 | 56 | 48 | 8 | | | | | 3.5 | | | | | B | Az/As | 可替代控制理论基础B及信号处理实验（Ⅲ） | 研究型教学 | 本学院开课 |

续表

| 课程类别 | 课程性质 | 课程代码 | 课程名称 | 学分 | 总学时 | 讲课学时 | 实验学时 | 上机学时 | 各学期平均周学时分配 ||||||||培养环节类别标志|模块与层次标志|可否用高层次课程替代及代课课程|说明|开课学院|
| --- | --- | --- | --- | --- | --- | --- | --- | --- | --- | --- | --- | --- | --- | --- | --- | --- | --- | --- | --- | --- | --- |
| | | | | | | | | | 1 | 2 | 3 | 4 | 5 | 6 | 7 | 8 | | | | | |
| 大类基础课程 | 选修课 | 103053306 | 计算机原理与应用A | 5 | 96 | 64 | 32 | | | | | | 6 | | | | B | Az/As | 可代替计算机原理与应用B与计算机网络实验（Ⅲ） | 研究型教学 | 本学院开课 |
| | | 103054304 | 微波技术基础A | 3.5 | 64 | 48 | 16 | | | | | | 4 | | | | B | Az/As | 可代替微波技术基础B及电磁场与微波实验（Ⅱ） | 研究型教学 | 本学院开课 |

续表

| 课程类别 | 课程性质 | 课程代码 | 课程名称 | 学分 | 总学时 | 讲课学时 | 实验学时 | 上机学时 | 各学期平均周学时分配 ||||||||| 培养环节类别标志 | 模块与层次标志 | 可否用高层次课程替代及替代课程 | 说明 | 开课学院 |
|---|---|---|---|---|---|---|---|---|---|---|---|---|---|---|---|---|---|---|---|---|---|
| | | | | | | | | | 1 | 2 | 3 | 4 | 5 | 6 | 7 | 8 | | | | | |
| 大类基础课程 | 选修课 | 103057301 | 数字通信原理A | 3.5 | 64 | 48 | 16 | | | | | | 4 | | | | B | Az/As | 可替代数字通信原理B及通信实验 | 研究型教学 | 本学院开课 |
| | | 103052307 | 随机信号分析A | 2.75 | 48 | 40 | 8 | | | | | | 3.0 | | | | B | Az/As | 可替代随机信号分析B及信号与信息处理实验(Ⅳ) | 研究型教学 | 本学院开课 |

续表

| 课程类别 | 课程性质 | 课程代码 | 课程名称 | 学分 | 总学时 | 讲课学时 | 实验学时 | 上机学时 | 各学期平均周学时分配 | | | | | | | | | 培养环节类别标志 | 模块与层次标志 | 可否用高层次课程替代及代课程 | 说明 | 开课学院 |
|---|---|---|---|---|---|---|---|---|---|---|---|---|---|---|---|---|---|---|---|---|---|
| | | | | | | | | | 1 | 2 | 3 | 4 | 5 | 6 | 7 | 8 | | | | | | |
| 大类基础课程 | 选修课 | 100051387 100052378 100057373 100058371 | 第1组:电子综合设计(课赛结合) 第2组:信号处理综合设计(课赛结合) 第3组:通信系统综合设计 第4组:网络空间安全综合设计(课赛结合) | 3 | 96 | | 96 | | | | | | | 6 | | | C | As | 否 | 任选一组 | 本学院开课 |
| 专业课程 | 必修课 | 必修专业课 | | 0 | 0 | | | | | | | | | 0 | | | B | Az | 可 | 无学分要求 | 本学院开课 |
| 专业课程 | 必修课 | 100055473 | 专业实习 | 3 | 96 | | 96 | | | | | | | | 6 | | C | Bs | 否 | 第3小学期 | 本学院开课 |

续表

| 课程类别 | 课程性质 | 课程代码 | 课程名称 | 学分 | 总学时 | 讲课学时 | 实验学时 | 上机学时 | 各学期平均周学时分配 1 | 2 | 3 | 4 | 5 | 6 | 7 | 8 | 培养环节类别标志 | 模块与层次标志 | 可否用高层次课程代替及代课程 | 说明 | 开课学院 |
|---|---|---|---|---|---|---|---|---|---|---|---|---|---|---|---|---|---|---|---|---|---|
| 专业课程 | 限定选修课 | 100050413 | 毕业设计 | 12 | 384 | | 384 | | | | | | | | | 24 | C | Bs | 否 | | 本学院开课 |
| 专业课程 | 限定选修课 | 100050416 | 创新创业实践 B | 4 | 128 | | 128 | | | | | | | 12 | | | C | Bs | 可 | | 本学院开课 |
| 专业课程 | 任意选修课 | | 学院开课范围内任意选修 | 12 | 192 | 192 | | | | | | | | | | | B | Az | 可 | | 本学院开课 |
| 专业课程 | 任意选修课 | 100050415 | 创新创业实践 A | 4 | 128 | | 128 | | | | | | | | | | C | As | 可替代创新创业实践 B | | 本学院开课 |
| 分学期平均周学时 (不含未分配开课学期课程) | | | | | | | | | 33.5 | 32 | 34 | 25.5 | 27 | 7.5 | 6 | 26 | | | | | |

续表

| 课程类别 | 课程性质 | 课程代码 | 课程名称 | 学分 | 总学时 | 讲课学时 | 实验学时 | 上机学时 | 各学期平均周学时分配 ||||||||  培养环节类别标志 | 模块与层次标志 | 可否用高层次课程替代及替代课程 | 说明 | 开课学院 |
|---|---|---|---|---|---|---|---|---|---|---|---|---|---|---|---|---|---|---|---|---|---|
| | | | | | | | | | 1 | 2 | 3 | 4 | 5 | 6 | 7 | 8 | | | | | |
| | | | B层次课程（必修）累计 | 157.5 | 3 486 | 1 900 | 1 478 | 108 | | | | | | | | | | | | | |
| | | | A层次课程（必修）累计 | 0 | 0 | 0 | 0 | 0 | | | | | | | | | | | | | |
| | | | 最低毕业要求合计 | 157.5 | 3 486 | 1 900 | 1 478 | 108 | | | | | | | | | | | | | |

备注：
①A类（数学与自然科学类课程）:32.5学分，占20.6%；
②B类（工程基础类课程、专业课程与专业课类课程）:49.75学分，占31.6%；
③C类（工程实践与毕业设计）:37.75学分，占24%；
④D类（人文社会科学类通识教育课程）:37.5学分，占23.8。
⑤表格总计内容是简单相加，不是按照课程体系层次进行计算。

### 7.1.3 电子信息工程专业（信息工程专业）实验班

该实验班1994年开始设立并招生，独立设置到2017级，从2018级开始撤销，全信息与电子学院按照电子信息工程（实验班）大类招生。这里所述的电子信息工程专业（信息工程专业）实验班是指2017级之前的小范围的实验班，从设立时到2012级，名称一直是信息工程专业实验班，从2013级到2017级，名称是电子信息工程专业实验班（以下简称信息工程实验班或实验班）。

当时设立这一实验班的初衷：一是探索面向大类、宽口径培养的教改思路；二是为了体现普通高等教育体系下的精英教育理念，落实因材施教原则，探索培养高素质优秀人才的有效途径，在满足社会需求的同时为研究生输送优秀生源。自1994年起每年招60~80名品学兼优、高考成绩优秀、取得全国学科竞赛一等奖的优秀学生单独组成信息工程专业本科教学实验班，制定专门的培养方案与教学计划，进行统一管理和专门培养。该实验班是学校设立的第一个教改实验班，设立多年来，在实践教改理念、摸索人才培养的内在规律和培育高水平人才方面发挥了重要作用，形成了信息与电子学院高水平人才培养的一个重要标志。

1994—2017年，实验班已经开设24年，其中1998级和1999级两个实验班由当时的自动控制系开办，其他22个年级的实验班均在信息与电子学院开设（包括此前的电子工程系、信息科学技术学院）。截至2018年年底，实验班共计招生1 300余人，已毕业1 100余人，信息与电子学院在读200余人，其余学生选择了其他专业或转回了原专业班级。在2009年之前，15个年级的实验班均采取了根据高考成绩确定资格、自愿选择、通过选拔考核的方式确定实验班人选，2009级之后采取了实验班单列招生专业目录、高考单独填报志愿、单独录取的方式。

在实验班设立之初，学校即确定了若干条在实验班实行的教改、教学管理和学生激励与奖惩等措施，此后还根据具体情况进行了补充和调整，先后颁布了《北京理工大学本科教学实验班实行方案》和《北京理工大学实验班第二阶段培养指导性意见》等文件，学院在具体执行方面也做了许多细化工作。总体来看，这些措施取得了良好效果，学院以后会继续实施并根据实际情况加以深化和完善。

**1. 信息工程实验班管理及运行的主要特色**

（1）在实验班实行"2+2"的培养模式。在第一阶段，即大学前两年打通专业界限，按照大类进行培养，强化基础，拓宽知识面。在大二末和大三初，允许学生在全校或者专业大类范围内任选专业，进入专业培养的第二阶段。

（2）在进行公共基础课程和大类基础课程学习阶段，实验班坚持以班级为单位集中选课，对这些课程在配备的师资方面予以倾斜，选择教学和科研经验丰富、教学效果好的教师任课。在实验班任课教师课时费、工作津贴等方面予以倾斜，教学工作量的加权系数为 2.0。

（3）进入第二阶段学习后，由所在学院为学生采取一对一模式配备导师，导师负责对学生的学业指导，协助学生制订具体的培养计划，结合毕业设计指导学生参加科研工作。

（4）要求实验班学生至少参加一次学校、市或者有关部门组织的各类知识竞赛，且竞赛成绩作为各类奖绩评定的依据。

（5）实验班学生在参加学校各类表彰及奖学金的申请和评定时，如课程考试未出现不及格，则至少享受乙等奖学金。另外，还单独设立实验班奖学金，包括单科成绩优秀奖学金、学习进步奖学金、科技创新奖学金和社会工作奖学金。

（6）设立实验班专项活动经费，主要用于组织学生参加社会实践、学科知识竞赛、课外科技活动等。

（7）基础教育阶段培养合格，第二阶段培养期间能继续保持良好的学习成绩，其他方面表现优秀者，可优先推荐为免试研究生，且在研究生保送比例方面予以倾斜。

（8）采取其他诸如增加免费机时、图书借阅、免修课程等措施。

（9）实行严格的淘汰机制，课程不及格，则转回原班级或者取消实验班待遇。同时允许自己选择退出和选择其他专业学习。

信息工程实验班设立以来，在推进教学改革、吸引优秀生源、改善学院整体学风、为研究生阶段输送高素质人才等各方面都取得了显著的成效。

（10）信息工程实验班率先开展了加强基础、淡化专业、宽口径的大类基础教育与自主性、个性化专业培养相结合的培养模式改革，制订了打通二级学科界限的教学计划与培养方案，经过多年来的不断探索和完善，取得了很好的效果和成功的经验。目前信息学科按照大类招生已经成为学校本科招生和教育的一大特色，实验班教学计划也已经向全学院本科生推广，为全校本科教育改革起到了推动和示范作用。

（11）实验班在吸引优秀生源方面发挥了重要作用。实验班的定位受到高考考生和家长的肯定与青睐，成为北京理工大学本科招生的一大亮点，吸引了一批本身有实力投考北京大学、清华大学，而由于各种原因没能报考北京大学、清华大学的优秀学生，在采取进校选拔阶段，实验班学生的平均高考分数远高于全校平均水平，即便采取单列招生专业目录、高考单独填报志愿、单独录取的方式后，实验班学生的平均分数也远高于全校平均水平，同时也高于信息工程普通班的水平。

（12）实验班学生学习态度认真，成绩良好，有钻研精神，很好地带动了全学院的学习风气。同时实验班学生积极踊跃参加各种学科知识和实践竞赛，成为学院参加这些竞赛和实践活动的主力军，也取得了很好的成绩。

（13）实验班不仅为我院，而且为全校其他相关专业输送了优秀的研究生生源。对比全校本科生，综合上研率高约15%，升学率（含出国）高约20%。

（14）实验班培养质量较高，社会反响好。多年追踪分析数据表明，实验班学生本科毕业直接就业以及研究生毕业后留京率、就业率、高端就业率、杰出校友比例均明显高于全校平均水平。

**2. 实验班培养计划的主要内容**

实验班采取二段式培养模式和以研究型学习和自主学习为主要特色的教学方式。第一阶段为基础教育阶段，用5个学期的时间，按照理科人才培养模式的基本要求，强化自然科学理论与工程基础课程的学习，包括数学、物理、英语、计算机科学基础等公共基础课程。在专业基础阶段，包括电路、信号、电磁场与微波、计算机、通信等专业基础课群，主要开展研究型学习的教改实践，把科研项目和团队引入本科生教学，配置优越的教学资源，全面强化实践和动手能力。第二阶段为第六、七、八学期三个学期的时间，重点进行专业能力培养，学生按照个人意愿进入各专业和专业方向学习并按照所学专业名称毕业，学习期间由学院为学生配备导师，学生可以在导师的指导下，完成专业课程的学习和毕业设计，同时可以参与导师的科研项目，获得科研实践的机会。

实验班实行英才教育和考评筛选制。实验班还鼓励学生尽量参与各种学科知识竞赛和大学生创新创业训练项目，为学生创造赴海外访学交流的机会，设计各种举措促进学生人文素质的培养。

**3. 2013版培养方案**

在2013版培养方案中，电子信息类实验班毕业生需达到的基本要求包括：

（1）具有人文社会科学素养、社会责任感和工程职业道德。

（2）具有从事工程工作所需的相关数学、自然科学以及经济和管理知识。

（3）掌握工程基础知识和本专业的基本理论知识，具有系统的工程实践学习经历；了解本专业的前沿发展现状和趋势。

（4）具备设计和实施工程实验的能力，并能够对实验结果进行分析。

（5）掌握基本的创新方法，具有追求创新的态度和意识；具有综合运用理论和技术手段设计系统和过程的能力，设计过程中能够综合考虑经济、环境、法律、安全、健康、伦理等制约因素。

（6）掌握文献检索、资料查询及运用现代信息技术获取相关信息的基本方法。

（7）了解与本专业相关的职业和行业的生产、设计、研究与开发、环境保护和可持续发展等方面的方针、政策和法律、法规，能正确认识工程对于客观世界和社会的影响。

（8）具有一定的组织管理能力、表达能力和人际交往能力以及在团队中发挥作用的能力。

（9）对终身学习有正确的认识，具有不断学习和适应发展的能力。

（10）具有国际视野和跨文化交流、竞争与合作的能力。

学生最低毕业学分应达到 201 学分，如表 7.28 所示，其中理论课程 172.5 学分，实践教学环节 28.5 学分。

表 7.28　2013 版电子信息类实验班培养方案构成

| 课程类别 | | | 最低毕业要求 | | |
| --- | --- | --- | --- | --- | --- |
| | | | 总学分 | 总学时 | 学分比例/% |
| 课程教学（含实验） | 公共基础课 | 必修 | 76 | 1 216 | 37.8 |
| | | 选修 | 10 | 160 | 5.0 |
| | 大类基础课 | 必修 | 68.5 | 1 096 | 34.0 |
| | | 选修 | 0 | 0 | 0 |
| | 专业课 | 必修 | 18 | 288 | 9.0 |
| | | 选修 | | | |
| 实践环节 | | | 24.5 | 30 周 | 12.2 |
| 创新创业 | | | 4 | 4 周 | 2.0 |
| 合计 | | | 201 | 2 760 + 34 周 | 100 |

### 4. 2016 版培养方案

2016 年，实验班的培养目标在原有目标基础上更新为：第一，面向广泛的电子信息工程领域，培养具有坚定的理想信念、健全的身心人格、扎实的理论基础、宽广的知识视野，能够慎思明辨、创新笃行，能够用系统的观点分析、综合和处理科学技术问题，进行科学研究、技术开发、应用研究和管理的工程技术人才。毕业生可从事电子信息工程相关领域科学研究、技术开发、教育教学和技术管理等工作。第二，探索面向大类、宽口径、厚基础、重实践、研究型学习和自主学习的教改思路，落实因材施教原则，培养本科优秀拔尖创新人才，为电子信息类专业领域培养创新型科学研究人才、工程技术人才和相关领域的科技领军人才。

结合工程专业认证理念，2016 版电子信息类（实验班）培养标准实现矩阵如表 7.29 所示，毕业要求是对学生通过本专业学习，在毕业时应该掌握的知识和能力的具体描述。

根据以上确定的培养目标，在本科毕业时，电子信息类专业本科毕业生的毕业要求应包括以下 12 个方面的知识、技能和素养（毕业要求一级项）：

（1）工程知识：具有从事电子信息类专业领域工程技术工作所需的相关数学、自然科学知识，具有基本的工程图学与工程数学工程基础知识，具有电路与电子线路理论与技术、信号与信息处理理论与技术、电磁场理论与微波技术、计算机技术及应用、信息与通信系统工程理论与技术等专业基础知识，能够将这些知识用于解决电子信息领域复杂工程问题。（覆盖通用标准毕业要求 1）

（2）问题分析：能够应用数学、自然科学和工程科学的基本原理，识别、描述和分析电子信息领域复杂工程问题并进行实验验证，以获得对相应复杂工程问题的深刻认识并得出有效结论。能通过文献检索与学术写作、资料查询及运用现代信息技术获取相关信息，提取、整理、分析和归纳资料，为问题分析过程提供有益参考。（覆盖通用标准毕业要求 2）

（3）设计开发解决方案：能够在分析现有问题的基础上，设计针对这些问题的解决方案和满足特定需求的单元（部件）、系统或工艺流程，并能通过设计性实践环节检验设计的合理性。同时，能够在设计环节中掌握基本的创新方法，体现创新意识，综合考虑社会、健康、安全、法律、文化以及环境等因素。（覆盖通用标准毕业要求 3）

（4）研究：能够在分析现有问题、提出解决方案的基础上，基于科学原理并采用科学方法，对电子信息领域新的复杂工程问题进行提炼、归并处理和拓展，开展有针对性的建模、仿真与优化研究，设计创新性实验获取、分析处理与解释数据，探索付诸工程实施与检验，并通过对各种研究手段获取的信息进行综合分析，得到合理有效的结论。（覆盖通用标准毕业要求 4）

（5）使用现代工具：能够针对电子信息领域复杂工程问题，开发、选择与使用恰当的技术、资源、现代工程工具和信息技术工具，进行问题分析、设计开发解决方案及开展研究。能够理解各种现代工具在测量、模拟和预测复杂工程问题方面各自的优势和不足。（覆盖通用标准毕业要求 5）

（6）工程与社会：能够基于工程相关背景知识进行合理分析，评价电子信息领域工程实践和复杂工程问题解决方案对社会、健康、安全、法律以及文化的影响，并理解因实施解决方案可能产生的后果及应承担的责任。（覆盖通用标准毕业要求 6）

（7）环境和可持续发展：了解电子信息领域有关环境保护和可持续发展等

方面的方针、政策和法律、法规，能够理解和评价针对电子信息类复杂工程问题的工程实践对环境、社会可持续发展的影响。（覆盖通用标准毕业要求7）

（8）职业规范：具有人文社会科学素养、社会责任感，了解国家有关电子信息领域相关的职业和行业的生产、设计、研究与开发的法律、法规，以及国内外相关的标准、规范和技术变化，能够在工程实践中理解并遵守工程职业道德和规范，履行责任。（覆盖通用标准毕业要求8）

（9）个人和团队：能够在多学科背景下的团队中承担个体、团队成员以及负责人的角色。（覆盖通用标准毕业要求9）

（10）沟通：能够就电子信息领域复杂工程问题与业界同行及社会公众进行有效沟通和交流，包括撰写报告和设计文稿、陈述发言、清晰表达或回应指令。具备一定的国际视野，能够在跨文化背景下进行专业技术领域沟通和交流、竞争与合作。（覆盖通用标准毕业要求10）

（11）项目管理：理解并掌握工程管理原理与经济决策方法，并能在多学科环境中应用。（覆盖通用标准毕业要求11）

（12）终身学习：对电子信息领域的理论和技术发展规律有明确的认识，并进而对自主学习和终身学习有正确的认识，有不断学习和适应发展的能力。（覆盖通用标准毕业要求12）

学生最低毕业学分：197.5学分，如表7.30～表7.32所示。

**表7.29 2016版电子信息类（实验班）培养标准实现矩阵**

（H：高支撑程度；M：中等支撑程度；L：低支撑程度）

| 课程 | 毕业要求 | | | | | | | | | | |
| --- | --- | --- | --- | --- | --- | --- | --- | --- | --- | --- | --- |
| | 工程知识 | 问题分析 | 设计开发解决方案 | 研究 | 使用现代工具 | 工程与社会 | 环境和可持续发展 | 职业规范 | 个人和团队 | 沟通 | 项目管理 | 终身学习 |
| 学术用途英语一级、二级及自选环节 | | | | | | | | | | H | | |
| 工科数学分析Ⅰ、Ⅱ及自选环节 | H | | | | | | | | | | | |
| 线性代数A | M | | | | | | | | | | | |
| 概率与数理统计 | M | | | | | | | | | | | |

续表

| 课程 | 毕业要求 | | | | | | | | | | |
|---|---|---|---|---|---|---|---|---|---|---|---|
| | 工程知识 | 问题分析 | 设计开发解决方案 | 研究 | 使用现代工具 | 工程与社会 | 环境和可持续发展 | 职业规范 | 个人和团队 | 沟通 | 项目管理 | 终身学习 |
| 大学物理BⅠ、Ⅱ | H | | | | | | | | | | | |
| 物理实验BⅠ、Ⅱ | | | | | M | | | | | | | |
| 大学化学C | L | | | | | | | | | | | |
| 思想道德修养与法律基础 | | | | | | | | H | | | | |
| 中国近现代史纲要 | | | | | | | | H | | | | |
| 马克思主义基本原理概论 | | | | | | | | M | | | | |
| 毛泽东思想与中国特色社会主义理论体系概论 | | | | | | | | H | | | | |
| 知识产权法基础 | | | | | | | | H | | | | |
| 大学生心理素质发展 | | | | | | | | H | | | | |
| 生命科学基础A | | | | | | H | L | | | | | |
| 管理学概论Ⅰ（网络课堂） | | | | | | | | M | | | H | |
| 经济学概论Ⅰ（网络课堂） | | | | | | | | M | | | H | |
| 体育Ⅰ～Ⅳ | | | | | | | | M | | | | |
| 军事训练 | | | | | | | | H | | | | |
| 军事理论 | | | | | | | | M | | | | |
| 形势与政策 | | | | | | | | H | | | | |
| 文化素质类通识教育课专项 | | | | | H | L | H | H | | M | | |

续表

| 课程 | 毕业要求 | | | | | | | | | | | |
|---|---|---|---|---|---|---|---|---|---|---|---|---|
| | 工程知识 | 问题分析 | 设计开发解决方案 | 研究 | 使用现代工具 | 工程与社会 | 环境和可持续发展 | 职业规范 | 个人和团队 | 沟通 | 项目管理 | 终身学习 |
| 实践训练通识课专项 | | | | | | | | L | H | H | | |
| 社会实践 | | | | | | | | M | | | | |
| 素质拓展 | | | | | M | | | | H | | | L |
| 工程制图 C | M | | | | M | | | | | | | |
| 制造技术基础训练 | M | | | | M | | | | | | | |
| 复变函数与积分变换 | H | M | M | | | | | | | | | |
| 数理方程与特殊函数 | H | M | M | | | | | | | | | |
| 信息与电子专业导论 | | M | | | | H | L | | | H | H | |
| 电子系统体验与工艺实践 | | | | | M | | | | | | | |
| C 语言程序设计及自选环节 | | | | | M | | | | | | | |
| 电路分析基础 A（含实验） | H | M | M | | M | | | | | | | |
| 数据结构与算法设计 A（C++描述）（含实验） | H | M | M | | M | | | | | | | |
| 信号与系统 A（含实验） | H | M | M | | M | | | | | | | |
| 模拟电路基础 A（含实验） | H | M | M | | M | | | | | | | |

续表

| 课程 | 毕业要求 | | | | | | | | | | |
|---|---|---|---|---|---|---|---|---|---|---|---|
| | 工程知识 | 问题分析 | 设计开发解决方案 | 研究 | 使用现代工具 | 工程与社会 | 环境和可持续发展 | 职业规范 | 个人和团队 | 沟通 | 项目管理 | 终身学习 |
| 数字电路A（含实验） | H | M | M | | M | | | | | | | |
| 电磁场理论A（含实验） | H | M | M | | M | | | | | | | |
| 数字信号处理A（含实验） | H | M | M | | M | | | | | | | |
| 通信电路与系统A（含实验） | H | M | M | | M | | | | | | | |
| 控制理论基础A（含实验） | H | M | M | | M | | | | | | | |
| 微波技术基础A（含实验） | H | M | M | | M | | | | | | | |
| 数字通信原理A（含实验） | H | M | M | | M | | | | | | | |
| 计算机原理与应用A（含实验） | H | M | M | | M | | | | | | | |
| 随机信号分析A（含实验） | H | M | M | | M | | | | | | | |
| 工程概论 | | | | | | H | H | H | H | | H | H |
| 信息与通信工程学科前沿与进展 | | | | | | | | | | H | | H |

续表

| 课程 | 毕业要求 | | | | | | | | | | |
|---|---|---|---|---|---|---|---|---|---|---|---|
| | 工程知识 | 问题分析 | 设计开发解决方案 | 研究 | 使用现代工具 | 工程与社会 | 环境和可持续发展 | 职业规范 | 个人和团队 | 沟通 | 项目管理 | 终身学习 |
| 电子科学与技术学科前沿与进展 | | | | | | | | | | H | | H |
| 电子实习Ⅰ~Ⅱ | | M | | | | | | | | | | |
| 认知实习 | | | | | | | | | | | | |
| 电路与电子线路课程设计 | | | H | M | | H | H | | H | H | | |
| 信号与信息处理课程设计 | | | H | M | | H | H | | H | H | | |
| 电磁场与微波课程设计 | | | H | M | | H | H | | H | H | | |
| 算法与计算机课程设计 | | | H | M | | H | H | | H | H | | |
| 任选课赛结合课程 | | | H | M | | H | H | | H | H | M | M |
| 专业实习 | | | | | M | H | | | | | H | |
| 毕业设计 | L | L | H | H | H | H | | H | H | H | H | H |
| 创新创业实践A | | | | H | | | | H | H | H | | |
| 专业课程 | H | M | M | L | L | L | L | | | | | |

表7.30　2016版电子信息类（实验班）人才培养路线图

| 课程 | 基础课程模块 | 专业课程模块 | 实践能力训练模块 | 第二专业拓展模块 | 毕业学分 |
|---|---|---|---|---|---|
| 拔尖创新人才 | Bj + Aj 层次 | Bz + Az 层次 | Bs + As 层次 | — | 197.5 |

表7.31　2016版电子信息类（实验班）培养方案构成

| 课程类别 | | | 最低毕业要求 | | |
|---|---|---|---|---|---|
| | | | 总学分 | 总学时 | 学分比例/% |
| 课程教学 | 公共基础课 | 必修 | 74.5 | 1 336 | 37.7 |
| | | 选修 | 6 | 96 | 3.0 |
| | 大类基础课 | 必修 | 60.75 | 1 176 | 30.8 |
| | | 选修 | 0 | 0 | 0 |
| | 专业课 | 必修 | 最低12 | 最低192 | 6.1 |
| | | 选修 | | | |
| 实践环节 | | | 44.25 | 1 416 | 22.4 |
| 合计 | | | 197.5 | 4 216 | 100 |

表7.32　2016版电子信息类（实验班）培养方案中各类别环节比例

| 培养环节类别 | 总学分 | 总学时 | 学分比例/% | 培养环节类别标志 |
|---|---|---|---|---|
| 数学与自然科学类课程 | 37.5 | 632 | 19.0 | A |
| 工程基础类课程<br>专业类课程 | 71.75 | 1352 | 36.3 | B |
| 工程实践与毕业设计（论文） | 40.75 | 1304 | 20.6 | C |
| 人文社会科学类通识教育课程 | 47.5 | 928 | 24.1 | D |
| 总计 | 197.5 | 4216 | 100 | |

### 7.1.4　信息工程专业本硕博连读实验班

该实验班创建于2009年并于当年开始招生，为当时全校首批三个本硕博连读实验班之一，设置在信息与电子学院，年均招生30人，直到2012级，2013级撤销。从2013级开始，全校各本硕博连读实验班统一归入徐特立学院，实施"明精计划"。这里所述的信息工程专业本硕博连读实验班是指2012级之前设置在信息与电子学院的实验班。

设置信息工程本硕博连读实验班（以下简称本硕博实验班或本硕博班）是为了进一步体现普通高等教育体系下的精英教育理念，为电子信息工程、通信工程、电子科学与技术以及更广的工科类专业领域更有效地培养创新型研究及工程技术人才和相关领域的科技领军人物。

在设立本硕博班期间，学院始终把本硕博班的工作放在非常重要的位置，由学院院长和书记挂帅抓本硕博班工作，并且聘任了专设的院长助理协助教学院长具体实施本硕博班的教学和培养工作，由学院在学院层面上直接发动和推进各项工作。由于本硕博连读实验班对于我校和学院来说都是新生事物，其本身带有非常强的实验性，在招生制度、学籍管理制度、教学培养体系等方面必然有一个摸索和逐步完善的过程，没有成熟的经验可供遵循，因此本硕博班的工作首先是从无到有的建设过程，然后是保证扎实稳妥地运行，在此基础上积极探索新的教育理念和新的教改措施。

具体来说，本硕博班工作主要包括以下几个方面：

（1）依托教改项目，调研本硕博连读培养模式。从 2009 年开始，学院即分别以学院院长和主管教学的副院长挂帅申请了学校教务处和研究生院资助的教改项目"电子信息领域拔尖人才培养模式的研究与实践"和"信息工程本硕博连读培养方案研究"，这两项教改项目从不同侧面关注了本硕博连读培养的教学和培养环节，目的是为实施本硕博连读的教改准备材料、奠定基础。以这两项教改项目为依托，学院组织教师开展了国内各高校开展本硕博连读培养模式的调研，收集了国内 20 余所高校开展本硕博连读培养模式教育的大量资料，并且赴若干所高校进行了专题调研，与这些高校的校、院负责人进行座谈，交流情况。

（2）制订本硕博班教学计划与培养方案。根据本硕博班定位和学生的基础情况，从一开始就贯彻了高质量起步的原则，在课程设置、课程教学内容的提升和调整等方面坚持高标准、严要求。为进一步在课程设置上精益求精，做到更科学合理、更符合学生知识认知规律、更匹配学科特点，学院于 2009 年在全部 2 个一级学科和 8 个二级学科都组建了本硕博实验班教学计划与培养方案制定工作组，由学科负责人、学术带头人和教学科研骨干教师组成，深入讨论课程和培养环节体系中深层次的问题。经过充分酝酿、研讨和征求意见，并且同理学院、外国语学院等公共基础课开课院系进行充分协商，学院本硕博教学计划与培养方案经过 3 次大的修改和 20 余次补充完善，于 2010 年秋季完成并上报教务处。

整个教学计划与培养方案贯彻了以下几个方面的基本原则：

- 教学计划与培养方案兼顾全学院各学科、各专业的需求。
- 在公共基础课程阶段，按照强基础的考虑，适当补充数理方面的基础课程。

- 硕士生和博士生阶段的公共基础必修课适当向本科阶段集中。
- 建议新开设课程"近现代基础科学进展",主要介绍数学史、物理史及其最新研究进展与热点研究方向等内容,建议学校增加开设文化思想史、军事思想史和经济学等通识选修课程,以及其他高水平讲座课程,开阔学生视野。
- 在大类基础课程方面,基本沿袭了之前作为教改成果的加强基础、淡化专业、宽口径、打破二级学科界限的课程体系,对部分课程和实践环节根据实际需求进行了调整和加强。
- 按照贯通培养的原则,将本科、硕士、博士各个阶段相近的课程适当打通和集中。
- 按照个性化专业培养的原则,让学生按各自今后的研究方向成组选修专业必修课程。
- 扩大选修课程的面,导师可以指导学生在较宽范围内按照学分要求选择合适、需要的课程。
- 增加国外访学和科学研究实践环节。

（3）配备学术班主任和实行导师制。为了能够加强对本硕博班同学的学业指导,引导同学们树立攀登学术高峰的理想和建立自己科学合理的学业发展规划,除班主任外,学院在本硕博班学生入学时即为每个班聘任了学术班主任,由学术造诣精深、工作认真负责、熟悉学校学院政策的资深教授担任。例如,2009级本硕博班学术班主任由学院院长龙腾教授担任,2010级本硕博班学术班主任由学院教学副院长徐晓文教授担任。同时,为真正做到对每个学生的个性化培养,学院为每个学生都配备了导师。导师配备分为本科生和研究生两个阶段。本科阶段实行导师小组制,其成员由全体信息与电子学院在岗专职博士生导师担任。导师小组主要负责该班学生本科阶段的专业及课业咨询,对学生选课提出建议,培养学生的专业兴趣和创新研究能力。建立了措施,保证全体学生在进入第7学期后双向选择博士导师之前与每位博士导师都进行过交流。研究生阶段导师除指导学生完成其研究生相应培养环节之外,还负责指导其完成本科阶段的毕业论文（设计）环节。

（4）加强课程教学,明确授课要求并建立授课教师责权利统一的制度。学院建立了本硕博班单独开课、小班授课、单独考核的课程教学模式,初步建立了基层教学单位推荐、学院统一掌握和考核的教师选聘制度,明确提出本硕博班开课和授课对教学质量的要求,并积极摸索调动教师的积极性、引导教师提高授课质量的举措，确定并执行了本硕博班授课工作量为3.0的制度。

（5）建立教学督导制度，促进教学质量提高。学院首先建立了本硕博教学督导小组，并作为学院本科教学督导专家组的核心部分开展工作，希望借此摸索教学督导的运作方式并向全学院本科教学推广。本硕博教学督导小组由学院在本学院离退休教师和在职教师范围内，选聘从事本科教学时间长、教学经验丰富、熟悉教学规律、教学效果好、专业造诣深厚、工作认真负责、办事公正且享有较高威信的教师组成。督导小组实行独立委员会的运作方式，按照工作职责要求独立完成各个环节督导和顾问工作。督导小组要在开课之前、课程教学中和课程考核环节全面参与授课教师的工作，帮助授课教师改进教学，提高教学质量。

（6）积极探索教改举措，为下一轮深化教改准备条件。本硕博班的培养目标、培养模式和学生素质为进一步深入开展教育教学改革提出了需求，同时也提供了条件。学院选择了若干门核心大类基础课程，与相应学科负责人和任课教师进行了深入研讨，提出了一些深入开展教育教学改革的可行措施，各门课程都在积极准备，在课程内容、授课方式、实践环节、考核方式、教材建设等方面创造条件，争取能够尽快投入实践获得检验。与此同时，学院也在积极摸索对整体教学计划进行深入优化的可行性，为下一轮制订更科学合理的教学计划与培养方案准备条件。

（7）注重班级建设，加强与学生的交流与沟通。学院为每个本硕博班配置的班主任都由副教授以上的专业教师担任，同时由年富力强的专职教师担任辅导员，在保证班级日常工作顺利开展的同时，更加注重对学生学业方面的引导。学院也非常注意收集班级学生的各种反馈信息与意见建议，及时修正与改进教学环节，保证每学期组织多次有全体学生、学院负责领导、辅导员和班主任参加的学生座谈会，在会上学生们畅所欲言、老师们尽力解决学生们的疑问，并在会下进行专题研究、及时解决学生的问题，这样力争形成一种良性反馈的机制，了解这类学生的所思所想，摸索其内在规律，积累开办这种类型实验班的经验。同时，积极组织学生参加校院领导直接对本硕博班学生开设的讲座，使得学生们能够掌握和深刻理解学校、学院开展本硕博连读教育模式的整体思路、办学目标、管理政策、专业领域等问题。除让学生参加由校长、主管副校长、基础教育学院领导等直接面对面的多次活动外，还组织了学院院长、主管教学副院长与学生的直接交流讲座多次，并以必修课程的形式组织全学院8个二级学科负责人为本硕博班学生开设了 16 个学时的专业讲座。这些措施都收到了很好的效果。

（8）强化制度建设，出台规范文件。为保证上述各项举措的切实落实和工作的顺利开展，学院专门针对本硕博班工作制定并颁布了多项文件，使得本硕博班的各项工作制度化、规范化。学院颁布的针对本硕博班的文件包括《信息与电子学院实验班教学工作量计算暂行办法》《信息与电子学院信息工程专业本硕博班主干课程目录》《信息与电子学院关于信息工程专业本硕博班新加和调整课程的请示报告》《信息与电子学院关于本硕博实验班学生转回普通班后若干问题的请示》《信息与电子学院本硕博连读实验班开课要求》《信息与电子学院本硕博连读实验班本科教学督导办法》《信息与电子学院本硕博连读实验班教学督导组督导课程安排》《信息与电子学院本硕博连读实验班教学督导安排》《信息与电子学院本科教学督导组设立办法》。

本硕博连读实验班培养计划的主要内容包括：

信息工程本硕博连读实验班实行本科、硕士和博士贯通培养模式，学制 8~9 年，有针对性地制定一体化培养方案，如表 7.33~表 7.36 所示。

培养方案基于"贯通培养、加强基础、突出创新、强化德育、面向国际"的指导思想，培养过程中进一步强化数理基础知识和创新性思维及技能训练，积极争取选派优秀学生出国攻读博士学位或与国外大学进行联合培养，提高国际竞争能力。

为及时掌握学生的学习状况，引导其科学研究兴趣，发现其自身特长，更好地体现培养模式的个性化，学生入校一段时间后为其配备专业导师或指导小组。

导师配备分为本科和研究生两个阶段。在本科阶段，配备导师组，由该班学术班主任担任组长，学院各二级学科选派副高职以上教师各一人为成员，全程负责该班学生本科阶段的专业及课业咨询、对学生选课提出建议、培养学生的专业兴趣和创新研究能力。在研究生阶段，该班学生在学院博士生导师范围内通过双向选择的方式确定导师，其程序与普通研究生相同。研究生阶段导师除指导学生完成其研究生相应培养环节之外，还负责指导其完成本科阶段的毕业论文（设计）环节。

根据《北京理工大学本硕博班管理规定》（北京理工大学令第 47 号），信息工程本硕博连读实验班学生实行本硕博连读资格审查制，考评不合格者，将被取消本硕博连读资格。

表7.33 2009版信息工程本硕博实验班指导性教学计划进程

| 课程类别 | 课程性质 | 课程代码 | 课程名称 | 学分 | 总学时 | 讲课学时 | 实验学时 | 上机学时 | 各学期平均周学时分配 ||||||||||||||||| 开课专业 | 备注 |
|---|---|---|---|---|---|---|---|---|---|---|---|---|---|---|---|---|---|---|---|---|---|---|---|
| | | | | | | | | | 1 | 2 | 3 | 4 | 5 | 6 | 7 | 8 | 9 | 10 | 11 | 12 | 13 | 14 | 15 | 16 | 17 | | |
| 公共基础 | 必修课 | ENG24005<br>ENG24006 | 大学英语（Ⅰ,Ⅱ）<br>（高级班,Q） | 6 | 96 | 64 | 32 | | 3 | 3 | | | | | | | | | | | | | | | | | | |
| | | ENG24007<br>ENG24008 | 大学英语视听说（Ⅰ,Ⅱ）<br>（高级班,Q） | 6 | 96 | 64 | 32 | | 3 | 3 | | | | | | | | | | | | | | | | | | |
| | | ENG24182 | 实用英语写作基础 | 2 | 32 | 32 | | | | | 2 | | | | | | | | | | | | | | | | 新设课程 |
| | | ENG24183<br>ENG24184<br>ENG24185 | 高级英语（Ⅰ,Ⅱ,Ⅲ）（本硕博） | 9 | 144 | 144 | | | | | | 3<br>3<br>3 | 3<br>3<br>3 | | | | | | | | | | | | | | 研修课程,新设课程 |
| | | MTH17001<br>MTH17002<br>MTH17042 | 数学分析A（Ⅰ,Ⅱ,Ⅲ） | 14 | 224 | 224 | | | 6 | 6 | 2 | | | | | | | | | | | | | | | | |

续表

| 课程类别 | 课程性质 | 课程代码 | 课程名称 | 学分 | 总学时 | 讲课学时 | 实验学时 | 上机学时 | 各学期平均周学时分配 1 | 2 | 3 | 4 | 5 | 6 | 7 | 8 | 9 | 10 | 11 | 12 | 13 | 14 | 15 | 16 | 17 | 开课专业 | 备注 |
|---|---|---|---|---|---|---|---|---|---|---|---|---|---|---|---|---|---|---|---|---|---|---|---|---|---|---|---|
| 公共基础 | 必修课 | MTH17010 MTH17011 | 高等代数（Ⅰ，Ⅱ） | 5 | 80 | 80 | | | 2 | 3 | | | | | | | | | | | | | | | | | | |
| | | MTH17014 | 解析几何 | 3 | 48 | 48 | | | 3 | | | | | | | | | | | | | | | | | | | |
| | | MTH17160 | 常微分方程 | 2 | 32 | 32 | | | | | | 2 | | | | | | | | | | | | | | | | 研修课程 |
| | | MTH17037 | 概率与数理统计（Probability and Statistics） | 3 | 48 | 48 | | | | | 3 | | | | | | | | | | | | | | | | | 研修课程，理学院为三个本硕博班单独开课 |
| | | MTH01028 | 复变函数与积分变换 | 3 | 48 | 48 | | | | | | 3 | | | | | | | | | | | | | | | | 宇航学院开课 |
| | | MTH17075 | 矩阵分析 | 3 | 48 | 48 | | | | | | 3 | | | | | | | | | | | | | | | | 研修课程，理学院为三个本硕博班单独开课 |
| | | MTH17041 | 数理方程与特殊函数 | 2 | 32 | 32 | | | | | | 2 | | | | | | | | | | | | | | | | |

续表

| 课程类别 | 课程性质 | 课程代码 | 课程名称 | 学分 | 总学时 | 讲课学时 | 实验学时 | 上机学时 | 各学期平均周学时分配 1 | 2 | 3 | 4 | 5 | 6 | 7 | 8 | 9 | 10 | 11 | 12 | 13 | 14 | 15 | 16 | 17 | 开课专业 | 备注 |
|---|---|---|---|---|---|---|---|---|---|---|---|---|---|---|---|---|---|---|---|---|---|---|---|---|---|---|---|
| 公共基础 | 必修课 | MTH17161 | 数值分析 | 3 | 48 | 48 | | | | | | | | 3 | | | | | | | | | | | | | | 研修课程,理学院为三个本硕博班单独开课 |
| | | MTH17166 | 应用泛函分析 | 3 | 54 | 54 | | | | | | | | | | | | | | | | | | | | | | 研修课程,改学期 |
| | | PHY17020 PHY17038 PHY17039 | 普通物理（Ⅰ,Ⅱ,Ⅲ）[College Physics（Ⅰ,Ⅱ,Ⅲ）] | 13 | 208 208 | 208 208 | | | | 5 | 6 | 2 | | | | | | | | | | | | | | | | |
| | | PHY17051 PHY17052 | 物理实验 A（Ⅰ,Ⅱ）[Physical Experiments B（Ⅰ,Ⅱ）] | 6 | 96 | 4 | 92 | | | | 3 | 3 | | | | | | | | | | | | | | | | |
| | | PHY05136 | 高等物理 | 4.5 | 72 | 72 | | | | | | | 2 | 2.5 | | 3 | | | | | | | | | | | 研修课程,新加课程,本学院开课 |

续表

| 课程类别 | 课程性质 | 课程代码 | 课程名称 | 学分 | 总学时 | 讲课学时 | 实验学时 | 上机学时 | 各学期平均周学时分配 1 | 2 | 3 | 4 | 5 | 6 | 7 | 8 | 9 | 10 | 11 | 12 | 13 | 14 | 15 | 16 | 17 | 开课专业 | 备注 |
|---|---|---|---|---|---|---|---|---|---|---|---|---|---|---|---|---|---|---|---|---|---|---|---|---|---|---|---|
| 公共基础 | 必修课 | PHY05137 | 近现代基础科学进展（暂未执行） | 1 | 16 | 16 | | | | | | | | 0 | | | | | | | | | | | | | 研修课程，包括数学史、物理史，理学院为三个本硕博班单独开课 |
| | | INF05163 | 工程概论 | 1 | 16 | 16 | | | | | | | | | 1 | | | | | | | | | | | | 新增教学计划 |
| | | MAC03027 | 制造技术基础训练 | 2 | 32 | 0 | 32 | | | | | | | | | 2 | | | | | | | | | | | 新增教学计划 |
| | | COM05152 | 高级语言程序设计基础(C&C++) | 4.5 | 72 | 72 | | | 4.5 | | | | | | | | | | | | | | | | | | 学时学分增加 |
| | | INF05002 | 数据结构 | 2 | 32 | 32 | | | | 2 | | | | | | | | | | | | | | | | | | |
| | | POI22003 | 思想品德修养与法律基础 | 3 | 48 | 32 | 16 | | 3 | | | | | | | | | | | | | | | | | | | |
| | | LAW23005 | 知识产权法基础 | 1 | 16 | 16 | | | 1 | | | | | | | | | | | | | | | | | | | |

续表

| 课程类别 | 课程性质 | 课程代码 | 课程名称 | 学分 | 总学时 | 讲课学时 | 实验学时 | 上机学时 | 各学期平均周学时分配 ||||||||||||||||| 开课专业 | 备注 |
|---|---|---|---|---|---|---|---|---|---|---|---|---|---|---|---|---|---|---|---|---|---|---|---|---|
| | | | | | | | | | 1 | 2 | 3 | 4 | 5 | 6 | 7 | 8 | 9 | 10 | 11 | 12 | 13 | 14 | 15 | 16 | 17 | | |
| 公共基础 | 必修课 | POL22001 | 中国近代史纲要 | 2 | 32 | 32 | | | 2 | | | | | | | | | | | | | | | | | | |
| | | POL22004 | 大学生心理素质发展 | 1 | 16 | 16 | | | | 1 | | | | | | | | | | | | | | | | | |
| | | POL22002 | 毛泽东思想与中国特色社会主义理论体系 | 4 | 64 | 48 | 16 | | | 4 | | | | | | | | | | | | | | | | | |
| | | POL22017 | 马克思主义基本原理 | 3 | 48 | 48 | | | | | 3 | | | | | | | | | | | | | | | | |
| | | SWK22079 | 科学社会主义理论与实践 | 1 | 36 | 36 | | | | | | | | | | 1 | | | | | | | | | | | |
| | | INF05172 | 科学技术哲学 | 2 | 54 | 54 | | | | | | | | | | | 2 | | | | | | | | | | 研修课程 |
| | | SWK22080 | 科学技术与社会 | 2 | 54 | 54 | | | | | | 1 | | | | | 2 | | | | | | | | | | 研修课程 |
| | | INF05151 | 文献检索 | 1 | 16 | 16 | | | | | | 1 | | | | | | | | | | | | | | | 研修课程 |

续表

| 课程类别 | 课程性质 | 课程代码 | 课程名称 | 学分 | 总学时 | 讲课学时 | 实验学时 | 上机学时 | 各学期平均周学时分配 ||||||||||||||||||| 开课专业 | 备注 |
|---|---|---|---|---|---|---|---|---|---|---|---|---|---|---|---|---|---|---|---|---|---|---|
| | | | | | | | | | 1 | 2 | 3 | 4 | 5 | 6 | 7 | 8 | 9 | 10 | 11 | 12 | 13 | 14 | 15 | 16 | 17 | | |
| 公共基础课 | 必修课 | GYM32001<br>GYM32002<br>GYM32003<br>GYM32004 | 体育（Ⅰ～Ⅳ） | 4 | 128 | 128 | | | 1 | 1 | 1 | 1 | | | | | | | | | | | | | | | |
| | 校公共选修课 | 99900531 | 形式与政策 | 2 | 32 | 32 | | | | | | | | | | 2 | | | | | | | | | | | 建议开设文化思想史、军事思想史和经济学课程供学生选择 |
| | | | 通识教育课专项（6～8学分） | 8 | 128 | 128 | | | | 2 | 2 | 2 | 2 | | | | | | | | | | | | | | |
| | 必修课 | COM05114 | 信息与电子专业导论 | 1 | 16 | 16 | | 1 | | | | | | | | | | | | | | | | | | | 研修课程，新加课程 |
| | | MAC03002 | 工程制图基础<br>（Engineering Drawing） | 2 | 32 | 32 | | 2 | | | | | | | | | | | | | | | | | | | |

续表

| 课程类别 | 课程性质 | 课程代码 | 课程名称 | 学分 | 总学时 | 讲课学时 | 实验学时 | 上机学时 | 各学期平均周学时分配 1 | 2 | 3 | 4 | 5 | 6 | 7 | 8 | 9 | 10 | 11 | 12 | 13 | 14 | 15 | 16 | 17 | 开课专业 | 备注 |
|---|---|---|---|---|---|---|---|---|---|---|---|---|---|---|---|---|---|---|---|---|---|---|---|---|---|---|---|
| 公共基础 | 必修课 | INF05001 | 电子工艺实践（Practice in Electronic Technology） | 1.5 | 24 | | 24 | | 1.5 | | | | | | | | | | | | | | | | | | |
| | | ELC05009 | 电路分析基础A（Fundamentals of Electric Circuit Analysis A） | 3.5 | 56 | 56 | | | | | 3.5 | | | | | | | | | | | | | | | | | |
| | | ELC05011 | 电路分析实验A（Experiments in Electric Circuit Analysis A） | 1 | 16 | | 16 | | | | 1 | | | | | | | | | | | | | | | | | |
| | | INF05008 | 电路仿真（Circuit Simulation） | 1 | 16 | 8 | 8 | | | | 1 | | | | | | | | | | | | | | | | | |

续表

| 课程类别 | 课程性质 | 课程代码 | 课程名称 | 学分 | 总学时 | 讲课学时 | 实验学时 | 上机学时 | 1 | 2 | 3 | 4 | 5 | 6 | 7 | 8 | 9 | 10 | 11 | 12 | 13 | 14 | 15 | 16 | 17 | 开课专业 | 备注 |
|---|---|---|---|---|---|---|---|---|---|---|---|---|---|---|---|---|---|---|---|---|---|---|---|---|---|---|---|
| 公共基础 | 必修课 | INF05057 | 数字收发通信模块原理与设计 | 1 | 16 | 16 | | | | | 1 | | | | | | | | | | | | | | | | |
| | | INF05135 | 信号与系统 (Signals and Systems) | 3.5 | 56 | 56 | | | | | | 3.5 | | | | | | | | | | | | | | | 调整和新加课程 |
| | | INF05134 | 信号与系统实验 | 1 | 16 | | 16 | | | | | | 1 | | | | | | | | | | | | | | | |
| | | ELC05021 | 模拟电路基础 (Fundamentals of Analog Circuits) | 3.5 | 56 | 56 | | | | | | 3.5 | | | | | | | | | | | | | | | | |
| | | ELC05022 | 模拟电路实验 (Experiments in Analog Circuits) | 1.5 | 24 | | 24 | | | | | 1.5 | | | | | | | | | | | | | | | | |
| | | ATU05138 | 控制理论基础A (Fundamentals of Control Theory A) | 3.5 | 56 | 48 | 8 | | | | | | | 3.5 | | | | | | | | | | | | | 学时学分增加 |

续表

| 课程类别 | 课程性质 | 课程代码 | 课程名称 | 学分 | 总学时 | 讲课学时 | 实验学时 | 上机学时 | 各学期平均周学时分配 ||||||||||||||||||| 开课专业 | 备注 |
|---|---|---|---|---|---|---|---|---|---|---|---|---|---|---|---|---|---|---|---|---|---|---|---|
| | | | | | | | | | 1 | 2 | 3 | 4 | 5 | 6 | 7 | 8 | 9 | 10 | 11 | 12 | 13 | 14 | 15 | 16 | 17 | | |
| 公共基础 | 必修课 | ELC05025 | 数字电路（Digital Electronics） | 3.5 | 56 | 56 | | | | | | | 3.5 | | | | | | | | | | | | | | |
| | | INF05028 | 数字系统设计与实验（Digital System Design and Experiment） | 2 | 32 | | 32 | | | | | | | 2 | | | | | | | | | | | | | |
| | | ELC05195 | 电磁场理论、计算与应用 I | 4.5 | 72 | 64 | 8 | | | | | | | 4.5 | | | | | | | | | | | | | 变课程名称 |
| | | INF05150 | 数字信号处理 A（Digital Signal Processing A） | 3.5 | 56 | 48 | 8 | | | | | | | 3.5 | | | | | | | | | | | | | 学时学分增加 |
| | | INF05031 | 通信电路与系统（Communication Circuit and System） | 4 | 64 | 64 | | | | | | | | 4 | | | | | | | | | | | | | |

续表

| 序号 | 模块名称 | 课群名称 | 课程名称 | 备注 |
|---|---|---|---|---|
| 32 | 专业课程（Bz 层次课程） | | 控制理论基础 B | |
| 33 | | 电磁场与微波 | 电磁场理论 B | |
| 34 | | | 微波技术基础 B | |
| 35 | | 计算机与网络 | C 语言程序设计 | |
| 36 | | | 数据结构与算法设计 B（C 描述） | |
| 37 | | | 计算机原理与应用 B | |
| 38 | | 通信理论与技术 | 数字通信原理 B | 电子科学与技术专业不含，信息对抗技术专业不含 |
| 39 | 实践能力训练课程（Bs 层次课程） | 大学自然科学 | 物理实验ⅠⅠ、Ⅱ | |
| 40 | | 思想政治课 | 社会实践 | |
| 41 | | 人文素质 | 军事训练 | |
| 42 | | | 实践训练通识课专项 | |
| 43 | | | 素质拓展 | |
| 44 | | 工程基础 | 制造技术基础训练 C | |
| 45 | | 电子信息类概论 | 认知实习 | |
| 46 | | 电路与电子线路 | 电子系统体验与工艺实践 | |
| 47 | | | 电路与电子线路实验（Ⅰ） | |
| 48 | | | 电路与电子线路实验（Ⅱ） | |
| 49 | | | 电路与电子线路实验（Ⅲ） | |
| 50 | | | 电路与电子线路实验（Ⅳ） | |
| 51 | | | 电子实习Ⅰ | |
| 52 | | | 电子实习Ⅱ | |
| 53 | | | 电路与电子线路课程设计 | |
| 54 | | 信号与信息处理 | 信号与信息处理实验（Ⅰ） | |
| 55 | | | 信号与信息处理实验（Ⅱ） | |

续表

| 课程类别 | 课程性质 | 课程代码 | 课程名称 | 学分 | 总学时 | 讲课学时 | 实验学时 | 上机学时 | 各学期平均周学时分配 | | | | | | | | | | | | | | | | | | 开课专业 | 备注 |
|---|---|---|---|---|---|---|---|---|---|---|---|---|---|---|---|---|---|---|---|---|---|---|---|---|---|---|---|---|
| | | | | | | | | | 1 | 2 | 3 | 4 | 5 | 6 | 7 | 8 | 9 | 10 | 11 | 12 | 13 | 14 | 15 | 16 | 17 | | | |
| 公共基础 | 必修课 | INF05032 | 通信电路与系统实验（Experiments in Communication Circuit and System） | 1.5 | 24 | | 16 | 8 | | | | | 1.5 | | | | | | | | | | | | | | |
| | | ELC05196 ELC05197 | 电磁场理论、计算与应用II 电磁场理论、计算与应用III | 6 | 96 | 96 | 0 | | | | | | | | 3 | 3 | | | | | | | | | | | | 变课程名称及学分 |
| | | INF05158 | 随机信号分析A（Random Signal Analysis A） | 3.5 | 56 | 48 | 8 | | | | | | | | 3.5 | | | | | | | | | | | | | 学时学分增加 |
| | | INF05133 | 数字通信原理A（Principle of Digital Communication A） | 4 | 64 | 48 | 16 | | | | | | | | 4 | | | | | | | | | | | | | |
| | | COM05017 | 计算机原理与应用（Computer Principle and Application） | 3.5 | 56 | 40 | 16 | | | | | | | | 3.5 | | | | | | | | | | | | | |

续表

| 课程类别 | 课程性质 | 课程代码 | 课程名称 | 学分 | 总学时 | 讲课学时 | 实验学时 | 上机学时 | 各学期平均周学时分配 |  |  |  |  |  |  |  |  |  |  |  |  |  |  |  |  |  | 开课专业 | 备注 |
|---|---|---|---|---|---|---|---|---|---|---|---|---|---|---|---|---|---|---|---|---|---|---|---|---|---|---|---|---|
|  |  |  |  |  |  |  |  |  | 1 | 2 | 3 | 4 | 5 | 6 | 7 | 8 | 9 | 10 | 11 | 12 | 13 | 14 | 15 | 16 | 17 |  |  |
| 公共基础 | 选修课 |  | 专业基础选修课(按专业方向选硕士一门课+博士一门课) | 6 | 96 | 96 |  |  |  |  |  |  |  |  |  |  | 6 |  |  |  |  |  |  |  |  |  | 见专业基础和专业教育模块 |
|  | 必修课 |  | 电子科学与技术方向必选 | 选2 | 480 | 480 |  |  |  |  |  |  |  | 4 | 6 |  |  |  |  |  |  |  |  |  |  |  | 见组成模块必修课(允许不按本表学期分配,总共完成30学分即可) |
|  |  |  | 信息与通信工程方向必选 | 选1 | 480 | 480 |  |  |  |  |  |  |  |  |  |  | 12 | 8 |  |  |  |  |  |  |  |  |
|  |  |  | 本科毕业专题研究及论文文献综述 | 16 | 256 |  | 256 |  |  |  |  |  |  |  |  | 16 |  |  |  |  |  |  |  |  |  |  |  |  |
|  |  |  | 博士学位论文 | 80 | 1280 |  | 1280 |  |  |  |  |  |  |  |  |  |  |  |  |  |  | 16 | 16 | 16 | 16 |  |  |
|  | 选修课 |  | 专业教育选修课 | 16 | 256 | 256 |  |  |  |  |  |  |  | 2 | 4 | 4 | 2 | 4 |  |  |  |  |  |  |  |  |  | 见专业基础和专业教育模块选修课(允许不按本表学期分配,总共完成16学分即可) |
| 总计 |  |  |  | 310 | 5574 | 3610 | 1956 | 8 | 33 | 30 | 31.5 | 27.5 | 27 | 32 | 17 | 29 | 20 | 12 | 0 | 0 | 16 | 16 | 16 | 16 | 16 |  |  |

表 7.34  2009 版信息工程本硕博实验班教育课程成组必修课

| 一级学科 | 课程代码 | 课程名称 | 学分 | 学时 | 理论学时 | 实验学时 | 学期 | 总学分 | 备注 |
|---|---|---|---|---|---|---|---|---|---|
| 电子科学与技术 | ELC05052 | 电子系统与信号检测（Electronic System and Signal Detection） | 3 | 48 | 48 | | 6 | 30 | 本科阶段按方向选5门、最低16学分 |
| | INF05044 | FPGA 与 SOPC 设计基础（Fundamentals of FPGA and SOPC Design） | 3 | 48 | 48 | | 6 | | |
| | INF05073 | 现代电路分析（Modern Electric Circuits） | 2 | 32 | 32 | | 7 | | |
| | ELC05049 | 电子设计与实践（Electronic Design and Practice） | 3 | 48 | 48 | | 7 | | |
| | PHY05002 | 半导体物理（Physics of Semiconductor） | 3.5 | 56 | 48 | 8 | 6 | | |
| | ELC05120 | 模拟集成电路分析与设计基础（Analog IC Analysis and Design） | 4 | 64 | 48 | 16 | 7 | | |
| | ELC05121 | 数字集成电路分析与设计基础（Fundamental Theory of Digital IC Analysis and Design） | 4 | 64 | 48 | 16 | 7 | | |
| | ELC05130 | VHDL 语言及集成电路设计 | 2 | 32 | 32 | | 6 | | |
| | ELC05036 | 微电子器件原理（Principle of Semiconductor Device） | 3.5 | 56 | 48 | 8 | 6 | | |
| | INF05068 | 天线理论与技术（Antenna Theory and Technology） | 3 | 48 | 48 | | 6 | | |
| | INF05055 | 计算电磁学基础（Fundamentals of Computational Electromagnetics） | 3 | 48 | 48 | | 6 | | |

续表

| 一级学科 | 课程代码 | 课程名称 | 学分 | 学时 | 理论学时 | 实验学时 | 学期 | 总学分 | 备注 |
|---|---|---|---|---|---|---|---|---|---|
| 电子科学与技术 | INF05098 | 微波电子线路<br>(Microwave Electronic Circuits) | 3 | 48 | 48 | | 7 | | 硕士阶段选4门，最低12学分 |
| | INF05071 | 微波系统设计<br>(Microwave System Design) | 3 | 48 | 40 | 8 | 7 | | |
| | INF05069 | 微波测量基础<br>(Fundamentals of Microwave Measurement) | 3 | 48 | 16 | 32 | 7 | | |
| | COM05065 | 数字图像处理<br>(Digital Image Processing) | 3 | 48 | 40 | 8 | 6 | | |
| | COM05063 | 实时嵌入式系统及应用<br>(Realtime Embedded System and Application) | 3 | 48 | 40 | 8 | 6 | | |
| | INF05076 | 信号检测与估计<br>(Signal Detection and Estimation) | 3 | 48 | 40 | 8 | 7 | | |
| | INF05083 | 自适应信号处理<br>(Adaptive Signal Processing) | 3 | 48 | 40 | 8 | 7 | | |
| | INF05075 | 现代谱估计导论<br>(Introduction to Modern Spectral Estimation) | 3 | 48 | 40 | 8 | 7 | | |
| | 21-080902-102-05 | 现代电子测量技术 | 3 | 54 | | | 10 | | |
| | 21-080902-103-05 | FPGA与SOPC设计基础 | 3 | 54 | | | 10 | | |
| | 21-080903-102-05 | VLSI设计方法学 | 3 | 54 | | | 9 | | |

续表

| 一级学科 | 课程代码 | 课程名称 | 学分 | 学时 | 理论学时 | 实验学时 | 学期 | 总学分 | 备注 |
|---|---|---|---|---|---|---|---|---|---|
| 电子科学与技术 | 21-080903-103-05 | 混合信号集成电路 | 3 | 54 | | | 9 | | 硕士阶段选4门、最低12学分 |
| | 21-080903-104-05 | 超大规模集成电路 | 3 | 54 | | | 10 | | |
| | 21-080903-105-05 | MEMS设计与制造 | 3 | 54 | | | 10 | | |
| | 21-080904-102-05 | 电磁学中的数值方法 | 3 | 54 | | | 9 | | |
| | 21-080904-103-05 | 现代微波网络基础 | 3 | 54 | | | 9 | | |
| | 21-080904-104-05 | 现代天线理论与技术 | 3 | 54 | | | 10 | | |
| | 21-080904-105-05 | 微波电路设计理论与技术 | 3 | 54 | | | 10 | | |
| | 21-080920-102-05 | 多传感器阵列信号处理 | 3 | 54 | | | 9 | | |
| | 21-080920-103-05 | 医学图像处理与分析 | 3 | 54 | | | 9 | | |
| | 21-080920-104-05 | 嵌入式系统与应用 | 3 | 54 | | | 9 | | |
| | 21-080920-105-05 | 生物医学信号处理 | 3 | 54 | | | 9 | | |
| | 11-080900-101-05 | 生命信息工程学 | 3 | 54 | | | 9 | | |
| | 11-080900-102-05 | 矢量传感器信号处理 | 3 | 54 | | | 9 | | |

续表

| 一级学科 | 课程代码 | 课程名称 | 学分 | 学时 | 理论学时 | 实验学时 | 学期 | 总学分 | 备注 |
|---|---|---|---|---|---|---|---|---|---|
| 电子科学与技术 | 11-080900-103-05 | 现代医学影像物理学 | 3 | 54 | | | 9 | | 博士阶段选3门，最低9学分 |
| | 11-080900-105-05 | 现代电磁场理论 | 3 | 54 | | | 10 | | |
| | 11-080900-106-05 | 现代计算电磁学 | 3 | 54 | | | 10 | | |
| | 11-080900-107-05 | 现代微波、毫米波技术及应用 | 3 | 54 | | | 10 | | |
| | 11-080900-108-05 | 非线性微波电路分析与设计 | 3 | 54 | | | 10 | | |
| | 11-080900-109-05 | SOC理论与设计 | 3 | 54 | | | 10 | | |
| | 11-080900-110-05 | 高等半导体物理 | 3 | 54 | | | 10 | | |
| | 11-080900-111-05 | 数字VLSI系统 | 3 | 54 | | | 10 | | |
| | 11-080900-112-05 | 现代功率电子学 | 3 | 54 | | | 10 | | |
| | 11-080900-113-05 | MIMO系统与空时编码原理 | 3 | 54 | | | 10 | | |
| 信息与通信工程 | INF05064 | 实时数字信号处理技术（Realtime Digital Signal Processing Technology） | 2.5 | 40 | 32 | 8 | 6 | | |
| | INF05053 | 高级数字信号处理（Advanced Digital Signal Processing） | 3.5 | 56 | 40 | 16 | 6 | | |

续表

| 一级学科 | 课程代码 | 课程名称 | 学分 | 学时 | 理论学时 | 实验学时 | 学期 | 总学分 | 备注 |
|---|---|---|---|---|---|---|---|---|---|
| 信息与通信工程 | INF05067 | 随机数字信号处理（Statistical Digital Signal Processing） | 3 | 48 | 48 | | 7 | 30 | 本科阶段按方向选5门、最低10学分 |
| | INF05046 | VHDL硬件描述语言（VHDL Hardware Description Language） | 2.5 | 40 | 32 | 8 | 7 | | |
| | INF05094 | 信息论 Information Theory | 2 | 32 | 32 | | 6 | | |
| | INF05116 | 数据通信基础（Fundamental Data Communication） | 2 | 32 | 32 | | 6 | | |
| | INF05117 | 通信网理论基础（Theoretical Fundation of Communication Networks） | 2 | 32 | 32 | | 6 | | |
| | INF05090 | 数字通信网（Digital Communication Networks） | 2 | 32 | 32 | | 7 | | |
| | INF05092 | 现代通信系统（Advanced Communication Systems） | 3 | 48 | 40 | 8 | 7 | | |
| | INF05095 | 移动通信（Mobile Communication） | 2 | 32 | 32 | | 7 | | |
| | INF05086 | 光纤通信（Optical Fiber Communication） | 2 | 32 | 32 | | 7 | | |
| | INF05040 | 信息网络技术（Information Network Technology） | 2.5 | 40 | 32 | 8 | 6 | | |

续表

| 一级学科 | 课程代码 | 课程名称 | 学分 | 学时 | 理论学时 | 实验学时 | 学期 | 总学分 | 备注 |
|---|---|---|---|---|---|---|---|---|---|
| 信息与通信工程 | INF05042 | 信息系统与安全对抗理论（Theory of Information System and Security Countermeasures） | 3 | 48 | 40 | 8 | 6 | | 本科阶段按方向选5门、最低10学分 |
| | INF05041 | 信息系统安全与对抗技术（Information System Security and Countermeasures Technology） | 3 | 48 | 40 | 8 | 7 | | |
| | INF05037 | 无线电定位系统与技术（Radio Location System and Technology） | 2.5 | 40 | 38 | 2 | 7 | | |
| | COM05004 | 操作系统原理（Operating System Principles） | 2.5 | 40 | 32 | 8 | 7 | | |
| | COM05015 | 高性能嵌入式系统设计（High-performance Embedded System Designing） | 2 | 32 | 20 | 12 | 7 | | |
| | 21-081000-102-05 | 通信网络基础 | 3 | 54 | | | 9 | | 硕士阶段选4门、最低12学分 |
| | 21-081000-103-05 | 近代信号处理 | 3 | 54 | | | 9 | | |
| | 21-081000-104-05 | 现代电子测量 | 3 | 54 | | | 9 | | |
| | 21-081000-105-05 | 数字图像处理与模式识别 | 3 | 54 | | | 9 | | |
| | 21-081000-106-05 | 雷达系统导论 | 3 | 54 | | | 9 | | |
| | 21-081000-107-05 | 信息系统及其安全对抗 | 3 | 54 | | | 9 | | |

续表

| 一级学科 | 课程代码 | 课程名称 | 学分 | 学时 | 理论学时 | 实验学时 | 学期 | 总学分 | 备注 |
|---|---|---|---|---|---|---|---|---|---|
| 信息与通信工程 | 21-081000-108-05 | 高等数字通信 | 3 | 54 | | | 9 | | 硕士阶段选4门、最低12学分 |
| | 21-081000-109-05 | 现代控制理论基础 | 3 | 54 | | | 9 | | |
| | 11-081000-101-05 | 现代数字通信技术 | 3 | 54 | | | 10 | | 博士阶段选3门、最低9学分 |
| | 11-081000-104-05 | 高分辨雷达 | 3 | 54 | | | 10 | | |
| | 11-081000-105-05 | 高级图像处理 | 3 | 54 | | | 10 | | |
| | 11-081000-106-05 | 信息安全工程学 | 3 | 54 | | | 9 | | |

### 7.1.5 电子信息工程专业信息科技菁英班（以下简称菁英班）

该菁英班创建于2012年，并于2013年开始招生，每届学生约30人。该菁英班2012—2015级为实体班，从2016级之后为虚拟班。

组建这一菁英班，是为了贯彻落实全国科技创新大会精神，促进科教协同育人，深化高校人才培养模式改革，提高人才培养质量。教育部、中国科学院于2012年联合启动了科教结合协同育人行动计划，信息与电子学院由于之前多年跟中国科学院电子学研究所（下面简称中科院电子所或电子所）开展校企结合工程实践教育和学生培养，得以首批列入该计划，并且是学校唯一的入选项目，在2012年暑假双方签署了科教结合协同育人战略合作协议。

中科院电子所与北京理工大学具有深厚的合作基础，电子所近20%的职工来自北京理工大学，并且与信息与电子学院开展了一系列的科研项目合作。自科教结合协同育人行动计划启动以来，信息与电子学院同中科院电子所先期重点开展了联合培养大学生计划，主要思路是把之前已经开展多年的人才培养合作，经过升级完善和重点建设，统一纳入科教结合协同育人行动计划范畴，期望能摸索出一条本科阶段高水平工程教育和人才培养的新模式。

表 7.35 2009 版本硕博实验班专业基础和专业教育选修课程

| 分类 | 课程代码 | 课程名称 | 学分 | 学时 | 理论学时 | 实验学时 | 学期 | 学分最低要求 |
|---|---|---|---|---|---|---|---|---|
| 专业基础选修课 | 21-080900-100-05 | 近世代数 | 3 | 48 | 48 | | 8 | 选 6 学分 |
| | 21-080901-100-05 | 离散数学 | 3 | 48 | 48 | | 8 | |
| | 21-080902-101-05 | 现代电路与网络理论 | 3 | 54 | 54 | | 7 | |
| | 21-080903-101-05 | 半导体器件物理 | 3 | 54 | 54 | | 7 | |
| | 21-080904-101-05 | 高等电磁场理论 | 3 | 54 | 54 | | 7 | |
| | 21-080920-101-05 | 统计信号处理 | 3 | 54 | 54 | | 7 | |
| | 21-081000-101-05 | 信息论 | 3 | 54 | 54 | | 7 | |
| | 21-081000-110-05 | 统计检测与估计理论 | 3 | 54 | 54 | | 7 | |
| | 11-080900-104-05 | 电子与光电子科学技术进展 | 3 | 54 | 54 | | 7 | |
| | 11-081000-102-05 | 现代信号处理 | 3 | 54 | 54 | | 7 | |
| | 11-081000-103-05 | 系统理论与人工系统设计学 | 3 | 54 | 54 | | 7 | |
| 专业教育选修课 | INF05088 | 现代电子测量技术 Modern Electronic Measurement Techniques | 2 | 32 | 32 | | 7 | 选 16 学分 |
| | ELC05051 | 电子系统设计 Electronic System Design | 3 | 48 | 48 | | 6 | |
| | INF05047 | 电磁兼容基础 Fundamentals of Electromagnetic Compatibility | 2 | 32 | 32 | | 7 | |

续表

| 分类 | 课程代码 | 课程名称 | 学分 | 学时 | 理论学时 | 实验学时 | 学期 | 学分最低要求 |
|---|---|---|---|---|---|---|---|---|
| 专业教育选修课 | INF05070 | 微波网络基础 Microwave Networks | 2 | 32 | 32 | | 7 | 选16学分 |
| | INF05077 | 遥感成像信息处理概论 Introduction to Information Processing in Remote-sensing Imaging | 2 | 32 | 20 | 12 | 7 | |
| | INF05061 | 扩频信号处理技术与应用 Spread Spectrum Signal Processing Technology and Application | 2 | 32 | 32 | | 7 | |
| | INF05048 | 电子对抗原理 Fundamentals of Electronic Counteraction | 2 | 32 | 32 | | 7 | |
| | INF05054 | 航天测控通信技术概论 Introduction to Spaceflight TT&C and Telecommunication Technology | 2 | 32 | 32 | | 7 | |
| | INF05056 | 军用信息系统概论 Introduction to Military Information Systems | 1 | 16 | 16 | | 6 | |

续表

| 分类 | 课程代码 | 课程名称 | 学分 | 学时 | 理论学时 | 实验学时 | 学期 | 学分最低要求 |
|---|---|---|---|---|---|---|---|---|
| 专业教育选修课 | COM05066 | 数字图像处理理论与系统设计 Digital Image Processing Theory and System Design | 2 | 32 | 32 | | 7 | 选16学分 |
| | INF05072 | 无线传感器网络概论 Introduction to Wireless Sensor Networks | 2 | 32 | 32 | | 7 | |
| | INF05045 | Matlab与信号处理 Matlab & Signal Processing | 3 | 48 | 32 | 16 | 7 | |
| | INF05132 | 信号处理、通信和控制中的估计理论（双语） Estimation Theory for Signal Processing, Communications, and Control | 2 | 32 | 32 | | 7 | |
| | COM05087 | 计算机网络技术 Technique of Computer Network | 2 | 32 | 32 | | 7 | |
| | INF05118 | 无线网络技术 Wireless Network Technology | 2 | 32 | 32 | | 7 | |
| | INF05119 | 多媒体通信 Multimedia Communication | 2 | 32 | 32 | | 7 | |

续表

| 分类 | 课程代码 | 课程名称 | 学分 | 学时 | 理论学时 | 实验学时 | 学期 | 学分最低要求 |
|---|---|---|---|---|---|---|---|---|
| 专业教育选修课 | INF05084 | 现代交换原理 Principles of Advanced Switching | 2 | 32 | 32 |  | 7 | 选16学分 |
| | INF05093 | 信道编码 Channel Coding | 2 | 32 | 32 |  | 7 | |
| | INF05102 | 编译原理基础（Foundamentals of Compiling） | 3 | 48 | 32 | 16 | 6 | |
| | COM05107 | 算法分析与设计（Algorithm Analysis and Designing） | 2.5 | 40 | 30 | 10 | 6 | |
| | COM05106 | 数据库原理与技术（Database Principles and Technology） | 2 | 32 | 24 | 8 | 6 | |
| | COM05105 | 软件工程设计与实践（Software Engineering Designing and Practice） | 2 | 32 | 32 |  | 6 | |
| | INF05104 | 多核计算机体系结构（Multi-core Computer Architecture） | 2.5 | 40 | 30 | 10 | 6 | |
| | INF05103 | 电子对抗技术（Electric Countermeasure Technology） | 2 | 32 | 32 |  | 7 | |

续表

| 分类 | 课程代码 | 课程名称 | 学分 | 学时 | 理论学时 | 实验学时 | 学期 | 学分最低要求 |
|---|---|---|---|---|---|---|---|---|
| 专业教育选修课 | INFO5110 | 信息隐藏理论与技术（Theory and Technology of Information Hiding） | 2 | 32 | 32 | | 7 | 选16学分 |
| | INFO5109 | 信息安全技术研讨（Information Security Technology Discussion） | 1 | 16 | 16 | | 7 | |
| | COM05108 | 网络与媒体计算技术（Network and Media Computing Technology） | 3 | 48 | 48 | | 7 | |
| | ELC05091 | 微电子与集成电路设计基础（Microelectronics and Integrated Circuit Design） | 3 | 48 | 48 | | 7 | |
| | ELC05124 | 深亚微米集成电路设计基础（Fundamentals of Deep Sub-Micron IC Design） | 2 | 32 | 32 | | 7 | |
| | ELC05125 | 集成电路可测性分析与设计（Analysis and Design of IC Reliability） | 2 | 32 | 32 | | 7 | |

续表

| 分类 | 课程代码 | 课程名称 | 学分 | 学时 | 理论学时 | 实验学时 | 学期 | 学分最低要求 |
|---|---|---|---|---|---|---|---|---|
| 专业教育选修课 | ELC05126 | 微电子器件模拟与建模 Microelectronics Device Simulation and Modeling | 2 | 32 | 32 | | 7 | 选16学分 |
| | ELC05127 | IC版图艺术 The art of IC Layout | 2 | 32 | 16 | 16 | 7 | |
| | ELC05128 | MEMS技术基础 Fundamentals of MEMS Technology | 2 | 32 | 32 | | 7 | |
| | ELC05129 | 集成电路可靠性技术 Technology of IC Reliability | 2 | 32 | 32 | | 7 | |
| | ELC05123 | 集成电路与系统 Integrated Circuit and System | 2 | 32 | 12 | 20 | 7 | |
| | 20-080902-101-05 | 空间信号处理理论 | 2 | 36 | | | 10 | |
| | 20-080902-102-05 | 通信系统建模与仿真 | 2 | 36 | | | 10 | |
| | 20-080902-103-05 | ARM嵌入式系统原理与设计 | 2 | 36 | | | 10 | |
| | 20-080902-104-05 | PLC系统设计与应用 | 2 | 36 | | | 10 | |
| | 20-080903-101-05 | 集成电路版图技术 | 2 | 36 | | | 10 | |
| | 20-080903-102-05 | CMOS射频集成电路分析与设计 | 2 | 36 | | | 10 | |

续表

| 分类 | 课程代码 | 课程名称 | 学分 | 学时 | 理论学时 | 实验学时 | 学期 | 学分最低要求 |
|---|---|---|---|---|---|---|---|---|
| 专业教育选修课 | 20-080903-103-05 | 深亚微米数字集成电路设计 | 2 | 36 | | | 10 | 选16学分 |
| | 20-080903-104-05 | 集成电路可靠性 | 2 | 36 | | | 10 | |
| | 20-080903-105-05 | 专用集成电路设计 | 2 | 36 | | | 10 | |
| | 20-080903-106-05 | 高性能模拟集成电路设计 | 2 | 36 | | | 9 | |
| | 20-080903-107-05 | VLSI可测试设计 | 2 | 36 | | | 10 | |
| | 20-080903-108-05 | 低功耗集成电路设计 | 2 | 36 | | | 10 | |
| | 20-080903-109-05 | 数字信号处理系统设计 | 3 | 54 | | | 10 | |
| | 20-080904-101-05 | 微波信号产生理论与技术 | 2 | 36 | | | 10 | |
| | 20-080904-102-05 | 微波接收机理论与应用 | 2 | 36 | | | 10 | |
| | 20-080904-103-05 | 电磁兼容原理与应用 | 2 | 36 | | | 10 | |
| | 20-080904-104-05 | 阵列天线分析与综合 | 3 | 54 | | | 10 | |
| | 20-080904-105-05 | 微波通信技术 | 2 | 36 | | | 10 | |
| | 20-080904-106-05 | 微波遥感与成像 | 2 | 36 | | | 10 | |
| | 20-080904-107-05 | 现代无线导航定位技术 | 3 | 54 | | | 10 | |
| | 20-080920-101-05 | 现代谱估计理论 | 3 | 54 | | | 10 | |
| | 20-080920-102-05 | 无线传感器网络技术 | 3 | 54 | | | 10 | |
| | 20-080920-103-05 | 自适应信号处理与应用 | 3 | 54 | | | 10 | |

续表

| 分类 | 课程代码 | 课程名称 | 学分 | 学时 | 理论学时 | 实验学时 | 学期 | 学分最低要求 |
|---|---|---|---|---|---|---|---|---|
| 专业教育选修课 | 20-080920-104-05 | 数据挖掘理论与技术 | 3 | 54 | | | 10 | 选16学分 |
| | 20-080920-105-05 | 生物信息学导论 | 3 | 54 | | | 10 | |
| | 20-080920-106-05 | 医学影像物理学 | 3 | 54 | | | 10 | |
| | 20-080920-107-05 | 生命科学与光电子技术 | 3 | 54 | | | 10 | |
| | 20-080920-108-05 | 激光医学导论 | 3 | 54 | | | 10 | |
| | 20-080920-109-05 | 生物医学光电子学 | 3 | 54 | | | 9 | |
| | 20-081000-101-05 | 多抽样率信号处理 | 2 | 36 | | | 10 | |
| | 20-081000-102-05 | 信号时频分析及其应用 | 2 | 36 | | | 10 | |
| | 20-081000-103-05 | 现代计算机结构技术及应用 | 3 | 54 | | | 10 | |
| | 20-081000-104-05 | 移动通信 | 2 | 36 | | | 10 | |
| | 20-081000-105-05 | 卫星通信 | 2 | 36 | | | 10 | |
| | 20-081000-106-05 | 扩频通信 | 2 | 36 | | | 10 | |
| | 20-081000-107-05 | 语音信号数字处理 | 2 | 36 | | | 10 | |
| | 20-081000-108-05 | 基于FPGA的数字信号处理技术 | 2 | 36 | | | 10 | |
| | 20-081000-109-05 | 数据融合原理 | 3 | 54 | | | 10 | |
| | 20-081000-110-05 | 通信协议设计基础 | 2 | 36 | | | 10 | |
| | 20-081000-111-05 | 数字视频技术 | 2 | 36 | | | 10 | |

第七章 专业与本科人才培养

续表

| 分类 | 课程代码 | 课程名称 | 学分 | 学时 | 理论学时 | 实验学时 | 学期 | 学分最低要求 |
|---|---|---|---|---|---|---|---|---|
| 专业教育选修课 | 20-081000-112-05 | 高速实时信号处理器结构与系统 | 3 | 54 | | | 10 | 选16学分 |
| | 20-081000-114-05 | 高性能DSP系统软件技术 | 2 | 36 | | | 10 | |
| | 20-081000-116-05 | 信息安全对抗系统工程与实践 | 2 | 36 | | | 10 | |
| | 20-081000-118-05 | 无线网络通信原理 | 2 | 36 | | | 9 | |
| | 20-081000-120-05 | 电子对抗原理 | 3 | 54 | | | 9 | |
| | 20-081000-122-05 | 网络安全与对抗 | 2 | 36 | | | 10 | |
| | 20-081000-124-05 | 信道编码 | 3 | 54 | | | 10 | |
| | 20-081000-125-05 | 卫星导航定位理论与方法 | 2 | 36 | | | 10 | |
| | 10-080900-101-05 | 无线通信技术 | 2 | 36 | | | 10 | |
| | 10-080900-102-05 | 微波导航通信系统 | 2 | 36 | | | 10 | |
| | 10-080900-103-05 | 微波频率源理论与设计 | 2 | 36 | | | 10 | |
| | 10-080900-104-05 | 微波成像理论与技术 | 2 | 36 | | | 10 | |
| | 10-080900-105-05 | 集成电路可靠性 | 2 | 36 | | | 10 | |
| | 10-080900-106-05 | 微电子学关键工艺技术 | 3 | 54 | | | 10 | |
| | 10-081000-101-05 | 多维阵列信号处理 | 2 | 36 | | | 10 | |
| | 10-081000-102-05 | 现代移动通信技术 | 2 | 36 | | | 10 | |

表 7.36 2009 版本硕博实验班实践教学计划进程

| 课程代码 | 实践环节名称 | 内容 | 学分 | 学期 | 周数 | 周次 | 场所 |
|---|---|---|---|---|---|---|---|
| MIL98002 | 军事训练（Military Training） | 军事实践训练 | 1.5 | 1 | 4 | | 校内外 |
| MIL98001 | 军事理论（Military Theory） | 军事理论教学 | 1 | 1 | | 1—4 | 校内外 |
| POL22008 | 人文社会实践（Humanities and Social Parctice） | 社会调查、研讨 | 1 | 2 | 1 | 暑假 | 校内外 |
| ELC05014 | 电子实习 I Practice in Electronics I | MP3 数码播放器制作 | 1 | 3 | 1 | | 本院 |
| ELC05050 | 电子实习 II Practice in Electronics II | 无线收发信机制作 | 1 | 3 | 1 | 1—3 | 本院 |
| INF05062 | 认知实习 Specialized Cognition | 专业教育 | 1 | 3 | 1 | | 本院 |
| INF05058 | 课程设计 I Project I | 计算机软硬件设计与实践 | 3 | 5 | 3 | 1—3 | 本院 |

续表

| 课程代码 | 实践环节名称 | 内容 | 学分 | 学期 | 周数 | 周次 | 场所 |
|---|---|---|---|---|---|---|---|
| INF05059 | 课程设计Ⅱ<br>Project Ⅱ | 数字电路课程设计 | 1 | 7 | 1 | | 本院 |
| INF05060 | 课程设计Ⅲ<br>Project Ⅲ | 通信电路课程设计 | 1 | 7 | 1 | 1—3 | 本院 |
| INF05159<br>INF05160<br>INF05161<br>INF05162 | 毕业实习<br>Practice in Specialized Field | （四选一） | 1 | 7 | 1 | 1—3 | 校内外 |
| 无（必修环节） | 科学研究训练 | | 2 | | | | 本院 |
| 无（必修环节） | 学术活动 | | 1 | | | | 本院 |
| 无（必修环节） | 国外科学研究实践 | | 32 | | 36 | | 国外 |
| | 合计 | | 47.5 | | 50 | | |

联合培养本科生计划（即原科学院菁英班计划）由高校和合作研究所的教授专家共同研讨制定学生培养方案和教学大纲，学生前期在高校学习基础课及专业基础课，中科院研究所派专家学者参与教学活动，学生后期到研究所学习少量专业课，并开展科研实践和毕业设计及论文撰写工作。

为切实推进和落实这一计划，学院同中科院电子所联合设立了电子信息工程专业信息科技菁英班，并且计划把这一菁英班的人才培养跟学院的卓越工程师教育培养计划结合起来，分层次、分阶段实现卓越工程师的培养模式和培养目标。具体来说，就是以中科院电子所作为卓越工程计划"3+1"学制中承担1年培养任务的企业单位，学生在大学前4个学期与普通同学在公共基础和专业基础阶段教学计划一致，从第5学期开始执行双方联合制定的后续专业阶段的教学计划，电子所专家教授参与教学过程中，从第7学期开始，该班学生进入中科院电子所开始专业阶段的学习和科研实践，双方教师联合授课，学生在电子所完成毕业设计，双方联合组织答辩。完成本科阶段后，学生可以较大比例保送或者考试进入电子所攻读研究生学位。这种合作模式有望是双赢的，对高水平工程型人才和创新实践型人才的培养是有利的。

从2012年9月开始，学院跟中科院电子所进行过多次商讨，就联合设立菁英班的各方面细节进行了细致的讨论。在此基础上，电子所所长吴一戎院士率队专程到校跟学校李和章副校长及教务处曹峰梅、林海副处长进行商谈，基本确定了联合设立菁英班的设想，双方签署了联合设立菁英班的协议，进入实质性操作阶段。在2013年上半年，学院同中科院电子所密切合作，成立了信息科技菁英班教学指导委员会和管理办公室，经过多次研讨，确定了初步的培养方案和管理规定。在2013年6月底之前，电子所派出专家学者在学院2012级本科学生中开展了广泛的宣讲，完成组成第一届菁英班的动员，学生报名非常踊跃，9月底，由双方联合组成面试组，对报名的学生进行了面试选拔，最终由32名学生组成了第一届信息科技菁英班（简称菁英班），其后即开始按照专门的培养方案运行。

**1. 菁英班主要实施方案及组织管理方面的特色**

1）菁英班专业和专业方向

信息科技菁英班专业以电子信息工程专业为主，适当兼顾其他专业。

2）菁英班的培养模式

根据北京理工大学信息与电子学院2009版培养方案，大学一年级学生进行大类招生及培养，学习公共基础课程。进入大学二年级之前，根据学生志愿进行分流，在电子信息工程专业原有四个方向（电磁场与微波技术方向、信号与信息处理方向、信号与图像处理方向、电路与系统方向）的基础上，增加一个方向信息科技菁英班。信息科技菁英班作为一个新的培养方向，实行独立管理，制定明确的培养方案。

（1）菁英班以教学培养为主，培养动手能力和对系统的了解。

（2）大三教学以学校为主，电子所只开设讲座、前沿课程等；开设一些实习课及实验课，锻炼学生的动手能力。

（3）大四根据电子所特色，开展专业实践课，结合电子所项目领域，设计题目，锻炼学生初步的设计能力。

（4）大四有针对性地设计培养方式，接收具备基本推免资格的学生结合电子所专业进行重点培养。

第一，开始毕业设计。

第二，专业课，开设电子所本专业一些共性课程，如雷达系统、数字图像处理等，可到国科大选修专业课程。并对已推免到电子所的学生将半年的毕业设计时间延伸到一年，加大实践环节。

（5）电子所结合自身科研特点，建立教学试验平台，和学校教学条件相互补充。

3）菁英班教学指导委员会和责任教授

（1）信息科技菁英班由双方教授组成教学指导委员会。负责讨论制定菁英班学生的培养方案和教学大纲，以及后续教学计划的修订。

（2）电子所成立教育工作小组，负责具体实施信息科技菁英班培养计划，向教学指导委员会提交建议。

（3）电子所为菁英班学生设立学业导师，负责解答学生的学习问题及学术生涯规划，负责学生在电子所见习期间的各类活动。

4）菁英班管理办公室和班主任

（1）教学指导委员会下设菁英班管理办公室，负责组织实施菁英班的教学、实践和学生管理。

（2）班主任由学校和电子所共同安排。

5）菁英班的建班时机和建班方式

（1）根据北京理工大学信息电子学院当时的本科学生培养模式，信息科技菁英班定于大学二年级招生，30人左右规模；由学生自愿报名，双方确定选拔条件，择优录取。

（2）菁英班采取动态管理模式，建立流动机制。不适应该班培养模式的及时退出，特别优秀的学生可推荐进入。

6）菁英班费用及奖学金等配套措施

（1）在学校学习期间费用由学校承担；在电子所见习期间费用由电子所承担。

（2）电子所在菁英班中设立奖助学金，吸引优秀学生参与菁英班。

第一，菁英班助学金。大学二年级及大学三年级每人每月100元（按月发放）。

第二，菁英班奖学金。奖学金分为中国科学院大学生奖学金、电子所优秀奖和所长特别奖三种。中国科学院大学生奖学金根据国科大工作计划，每年10月从菁英班学生中评选并推荐至国科大，由国科大统一颁奖。电子所优秀奖和所长特别奖从信息学院大二、大三学生中评选，每年11月评选并颁奖。

中国科学院优秀大学生奖学金从菁英班学生中评选10%的学生推荐至国科大，奖学金额度为1 000元。电子所优秀奖和所长特别奖奖学金一次性发放。本科生设优秀奖10名，奖学金额度每名为5 000元，其中含菁英班定向5名。

对于特别优秀的学生，可申请电子所所长特别奖，名额为1名，奖学金额度每名为8 000元。

大学四年级到电子所做毕业设计和科研实践的学生，设电子所特别奖奖学金500元/月（按月发放），另发260元/月生活补助。

7）菁英班学生入电子所后后勤等安排

学生入电子所见习或实践，电子所为学生指定辅导员，负责见习及实践期间的费用；负责安排学生吃饭、意外保险、培训等。

### 2. 信息科技菁英班培养方案内容

本专业方向学生除完成电子信息工程专业公共平台要求的数理、人文和专业基础课程学习及相关实践环节训练之外，根据中科院电子所科学研究特点，进一步加强微波成像雷达及其应用技术、微波器件与技术、高功率气体激光技术、微传感技术与系统相关理论与方法的掌握以及实际应用能力的训练。其特色专业课程主要包括高级数字信号处理与实现、嵌入式系统及FPGA、遥感概论、微波电路与系统、雷达原理及其信号处理和数字图像处理与实践，如表7.37所示。

表7.37　信息科技菁英班选修课程

| 课程代码 | 课程名称 | 学分 | 总学时 | 理论学时 | 实验学时 | 开课学期 | 备注1 | 备注2 |
| --- | --- | --- | --- | --- | --- | --- | --- | --- |
| INF05175 | 高级数字信号处理与实现 | 3 | 48 | 32 | 16 | 6 | | 未开设 |
| INF05176 | 嵌入式系统及FPGA | 3 | 48 | 48 | | 6 | | 未开设 |
| INF05044 | FPGA与SOPC设计基础（Fundamentals of FPGA and SOPC Design） | 3 | 48 | 12 | 36 | 6 | | 实验 |

续表

| 课程代码 | 课程名称 | 学分 | 总学时 | 理论学时 | 实验学时 | 开课学期 | 备注1 | 备注2 |
|---|---|---|---|---|---|---|---|---|
| INF05053 | 高级数字信号处理（Advanced Digital Signal Processing） | 3.5 | 56 | 40 | 16 | 6 | 实验 | |
| INF05177 | 遥感概论 | 3 | 48 | 48 | | 7 | 电子所 | |
| INF05180 | 数字图像处理与实践 | 3 | 48 | 32 | 16 | 7 | 电子所 | |
| INF05098 | 微波电子线路（Microwave Electronic Circuits） | 3 | 48 | 40 | 8 | 7 | 任武 | |
| INF05076 | 信号检测与估计（Signal Detection and Estimation） | 3 | 48 | 40 | 8 | 7 | 刘志文 | |
| INF05178 | 微波电路与系统 | 3 | 48 | 48 | | 7 | | 未开设 |
| INF05179 | 雷达原理及其信号处理 | 3 | 48 | 48 | | 7 | | 未开设 |

## 7.2 电子科学与技术专业

电子科学与技术专业起源于1960年创建的无线电电子物理学专业和1961年创建的半导体材料与器件专业（92专业），最初归属于工程物理系，1962年学校决定半导体器件专业停办，1964年又决定半导体器件专业保留学科，归属于五系，成为54专业。至此，五系共包括4个专业的专业结构基本确立。在近60年的发展历程中，先后采用了半导体微波器件、半导体器件、半导体物理与器件、无线电技术、电子科学与技术（微电子方向）等专业名称。1997年并入信息工程大专业，2006年以电子科学与技术（微电子方向）专业名称招生，2009年按照电子科学与技术专业名称招生，2013年并入电子信息类统一招生，2016年以微电子学院名义独立招生，2017年合并到电子信息类统一招生，2018年开始合并到电子信息工程（实验班）统一招生。

本专业现为工业和信息化部重点专业，2012 年通过了国际实质等效的全国工程教育专业认证（全国序二），2019 年通过了第二轮专业认证。2015 年，以该专业为核心，在教育部等六部门支持下组建了国家示范性微电子学院。2014 年获批北京市硅基高速片上系统工程技术研究中心（省部级），建设有微电子工艺实验室，含超净间、离子刻蚀实验测试系统 OMEGA LPX DSI、紫外曝光对准系统 MA6BA6、场发射扫描电子显微镜 QUANTA 450、磁控溅射在内的设备（设备总价值 5 000 万元），除用于三维集成、MEMS 等基础科学研究之外，还用于学生毕业设计、实习、实践、课外科技创新活动。

本专业大力推进以研究型学习为主要特征的教育教学改革，已经开展的北京市级和校级研究型学习和自主学习专业基础课程教改项目达到 13 项，获批 2 项北京理工大学教育教学成果奖。其中，"知识架构和工程实践并重的工科专业培养方法"在 2017 年获北京理工大学教育教学成果奖一等奖，在 2018 年获北京市高等教育教学成果奖二等奖，并在北京理工大学和北京市共建"双培计划"专业进行了推广和实施。

北京理工大学电子科学与技术专业的教师团队经过半个多世纪的发展和壮大，已由当初的单一研究半导体分立元器件发展到现在从事超大规模集成电路设计、MEMS 设计与制造、高性能专用微处理器设计的教学与科研相结合的团队。

### 7.2.1　专业历史沿革

1947 年晶体管的发明，开启了固体电子技术时代。国家在 1956 年提出了"向科学进军"的号召，将半导体技术列为重点发展的领域之一。1956 年，中科院物理所成立了半导体研究室，并举办了半导体器件短期培训班，请从国外回国的半导体专家黄昆、吴锡九、黄敞、林兰英、王守武等讲授半导体理论、晶体管制造技术和半导体线路。由北京大学、复旦大学、东北人民大学、厦门大学和南京大学五所大学联合开办了半导体物理专业；其后在工科院校，尤其是清华大学率先开办了半导体专业。1956 年国家科研规划时把半导体专业定为国家重点发展的领域之一。

早在 1956 年秋至 1958 年夏，当时北京工业学院的物理教研室就派出李卫和刘颖两位老师到中科院物理所半导体研究室进修（实际是参与半导体研究室的实验条件建设及器件制作）。1958 年夏，中科院物理所半导体研究室针对晶体管研制举办了短期培训班，物理教研室派刘义荣老师参加。

1959 年秋，五系抽调在校学生任光瑞（1956 年入校）到清华大学无线电系半导体专业跟班学习（当时由系书记李宜今同志和清华大学系书记李传信共同商定）。李卫、刘义荣两位老师回校后，于1958年秋开始，在当时的院直属教研室的仪表车间进行锗晶体管的研制，成功制出合金扩散型锗三极管。刘义荣老师负责车间的管理工作（当时车间还有2名实验室工作人员和5名复转军人）。

1960年2月12日，北京工业学院第21次院务委员会通过决议，决定新建北京工业学院九系（即工程物理系），九系下设两个专业——原子能专业和半导体专业，半导体专业的专业名称为半导体材料及器件（92专业）。

1960年4月，半导体教研室正式成立，当时教师队伍包括：物理教研室抽调的李卫、郑秀英、张继元；从1956年和1957年入学的各系抽调的本科生邢素维、那奎成、王永刚、刘励和、赵长水、熊方平、李崇胜、马新渠、王金城、李印增、孙宏昌等。1960年9月以后，化工系应届毕业生李世盛、郑武城，中专毕业生孙文举、李国信，复转军人丁世昌，从二系调来的学生指导员张明善等人加入教研室，还有复转军人五六人也参加了实验室工作。整个教研室约20人。当时抽调出来的教师均是一面参加科研，一面进修（因为他们没有学过理论物理方面的内容），同时准备自己所承担课程的备课。1960年9月，学校派李印增到清华大学进修半导体器件（一）（二）课程，派王永刚到中科院半导体研究所进修半年。

专业成立后，学生由其他系转入，92571班学生由一系、五系转入（其中有部分是从1956年入学的俄文班转入），92581班、92591班学生基本由五系转入。各年级均按半导体专业教学计划培养。

当时专业基础理论课基本上由物理教研室教师讲授，热力学与统计物理由李本桐讲授，量子力学由王殖东讲授，电动力学由郑锡联讲授，固体物理由郑秀英讲授。专业课的教师分别是：半导体物理学——李卫、邢素维、王金城，半导体材料——李卫、那奎成、孙宏昌、李世盛，半导体器件（一）——李印增，半导体器件（二）——李印增、王永刚，半导体器件制造技术——马新渠，半导体线路——张继元。实验室由郑武城负责。

当时专业课教材非常缺乏，能用的教材只有1956年秋由五校（北京大学、复旦大学、厦门大学、南京大学、东北人民大学）联办的半导体专门化教材，黄昆、谢希德著《半导体物理学》（1958年由科学出版社出版）也是一部好教材。当时聘请的苏联专家的授课讲义、教材基本上没有太大参考价值。半导体材料教材由李卫老师编写；半导体器件（一）以《晶体管原理》（北京大学1958年教改成果——由北京大学半导体专门化的学生编写）为蓝本，结合清华大学的讲义，半导体器件（二）基本上翻印了清华大学的讲义（该讲义的部分内容是从《半导体快报》上摘录的）；半导体工艺、半导体线路等课程参考有关资料讲授。1959级，李卫老师还开设了专业英语选读。

当时的科研项目主要有硅粉提炼、硅整流二极管制作（这两个项目实验室在现1号教学楼西头一层及楼外小平房——早已拆除），光敏电阻和热敏电阻研制（在物理组陈广汉、刘颖老师指导下进行）。当时制作的二极管采用环氧树脂封装，还向国防科工委献了礼。

1961年五六月份，工程物理系的原子能专业停办，学生全部转到半导体专业，组成1957级第二个班，因为他们已学过理论物理等基础课，只用一年时间就学习了专业课。

1961年年底，工程物理系被撤销。为了贯彻中央"调整、巩固、充实、提高"的方针，以及教育部在重点高校工作会议上确定的"定规模、定任务、定方向、定专业"的精神，1962年学校决定半导体专业停办，并成立了北京工业学院基础部。1963年夏，半导体专业转由基础部代管，于是1959级学生毕业时就以基础部的名义毕业。

半导体专业停办后，专业所有教师原则上完成教学任务后回原单位进行分配或回班学习，留李卫、任光瑞、李印增三位老师等到1959级同学毕业后再作安排。学校决定所有实验室设备集中封存，于1959年年末上交院有关单位。停办期间，学校备案为停办，但实际上那时老师和学生还在教书与学习。

从1960年建立专业到1964年，总共培养了三届四个小班（两个班十一二人，一个班十七八人，一个班21人）的毕业生。

1957级学生的毕业实习及设计在电子部11所和椿树整流器厂进行。

1958级学生毕业设计在地质部仪器厂和椿树整流器厂进行。

1959级学生的生产实习在电子管厂十车间（约一个月的时间），毕业实习及设计在椿树整流器厂、地质部仪器厂和电子部11所进行。

1964年10月，由北京工业学院党委副书记时生主持召集有二系、五系及相关人员参加的会议，决定半导体专业保留学科，归属五系（无线电工程系），成为54专业。随后李卫和李印增老师调到五系，任光瑞老师被调到物理教研室。

54专业从1964年7月开始在无线电工程系（五系）正常招生。

1970年3月4日，五机部军管会下文："同意北工办一个机械总厂和电子、光学两个分厂，生产炮瞄雷达、指挥仪、指挥镜、无线电元器件，工厂代号为5499厂（第二厂名为北京五七仪器厂）。"当时电子分厂建立在4号教学楼一层西侧。它的主要任务是生产战备急需的电子元件，以可控硅、半导体器件为主，建立了拉单晶、去离子水、蒸发镀膜、照相制版、腐蚀测试、氧化烧结、光刻切片、焊接封装等工序，形成硅单晶制备、小规模集成电路生产线，建立可控硅生产线和砷化镓势垒二极管研究组。从二系21教研室、物理教研室、数学教研室、机械制图教研室、外语教研室、体育教研室、机械零件制造教研室调来教师，

1970年和1971年有两批青工分配到电子厂，称为一分队。

1971年三四月份，半导体器件车间（附半导体器件组）和501遥控遥测组一起组成五·七五中队。

1971年11月，以当时电子厂的一分队为基础，加上部分物理组教师，重建了半导体专业，独立设立教研室（当时归属电子厂领导，教研室的工作由王景元负责），专业对外名称为"微波半导体器件"，专业代号为54专业。

1972年以后，随着工农兵学员入校，原二系、物理教研室及五系教师陆续回原单位担负教学工作，电子厂只保留了小规模集成电路生产线，其余全部撤销。小规模集成电路生产线（包括制水、切磨抛片、扩散、光刻、压焊、测试及封装等工艺）划归为微波半导体器件，成为专业的工艺实验室。

1972年以后到1973年，五系的半导体微波器件专业改名为半导体器件专业，代号依然为54专业。

"文化大革命"结束后，1977级54专业没有招生，从1978年开始，54专业恢复招生。

1980年54专业没有招生。

从1981年开始，专业名称改为半导体物理与器件。

1988—1989年，根据学校深化教育改革的15条意见，五系实行按系招生录取，全系学生专业名称统一为无线电技术，一、二年级不分专业，以系为基础按学科大类组织教学，三年级后根据社会需要确定专业方向和培养方案，四个专业分流方向之一是原54半导体物理与器件专业。

1990年五系恢复按照三个本科专业招生，包括半导体物理与器件专业。

从1997年开始，全系本科专业实现第二次合并，五系按教育部引导性本科专业目录中信息工程专业进行人才培养，实现了宽口径专业教育。五系原4个专业均取消。

2003年9月，原半导体物理与器件专业恢复招生，专业名称为电子科学与技术（微电子方向）专业。

2005年，原半导体工艺线拆除。

2006年，建立集成电路设计实验室。

2008年9月开始设立电子科学与技术（微电子方向）双语班。

从2011年9月开始，电子科学与技术（微电子方向）专业改名为电子科学与技术专业，同年9月，电子科学与技术（微电子方向）双语班升级为电子科学与技术国际化教育班。

2012年10月，电子科学与技术专业通过中国工程教育专业认证，有效期从2013年1月1日至2018年12月31日。

从 2013 年开始，信息与电子学院开始按照大类招生和培养，招收电子信息类和电子信息类（实验班）两大类学生，实现了所有专业第三次合并招生，但是学生在经过大学一、二两个学期的公共基础阶段教育后，分流向 4 个本科专业，共 8 个专业方向，这 4 个本科专业就包括电子科学与技术（微电子方向）专业。毕业时，学生分别按照 4 个本科专业毕业。

2014 年获批省部级工程中心北京市硅基高速片上系统工程技术研究中心。

2015 年以该专业为核心，在教育部门第六部门的支持下组建了国家级示范性微电子学院。

2016 年，电子科学与技术专业按照微电子学院招生，这种招生结构也延续到 2017 年。

从 2018 年开始，五系所有本科专业单独按照电子信息工程实验班大类招生，入学后加入学校"睿信书院"大类培养，大一末开始，学生自愿分流，进入学院 4 个本科专业，包括电子科学与技术专业，分别按照 4 个本科专业毕业。

### 7.2.2 专业特色及培养方案

**1. 专业特色**

本专业为电子科学与技术专业领域，特别是微电子电路、器件、集成电路的设计与制造技术领域培养具有较高的思想道德和文化素质修养、敬业精神和社会责任感，具有健康的体魄和良好的心理素质，具备电子科学与技术专业扎实的自然科学基础、宽广的专业知识、较好的团队合作意识和较强的实验技能，具有良好的外语能力，具有创新精神和工程实践能力以及跟踪掌握该领域新理论、新知识、新技术的能力，能够应用系统的观点分析、综合和处理科学技术问题，进行科学研究、技术开发和应用研究的高级工程技术人才。

北京理工大学电子科学与技术专业的教师团队经过半个多世纪的发展和壮大，已由当初的单一研究半导体分立元器件发展到现在从事超大规模集成电路设计、MEMS 设计与制造、高性能专用微处理器设计的教学与科研相结合的团队。

电子科学与技术专业的培养目标：面向广泛的电子信息工程领域尤其是微电子工程领域，培养具有坚定的理想信念、健全的身心人格、扎实的理论基础、宽广的知识视野，能够慎思明辨、创新笃行，能够用系统的观点分析、综合和处理科学技术问题，进行科学研究、技术开发、应用研究和管理的高水平工程技术人才。

毕业生可从事电子信息相关领域尤其是微电子工程领域的科学研究、技术开发、教育教学和技术管理等工作。

学生在专业工程领域、社会发展实践方面应该具备的能力和素质包括：

（1）具有良好的人文素养、社会责任感和职业道德。具备法律、社会伦理、经济、环境等领域的知识。

（2）具有创新意识和工程实践能力，能够综合运用专业及人文知识，创新性地、系统地分析和解决电子信息相关领域尤其是微电子工程领域复杂工程问题，具有有效沟通、团队合作和科研管理的能力。

（3）具有科学思辨的习惯和能力，系统分析、综合和解决科学技术问题的能力。

（4）具有国际视野，能通过文献检索、资料查询及现代信息技术，获取并跟踪相关领域前沿理论和工程技术。

（5）具有终身学习和适应发展的能力。

**2. 2003版培养方案**

进入21世纪，电子科学与技术专业的培养目标开始侧重培养研究型人才，突出宽基础、高层次的思路，重点培养学生的创新意识，进一步加强和拓宽基础教育以适应该领域的发展和创新。

2003版电子信息类电子科学与技术专业指导性教学计划进程见表7.38，电子科学与技术基础教育、专业教育课程共2 304学时，140学分。

表7.38 2003版电子信息类专业电子科学与技术（微电子方向）指导性教学计划

| 专业 | 教育类别 | 课程性质 | 课程编号 | 课程名称 | 学期安排 | 课内总学时 | 课内实验 | 学分 | 各学期课内周学时分配 | | | | | | | |
|---|---|---|---|---|---|---|---|---|---|---|---|---|---|---|---|---|
| | | | | | | | | | 1 | 2 | 3 | 4 | 5 | 6 | 7 | 8 |
| 电子信息类 | 基础教育 | 必修课 | A091001<br>A092001 | 大学英语 | 1—2 | 192 | | 12 | 6 | 6 | | | | | | |
| | | | A011001 | 计算机基础 | 1 | 32 | | 2 | 2 | | | | | | | |
| | | | A012150 | 计算机程序设计 | 2 | 64 | | 4 | | 4 | | | | | | |
| | | | A071121<br>A072121 | 数学分析 | 1—2 | 176 | | 11 | 6 | 5 | | | | | | |
| | | | A073122 | 高等代数 | 3 | 48 | | 3 | | | 3 | | | | | |
| | | | A073004 | 概率与数理统计 | 3 | 48 | | 3 | | | 3 | | | | | |
| | | | A072006<br>A073006 | 大学物理 | 2—3 | 128 | | 8 | | 4 | 4 | | | | | |
| | | | A073007<br>A074007 | 物理实验 | 3—4 | 48 | 40 | 3 | | | 1.5 | 1.5 | | | | |
| | | | A091002 | 思想道德修养 | 1 | 16 | | 1 | 1 | | | | | | | |
| | | | A091005 | 法学基础 | 1 | 16 | | 1 | 1 | | | | | | | |

续表

| 专业 | 教育类别 | 课程性质 | 课程编号 | 课程名称 | 学期安排 | 课内总学时 | 课内实验 | 学分 | 各学期课内周学时分配 | | | | | | | |
|---|---|---|---|---|---|---|---|---|---|---|---|---|---|---|---|---|
| | | | | | | | | | 1 | 2 | 3 | 4 | 5 | 6 | 7 | 8 |
| 电子信息类 | 基础教育 | 必修课 | A091006 | 毛泽东思想概论 | 1 | 16 | | 1 | 1 | | | | | | | |
| | | | A092007 | 邓小平理论概论 | 2 | 16 | | 1 | | 1 | | | | | | |
| | | | A092008 | "三个代表"重要思想概论 | 2 | 16 | | 1 | | 1 | | | | | | |
| | | | A093009 | 马克思主义哲学原理 | 3 | 32 | | 2 | | | 2 | | | | | |
| | | | A094010 | 马克思主义政治经济学原理 | 4 | 32 | | 2 | | | | 2 | | | | |
| | | 选修课 | B121001 B122001 B123001 B124001 | 体育 | 1—4 | 128 | | 4 | 2 | 2 | 2 | 2 | | | | |
| | | | | 专项数学 | 4 | 64 | | 4 | | | | 4 | | | | |
| | | | | 专项英语 | 3—4 | 64 | | 4 | | | 2 | 2 | | | | |
| | | | | 通识教育专项 | 2—4 | 96 | | 6 | | 2 | 2 | 2 | | | | |
| | 学科基础教育 | 学院公共平台 | D014110 | 数据结构与算法设计 A | 4 | (64) | | (4) | 选修10学分 | | | | | | | |
| | | | D014111 | 数据结构与算法设计 B | 4 | 48 | | 3 | | | | 3 | | | | |
| | | | D014511 | 信号与系统 A | 4 | 64 | | 4 | | | | 4 | | | | |
| | | | D015220 | 控制理论基础 A | 5 | (64) | | (4) | | | | | | | | |
| | | | D015221 | 控制理论基础 B | 5 | 48 | | 3 | | | | | 3 | | | |
| | | | D016416 | 光电信息基础 | 6 | (48) | | (3) | | | | | | | | |

续表

| 专业 | 教育类别 | 课程性质 | 课程编号 | 课程名称 | 学期安排 | 课内总学时 | 课内实验 | 学分 | 各学期课内周学时分配 ||||||||
|---|---|---|---|---|---|---|---|---|---|---|---|---|---|---|---|---|
| | | | | | | | | | 1 | 2 | 3 | 4 | 5 | 6 | 7 | 8 |
| 电子信息类 | 学科基础教育 | 必修课 | C013003 | 电路分析基础 | 3 | 72 | 20 | 4.5 | | | 4.5 | | | | | |
| | | | C031009 | 工程制图基础B | 1 | 32 | | 2 | 2 | | | | | | | |
| | | | C014011 | 模拟电路基础 | 4 | 56 | | 3.5 | | | | 3.5 | | | | |
| | | | C014012 | 模拟电路实验 | 4 | 24 | | 1.5 | | | | 1.5 | | | | |
| | | | C015013 | 数字电路与系统 | 5 | 64 | | 4 | | | | | 4 | | | |
| 信息工程（通信与电子工程方向）·信息对抗技术 | 学科基础教育 | 必修课 | C015014 | 数字电路实验 | 5 | 24 | | 1.5 | | | | | 1.5 | | | |
| | | | 学科基础教育选修课 | | 5—7 | 112 | | 7 | | | | | 2 | 2 | 3 | |
| | 专业教育 | 必修课 | E016501 | 信息系统及安全 | 6 | 40 | 8 | 2.5 | | | | | | 2.5 | | |
| | | | E015502 | 电磁场理论 | 5 | 64 | | 4 | | | | | 4 | | | |
| | | | E016503 | 微波工程基础 | 6 | 48 | | 3 | | | | | | 3 | | |
| | | | E015504 | 数字信号处理 | 5 | 48 | 8 | 3 | | | | | 3 | | | |
| | | | E016505 | 随机信号分析 | 6 | 48 | 8 | 3 | | | | | | 3 | | |
| | | | E016506 | 微机原理与应用 | 6 | 64 | 16 | 4 | | | | | | 4 | | |
| | | | E015507 | 通信原理与电路 | 5 | 88 | 24 | 5.5 | | | | | 5.5 | | | |
| | | | 专业教育选修课 | | 7 | 128 | | 8 | | | | | | | 8 | |

续表

| 专业 | 教育类别 | 课程性质 | 课程编号 | 课程名称 | 学期安排 | 课内总学时 | 课内实验 | 学分 | 各学期课内周学时分配 | | | | | | | |
|---|---|---|---|---|---|---|---|---|---|---|---|---|---|---|---|---|
| | | | | | | | | | 1 | 2 | 3 | 4 | 5 | 6 | 7 | 8 |
| 电子科学与技术（微电子方向） | 学科基础教育 | 必修课 | C015508 | 理论物理基础 | 5 | 56 | | 3.5 | | | | | 3.5 | | | |
| | | | | 学科基础教育选修课 | 5—7 | 96 | | 6 | | | | | 2 | 2 | 2 | |
| | 专业教育 | 必修课 | E015502 | 电磁场理论 | 5 | 64 | | 4 | | | | | 4 | | | |
| | | | E015504 | 数字信号处理 | 5 | 48 | 8 | 3 | | | | | 3 | | | |
| | | | E016506 | 微机原理与应用 | 6 | 64 | 16 | 4 | | | | | | 4 | | |
| | | | E015507 | 通信原理与电路 | 5 | 88 | 24 | 5.5 | | | | | 5.5 | | | |
| | | | E016509 | 半导体物理 | 6 | 48 | | 3 | | | | | | 3 | | |
| | | | E016510 | 微电子器件基础 | 6 | 48 | | 3 | | | | | | 3 | | |
| | | | | 专业教育选修课 | 7 | 128 | | 8 | | | | | | | 8 | |
| 合计 | | | | 信息工程（通信与电子工程方向） | | 2 304 | 140 | | 21 | 25 | 24 | 25.5 | 23 | 14.5 | 11 | 0 |
| | | | | 信息对抗技术 | | 2 304 | 140 | | 21 | 25 | 24 | 25.5 | 23 | 14.5 | 11 | 0 |
| | | | | 电子科学技术（微电子方向） | | 2 304 | 140 | | 21 | 25 | 24 | 25.5 | 26.5 | 12 | 10 | 0 |

备注：表格总计内容计算正确，不是简单加法。表中学院公共平台课程需要选修10学分，因此这部分课程按照10学分及对应学时统计。

### 3. 2006 版培养方案

2006 版培养方案中电子科学与技术专业基础教育、学科基础教育专业教育课程共 2 856 学时，174.5 学分。

2006 版电子科学与技术专业教学计划如表 7.39～表 7.41 所示。

表 7.39 2006 版电子科学与技术专业（微电子方向）指导性教学计划进程

| 课程类别 | 课程性质 | 课程代码 | 课程名称 | 学分 | 总学时 | 讲课学时 | 实验学时 | 上机学时 | 各学期平均周学时分配 | | | | | | | |
|---|---|---|---|---|---|---|---|---|---|---|---|---|---|---|---|---|
| | | | | | | | | | 1 | 2 | 3 | 4 | 5 | 6 | 7 | 8 |
| 基础教育 | 必修课 | 09000353<br>09000354<br>09000367<br>09000368 | 大学英语（Ⅰ、Ⅱ）（普通班）<br>大学英语口语（Ⅰ,Ⅱ）（普通班,Q） | 12 | 192 | 192 | | | 6 | 6 | | | | | | |
| | | 12000068 | 计算机科学导论 | 2 | 32 | 24 | | 8 | 2 | | | | | | | |
| | | 07000130<br>07000131 | 数学分析 B（Ⅰ、Ⅱ） | 12 | 192 | 192 | | | 6 | 6 | | | | | | |
| | | 12000073 | C 语言程序设计 | 3 | 48 | 32 | | 16 | | 3 | 3.5 | | | | | |
| | | 07000055 | 高等代数 C | 3.5 | 56 | 56 | | | | | 3 | | | | | |
| | | 07000051 | 概率与数理统计 | 3 | 48 | 48 | | | | | | 4 | | | | |
| | | 07000032<br>07000033 | 大学物理（Ⅰ、Ⅱ） | 8 | 128 | 128 | | | | 4 | 4 | | | | | |
| | | 07000169<br>07000170 | 物理实验 B（Ⅰ、Ⅱ） | 3 | 48 | 4 | 44 | | | | 1.5 | 1.5 | | | | |
| | | 09000417 | 思想道德修养与法律基础 | 2 | 32 | 32 | | | 2 | | | | | | | |
| | | 09000488 | 知识产权法基础 | 1 | 16 | 16 | | | 1 | | | | | | | |

续表

| 课程类别 | 课程性质 | 课程代码 | 课程名称 | 学分 | 总学时 | 讲课学时 | 实验学时 | 上机学时 | 各学期平均周学时分配 ||||||||
|---|---|---|---|---|---|---|---|---|---|---|---|---|---|---|---|---|
| | | | | | | | | | 1 | 2 | 3 | 4 | 5 | 6 | 7 | 8 |
| 基础教育 | 必修课 | 09000490 | 中国近现代史纲要 | 3 | 48 | 32 | 16 | | 3 | | | | | | | |
| | | 09000489 | 毛泽东思想、邓小平理论及"三个代表"重要思想 | 4 | 64 | 48 | 16 | | | 4 | | | | | | |
| | | 09000008 | 大学生心理素质发展 | 1 | 16 | 16 | | | | 1 | | | | | | |
| | | 09000191 | 马克思主义基本原理 | 3 | 48 | 48 | | | | | 3 | | | | | |
| | | 99000001<br>99000002<br>99000003<br>99000004 | 体育（Ⅰ~Ⅳ） | 4 | 128 | 128 | | | 2 | 2 | 2 | 2 | | | | |
| | | | 专项英语 | 4 | 64 | 64 | | | | | | | | | | |
| | 选修课 | | 通识教育选修课 | 6 | 96 | 96 | | | | 2 | 2 | 2 | | | | |
| | | 07000048 | 复变函数与积分变换 | 2 | 32 | 32 | | | | | | 2 | | | | |
| | | 07000125 | 数理方程与特殊函数 | 2 | 32 | 32 | | | | | | | | | | |
| | | | 专项数学 | | | | | | | | | | | | | |
| 学科基础教育 | 必修课 | 01500257 | 面向对象程序设计 | 2 | 32 | 24 | 8 | | | | 2 | | | | | |
| | | 01500259 | 数据结构A | 2 | 32 | 24 | 8 | | | | | 2 | | | | |
| | | 01500260 | 数据结构B | 2 | 32 | 24 | 8 | | | | | 2 | | | | |
| | | | 学院公共平台课选修学分不低于9学分 | | | | | | | | | | | | | |

续表

| 课程类别 | 课程性质 | 课程代码 | 课程名称 | 学分 | 总学时 | 讲课学时 | 实验学时 | 上机学时 | 各学期平均周学时分配 ||||||||
|---|---|---|---|---|---|---|---|---|---|---|---|---|---|---|---|---|
| | | | | | | | | | 1 | 2 | 3 | 4 | 5 | 6 | 7 | 8 |
| 学科基础教育 | 必修课 | 01500237 | 信号与系统 A | 4 | 64 | 56 | 8 | | | | | 4 | | | | |
| | | 01500238 | 信号与系统 B | 3 | 48 | 48 | | | | | | | | | | |
| | | 01200257 | 自动控制理论 A | 4 | 64 | 64 | | | | | | | 3 | | | |
| | | 01200258 | 自动控制理论 B | 3 | 48 | 48 | | | | | | | | | | |
| | | 01400100 | 光电技术与实验 | 4 | 64 | 40 | 24 | | | | | | | | | |
| | | 03000114 | 工程制图基础 B | 2 | 32 | 32 | | | 2 | | | | | | | |
| | | 01500255 | 电路分析基础 | 4.5 | 72 | 52 | 20 | | | | 4.5 | | | | | |
| | | 01500171 | 电路仿真 | 1 | 16 | 8 | 8 | | | | 1 | | | | | |
| | | 01500256 | 电子工艺实践 | 1.5 | 24 | | 24 | | 1.5 | | | | | | | |
| | | 01500193 | 模拟电路基础 | 3.5 | 56 | 56 | | | | | | 3.5 | | | | |
| | | 01500194 | 模拟电路实验 | 1.5 | 24 | | 24 | | | | | 1.5 | | | | |
| | | 01500261 | 数字电路 | 3.5 | 56 | 56 | | | | | | | | 3.5 | | |
| | | 01500262 | 数字系统设计与实验 | 2 | 32 | | 32 | | | | | | | 2 | | |
| | | 01500276 | 理论物理导论 | 3.5 | 56 | 56 | | | | | | | | 3.5 | | |

学院公共平台课选修学分不低于9学分

续表

| 课程类别 | 课程性质 | 课程代码 | 课程名称 | 学分 | 总学时 | 讲课学时 | 实验学时 | 上机学时 | 各学期平均周学时分配 1 | 2 | 3 | 4 | 5 | 6 | 7 | 8 |
|---|---|---|---|---|---|---|---|---|---|---|---|---|---|---|---|---|
| 学科基础教育 | 选修课 |  | 实验选修课 | 6 | 96 |  | 96 |  |  |  |  |  |  |  |  |  |
|  |  | 01500166 | 电磁场理论 | 4 | 64 | 60 | 4 |  |  |  |  | 2 | 2 |  |  |  |
|  |  | 01500263 | 通信电路与系统 | 4 | 64 | 64 |  |  |  |  |  |  | 4 |  |  |  |
|  |  | 01500264 | 通信电路与系统实验 | 1.5 | 24 |  | 24 |  |  |  |  |  | 1.5 |  |  |  |
|  |  | 01500213 | 数字通信原理 | 3 | 48 | 48 |  |  |  |  |  |  | 3 |  |  |  |
|  |  | 01500265 | 计算机原理与应用 | 3.5 | 56 | 40 | 16 |  |  |  |  |  |  | 3.5 |  |  |
| 专业教育 | 必修课 | 01500154 | 数字信号处理 | 3 | 48 | 40 | 8 |  |  |  |  |  |  | 3 |  |  |
|  |  | 01500277 | 半导体物理 | 3.5 | 56 | 56 |  |  |  |  |  |  |  | 3.5 |  |  |
|  |  | 01500278 | 微电子器件原理 | 3.5 | 56 | 56 |  |  |  |  |  |  |  | 3.5 |  |  |
|  |  | 01500279 | 微电子工艺原理 | 2 | 32 | 32 |  |  |  |  |  |  |  | 2 |  |  |
|  |  | 01500158 | VHDL硬件描述语言 | 2 | 32 | 32 |  |  |  |  |  |  |  | 2 |  |  |
|  |  | 01530280 | 毕业设计（论文） | 16 | 256 |  | 256 |  |  |  |  |  |  |  |  | 16 |
| 专业教育 | 选修课 |  | 专业教育选修课 | 12 | 192 | 192 |  |  |  |  |  |  |  |  | 12 |  |
|  |  |  | 总计 | 174.5 | 2856 | 2228 | 604 | 24 | 25.5 | 28 | 26.5 | 24.5 | 26.5 | 19.5 | 12 | 16 |

备注：表格合计内容计算正确，不是简单加法。表中学院公共平台选修学分不低于9学分，因此这部分课程按照9学分及对应学时进行统计。

表 7.40　2006 版电子科学与技术实践周教学计划进程

| 编号 | 项目 | 内容 | 学分 | 学期 | 周数 | 周次 | 场所 |
|---|---|---|---|---|---|---|---|
| 09000211 | 人文社会实践 | 社会调查、研讨 | 1 | 2 | 1 | 19 | 校内外 |
| 98000001 | 军事理论 | 军事理论教学 | 1 | 2 | 2 | 20、21 | 校内外 |
| 98000002 | 军事训练 | 军事实践训练 | 1.5 | 3 | 3 | 暑假 | 校内外 |
| 01500267 | 文献检索 | 科技文献检索 | 1 | 4 | 1 | 19—21,1—3 | 本院 |
| 01500268 | 电子实习 | 无线收发信机制作 | 2 | 4 | 2 | | 本院 |
| 01500183 | 课程设计 | 计算机软硬件设计与实践 | 3 | 5 | 3 | | 本院 |
| 01500186 | 课程设计 | 数字电路课程设计 | 2 | 6—7 | 2 | 19—21,1—3 | 本院 |
| 01500187 | 课程设计 | 模拟电路课程设计 | 2 | 6—7 | 2 | | 本院 |
| 01530281 | 专业实习 | IC 设计（软件、硬件） | 2 | 6—7 | 2 | | 校内外 |
| | 合计 | | 15.5 | | | | |

表 7.41　2006 版电子科学与技术专业教育选修课

| 课程编号 | 课程名称 | 学分 | 学时 | 学期 | 课程编号 | 课程名称 | 学分 | 学时 | 学期 |
|---|---|---|---|---|---|---|---|---|---|
| 01500239 | 信息论 | 2 | 32 | 6 | 01500289 | 微电子器件工艺模拟及仿真 | 2 | 32 | 6、7 |
| 01500270 | 微波工程基础 | 3 | 48 | 6 | 01500290 | 微电子技术基础 | 2 | 32 | 6、7 |
| 01500217 | 随机信号分析 | 3 | 48 | 6 | 01500164 | 传感器设计与应用 | 2 | 32 | 6、7 |
| 01500314 | 信息系统与安全对抗理论 | 3 | 48 | 6 | 01500291 | 射频集成电路设计基础 | 2 | 32 | 6、7 |
| 01500272 | 信息网络概论 | 2 | 32 | 6 | 01500292 | 纳米技术基础 | 2 | 32 | 6、7 |
| 01500157 | SOC 理论与应用 | 2 | 32 | 6、7 | 01500293 | 量子器件基础 | 2 | 32 | 6、7 |

续表

| 课程编号 | 课程名称 | 学分 | 学时 | 学期 | 课程编号 | 课程名称 | 学分 | 学时 | 学期 |
|---|---|---|---|---|---|---|---|---|---|
| 015002712 | 微电子与集成电路设计基础 | 3 | 48 | 6、7 | 01500236 | 信号检测与估计 | 3 | 48 | 7 |
| 01500282 | 深亚微米集成电路设计基础 | 2 | 32 | 6、7 | 01500274 | 信道编码 | 2 | 32 | 7 |
| 01500283 | 集成电路可测性分析与设计 | 2 | 32 | 6、7 | 01500226 | 微波通信技术 | 2 | 32 | 7 |
| 01500220 | 微电子器件模拟与建模 | 2 | 32 | 6、7 | 01500222 | 微波电子线路 | 2 | 32 | 7 |
| 01500285 | IC 版图艺术 | 2 | 32 | 6、7 | 01500316 | 移动通信 | 2 | 32 | 7 |
| 05100286 | MEMS 技术基础 | 2 | 32 | 6、7 | 01500196 | 模拟集成电路分析与设计基础 | 3.5 | 56 | 7 |
| 01500182 | 集成电路可靠性技术 | 2 | 32 | 6、7 | 01500210 | 数字集成电路分析与设计基础 | 4.5 | 72 | 7 |
| 01500212 | 超大规模集成电路CAD | 2 | 32 | 6、7 | 01500101 | 信息系统安全与对抗技术 | 3 | 48 | 7 |
| 01500235 | 半导体材料与器件 | 2 | 32 | 6、7 | 01500258 | 信号处理、通信和控制中的估计理论 | 2 | 32 | 7 |

### 4. 2009 版培养方案

2009 版培养方案重新审视教学内容，注重将知识传授与研究方法和研究能力的培养相结合，在专业教育课设置方面保持宽口径、厚基础的特色优势，较好地处理知识广度与深度的关系，并更加深入地注重教学内容的先进性、前瞻性、研究性和应用性，建设高水平的专业课程，适应社会主义现代化建设的需要。

2009 年该专业优化教学体系，强化实践创新，多层次培育人才；大力倡导启发式、讨论式、案例式教学方法，调动学习的积极性和主动性，培养学生的自学能力和主动获取知识的技能。

该专业基础教育课程共 2 856 学时，174.5 学分，如表 7.42 ~ 表 7.44 所示。

表 7.42 2009 版电子科学与技术专业指导性教学计划进程

| 课程类别 | 课程性质 | 课程代码 | 课程名称 | 学分 | 总学时 | 讲课学时 | 实验学时 | 上机学时 | 各学期平均周学时分配 ||||||||
|---|---|---|---|---|---|---|---|---|---|---|---|---|---|---|---|---|
| | | | | | | | | | 1 | 2 | 3 | 4 | 5 | 6 | 7 | 8 |
| 公共基础 | 必修课 | ENG24005<br>ENG24006 | 大学英语（Ⅰ、Ⅱ）<br>(College English) | 6 | 96 | 64 | 32 | | 3 | 3 | | | | | | |
| | | ENG24007<br>ENG24008 | 大学英语视听说（Ⅰ、Ⅱ）<br>(College English Watching, Listening and Speaking) | 6 | 96 | 64 | 32 | | 3 | 3 | | | | | | |
| | | MTH17003<br>MTH17004 | 工科数学分析（Ⅰ、Ⅱ）<br>[Mathematical Analysis for Engineers（Ⅰ、Ⅱ）] | 12 | 192 | 192 | | | 6 | 6 | | | | | | |
| | | MTH17012 | 线性代数 A<br>(Linear Algebra A) | 3.5 | 56 | 56 | | | 4 | | | | | | | |
| | | MTH17037 | 概率与数理统计<br>(Probability and Statistics) | 3 | 48 | 48 | | | | | 3 | | | | | |
| | | COM07001 | 大学计算机基础<br>(Computer Fundamentals) | 2 | 32 | 24 | | 8 | 2 | | | | | | | |
| | | COM07003 | C 语言程序设计<br>(C Programming Language) | 3 | 48 | 32 | | 16 | | 3 | | | | | | |
| | | PHY17016<br>PHY17017 | 大学物理（Ⅰ、Ⅱ）<br>[College Physics（Ⅰ、Ⅱ）] | 8 | 128 | 128 | | | | 4 | 4 | | | | | |

续表

| 课程类别 | 课程性质 | 课程代码 | 课程名称 | 学分 | 总学时 | 讲课学时 | 实验学时 | 上机学时 | 各学期平均周学时分配 | | | | | | | |
|---|---|---|---|---|---|---|---|---|---|---|---|---|---|---|---|---|
| | | | | | | | | | 1 | 2 | 3 | 4 | 5 | 6 | 7 | 8 |
| 公共基础 | 必修课 | PHY17018 PHY17019 | 物理实验B（Ⅰ、Ⅱ）[Physical Lab B(Ⅰ、Ⅱ)] | 3 | 48 | 4 | 44 | | | 1 | 2 | | | | | |
| | | POL22003 | 思想道德修养与法律基础（Ideological and Moral Cultivation and Basics of Law） | 3 | 48 | 32 | 16 | | 3 | | | | | | | |
| | | POL22001 | 中国近现代史纲要（The History of Modern China） | 2 | 32 | 32 | | | 2 | | | | | | | |
| | | LAW23005 | 知识产权法基础（Law of Intellectual Property Rights） | 1 | 16 | 16 | | | 1 | | | | | | | |
| | | POL22004 | 大学生心理素质发展（Psychology Education） | 1 | 16 | 16 | | | | 1 | | | | | | |
| | | POL22002 | 毛泽东思想与中国特色社会主义理论体系概论（Introduction to Mao Zedong Thought and the Theoretical System of Socialism with Chinese Characteristics） | 4 | 64 | 48 | 16 | | | 4 | | | | | | |
| | | POL22017 | 马克思主义基本原理（Introduction to Basic Principles of Marxism） | 3 | 48 | 48 | | | | | | | | 3 | | |
| | | GEN96001 | 文献检索（Document Retrieval） | 1 | 16 | 16 | | | | | 1 | | | | | |

续表

| 课程类别 | 课程性质 | 课程代码 | 课程名称 | 学分 | 总学时 | 讲课学时 | 实验学时 | 上机学时 | 各学期平均周学时分配 | | | | | | | |
|---|---|---|---|---|---|---|---|---|---|---|---|---|---|---|---|---|
| | | | | | | | | | 1 | 2 | 3 | 4 | 5 | 6 | 7 | 8 |
| 公共基础 | 必修课 | GYM32001 GYM32002 GYM32003 GYM32004 | 体育（Ⅰ～Ⅳ）(Gym-Ⅰ～Ⅳ) | 4 | 128 | 128 | | | 2 | 2 | 2 | 2 | | | | |
| 公共基础 | 选修课 | | 专项英语（4学分） 校公共选修课 | 4 | 64 | 64 | | | | | 2 | 2 | | | | |
| 公共基础 | 选修课 | | 通识教育课专项（6～8学分） | 6 | 96 | 96 | | | | 2 | 2 | 2 | | | | |
| 公共基础 | 选修课 | | 实验选修课专项（6～8学分） | 6 | 96 | 32 | 64 | | | | | 2 | 2 | 2 | | |
| 大类基础 | 必修课 | MTH17036 | 复变函数与积分变换 (Functions of Complex Variables and Integral Transformation) | 2 | 32 | 32 | | | | | | 2 | | | | |
| 大类基础 | 必修课 | MTH17041 | 数理方程与特殊函数 (Equations of Mathematical Physics and Special Functions) | 2 | 32 | 32 | | | | | | 2 | | | | |
| 大类基础 | 必修课 | MAC03002 | 工程制图基础 (Fundamentals of Engineering Drawing) | 2 | 32 | 32 | | | 2 | | | | | | | |

续表

| 课程类别 | 课程性质 | 课程代码 | 课程名称 | 学分 | 总学时 | 讲课学时 | 实验学时 | 上机学时 | 各学期平均周学时分配 ||||||||
|---|---|---|---|---|---|---|---|---|---|---|---|---|---|---|---|---|
| | | | | | | | | | 1 | 2 | 3 | 4 | 5 | 6 | 7 | 8 |
| 大类基础 | 必修课 | INF05001 | 电子工艺实践 (Practice in Electronic Technology) | 1.5 | 24 | | 24 | | 2 | | | | | | | |
| | | ELC05009 | 电路分析基础 A (Fundamentals of Circuits A) | 3.5 | 56 | 56 | | | | | 4 | | | | | |
| | | ELC05011 | 电路分析实验 A (Electric Circuit Lab A) | 1 | 16 | | 16 | | | | 1 | | | | | |
| | | INF05008 | 电路仿真 (Circuit Simulation) | 1 | 16 | 8 | | 8 | | | 1 | | | | | |
| | | INF05057 | 数字收发通信模块原理与设计 (Digital Transceiver Communication Module Theory and Design) | 1 | 16 | 16 | | | | | 1 | | | | | |
| | | COM05024 | 数据结构与算法设计（C 描述） (Data Structure and Algorithm Design C) | 2 | 32 | 24 | | 8 | | | | 2 | | | | |
| | | INF05038 | 信号与系统 A (Signals and Systems A) | 4 | 64 | 56 | | 8 | | | | 4 | | | | |

续表

| 课程类别 | 课程性质 | 课程代码 | 课程名称 | 学分 | 总学时 | 讲课学时 | 实验学时 | 上机学时 | 各学期平均周学时分配 ||||||||
|---|---|---|---|---|---|---|---|---|---|---|---|---|---|---|---|---|
| | | | | | | | | | 1 | 2 | 3 | 4 | 5 | 6 | 7 | 8 |
| 大类基础 | 必修课 | ELC05021 | 模拟电路基础（Fundamentals of Analog Circuits） | 3.5 | 56 | 56 | | | | | | 4 | | | | |
| | | ELC05022 | 模拟电路实验（Experiments in Analog Circuits） | 1.5 | 24 | | 16 | 8 | | | | 2 | | | | |
| | | INF05018 | 控制理论基础（Fundamentals of Control Theory） | 3 | 48 | 40 | | 8 | | | | | 3 | | | |
| | | ELC05025 | 数字电路（Digital Electronics） | 3.5 | 56 | 56 | | | | | | | 4 | | | |
| | | INF05028 | 数字系统设计与实验（Design and Lab of Digital System） | 2 | 32 | 8 | 12 | 12 | | | | | 2 | | | |
| | | INF05005 | 电磁场理论（Theory of Electromagnetic Fields） | 4 | 64 | 60 | 4 | | | | | | 4 | | | |
| | | INF05029 | 数字信号处理（Digital Signal Processing） | 3 | 48 | 40 | | 8 | | | | | 3 | | | |
| | | INF05031 | 通信电路与系统（Communication Circuit and System） | 4 | 64 | 64 | | | | | | | 4 | | | |

续表

| 课程类别 | 课程性质 | 课程代码 | 课程名称 | 学分 | 总学时 | 讲课学时 | 实验学时 | 上机学时 | 各学期平均周学时分配 ||||||||
|---|---|---|---|---|---|---|---|---|---|---|---|---|---|---|---|---|
| | | | | | | | | | 1 | 2 | 3 | 4 | 5 | 6 | 7 | 8 |
| 大类基础 | 必修课 | INF05032 | 通信电路与系统实验 (Communication Circuit and System Lab) | 1.5 | 24 | | 16 | 8 | | | | | 2 | | | |
| | | PHY05019 | 理论物理导论 (Introduction to Theoretical Physics) | 3.5 | 56 | 48 | 8 | | | | | | 4 | | | |
| | | INF05027 | 数字通信原理 B (Principle of Digital Communication B) | 3 | 48 | 48 | | | | | | | | 3 | | |
| | | INF05033 | 微波工程导论 (Introduction to Microwave Engineering) | 3 | 48 | 48 | | | | | | | | 3 | | |
| | | COM05017 | 计算机原理与应用 (Computer Principle and Application) | 3.5 | 56 | 40 | 16 | | | | | | | 4 | | |

续表

| 课程类别 | 课程性质 | 课程代码 | 课程名称 | 学分 | 总学时 | 讲课学时 | 实验学时 | 上机学时 | 各学期平均周学时分配 ||||||||
|---|---|---|---|---|---|---|---|---|---|---|---|---|---|---|---|---|
| | | | | | | | | | 1 | 2 | 3 | 4 | 5 | 6 | 7 | 8 |
| 专业教育 | 必修课 | PHY05002 | 半导体物理<br>(Physics of Semiconductor) | 3.5 | 56 | 56 | | | | | | | | 4 | | |
| | | ELC05120 | 模拟集成电路分析与设计基础<br>(Analog IC Analysis and Design) | 4 | 64 | 48 | | 16 | | | | | | | 4 | |
| | | ELC05121 | 数字集成电路分析与设计基础<br>(Fundamental Theory of Digital IC Analysis and Design) | 4 | 64 | 48 | | 16 | | | | | | | 4 | |
| | | ELC05122 | 毕业设计(论文)<br>(Design of Graduation) | 16 | 256 | | 256 | | | | | | | | | 16 |
| | 选修课 | | 专业教育选修课(学分) | 6.5 | 104 | 72 | 32 | | | | | | | 6 | 1 | |
| 总计 | | | | 174.5 | 2 856 | 2 128 | 604 | 124 | 29 | 29 | 23 | 23 | 27 | 24 | 9 | 16 |

表 7.43  2009 版电子科学与技术实践周数教学计划进程

| 课程代码 | 课程名称 | 内容 | 学分 | 学期 | 周数 | 周次 | 场所 |
|---|---|---|---|---|---|---|---|
| MIL98002 | 军事训练（Military Training） | 军事实践训练 | 1.5 | 1 | 4 | 1—4 | 校内外 |
| MIL98001 | 军事理论（Military Theory） | 军事理论教学 | 1 | 1 | | | 校内外 |
| POL22008 | 人文社会实践（Humanities） | 社会调查、研讨 | 2 | 2 | 2 | 暑假 | 校内外 |
| ELC05014 | 电子实习Ⅰ（MP3 制作）(Practice in Electronics Ⅰ) | MP3 数码播放器制作 | 1 | 3 | 1 | 1—3 | 本院 |
| ELC05050 | 电子实习Ⅱ（无线收发信机制作）(Practice in Electronics Ⅱ) | 无线收发信机制作 | 1 | 3 | 1 | | 本院 |
| INF05062 | 认知实习（Specialized Cognition） | 专业教育 | 1 | 3 | 1 | | 本院 |
| INF05058 | 课程设计Ⅰ（CPU 与汇编）(Project Ⅰ) | 计算机软硬件设计与实践 | 3 | 5 | 3 | 1—3 | 本院 |
| INF05059 | 课程设计Ⅱ（数字电路）(Project Ⅱ) | 数字电路课程设计 | 1 | 7 | 1 | 1—4 | 本院 |
| INF05060 | 课程设计Ⅲ（通信电路）(Project Ⅲ) | 通信电路课程设计 | 1 | 7 | 1 | | 本院 |
| ELC05096 | 专业实习（Graduation Internship）（微电子工艺原理与实践） | 微电子工艺原理与实践 | 2 | 7 | 2 | | 校内外 |
| 合计 | | | 14.5 | | | | |

**5. 2013 版培养方案**

2013 年学院结合工程教育专业认证的理念，以本科人才培养目标为基础，以专业建设为主线，科学设计课程体系，合理规划学时设定和各环节学分比例，有效利用各项教学资源。课程设置紧密围绕人才培养（拔尖创新人才、合格专业人才和复合型人才）目标实现的全面性。

对电子信息类本科生实行宽口径、厚基础的培养模式，打通了公共基础和大类专业基础课程，在前 5 个学期修学基本相同的课程模块（电子科学与技术专业），如表 7.45 所示；在第六学期和第七学期根据专业（电子科学与技术专业）和专业方向修学成组的专业课程，如表 7.46 所示。

表 7.44 2009 版电子科学与技术专业教育选修课

| 课程代码 | 课程名称 | 学分 | 学时 | 学期 | 学分要求 | 课程代码 | 课程名称 | 学分 | 学时 | 学期 | 学分要求 |
|---|---|---|---|---|---|---|---|---|---|---|---|
| ELC05130 | VHDL 语言及集成电路设计 VHDL Language and Integrated Circuit Design | 2 | 32 | 6 | 选修 6 学分 · 续右 | ELC05126 | 微电子器件模拟与建模 Microelectronics Device Simulation and Modeling | 2 | 32 | 7 | 续左 |
| ELC05036 | 微电子器件原理 Principle of Semiconductor Device | 3.5 | 56 | 6 | | ELC05127 | IC 版图艺术 The Art of IC Layout | 2 | 32 | 7 | |
| ELC05091 | 微电子与集成电路设计基础 Fundamentals of Microelectronics and Integrated Circuit Design | 3 | 48 | 7 | | ELC05128 | MEMS 技术基础 Fundamentals of MEMS Technology | 2 | 32 | 7 | |
| ELC05124 | 深亚微米集成电路设计基础 Fundamentals of Deep Sub-Micron IC Design | 2 | 32 | 7 | | ELC05129 | 集成电路可靠性技术 Technology of IC Reliability | 2 | 32 | 7 | |
| ELC05125 | 集成电路可测性分析与设计 Analysis and Design of IC Testability | 2 | 32 | 7 | | ELC05123 | 集成电路与系统 Integrated Circuit and System | 2 | 32 | 7 | |
| 合计 | | | | | | | | | | | 学分要求 6.5 |

表 7.45 2013 版电子科学与技术专业课程教学（含实验）计划

| 课程类别 | 课程性质 | 课程代码 | 课程名称 | 学分 | 总学时 | 讲课学时 | 实验学时 | 上机学时 | 各学期平均周学时分配 ||||||||  | 培养环节类别标志 | 备注 |
|---|---|---|---|---|---|---|---|---|---|---|---|---|---|---|---|---|---|---|
| | | | | | | | | | 1 | 2 | 3 | 4 | 5 | 6 | 7 | 8 | | |
| 公共基础课程 | 必修课 | ENG24005 ENG24006 | 大学英语(I,II)（普通班，G） [College English（Ⅰ，Ⅱ）] | 6 | 96 | 64 | 32 | | 3 | 3 | | | | | | | B | |
| | | ENG24007 ENG24008 | 大学英语视听说（Ⅰ、Ⅱ）（普通班，G） [English Watching, Listening and Speaking（Ⅰ，Ⅱ）] | 6 | 96 | 64 | 32 | | 3 | 3 | | | | | | | B | |
| | | MTH17003 MTH17004 | 工科数学分析（Ⅰ、Ⅱ） [Mathematical Analysis for Engineers（Ⅰ，Ⅱ）] | 12 | 192 | 192 | | | 6 | 6 | | | | | | | A | |
| | | MTH17012 | 线性代数 A （Linear Algebra A） | 3.5 | 56 | 56 | | | 3.5 | | | | | | | | A | |
| | | MTH17037 | 概率与数理统计 （Probability and Statistics） | 3 | 48 | 48 | | | | | 3 | | | | | | A | |
| | | COM07001 | 大学计算机基础 （Computer Fundamentals） | 2 | 32 | 24 | | 8 | 2 | | | | | | | | C | |
| | | COM07003 | C 语言程序设计 （C Programming Language） | 3 | 48 | 32 | | 16 | 3 | 3 | | | | | | | C | |

续表

| 课程类别 | 课程性质 | 课程代码 | 课程名称 | 学分 | 总学时 | 讲课学时 | 实验学时 | 上机学时 | 各学期平均周学时分配 1 | 2 | 3 | 4 | 5 | 6 | 7 | 8 | 培养环节类别标志 | 备注 |
|---|---|---|---|---|---|---|---|---|---|---|---|---|---|---|---|---|---|---|
| 公共基础课程 | 必修课 | PHY17016 PHY17017 | 大学物理（Ⅰ、Ⅱ）[College Physics（Ⅰ、Ⅱ）] | 8 | 128 | 128 | | | | 4 | 4 | | | | | | A | |
| | | PHY17018 PHY17019 | 物理实验 B（Ⅰ、Ⅱ）[Physics Lab B（Ⅰ、Ⅱ）] | 3 | 48 | 4 | 44 | | | 1 | 2 | | | | | | A | |
| | | POL22003 | 思想道德修养与法律基础 (Morals, Ethics and Law) | 3 | 48 | 32 | 16 | | 3 | | | | | | | | B | |
| | | POL22001 | 中国近现代史纲要 (Modern Chinese History) | 2 | 32 | 32 | | | 2 | | | | | | | | B | |
| | | LAW23005 | 知识产权法基础 (Law of Intellectual Property Rights) | 1 | 16 | 16 | | | 1 | | | | | | | | B | |
| | | POL22004 | 大学生心理素质发展 (Psychology Education) | 1 | 16 | 16 | | | | 1 | | | | | | | B | |
| | | POL22002 | 毛泽东思想与中国特色社会主义理论体系概论 (General Introduction to Mao Zedong Thought and Socialist Theory with Chinese Characteristics) | 4 | 64 | 48 | 16 | | | 4 | | | | | | | B | |

续表

| 课程类别 | 课程性质 | 课程代码 | 课程名称 | 学分 | 总学时 | 讲课学时 | 实验学时 | 上机学时 | 1 | 2 | 3 | 4 | 5 | 6 | 7 | 8 | 培养环节类别标志 | 备注 |
|---|---|---|---|---|---|---|---|---|---|---|---|---|---|---|---|---|---|---|
| 公共基础课程 | 必修课 | POL22017 | 马克思主义基本原理(Basic Theory of Marxism) | 3 | 48 | 48 | | | | | 3 | | | | | | B | |
| | | INF05151 | 文献检索(Document Retrieval) | 1 | 16 | 16 | | | | | 1 | | | | | | D | |
| | | GYM32001 GYM32002 GYM32003 GYM32004 | 体育(Ⅰ~Ⅳ)[Gym(Ⅰ~Ⅳ)] | 4 | 128 | 128 | | | 1 | 1 | 1 | 1 | | | | | B | |
| | | | 形势与政策(Policy and Political Situation) | 2 | 32 | 32 | | | | | | | | | | 2 | B | |
| | 选修课 | | 专项英语(English Electives) 校公共选修课 | 4 | 64 | 64 | | | | | 2 | 2 | | | | | B(2)/D(2) | |
| | | | 通识教育课专项(General Education) | 4 | 64 | 64 | | | | | 2 | 2 | | | | | B | |
| | | | 实验选修课专项(Lab Electives) | 4 | 64 | | 64 | | | | | 2 | 2 | | | | D | |

续表

| 课程类别 | 课程性质 | 课程代码 | 课程名称 | 学分 | 总学时 | 讲课学时 | 实验学时 | 上机学时 | 各学期平均周学时分配 1 | 2 | 3 | 4 | 5 | 6 | 7 | 8 | 培养环节类别标志 | 备注 |
|---|---|---|---|---|---|---|---|---|---|---|---|---|---|---|---|---|---|---|
| 大类基础课程 | 必修课 | MAC03002 | 工程制图基础（Fundamentals of Engineering Drawing） | 2 | 32 | 32 | | | 2 | | | | | | | | C | |
| | | INF05001 | 电子工艺实践（Practice in Electronic Technology） | 1.5 | 24 | | 24 | | 1.5 | | | | | | | | D | |
| | | COM05114 | 信息与电子专业导论（Professional Introduction for Information and Electronics Major） | 1 | 16 | 16 | | | | 1 | | | | | | | C | |
| | | ELC05009 | 电路分析基础A（Fundamentals of Eletric Circuits A） | 3.5 | 56 | 56 | | | | | 3.5 | | | | | | C | |
| | | ELC05011 | 电路分析实验A（Electric Circuit Lab A） | 1 | 16 | | 16 | | | | 1 | | | | | | C | |
| | | INF05008 | 电路仿真（Circuit Simulation） | 1 | 16 | 8 | | 8 | | | 1 | | | | | | D | |
| | | MTH17036 | 复变函数与积分变换（Complex Function and Integral Transform） | 2 | 32 | 32 | | | | | | 2 | | | | | A | |

续表

| 课程类别 | 课程性质 | 课程代码 | 课程名称 | 学分 | 总学时 | 讲课学时 | 实验学时 | 上机学时 | 各学期平均周学时分配 ||||||||| 培养环节类别标志 | 备注 |
|---|---|---|---|---|---|---|---|---|---|---|---|---|---|---|---|---|---|---|
| | | | | | | | | | 1 | 2 | 3 | 4 | 5 | 6 | 7 | 8 | | |
| 大类基础课程 | 必修课 | MTH17041 | 数理方程与特殊函数（Equations of Mathematical Physics and Special Function） | 2 | 32 | 32 | | | | | | 2 | | | | | A | |
| | | COM05113 | 数据结构与算法设计（C描述）（Data Structure and Algorithm Design C） | 2 | 32 | 24 | | 8 | | | | 2 | | | | | C | |
| | | INF05135 | 信号与系统（Signals and Systems） | 3.5 | 56 | 56 | | | | | | 3.5 | | | | | C | |
| | | INF05134 | 信号与系统实验（Signals and Systems Lab） | 1 | 16 | | | 16 | | | | | 1 | | | | C | |
| | | ELC05021 | 模拟电路基础（Fundamentals of Analog Circuits） | 3.5 | 56 | 56 | | | | | | 3.5 | | | | | C | |
| | | ELC05022 | 模拟电路实验（Analog Circuits Lab） | 1.5 | 24 | | 16 | 8 | | | | 1.5 | | | | | C | |
| | | ELC05025 | 数字电路（Digital Electronics） | 3.5 | 56 | 56 | | | | | | | 3.5 | | | | C | |

续表

| 课程类别 | 课程性质 | 课程代码 | 课程名称 | 学分 | 总学时 | 讲课学时 | 实验学时 | 上机学时 | 各学期平均周学时分配 ||||||||| 培养环节类别标志 | 备注 |
|---|---|---|---|---|---|---|---|---|---|---|---|---|---|---|---|---|---|---|
| | | | | | | | | | 1 | 2 | 3 | 4 | 5 | 6 | 7 | 8 | | |
| 大类基础课程 | 必修课 | INFO5028 | 数字系统设计与实验 (Digital System Design and Experiment) | 2 | 32 | 8 | 12 | 12 | | | | | 2 | | | | C | |
| | | INFO5005 | 电磁场理论 (Theory of Electromagnetic Fields) | 4 | 64 | 60 | 4 | | | | | | 4 | | | | C | |
| | | INFO5029 | 数字信号处理 (Digital Signal Processing) | 3 | 48 | 40 | | 8 | | | | | 3 | | | | C | |
| | | INFO5058 | 课程设计I（CPU与汇编）[Project I (CPU and Assembly Language)] | 3 | 48 | 30 | | 18 | | | | | 3 | | | | C | |
| | | INFO5031 | 通信电路与系统 (Communication Circuit and System) | 4 | 64 | 64 | | | | | | | 4 | | | | C | |
| | | INFO5032 | 通信电路与系统实验 (Experiments in Communication Circuit and System) | 1.5 | 24 | | 16 | 8 | | | | | 1.5 | | | | C | |
| | | INFO5018 | 控制理论基础 (Fundamentals of Control Theory) | 3 | 48 | 40 | | 8 | | | | | | 3 | | | C | |

续表

| 课程类别 | 课程性质 | 课程代码 | 课程名称 | 学分 | 总学时 | 讲课学时 | 实验学时 | 上机学时 | 各学期平均周学时分配 ||||||||| 培养环节类别标志 | 备注 |
| --- | --- | --- | --- | --- | --- | --- | --- | --- | --- | --- | --- | --- | --- | --- | --- | --- | --- | --- |
| | | | | | | | | | 1 | 2 | 3 | 4 | 5 | 6 | 7 | 8 | | |
| 大类基础课程 | 必修课 | INF05033 | 微波工程导论（Introduction to Microwave Engineering） | 3 | 48 | 42 | 6 | | | | | | | 3 | | | C | |
| | | INF05027 | 数字通信原理B（Principle of Digital Communication B） | 3 | 48 | 48 | | | | | | | | 3 | | | C | |
| | | COM05017 | 计算机原理与应用（Computer Principle and Application） | 3.5 | 56 | 40 | 16 | | | | | | | 3.5 | | | C | |
| | | MAC03027 | 制造技术基础训练（Basic Training of Manufacture） | 2 | 32 | | 32 | | | | | | | 2 | | | D | |
| 专业课程 | 必修课 | INF05163 | 工程概论（Engineering Generality） | 1 | 16 | 16 | | | | | | | | | 1 | | D | |
| | 选修课 | | 成组必修 | 21.5 | 344 | 344 | | | | | | 3 | 3 | 5 | 10.5 | | | |
| | | | 按照总学分要求任意选择 | | | | | | | | | | | | | 2 | | |
| 总计 | | | | 163 | 2672 | 208 | 346 | 118 | 28 | 27 | 23.5 | 24.5 | 27 | 19.5 | 11.5 | 2 | C(19.5)/D(2.0) | |

表 7.46 2013 版电子科学与技术专业专业课程(含实验)计划

| 课程代码 | 课程名称 | 学分 | 学时 | 理论学时 | 实验学时 | 学期 | 学分要求 | 开课专业 | 培养环节类别标志 |
|---|---|---|---|---|---|---|---|---|---|
| INF05181 | 理论物理导论 (Introduction to Theoretical Physics) | 3 | 48 | 40 | 8 | 4 | 必修 (15 学分) | 本专业 | C |
| INF05182 | 半导体物理 (Physics of Semiconductor) | 3 | 48 | 48 | | 5 | | 本专业 | C |
| INF05183 | 微电子器件原理 (Principle of Semiconductor Device) | 3 | 48 | 32 | 16 | 6 | | 本专业 | C(3)/D(1) |
| INF05184 | 模拟集成电路分析与设计基础 (Analog IC Analysis and Design) | 3 | 48 | 32 | 16 | 7 | | 本专业 | C |
| INF05185 | 数字集成电路分析与设计基础 (Fundamental Theory of Digital IC Analysis and Design) | 3 | 48 | 32 | 16 | 7 | | 本专业 | C(3)/D(1) |
| ELC05130 | VHDL 语言及集成电路设计 (VHDL Language and Integrated Circuit Design) | 2 | 32 | 16 | 16 | 6 | 选修 (6.5 学分) | 本专业 | C |
| ELC05091 | 微电子与集成电路设计基础 (Microelectronics and Integrated Circuit Design) | 3 | 48 | 48 | | 7 | | 本专业 | C |

续表

| 课程代码 | 课程名称 | 学分 | 学时 | 理论学时 | 实验学时 | 学期 | 学分要求 | 开课专业 | 培养环节类别标志 |
|---|---|---|---|---|---|---|---|---|---|
| ELC05124 | 深亚微米集成电路设计基础（Fundamentals of Deep Sub-Micron IC Design） | 2 | 32 | 32 | | 7 | 选修（6.5学分） | 本专业 | C |
| ELC05125 | 集成电路可测性分析与设计（Analysis and Design of IC Reliability） | 2 | 32 | 32 | | 7 | | 本专业 | C |
| ELC05126 | 微电子器件模拟与建模（Microelectronics Device Simulation and Modeling） | 2 | 32 | 32 | | 7 | | 本专业 | C |
| ELC05127 | IC版图艺术（The Art of IC Layout） | 2 | 32 | 16 | 16 | 7 | 选修（6.5学分） | 本专业 | C |
| ELC05128 | MEMS技术基础（Fundamentals of MEMS Technology） | 2 | 32 | 32 | | 7 | | 本专业 | C |
| ELC05129 | 集成电路可靠性技术（Technology of IC Reliability） | 2 | 32 | 32 | | 7 | | 本专业 | C |
| ELC05123 | 集成电路与系统（Integrated Circuit and System） | 2 | 32 | 12 | 20 | 7 | | 本专业 | C |

续表

| 课程代码 | 课程名称 | 学分 | 学时 | 理论学时 | 实验学时 | 学期 | 学分要求 | 开课专业 | 培养环节类别标志 |
|---|---|---|---|---|---|---|---|---|---|
| INF05186 | 射频与通信集成系统（Integrated Radio Frequency and Communication Systems） | 2 | 32 | 32 | | 7 | 选修（6.5学分） | 本专业 | C |
| INF05187 | 射频和高速集成电路设计（Radio Frequency and High Speed Integrated Circuits Design） | 2 | 32 | 32 | | 7 | | 本专业 | C |
| INF05188 | 微电子工艺（Microelectronic Fabrication Process） | 2 | 32 | 32 | | 7 | | 本专业 | C |
| INF05189 | 激光原理（Laser Principles） | 2 | 32 | 32 | | 7 | | 本专业 | C |
| INF05156 | 通信与网络系统前沿技术（Frontiers in Communication and Network Systems） | 1 | 16 | 16 | | 6 | 可选 | 本专业 | C |
| INF05155 | 电子信息系统前沿关键技术（Frontiers in Electronic Information Systems） | 1 | 16 | 16 | | 6 | | 本专业 | C |
| 合计 | | 44 | 704 | 596 | 108 | | 21.5 | | |

电子信息类本科生入学后经过一年的学习,将在第二学年年初根据学习成绩、综合表现、兴趣特长,依据学校确定的各专业最大可容纳学生数,在大类内确定主修专业或专业方向(包括4个专业、8个方向)。

学生最低毕业学分应达到191.5学分(包含《形势与政策》2学分,创新创业4学分),如表7.47所示,其中理论课程148.5学分,实践教学环节43学分,如表7.48所示。

表7.47 2013版电子科学与技术专业培养方案构成

| 课程类别 | | | 最低毕业要求 | | |
| --- | --- | --- | --- | --- | --- |
| | | | 总学分 | 总学时 | 学分比例/% |
| 课程教学（含实验） | 公共基础课 | 必修 | 67.5 | 1 080 | 35.2 |
| | | 选修 | 12 | 192 | 6.3 |
| | 大类基础课 | 必修 | 62 | 992 | 32.4 |
| | | 选修 | 0 | 0 | 0 |
| | 专业课 | 必修 | 21.5 | 344 | 11.2 |
| | | 选修 | | | |
| 实践环节 | | | 24.5 | 30 周 | 12.8 |
| 创新创业 | | | 4 | 4 周 | 2.1 |
| 合计 | | | 191.5 | 2 608 + 34 周 | 100 |

表7.48 2013版电子科学与技术专业培养方案中各类别环节比例

| 培养环节类别 | 总学分 | 总学时 | 学分比例/% | 培养环节类别标志 |
| --- | --- | --- | --- | --- |
| 数学与自然科学类课程 | 33.5 | 536 | 17.5 | A |
| 人文社会科学类通识教育课程 | 38 | 608 | 19.8 | B |
| 工程基础类课程<br>专业基础类课程<br>专业类课程 | 77 | 1 232 | 40.2 | C |
| 工程实践与毕业设计（论文） | 43 | 折合43 周 | 22.5 | D |
| 总计 | 191.5 | 2 376 + 43 周 | 100 | |

**6. 2016 版培养方案**

2016 年秉承高度弹性灵活、模块化的人才培养模式，施行适应拔尖创新人才、高素质专业人才以及复合型人才都有充分发展空间的培养方案。学院建立了面向大类培养的基础课程、专业课程、实践能力训练课程三大课程模块（表 7.21），构建了基于三大课程模块的基本层次（表 7.22）和高端层次（表 7.23）课程体系结构，学生可根据自己的兴趣、爱好和特长在大类内自由确定主修专业，这充分体现了该方案更尊重学生的个性差异。

建立了四类人才培养路线图，如表 7.24 所示。

学生最低毕业学分要求：167.75 学分，如表 7.49 和表 7.50 所示。

表 7.49　2016 版电子科学与技术专业培养方案构成

| 课程类别 | | | 最低毕业要求 | | |
|---|---|---|---|---|---|
| | | | 总学分 | 总学时 | 学分比例/% |
| 课程教学 | 公共基础课 | 必修 | 56.5 | 1 048 | 33.7 |
| | | 选修 | 6 | 96 | 3.6 |
| | 大类基础课 | 必修 | 41.5 | 752 | 24.7 |
| | | 选修 | 0 | 0 | 0 |
| | 专业课 | 必修 | 16.25 | 312 | 9.7 |
| | | 选修 | | | |
| 实践环节 | | | 47.5 | 1 520 | 28.3 |
| 合计 | | | 167.75 | 3 728 | 100 |

表 7.50　2016 版电子科学与技术专业培养方案中各类别环节比例

| 培养环节类别 | 总学分 | 总学时 | 学分比例/% | 培养环节类别标志 |
|---|---|---|---|---|
| 数学与自然科学类课程 | 32.5 | 552 | 19.4 | A |
| 工程基础类课程、专业基础类课程、专业类课程 | 59 | 1 168 | 35.2 | B |
| 工程实践与毕业设计（论文） | 38.75 | 1 240 | 23.0 | C |
| 人文社会科学类通识教育课程 | 37.5 | 768 | 22.4 | D |
| 总计 | 167.75 | 3 728 | 100 | |

2016版电子科学与技术专业专业课程教学（含实践环节）计划是在表7.27的基础上，增加专业课程，如表7.51所示。

表7.51　2016版电子科学与技术专业专业课程教学（含实践环节）计划

| 课程代码 | 课程名称 | 学分 | 学时 | 理论学时 | 实验学时 | 学期 | 学分要求 | 开课专业 | 培养环节类别标志 | 模块与层次标志 | 备注 |
|---|---|---|---|---|---|---|---|---|---|---|---|
| 100056201 | 理论物理导论 | 2 | 32 | 32 |  | 3 | 必修16.25学分 | 本专业 | B | Az |  |
| 100056302 | 半导体物理 | 3 | 48 | 48 |  | 4 |  | 本专业 | B | Az |  |
| 100056371 | 集成电路设计实践（Ⅰ） | 0.5 | 16 |  | 16 | 4 |  | 本专业 | C | Az |  |
| 100056404 | 微电子器件原理与模拟 | 2.5 | 48 | 32 | 16 | 5 |  | 本专业 | B | Az |  |
| 100056405 | 数字通信系统 | 2 | 32 | 32 |  | 5 |  | 本专业 | B | Az |  |
| 100056472 | 集成电路设计实践（Ⅱ） | 0.5 | 16 |  | 16 | 5 |  | 本专业 | C | Az |  |
| 100056406 | 微电子工艺 | 1.5 | 32 | 16 | 16 | 5 |  | 本专业 | B | Az |  |
| 100056407 | 集成电路工程 | 4.25 | 88 | 48 | 40 | 6 |  | 本专业 | B | Az |  |
| 合计 |  | 16.25 | 312 | 208 | 104 |  |  |  |  |  |  |

## 7.2.3　电子科学与技术（微电子方向）双语班

该双语班于2008年5月开始筹建，并于当年9月开始招生，年均招生30人，共招生3届。2011年9月，电子科学与技术（微电子方向）双语班停办，并升级为电子科学与技术国际化教育班。

设立这一双语班的目的是推动本科教学国际化，提高学生的国际交往能力，为创建一流大学准备条件。

**1. 教学运行及管理情况**

2008 级该双语班的招生是在全校入学的新生中通过"自愿报名 + 考试"后择优录取的方式进行的，2009 级、2010 级正式纳入学校的招生计划独立招生。

双语班学生的日常教学管理由学院统一安排。为保障双语班的教学工作正常有序，学院专门成立了双语班教学工作指导小组，指导小组人员为徐晓文（时任学院专管教学副院长，担任指导小组组长）、谢珺堂、陈越洋、吴海霞。为保证双语班课程安排合理，课程设置参照国际多所大学相关专业的课程设置，特别是参考了已与学校有合作关系的国外大学的相关专业的课程设置，制定培养方案。组成了培养方案制定小组：仲顺安（时任北京理工大学教务处处长、电子科学与技术专业责任教授，担任组长）、吴海霞、陈越洋、谢珺堂。

学院为双语班学生专门配备了教授班主任，学院领导和责任教授经常与学生座谈沟通交流，掌握学生学习和思想情况。为保证双语班教学的顺利开展，学院微电子技术研究所对双语班教学环境进行了改造。

从整体情况看，学生学习积极性较高，主要课程的平均分高于学院其他班级。由于大部分课程都是英语授课，学生的英语水平提高很快。国家英语四、六级通过率均达到 100%，明显高于学院其他班级，显示了较好的培养成效，这点从第一届双语班学生毕业后去向可见一斑，如表 7.52 所示。

表 7.52　电子科学与技术专业 2008 级双语班毕业去向

| 序号 | 姓名 | 毕业设计所在地 | 毕业后的工作去向 | 备注 |
| --- | --- | --- | --- | --- |
| 1 | 李霄 | 北京理工大学 | 北京理工大学 2012 级硕士生 | 免试推荐 |
| 2 | 刘阿敏 | 北京理工大学 | 北京理工大学 2012 级硕士生 | 免试推荐 |
| 3 | 胡少楠 | 美国 | 北京理工大学 2012 级硕士生 | 免试推荐 |
| 4 | 齐全文 | 美国 | 北京理工大学 2012 级硕博连读 | 免试推荐 |
| 5 | 万嘉月 | 法国 | 北京理工大学 2012 级硕博连读 | 免试推荐 |
| 6 | 王建岗 | 中国台湾 | 北京理工大学 2012 级硕士生 | 免试推荐 |
| 7 | 梁爽 | 中国台湾 | 中科院 | 免试推荐 |

续表

| 序号 | 姓名 | 毕业设计所在地 | 毕业后的工作去向 | 备注 |
| --- | --- | --- | --- | --- |
| 8 | 孔蓓蓓 | 中国台湾 | 北京理工大学2012级硕士生 | 免试推荐 |
| I9 | 戚含笑 | 中国台湾 | 美国 | 读硕士学位 |
| 10 | 贾程翰 | 中国台湾 | 美国 | 读硕士学位 |
| 11 | 晁玉芮 | 北京理工大学 | 法国 | 读硕士学位 |
| 12 | 徐嘉 | 北京理工大学 | 美国 | 读硕士学位 |
| 13 | 黄海毅 | 北京理工大学 | 航天研究所 | 工作 |
| 14 | 李木 | 北京理工大学 | 爱立信 | 工作 |
| 15 | 李毅斌 | 北京理工大学 | 清华大学2012级硕博连读 | 免试推荐 |
| 16 | 王磊 | 北京理工大学 | 美国 | 读硕士学位 |
| 17 | 包博 | 北京理工大学 | 美国 | 读硕士学位 |
| 18 | 王彬彬 | 北京理工大学 | 北京理工大学2012级硕士生 | 免试推荐 |
| 19 | 赵安迪 | 北京理工大学 | 美国 | 读硕士学位 |
| 20 | 崔红月 | 法国 | 法国 | 读硕士学位 |
| 21 | 郭婧 | 澳大利亚 | 澳大利亚 | 免试读博士学位 |
| 22 | 胡野青 | 澳大利亚 | 澳大利亚 | 免试读博士学位 |

但同时也存在一些问题，诸如学生英语学习和专业学习平衡不够好，学业吃力的情况普遍存在，拔尖学生较少。专业课程双语授课师资不足，授课效果不够理想。同时，培养软硬件条件和配套培养措施也还不够完备。不过这些都为后续电子科学与技术国际化教育班的创建积累了经验和教训，做了非常有益的探索。

**2. 2009版培养方案（表7.53）**

表7.53 电子科学与技术专业(双语班)指导性教学计划进程

| 课程类别 | 课程性质 | 课程代码 | 课程名称 | 学分 | 总学时 | 讲课学时 | 实验学时 | 上机学时 | 各学期平均周学时分配 | | | | | | | |
|---|---|---|---|---|---|---|---|---|---|---|---|---|---|---|---|---|
| | | | | | | | | | 1 | 2 | 3 | 4 | 5 | 6 | 7 | 8 |
| 公共基础 | | ENG24005<br>ENG24006 | 大学英语(Ⅰ、Ⅱ) | 6 | 96 | 64 | 32 | | 3 | 3 | | | | | | |
| | | ENG24007<br>ENG24008 | 大学英语视听说(Ⅰ、Ⅱ) | 6 | 96 | 64 | 32 | | 3 | 3 | | | | | | |
| | | MTH17003<br>MTH17004 | 工科数学分析(Ⅰ、Ⅱ) | 12 | 192 | 192 | | | 6 | 6 | | | | | | |
| | | MTH17012 | 线性代数 A | 3.5 | 56 | 56 | | | 4 | | | | | | | |
| | | MTH17037 | 概率与数理统计 | 3 | 48 | 48 | | | | | 3 | | | | | |
| | | COM07001 | 大学计算机基础 | 2 | 32 | 24 | | 8 | 2 | | | | | | | |
| | | COM07003 | C语言程序设计 | 3 | 48 | 32 | | 16 | | 3 | | | | | | |
| | | PHY17016<br>PHY17017 | 大学物理(Ⅰ、Ⅱ) | 8 | 128 | 128 | | | | 4 | 4 | | | | | |

续表

| 课程类别 | 课程性质 | 课程代码 | 课程名称 | 学分 | 总学时 | 讲课学时 | 实验学时 | 上机学时 | 各学期平均周学时分配 ||||||||
|---|---|---|---|---|---|---|---|---|---|---|---|---|---|---|---|---|
| | | | | | | | | | 1 | 2 | 3 | 4 | 5 | 6 | 7 | 8 |
| 公共基础 | | PHY17018 PHY17019 | 物理实验B（Ⅰ、Ⅱ） | 3 | 48 | 4 | 44 | | | 1 | 2 | | | | | |
| | | POl22003 | 思想道德修养与法律基础 | 3 | 48 | 32 | 16 | | 3 | | | | | | | |
| | | POl22001 | 中国近现代史纲要 | 2 | 32 | 32 | | | 2 | | | | | | | |
| | | LAW23005 | 知识产权法基础 | 1 | 16 | 16 | | | 1 | | | | | | | |
| | | POl22004 | 大学生心理素质发展 | 1 | 16 | 16 | | | | 1 | | | | | | |
| | | POl22002 | 毛泽东思想与中国特色社会主义理论体系概论 | 4 | 64 | 48 | 16 | | | 4 | | | | | | |
| | | POl22017 | 马克思主义基本原理 | 3 | 48 | 48 | | | | | | | | 3 | | |
| | | GEN96001 | 文献检索 | 1 | 16 | 16 | | | | | 1 | | | | | |

续表

| 课程类别 | 课程性质 | 课程代码 | 课程名称 | 学分 | 总学时 | 讲课学时 | 实验学时 | 上机学时 | 各学期平均周学时分配 |  |  |  |  |  |  |  |
|---|---|---|---|---|---|---|---|---|---|---|---|---|---|---|---|---|
|  |  |  |  |  |  |  |  |  | 1 | 2 | 3 | 4 | 5 | 6 | 7 | 8 |
| 公共基础 |  | GYM32001<br>GYM32002<br>GYM32003<br>GYM32004 | 体育（I～IV） | 4 | 128 | 128 |  |  | 2 | 2 | 2 | 2 |  |  |  |  |
|  | 校公共选修课 |  | 专项英语（4学分） | 4 | 64 | 64 |  |  |  | 2 | 2 | 2 |  |  |  |  |
|  |  |  | 通识教育课专项（6～8学分） | 6 | 96 | 96 |  |  |  | 2 | 2 |  |  |  |  |  |
|  |  |  | 实验选修课专项（6～8学分） | 6 | 96 | 32 | 64 |  |  |  |  | 2 | 2 | 2 |  |  |
| 大类基础 | 选修课 | MTH17036 | 复变函数与积分变换<br>（Functions of Complex Variables and Integral Transformation） | 2 | 32 | 32 |  |  |  |  |  | 2 |  |  |  |  |
|  | 必修课 | MTH17041 | 数理方程与特殊函数<br>（Equations of Mathematical Physics and Special Functions） | 2 | 32 | 32 |  |  |  |  |  | 2 |  |  |  |  |
|  |  | MAC03002 | 工程制图基础<br>（Fundamentals of Engineering Drawing） | 2 | 32 | 32 |  |  | 2 |  |  |  |  |  |  |  |

续表

| 课程类别 | 课程性质 | 课程代码 | 课程名称 | 学分 | 总学时 | 讲课学时 | 实验学时 | 上机学时 | 1 | 2 | 3 | 4 | 5 | 6 | 7 | 8 |
|---|---|---|---|---|---|---|---|---|---|---|---|---|---|---|---|---|
| 大类基础 | 必修课 | INF05001 | 电子工艺实践（Practice in Electronic Technology） | 1.5 | 24 | | 24 | | 2 | | | | | | | |
| | | ELC05009 | 电路分析基础A（Fundamentals of Circuits A） | 3.5 | 56 | 56 | | | | | 4 | | | | | |
| | | ELC05011 | 电路分析实验A（Electric Circuit Lab A） | 1 | 16 | | 16 | | | | 1 | | | | | |
| | | INF05008 | 电路仿真（Circuit Simulation） | 1 | 16 | 8 | | 8 | | | 1 | | | | | |
| | | INF05057 | 数字收发通信模块原理与设计（Digital Transceiver Communication Module Theory and Design） | 1 | 16 | 16 | | | | | 1 | | | | | |
| | | COM05024 | 数据结构与算法设计（C描述）（Data Structure and Algorithm Design C） | 2 | 32 | 24 | | 8 | | | | 2 | | | | |
| | | INF05038 | 信号与系统A（Signals and Systems A） | 4 | 64 | 56 | | 8 | | | | 4 | | | | |
| | | ELC05021 | 模拟电路基础（Fundamentals of Analog Circuits） | 3.5 | 56 | 56 | | | | | | 4 | | | | |

续表

| 课程类别 | 课程性质 | 课程代码 | 课程名称 | 学分 | 总学时 | 讲课学时 | 实验学时 | 上机学时 | 各学期平均周学时分配 ||||||||
|---|---|---|---|---|---|---|---|---|---|---|---|---|---|---|---|---|
| | | | | | | | | | 1 | 2 | 3 | 4 | 5 | 6 | 7 | 8 |
| 大类基础 | 必修课 | ELC05022 | 模拟电路实验 (Experiments in Analog Circuits) | 1.5 | 24 | | 16 | 8 | | | | 2 | | | | |
| | | INF05018 | 控制理论基础 (Fundamentals of Control Theory) | 3 | 48 | 40 | | 8 | | | | | 3 | | | |
| | | ELC05025 | 数字电路 (Digital Electronics) | 3.5 | 56 | 56 | | | | | | | 4 | | | |
| | | INF05028 | 数字系统设计与实验 (Design and Lab of Digital System) | 2 | 32 | 8 | 12 | 12 | | | | | 2 | | | |
| | | INF05005 | 电磁场理论 (Theory of Electromagnetic Fields) | 4 | 64 | 60 | 4 | | | | | | 4 | | | |
| | | INF05029 | 数字信号处理 (Digital Signal Processing) | 3 | 48 | 40 | | 8 | | | | | 3 | | | |
| | | INF05031 | 通信电路与系统 (Communication Circuit and System) | 4 | 64 | 64 | | | | | | | 4 | | | |
| | | INF05032 | 通信电路与系统实验 (Communication Circuit and System Lab) | 1.5 | 24 | | 16 | 8 | | | | | 2 | | | |
| | | PHY05019 | 理论物理导论 (Introduction to Theoretical Physics) | 3.5 | 56 | 48 | 8 | | | | | | 4 | | | |

续表

| 课程类别 | 课程性质 | 课程代码 | 课程名称 | 学分 | 总学时 | 讲课学时 | 实验学时 | 上机学时 | 各学期平均周学时分配 ||||||||
|---|---|---|---|---|---|---|---|---|---|---|---|---|---|---|---|---|
| | | | | | | | | | 1 | 2 | 3 | 4 | 5 | 6 | 7 | 8 |
| 大类基础 | 必修课 | INF05027 | 数字通信原理 B (Principle of Digital Communication B) | 3 | 48 | 48 | | | | | | | | 3 | | |
| | | INF05033 | 微波工程导论 (Introduction to Microwave Engineering) | 3 | 48 | 48 | | | | | | | | 3 | | |
| | | COM05017 | 计算机原理与应用 (Computer Principle and Application) | 3.5 | 56 | 40 | 16 | | | | | | | 4 | | |
| | | PHY05002 | 半导体物理 (Physics of Semiconductor) | 3.5 | 56 | 56 | | | | | | | | 4 | | |
| 专业教育 | 必修课 | ELC05120 | 模拟集成电路分析与设计基础 (Analog IC Analysis and Design) | 4 | 64 | 48 | | 16 | | | | | | | | 4 | |
| | | ELC05121 | 数字集成电路分析与设计基础 (Fundamental Theory of Digital IC Analysis and Design) | 4 | 64 | 48 | | 16 | | | | | | | | 4 | |
| | | ELC05122 | 毕业设计(论文) (Design of Graduation) | 16 | 256 | | 256 | | | | | | | | | | 16 |
| | 选修课 | | 专业教育选修课(学分) | 6.5 | 104 | 72 | 32 | | | | | | | 6 | 1 | |
| 总计 | | | | 175 | 2 856 | 2 128 | 604 | 124 | 29 | 29 | 23 | 23 | 27 | 24 | 9 | 16 |

### 7.2.4 电子科学与技术国际化教育班

电子科学与技术国际化教育班（全英文教学专业）隶属于电子科学与技术专业，是学校顺应高等教育教学国际化发展趋势而建的，简称电子国际班、国际化班或国际班。其渊源是 2008 年学院创建的电子科学与技术（微电子方向）双语实验班。2011 年 8 月升级改造为电子科学与技术全英文教学专业，是全校首批 4 个全英文教学专业之一，设置在信息与电子学院，该专业同时隶属于微电子学院，在新生入学时从全校理工科专业范围内遴选优秀学生组建而成，每届招生 30 人左右。学院单独成立了电子科学与技术（全英文教学专业）工作组，由相关学科资深教授、教师组成，设立学术负责人和责任教授，由具有丰富海外学习工作经历和国际化教育经验的教师担任工作组秘书。

电子科学与技术国际化教育班（全英文教学专业）的课程体系与其他专业班级相比有独特之处，其重要设计依据是美国麻省理工学院（MIT）领衔提出的 CDIO 教学理念［构思（Conceive）、设计（Design）、实施（Implement）、运行（Operate）］，代表了国际工程教育的发展方向，以产品、过程和系统的构思、设计、实施和运行全生命周期为背景的教育理念为载体，以 CDIO/OBE 教学大纲和标准为基础，参照世界一流大学的课程体系，制定了专门的国际化培养方案与教学计划，注重学习能力和实践能力的培养。学生围绕电子信息类主干学科，系统学习电路与电子线路、电磁场与微波、半导体物理与集成电路、通信与信息系统、信号与信息处理等方面的基础理论、专门知识和设计方法，通过电子信息类工程实践训练，具备解决电子信息领域尤其是集成电路领域复杂工程问题的能力。

电子科学与技术国际化教育班（全英文教学专业）使用世界一流的英文原版教材，在讲授、讨论、考试等环节采用英语或双语，聘请国（境）外知名教授、优秀海归教师讲授课程。本专业与国（境）外多所名校合作开展了多个学生交流项目，学院在专业学习阶段安排学生赴国（境）外进行交流、课程学习以及实践，可显著提升学生的国际交流与国际竞争能力，为学生毕业后进入世界一流企业工作、出国（境）深造以及在国际舞台上承担重要角色奠定基础。

电子科学与技术国际化教育班（全英文教学专业）的培养目标：面向广阔的电子信息领域尤其是微电子工程领域，培养具有高远的理想信念、健全的身心人格、精湛的专业学识、深厚的人文素养、开阔的国际视野、批判的创新思维，具有文化包容、沟通与团队合作能力，能够用系统的观点提出、分析和解决复杂工程问题，能够胜任电子信息工程领域的科学研究、技术研究、产品开发、教育教学或管理工作，具有终身学习和自我完善能力的领军领导潜质人才。

毕业生可从事电子信息相关领域尤其是集成电路领域的科学研究、技术开发、教育教学和管理等工作。

学生在专业工程领域、社会发展实践方面应该具备的能力和素质包括：

（1）具有深厚的人文素养、较强的社会责任感和较高的职业道德。具备法律、社会伦理、经济、环境等领域的知识。

（2）具有较强的创新意识和工程实践能力，能够综合运用专业及人文知识，创新性地、系统地分析和解决电子信息领域尤其是微电子工程领域复杂工程问题，具有较强的沟通、团队合作和科研管理能力。

（3）具有较强的科学思辨能力、系统分析/综合/解决科学技术问题的能力。

（4）具有开阔的国际视野，能通过文献检索、资料查询及现代信息技术，获取并跟踪相关领域前沿理论和工程技术。

（5）具有较强的终身学习和适应发展的能力。

（6）能够胜任电子信息工程领域的项目经理、部门经理的岗位职责。

电子科学与技术国际化教育班（全英文教学专业）的学生在出国交流、深造和获奖方面的比例远高于普通班。已毕业学生超过半数赴欧美顶级名校继续深造。电子科学与技术国际化教育班（全英文教学专业）的学生就业面非常广阔，可胜任通信、信息、电子、集成电路、人工智能、互联网、物联网、航空、航天等众多领域。

**1. 专业建设体系建立和准备工作**

电子科学与技术国际化教育（全英文教学专业）的整体工作从 2010 年下半年开始启动，在准备阶段，学院除参加和实施学校教务处统一部署的各项工作外，着重开展了两项工作。

一是聘请我校千人计划特聘教授刘大可教授为该专业学术责任人、刘家康教授为责任教授，聘请三位青年教师为秘书，成立了学院全英文教学工作组。

二是以工作组的形式集中安排和落实了各项准备工作，就电子科学与技术国际化教育（全英文教学专业）（以下简称全英文专业）的成立意义和背景、办学宗旨、下一步的主要工作和要求、成立专业工作组的设想及运行方式、前期筹备过程中的各项工作进行了深入细致的讨论，包括参与教务处对专业政策的讨论情况、学生招生宣传与选拔方式的设想、教师培训与原版教材规划、第一轮培养方案的制定、学生赴海外访学的准备等，主要包括：

（1）讨论了全英文教学专业的办学理念和培养目标，明确了以培养学生的国际化视野、动手创新能力为重点的办学理念和培养能满足国际化工作岗位需求、适应国际化求学深造要求学生的培养目标。

（2）讨论了信息与电子学院全英文教学专业任课教师任课要求和信息与电子学院全英文教学专业任课教师选拔、培训方法。

(3) 讨论了信息与电子学院全英文教学专业教学质量的监控和督导原则。

(4) 讨论确定了初步的培养方案与教学计划。

专项工作组的形式在工作中起到了非常有效的作用，真正形成了国际化专业建设的智囊团和工作队，并且逐渐发展形成了学院整个国际化教育的工作组。为此，学院在不断强化工作组职能和角色的基础上，不断扩充工作组的队伍，吸收更多有志于国际化教育教改、有国际化教育背景和教育经验的教师参加进来，并且在学院本科教学办公室设置了专门的国际化教育与合作办学教学干事来开展具体工作。

**2. 专业建设理念的确立**

建设电子科学与技术国际化教育班（全英文教学专业）的主要目标是全面贯彻学校建设国际一流大学、培养国际化人才的战略方针，落实因材施教原则，探索培养高素质优秀国际化人才的有效途径。其建设的主导思想主要包括：

(1) 该专业参照国外知名大学的课程体系制订专门的国际化教学计划与培养方案，聘请国外知名教授和具有国外留学经历的优秀教师进行英语授课。

(2) 在这一专业教育教学中，学院大力推行工程教育改革的先进理念，形成能跟国际知名大学接轨的人才培养体系和培养模式。

(3) 学院在学校的大力支持下，积极创造条件安排学生赴海外开展交流、课程学习及完成实践环节。

(4) 以这一专业作为平台，招收国外留学生，与中国学生混合编班，创造国际化的学习环境和多种文化交流融合的氛围。

(5) 以这一专业作为平台，积极拓展学院整体的国际化办学和对外教育交流合作。

(6) 以这一专业作为平台，培养师资力量，形成具备国际化高素质高水平的教师队伍。

(7) 以这一专业作为平台，试验国际先进的工程教育改革理念，加以吸收和改造，推动整个学院的教育教学改革。

**3. 教学计划与培养方案的制定**

从专业建设的角度出发，电子科学与技术国际化教育班（全英文教学专业）的核心工作之一是制订先进、科学、合理、可行的教学计划与培养方案。

整个教学计划的编制始于2011年年初，初稿基本是在学院现行2009版教学大纲的基础上，经过少量调整形成的，提出了公共基础课程和专业基础课程的设置方案。

2011年5月工作组成立之后，经过多轮调研、研讨及参加教务处统一协调，数易其稿，至2012年年初基本确定了公共基础课程和专业基础课程的理论教学和实践教学计划。

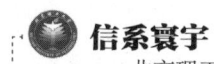

**信系寰宇**
——北京理工大学信息与电子学院学科（专业）发展史（上）

2012年6月学院召开了电子科学与技术国际化教育班（全英文教学专业）第一次教学研讨会，系统讨论了14门专业基础课程全英文授课的教学内容、教学安排、教材选用、前后衔接关系等，会后根据讨论意见形成了这14门课程的教学大纲。

2012年9月召开了电子科学与技术国际化教育班（全英文教学专业）实践教学工作会议，布置启动了实践教学的全英文改造工作。

2012年11月经过多次讨论，并参照专业认证标准和国际知名大学体系对已经形成的教学计划进行了系统调整，设计了专业课程，形成了教学计划的初稿。

2012年12月16日，信息与电子学院召开了第二次电子科学与技术国际化教育班（全英文教学专业）教学研讨会，学校教务处、国际处相关领导、学院领导、电子科学与技术国际化教育班（全英文教学专业）工作组和全体专业基础课与专业课任课教师参加了会议。各位任课教师就初稿教学计划中的所有专业基础课程进行逐一讲解，针对各门专业课程的授课内容、课时安排、教材选用、配套实验、考核方法等方面进行全面介绍，同时对专业课程授课方法、考核形式等展开深入交流。

2013年，学院在2012年6月和12月召开两次国际化教育专业教学研讨会的基础上，以学院国际化工作组为主要组织者，紧密联系各位任课教师，补充完善了培养方案与教学计划的初稿，形成了《电子科学与技术国际化教育专业教学计划——2013版》，已经正式印刷执行。

这一套教学计划共176.5学分，其中在公共基础阶段设置了全英文授课课程16门，共45.5学分；在专业基础阶段设置了全英文授课课程28门，共63.5学分；在专业课阶段设置了全英文授课课程8门，共23学分。课程及学分统计见表7.54。

表7.54 电子科学与技术国际化教育专业教学计划（2013版）全英文授课课程学分统计

| 课程类别 | 课程性质 | 课程代码 | 课程名称 | 课程名称（英文） | 学分 | 开课学期 |
|---|---|---|---|---|---|---|
| 公共基础 | 必修课 | ENG24198 | 英语听说（国际教育） | English Intensive Training | 3 | 1 |
| | | MTH17003 | 工科数学分析 I | Calculus and Differential Equation I | 6 | 1 |
| | | CHM17024 | 大学化学 C | General Chemistry C | 2 | 1 |
| | | COM08075 | 计算机技术与编程（英文） | Computing Technology and Programming | 3 | 1 |
| | | MAC03002 | 工程制图基础 | Fundamentals of Engineering Drawing | 2 | 1 |

续表

| 课程类别 | 课程性质 | 课程代码 | 课程名称 | 课程名称（英文） | 学分 | 开课学期 |
|---|---|---|---|---|---|---|
| 公共基础 | 必修课 | ENG24199 | 英语写作（国际教育） | English Composition | 3 | 2 |
| | | MTH17004 | 工科数学分析Ⅱ | Calculus and Differential Equation Ⅱ | 6 | 2 |
| | | MTH17012 | 线性代数 A | Linear Algebra A | 3.5 | 2 |
| | | PHY18005 | 大学物理Ⅰ（英文） | College Physics Ⅰ | 4 | 2 |
| | | PHY17018 | 物理实验 B（Ⅰ） | Physics Lab B Ⅰ | 1 | 2 |
| | | COM08076 | C 语言编程实践 | C Programming Practice | 1 | 2 |
| | | MTH17037 | 概率与数理统计 | Probability and Statistics | 3 | 3 |
| | | PHY18004 | 大学物理Ⅱ（英文） | College Physics Ⅱ | 4 | 3 |
| | | PHY17019 | 物理实验 B（Ⅱ） | Physics Lab B Ⅱ | 2 | 3 |
| | | MAC03229 | 工程概论（全英文教学专业） | Introduction to Engineering | 1 | 3 |
| | | ELC05184 | 研究与科技论文写作（英文） | Research and Academic Writing | 1 | 5 |
| 专业基础 | 必修课 | INF05199 | 电子工艺实践（全英文） | Practice in Electronic Technology | 1.5 | 1 |
| | | INF05164 | 工程创新设计Ⅰ | Engineering Design Ⅰ | 1 | 2 |
| | | ELC05185 | 电路分析基础（全英文） | Fundamentals of Electric Circuit Analysis | 3.5 | 3 |
| | | ELC05186 | 电路分析实验（全英文） | Experiments in Electric Circuit Analysis | 1 | 3 |
| | | ELC05187 | 电子实习（全英文）（Ⅰ） | Practice in Electronics（Ⅰ） | 1 | 3 |
| | | ELC05188 | 电子实习（全英文）（Ⅱ） | Practice in Electronics（Ⅱ） | 1 | 3 |
| | | INF05165 | 工程创新设计Ⅱ | Engineering Design Ⅱ | 1 | 3 |
| | | MTH17036 | 复变函数与积分变换 | Functions of Complex Variables and Integral Transformation | 2 | 4 |
| | | MTH17041 | 数理方程与特殊函数 | Equations of Mathematical Physics and Special Functions | 2 | 4 |
| | | INF05170 | 算法与数据结构（全英文） | Algorithm and Data Structure | 2 | 4 |
| | | INF05200 | 信号与系统（全英文） | Signals and Systems | 3.5 | 4 |

续表

| 课程类别 | 课程性质 | 课程代码 | 课程名称 | 课程名称（英文） | 学分 | 开课学期 |
|---|---|---|---|---|---|---|
| 专业基础 | 必修课 | INF05201 | 信号与系统实验（全英文） | Lab of Signals and Systems | 1 | 4 |
| | | ELC05175 | 模拟电路基础（全英文） | Fundamentals of Analog Circuits | 3.5 | 4 |
| | | ELC05174 | 模拟电路实验（全英文） | Experiments in Analog Circuits | 1.5 | 4 |
| | | INF05166 | 工程创新设计 III | Engineering Design III | 2 | 4 |
| | | ELC05176 | 数字电路（全英文） | Digital Electronics | 3.5 | 5 |
| | | ELC05179 | 数字系统设计与实验（全英文） | Digital System Design and Experiment | 2 | 5 |
| | | ELC05177 | 电磁场理论与微波工程（全英文） | Theory of Electromagnetic Fields and Microwave Engineering | 4 | 5 |
| | | ELC05180 | 数字信号处理（全英文） | Digital Signal Processing | 3 | 5 |
| | | ELC05181 | 通信电路（全英文） | Communication Circuit | 3 | 5 |
| | | ELC05182 | 通信电路实验（全英文） | Experiments in Communication Circuit | 1 | 5 |
| | | INF05167 | 工程创新设计 IV | Engineering Design IV | 2 | 5 |
| | | ELC05183 | 课程设计（全英文）I | Project I | 3 | 5 |
| | | INF05197 | 课程设计（全英文）II | Project II | 1 | 5 |
| | | INF05198 | 课程设计（全英文）III | Project III | 1 | 5 |
| | | ELC05178 | 控制理论基础（全英文） | Fundamentals of Control Theory | 3 | 6 |
| | | INF05191 | 随机信号分析（全英文） | Random Signal Analysis | 3 | 6 |
| | | INF05192 | 数字通信原理（全英文） | Principle of Digital Communication | 3 | 6 |
| | | COM05115 | 计算机原理与应用（全英文） | Computer Principle and Application | 3.5 | 6 |
| | | INF05193 | 数据通信与网络（全英文） | Data Communication and Networking | 2 | 6 |
| | | INF05194 | 半导体物理与器件建模（全英文） | Semiconductor Physics and Device Modeling | 3 | 6 |
| | | INF05168 | 工程创新设计 V | Engineering Design V | 2 | 6 |
| | | INF05195 | 模拟集成电路分析与设计基础（全英文） | Analysis and Design Basics of Analog Integrated Circuit | 4 | 7 |

续表

| 课程类别 | 课程性质 | 课程代码 | 课程名称 | 课程名称（英文） | 学分 | 开课学期 |
|---|---|---|---|---|---|---|
| 专业基础 | 必修课 | INF05196 | 超大规模集成电路设计（全英文） | VLSI Design | 4 | 7 |
| | | INF05169 | 工程创新设计 Ⅵ | Engineering Design Ⅵ | 2 | 7 |
| | 选修课 | | 专业选修课 | Engineering Elective | 6 | 7 |

这套教学计划是在电子科学与技术专业中文授课 2009 版教学计划的基础上，经过全英文提升、内容衔接的调整和新建设多门专业课而形成的，体现了宽口径、重能力，与国际上广泛采用的 EE 专业（Electronic Engineering）培养目标和内容接轨的特色，重点设置了工程创新设计实践环节，这一系列实践课程是参照美国和英国等多所大学的课程设置计划，在充分体现 CDIO［Conceive（构思）—Design（设计）—Implement（实现）—Operate（运作）］的工程实践思想的基础上，从第二学期到第七学期连续设计了 6 个模块的创新实践课程。本着由低到高、由简到繁的原则，在大学一、二年级采用小项目的方式引导学生开发创新思想，在团队合作下完成小项目的设计和实现。在大学三、四年级，结合学生所学的专业基础知识，结合短距离无线通信及其应用这样的应用背景，为学生设计相关的项目题目，为第八学期的毕业设计打下良好的基础。配合教学计划的制订，根据教务处的统一部署，学院组织教师完成了各门课程教学大纲和课程简介的撰写，已完成 2016 版培养方案的制定，这一套培养方案共 170.25 学分，已完成 2016 版培养方案（2019 年修订）教学计划的制定，共 166.25 学分。课程及学分统计如表 7.55，教学计划如表 7.56 和表 7.57 所示。

表 7.55　电子科学与技术国际化教育专业教学计划（2016 版）全英文授课课程及学分统计

| 课程性质 | 课程属性 | 课程代码 | 课程名称 | 学分 | 总学时 |
|---|---|---|---|---|---|
| 公共基础课程 | 必修 | 100245105 | 国际英语交流 Ⅰ | 2 | 32 |
| | | 100172103 | 工科数学分析 Ⅰ | 6 | 96 |
| | | 102172501 | 线性代数 A（双语） | 3.5 | 56 |

续表

| 课程性质 | 课程属性 | 课程代码 | 课程名称 | 学分 | 总学时 |
|---|---|---|---|---|---|
| 公共基础课程 | 必修 | 101190003 | 大学化学 C | 2 | 32 |
| | | 100270001 | 思想品德修养与法律基础 | 3 | 48 |
| | | 100230057 | 知识产权法基础 | 1 | 16 |
| | | 100930001 | 大学生心理素质发展 | 0 | 8 |
| | | 100160501 | 生命科学基础 A | 2 | 32 |
| 专业基础课程 | | 100050201 | 信息与电子专业导论 | 0 | 24 |
| | | 101051272 | 电子系统体验与工艺实践（全英文） | 1 | 32 |
| | | 107050207 | 工程创新设计 Ⅰ | 0.5 | 16 |
| 体育课 | | 100320001 | 体育 Ⅰ | 0.5 | 32 |
| 公共基础课程 | | 100980001 | 军事理论 | 1 | 16 |
| 专业基础课程 | | 100980002 | 军事训练 | 1.5 | 48 |
| | | 100245106 | 国际英语交流 Ⅱ | 2 | 32 |
| 公共基础课程 | | 100172203 | 工科数学分析 Ⅱ | 6 | 96 |
| | | 101180111 | 大学物理 Ⅰ（英文） | 4 | 64 |
| 专业基础课程 | | 100180116 | 物理实验 BⅠ | 1 | 32 |
| | | 101031102 | 工程制图基础（全英文） | 2 | 32 |
| 公共基础课程 | | 100270002 | 中国近代史纲要 | 2 | 32 |
| 专业基础课程 | | 100172001 | 复变函数与积分变换 | 2 | 32 |
| | | 101053205 | 算法与数据结构（全英文） | 1.5 | 24 |
| | | 101053272 | 计算机与网络实验（Ⅰ）（全英文） | 0.25 | 8 |
| | | 101051203 | 电路分析基础（全英文） | 3 | 48 |
| | | 101051278 | 电路与电子线路实验（Ⅰ）（全英文） | 1 | 32 |
| | | 107050208 | 工程创新设计 Ⅱ | 0.5 | 16 |
| 公共基础课程 | | 101180121 | 大学物理 Ⅱ（英文） | 4 | 64 |
| 专业基础课程 | | 100180125 | 物理实验 BⅡ | 1 | 32 |
| 公共基础课程 | | 102172401 | 概率与数理统计（双语） | 3 | 48 |
| | | 100270003 | 马克思主义基本原理概论 | 3 | 48 |
| 专业基础课程 | | 100172205 | 数理方程与特殊函数 | 2 | 32 |

续表

| 课程性质 | 课程属性 | 课程代码 | 课程名称 | 学分 | 总学时 |
| --- | --- | --- | --- | --- | --- |
| 专业基础课程 | 必修 | 101052203 | 信号与系统（全英文） | 3 | 48 |
| | | 101052272 | 信号与信息处理实验（Ⅰ）（全英文） | 0.5 | 16 |
| | | 101051206 | 模拟电路基础（全英文） | 3 | 48 |
| | | 101051280 | 电路与电子线路实验（Ⅱ）（全英文） | 0.75 | 24 |
| | | 101051274 | 电子实习Ⅰ（全英文） | 1 | 32 |
| | | 101051276 | 电子实习Ⅱ（全英文） | 1 | 32 |
| | | 100050202 | 认知实习 | 1 | 32 |
| | | 101050204 | 工程概论（全英文教学专业） | 1 | 16 |
| 公共基础课程 | | 104210002 | 管理学概论Ⅰ（网络课堂） | 1 | 16 |
| 专业基础课程 | | 107050309 | 工程创新设计Ⅲ | 1 | 32 |
| 公共基础课程 | | 100270004 | 毛泽东思想与中国特色社会主义理论体系概论 | 4 | 64 |
| 专业基础课程 | | 101051209 | 数字电路（全英文） | 3 | 48 |
| | | 101051282 | 电路与电子线路实验（Ⅲ）（全英文） | 1 | 32 |
| | | 101054203 | 电磁场理论与微波工程（全英文） | 4 | 64 |
| | | 101054272 | 电磁场理论与微波工程实验（全英文） | 0.5 | 16 |
| | | 101052206 | 数字信号处理（全英文） | 2.5 | 40 |
| | | 101052274 | 信号与信息处理实验（Ⅱ）（全英文） | 0.25 | 8 |
| | | 101051312 | 通信电路（全英文） | 3 | 48 |
| | | 101051384 | 电路与电子线路实验（Ⅳ）（全英文） | 0.5 | 16 |
| 专业课 | | 101056303 | 半导体物理与器件建模（全英文） | 3 | 48 |
| 公共基础课程 | | 104210004 | 经济学概论Ⅰ（网络课堂） | 1 | 16 |
| 专业基础课程 | | 107050310 | 工程创新设计Ⅳ | 1 | 32 |
| | | 101051386 | 电路与电子线路课程设计（全英文） | 2 | 64 |
| | | 101053376 | 计算机与网络课程设计（全英文） | 1 | 32 |
| | | 101052377 | 信号与信息处理课程设计（全英文） | 0.75 | 24 |
| | | 101054375 | 电磁场与微波课程设计（全英文） | 1 | 32 |
| | | 101057303 | 数字通信原理（全英文） | 3 | 48 |

续表

| 课程性质 | 课程属性 | 课程代码 | 课程名称 | 学分 | 总学时 |
|---|---|---|---|---|---|
| 专业基础课程 | 必修 | 101057372 | 数字通信原理实验（全英文） | 0.25 | 8 |
| | | 101053308 | 计算机原理与应用（全英文） | 4 | 64 |
| | | 101053374 | 计算机与网络实验（Ⅱ）（全英文） | 1 | 32 |
| | | 101055303 | 控制理论基础（全英文） | 2 | 32 |
| | | 101055372 | 控制理论基础实验（全英文） | 0.25 | 8 |
| 专业课 | | 101058406 | 数据通信与网络（全英文） | 2 | 32 |
| 专业基础课程 | | 107050411 | 工程创新设计 Ⅴ | 1 | 32 |
| 专业课 | | 101056408 | 集成电路工程（全英文） | 4.25 | 88 |
| | | 101057410 | 电子通信系统（全英文） | 4 | 64 |
| 专业基础课程 | | 107050412 | 工程创新设计 Ⅵ | 1 | 32 |
| | | 100031314 | 制造技术基础训练 C | 2 | 70 |
| 专业课 | | 100056473 | 专业实习 | 3 | 96 |
| | | 100050413 | 毕业设计（论文） | 12 | 384 |
| 专业基础课程 | | 100270005 | 社会实践 | 2 | 32 |
| | | 100050114 | 素质拓展 | 4 | 128 |
| 专业课 | | 100050416 | 创新创业实践 B | 4 | 128 |
| | | 101037303 | 科学研究与写作（英文） | 1 | 16 |
| 专业基础课程 | | 101080082 | C 语言编程实践 | 1 | 16 |
| | | 101080081 | 计算机技术与编程（英文） | 3 | 48 |
| | | | 形势与政策 | 2 | 32 |
| | | | 文化素质类通识教育课专项 | 6 | 96 |
| | | | 实践训练通识课专项 | 2 | 64 |
| | | | 体育 Ⅱ | 0.5 | 32 |
| | | | 体育 Ⅲ | 0.5 | 32 |
| | | | 体育 Ⅳ | 0.5 | 32 |
| | | | | 170.25 | 3 686 |

表 7.56　电子科学与技术专业教学计划（2016 版）

| 学期 1 | 课程名称 | 学分 |
| --- | --- | --- |
| 100245105 | 国际英语交流 I | 2 |
| 100172103 | 工科数学分析 I | 6 |
| 102172501 | 线性代数 A（双语） | 3.5 |
| 101190003 | 大学化学 C | 2 |
| 101080081 | 计算机技术与编程（英文） | 3 |
| 100270001 | 思想品德修养与法律基础 | 3 |
| 100230057 | 知识产权法基础 | 1 |
| 100930001 | 大学生心理素质发展 | 0 |
| 100160501 | 生命科学基础 A | 2 |
| 100050201 | 信息与电子专业导论 | 0 |
| 101051272 | 电子系统体验与工艺实践（全英文） | 1 |
| 107050207 | 工程创新设计 I | 0.5 |
| 100320001 | 体育 I | 0.5 |
| 100980001 | 军事理论 | 1 |
| 100980002 | 军事训练 | 1.5 |
| 小计 |  | 27 |
| 学期 2 | 课程名称 | 学分 |
| 100245106 | 国际英语交流 II | 2 |
| 100172203 | 工科数学分析 II | 6 |
| 101080082 | C 语言编程实践（全英文） | 1 |
| 101180111 | 大学物理 I（全英文） | 4 |
| 100180116 | 物理实验 B I | 1 |
| 101031102 | 工程制图基础（全英文） | 2 |
| 100270002 | 中国近代史纲要 | 2 |
| 100172001 | 复变函数与积分变换 | 2 |
| 101053205 | 算法与数据结构（全英文） | 1.5 |
| 101053272 | 计算机与网络实验（I）（全英文） | 0.25 |
| 101051203 | 电路分析基础（全英文） | 3 |

续表

| 学期 2 | 课程名称 | 学分 |
|---|---|---|
| 101051278 | 电路与电子线路实验（Ⅰ）（全英文） | 1 |
| 107050208 | 工程创新设计Ⅱ | 0.5 |
| 100320002 | 体育Ⅱ | 0.5 |
| 小计 | | 26.75 |
| 学期 3 | 课程名称 | 学分 |
| 101180121 | 大学物理Ⅱ（英文） | 4 |
| 100180125 | 物理实验BⅡ | 1 |
| 102172401 | 概率与数理统计（双语） | 3 |
| 100270003 | 马克思主义基本原理概论 | 3 |
| 100172205 | 数理方程与特殊函数 | 2 |
| 101052203 | 信号与系统（全英文） | 3 |
| 101052272 | 信号与信息处理实验（Ⅰ）（全英文） | 0.5 |
| 101051206 | 模拟电路基础（全英文） | 3 |
| 101051280 | 电路与电子线路实验（Ⅱ）（全英文） | 0.75 |
| 101051274 | 电子实习Ⅰ（全英文） | 1 |
| 101051276 | 电子实习Ⅱ（全英文） | 1 |
| 100050202 | 认知实习 | 1 |
| 101050204 | 工程概论（全英文教学专业） | 1 |
| 104210002 | 管理学概论Ⅰ（网络课堂） | 1 |
| 107050309 | 工程创新设计Ⅲ | 1 |
| 100320003 | 体育Ⅲ | 0.5 |
| 小计 | | 26.75 |
| 学期 4 | 课程名称 | 学分 |
| 100270004 | 毛泽东思想与中国特色社会主义理论体系概论 | 4 |
| 101051209 | 数字电路（全英文） | 3 |
| 101051282 | 电路与电子线路实验（Ⅲ）（全英文） | 1 |
| 101054203 | 电磁场理论与微波工程（全英文） | 4 |
| 101054272 | 电磁场理论与微波工程实验（全英文） | 0.5 |

续表

| 学期 4 | 课程名称 | 学分 |
|---|---|---|
| 101052206 | 数字信号处理（全英文） | 2.5 |
| 101052274 | 信号与信息处理实验（Ⅱ）（全英文） | 0.25 |
| 101051312 | 通信电路（全英文） | 3 |
| 101051384 | 电路与电子线路实验（Ⅳ）（全英文） | 0.5 |
| 101056303 | 半导体物理与器件建模（全英文） | 3 |
| 104210004 | 经济学概论Ⅰ（网络课堂） | 1 |
| 107050310 | 工程创新设计Ⅳ | 1 |
| 100320004 | 体育Ⅳ | 0.5 |
| 小计 | | 24.25 |
| **学期 5** | **课程名称** | **学分** |
| 101051386 | 电路与电子线路课程设计（全英文） | 2 |
| 101053376 | 计算机与网络课程设计（全英文） | 1 |
| 101052377 | 信号与信息处理课程设计（全英文） | 0.75 |
| 101054375 | 电磁场与微波课程设计（全英文） | 1 |
| 101057303 | 数字通信原理（全英文） | 3 |
| 101057372 | 数字通信原理实验（全英文） | 0.25 |
| 101053308 | 计算机原理与应用（全英文） | 4 |
| 101053374 | 计算机与网络实验（Ⅱ）（全英文） | 1 |
| 101055303 | 控制理论基础（全英文） | 2 |
| 101055372 | 控制理论基础实验（全英文） | 0.25 |
| 101058406 | 数据通信与网络（全英文） | 2 |
| 101037303 | 科学研究与写作（英文） | 1 |
| 107050411 | 工程创新设计Ⅴ | 1 |
| 小计 | | 19.25 |
| **学期 6** | **课程名称** | **学分** |
| 101056408 | 集成电路工程（全英文） | 4.25 |
| 101057410 | 电子通信系统（全英文） | 4 |
| 107050412 | 工程创新设计Ⅵ | 1 |

续表

| 学期 6 | 课程名称 | 学分 |
|---|---|---|
| 100031314 | 制造技术基础训练 C | 2 |
| 小计 | | 11.25 |
| 学期 7 | 课程名称 | 学分 |
| 100056473 | 专业实习 | 3 |
| 小计 | | 3 |
| 学期 8 | 课程名称 | 学分 |
| 100050413 | 毕业设计（论文） | 12 |
| 小计 | | 12 |
| 未分配开课学期 | 课程名称 | 学分 |
| 100270006 | 形势与政策 | 2 |
| | 文化素质类通识教育课专项 | 6 |
| | 实践训练通识课专项 | 2 |
| 100270005 | 社会实践 | 2 |
| 100050114 | 素质拓展 | 4 |
| 100050416 | 创新创业实践 B | 4 |
| 小计 | | 20 |
| | 合计 | 170.25 |

表 7.57　电子科学与技术专业教学计划（2016 版，2019 年修订）

| 学期 1 | 课程名称 | 学分 |
|---|---|---|
| 100245105 | 国际英语交流 I | 2 |
| 100172103 | 工科数学分析 I | 6 |
| 102172501 | 线性代数 A（双语） | 3.5 |
| 101053202 | C 语言程序设计（全英文） | 3 |
| 100270001 | 思想品德修养与法律基础 | 3 |
| 100230057 | 知识产权法基础 | 1 |
| 100930001 | 大学生心理素质发展 | 0 |
| 100050222 | 信息与电子专业导论 | 1 |

续表

| 学期1 | 课程名称 | 学分 |
|---|---|---|
| 101051272 | 电子系统体验与工艺实践（全英文） | 1 |
| 107050207 | 工程创新设计Ⅰ | 0.5 |
| 100320001 | 体育Ⅰ | 0.5 |
| 100980001 | 军事理论 | 1 |
| 100980002 | 军事训练 | 1.5 |
| 100270014 | 形势与政策Ⅰ | 0.25 |
| 小计 |  | 24.25 |
| **学期2** | **课程名称** | **学分** |
| 100245106 | 国际英语交流Ⅱ | 2 |
| 100172203 | 工科数学分析Ⅱ | 6 |
| 101180111 | 大学物理Ⅰ（全英文） | 4 |
| 100180116 | 物理实验BⅠ | 1 |
| 101031102 | 工程制图基础（全英文） | 2 |
| 100270013 | 中国近现代史纲要 | 3 |
| 101053205 | 算法与数据结构（全英文） | 1.5 |
| 101053272 | 计算机与网络实验（Ⅰ）（全英文） | 0.25 |
| 101051203 | 电路分析基础（全英文） | 3 |
| 101051278 | 电路与电子线路实验（Ⅰ）（全英文） | 1 |
| 107050208 | 工程创新设计Ⅱ | 0.5 |
| 100320002 | 体育Ⅱ | 0.5 |
| 101080082 | C语言编程实践 | 1 |
| 100270015 | 形势与政策Ⅱ | 0.25 |
| 小计 |  | 26 |
| **学期3** | **课程名称** | **学分** |
| 101180121 | 大学物理Ⅱ（全英文） | 4 |
| 100180125 | 物理实验BⅡ | 1 |
| 102172401 | 概率与数理统计（双语） | 3 |
| 100270003 | 马克思主义基本原理概论 | 3 |

续表

| 学期3 | 课程名称 | 学分 |
| --- | --- | --- |
| 101052203 | 信号与系统（全英文） | 3 |
| 100050220 | 复变函数与数理方程 | 3 |
| 101052272 | 信号与信息处理实验（Ⅰ）（全英文） | 0.5 |
| 101051206 | 模拟电路基础（全英文） | 3 |
| 101051280 | 电路与电子线路实验（Ⅱ）（全英文） | 0.75 |
| 101051274 | 电子实习Ⅰ（全英文） | 1 |
| 101051276 | 电子实习Ⅱ（全英文） | 1 |
| 100050202 | 认知实习 | 1 |
| 101050204 | 工程概论（全英文） | 1 |
| 104210002 | 管理学概论Ⅰ（网络课堂） | 1 |
| 107050309 | 工程创新设计Ⅲ | 1 |
| 100320003 | 体育Ⅲ | 0.5 |
| 100270016 | 形势与政策Ⅲ | 0.25 |
| 小计 | | 28 |
| 学期4 | 课程名称 | 学分 |
| 100270022 | 毛泽东思想与中国特色社会主义理论体系概论 | 3 |
| 101051209 | 数字电路（全英文） | 3 |
| 101051282 | 电路与电子线路实验（Ⅲ）（全英文） | 1 |
| 101054203 | 电磁场理论与微波工程（全英文） | 4 |
| 101054272 | 电磁场理论与微波工程实验（全英文） | 0.5 |
| 101052206 | 数字信号处理（全英文） | 2.5 |
| 101052274 | 信号与信息处理实验（Ⅱ）（全英文） | 0.25 |
| 101051312 | 通信电路（全英文） | 3 |
| 101051384 | 电路与电子线路实验（Ⅳ）（全英文） | 0.5 |
| 101056303 | 半导体物理与器件建模（全英文） | 3 |
| 104210004 | 经济学概论Ⅰ（网络课堂） | 1 |
| 107050310 | 工程创新设计Ⅳ | 1 |
| 100320004 | 体育Ⅳ | 0.5 |

续表

| 学期4 | 课程名称 | 学分 |
|---|---|---|
| 100270017 | 形势与政策Ⅳ | 0.25 |
| 小计 | | 23.5 |

| 学期5 | 课程名称 | 学分 |
|---|---|---|
| 101051386 | 电路与电子线路课程设计（全英文） | 2 |
| 101053376 | 计算机与网络课程设计（全英文） | 1 |
| 101052377 | 信号与信息处理课程设计（全英文） | 0.75 |
| 101054375 | 电磁场与微波课程设计（全英文） | 1 |
| 101057303 | 数字通信原理（全英文） | 3 |
| 101057372 | 数字通信原理实验（全英文） | 0.25 |
| 101053308 | 计算机原理与应用（全英文） | 4 |
| 101053374 | 计算机与网络实验（Ⅱ）（全英文） | 1 |
| 101055303 | 控制理论基础（全英文） | 2 |
| 101055372 | 控制理论基础实验（全英文） | 0.25 |
| 101058406 | 数据通信与网络（全英文） | 2 |
| 101037303 | 研究与科技论文写作（英文） | 1 |
| 100270005 | 社会实践 | 2 |
| 107050411 | 工程创新设计 Ⅴ | 1 |
| 100270018 | 形势与政策Ⅴ | 0.25 |
| 小计 | | 21.5 |

| 学期6 | 课程名称 | 学分 |
|---|---|---|
| 101056408 | 集成电路工程（全英文） | 4.25 |
| 101057410 | 电子通信系统（全英文） | 4 |
| 107050412 | 工程创新设计 Ⅵ | 1 |
| 100031314 | 制造技术基础训练C | 2 |
| 100270019 | 形势与政策Ⅵ | 0.25 |
| 小计 | | 11.5 |

| 学期7 | 课程名称 | 学分 |
|---|---|---|
| 100056473 | 毕业实习 | 3 |

续表

| 学期7 | 课程名称 | 学分 |
|---|---|---|
| 100270020 | 形势与政策Ⅶ | 0.25 |
| 小计 | | 3.25 |
| **学期8** | **课程名称** | **学分** |
| 100050413 | 毕业设计（论文） | 12 |
| 100270021 | 形势与政策Ⅷ | 0.25 |
| 小计 | | 12.25 |
| **未分配开课学期** | **课程名称** | **学分** |
| | 文化素质类通识教育课专项* | 6 |
| | 实践训练通识课专项 | 2 |
| 100050114 | 素质拓展 | 4 |
| 100050416 | 创新创业实践B | 4 |
| 小计 | | 16 |
| | 合计 | 166.25 |

**4. 英文教材与实验指导书的建设**

在选用理论课程全英文教材方面，学院遵循了引入国际上公认经典教材、考虑国内已经有带版权影印版等原则，经过两届学生的试用，效果较好，目前学生也完全可以承受教材的价格。依据教学计划各门课程的教材已经基本配齐，情况见表7.56。在实验教材和实验指导书方面，由于没有国际上公认的经典教材可以借鉴，因此学院组织力量进行了翻译和重新撰写工作，已经基本完成，情况见表7.58。学院计划首先在校内结集印刷，经过试用后跟出版社联系，以电子信息类实验指导教材的名义正式出版。

表7.58　英文授课课程英文教材与实验指导书情况（2019年）

| 课程代码 | 课程名称 | 理论教材名称、作者、出版社 | 实验教材名称、作者及出版社 |
|---|---|---|---|
| 101052203 | 信号与系统（全英文） | 《信号与系统》（第2版）（英文版），（美）奥本海姆，电子工业出版社 | |

续表

| 课程代码 | 课程名称 | 理论教材名称、作者、出版社 | 实验教材名称、作者及出版社 |
|---|---|---|---|
| 101052377 | 信号与信息处理课程设计（全英文） | | 自编 |
| 101052272 | 信号与信息处理实验（Ⅰ）（全英文） | | 自编 |
| 101058406 | 数据通信与网络（全英文） | 《Data Communication and Networking》，Behrouz A. Forouzan，机械工业出版社 | |
| 101057303 | 数字通信原理（全英文） | 《Principles of Communications》，Fan Changxin，电子工业出版社 | |
| 101057372 | 数字通信原理实验（全英文） | | 自编 |
| 101054272 | 电磁场理论与微波工程实验（全英文） | | 自编 |
| 101054375 | 电磁场与微波课程设计（全英文） | 《电磁场与微波课程设计指导书》，王学田、任武，内部讲义 | |
| 101050204 | 工程概论（全英文） | | 自编 |
| 101055303 | 控制理论基础（全英文） | 《Modern Control Systems》，Richard C. Dorf, Robert H. Bishop，电子工业出版社 | |
| 101055372 | 控制理论基础实验（全英文） | | 自编 |
| 101053202 | C语言程序设计（全英文） | 《C程序设计语言》（英文版） | |

续表

| 课程代码 | 课程名称 | 理论教材名称、作者、出版社 | 实验教材名称、作者及出版社 |
| --- | --- | --- | --- |
| 101053376 | 计算机与网络课程设计（全英文） |  | 自编 |
| 101053374 | 计算机与网络实验（Ⅱ）（全英文） |  | 自编 |
| 101053308 | 计算机原理与应用（全英文） | 《The 80x86 IBM PC and Compatible Computers（Volumes I & II）：Assembly Language，Design，and Interfacing》；Muhammad Ali Mazidi，Janice Gillispie Mazidi；Prentice Hall |  |
| 101051238 | 电工和电子技术（Ⅰ）（全英文） |  | 自编 |
| 101051295 | 电工和电子技术实验（Ⅰ）（全英文） |  | 自编 |
| 101051386 | 电路与电子线路课程设计（全英文） |  | 自编 |
| 101051280 | 电路与电子线路实验（Ⅱ）（全英文） |  | 自编 |
| 101051274 | 电子实习Ⅰ（全英文） | 《电子实习Ⅰ》（MP3数码播放器制作），自编 |  |
| 101051276 | 电子实习Ⅱ（全英文） |  | 自编 |
| 101051272 | 电子系统体验与工艺实践（全英文） |  | 自编 |
| 101051206 | 模拟电路基础（全英文） | 《电子电路分析与设计（第4版）——模拟电子技术》，Donald A. Neamen，清华大学出版社 |  |

续表

| 课程代码 | 课程名称 | 理论教材名称、作者、出版社 | 实验教材名称、作者及出版社 |
|---|---|---|---|
| 101051206 | 模拟电路基础（全英文） | 《电子电路分析与设计（第4版）——半导体器件及其基本应用》，Donald A. Neamen，清华大学出版社 | |
| 101052206 | 数字信号处理（全英文） | 《数字信号处理》（第4版）（英文版），普埃克，等，电子工业出版社 | |
| 101052274 | 信号与信息处理实验（Ⅱ）（全英文） | 《数字信号处理实验教程》 | |
| 101057410 | 电子通信系统（全英文） | 《电子通信系统原理》（第3版），刘家康，清华大学出版社 | |
| 101054203 | 电磁场理论与微波工程（全英文） | 《电磁场理论基础》（第2版），陈重，崔正勤，胡冰，北京理工大学出版社 | |
| 101054203 | 电磁场理论与微波工程（全英文） | 《微波工程》（第3版），David M. Pozar，张肇仪，等，译，电子工业出版社 | |
| 101056303 | 半导体物理与器件建模（全英文） | 《Solid State Electronic Devices》，6th Edition（英文影印版；中文名：《固态电子器件》），（美）Ben G. Streetman Sanjay Kumar Banerjee，人民邮电出版社 | |
| 101056408 | 集成电路工程（全英文） | 《模拟CMOS集成电路设计》，Behzad Razavi，清华大学出版社 | |
| 101056408 | 集成电路工程（全英文）（实验） | | 自编 |
| 101053272 | 计算机与网络实验（Ⅰ）（全英文） | | 自编 |

续表

| 课程代码 | 课程名称 | 理论教材名称、作者、出版社 | 实验教材名称、作者及出版社 |
|---|---|---|---|
| 101053205 | 算法与数据结构（全英文） | 《数据结构与算法分析：C++描述》（第3版）（英文版），（美）Weiss，人民邮电出版社 | |
| 101051239 | 电工和电子技术（Ⅱ）（全英文） | | 自编 |
| 101051296 | 电工和电子技术实验（Ⅱ）（全英文） | | 自编 |
| 101051203 | 电路分析基础（全英文） | 《国外电子与通信教材系列·电路》（第9版）（英文版），尼尔森，电子工业出版社 | |
| 101051278 | 电路与电子线路实验（Ⅰ）（全英文） | | 电路实验讲义，内部讲义 |
| 101051282 | 电路与电子线路实验（Ⅲ）（全英文） | | 自编 |
| 101051384 | 电路与电子线路实验（Ⅳ）（全英文） | | 《Experiments in Communication Circuit》，吴莹莹，内部讲义 |
| 101051209 | 数字电路（全英文） | 《数字电子技术》（第10版）（英文版），Thomas Floyd，电子工业出版社 | |
| 101051312 | 通信电路（全英文） | 《Electronic Communication Systems》，Roy Blake，Delmar/Thomson Learning，2002 | |

**5. 国际化班教学运行**

国际化班的教学运行已经按照全英文授课的形式全面正规化，截至2019年年底，学院共开设全英文课程和实践环节39门，学院教师讲授理论课程22门，实践环节17门（含上机课），其基本情况如表7.59所示。

表 7.59　学院开设的全英文课程和实践环节课程

| 课程属性 | 课程编号 | 课程名称 | 总学时 | 讲课学时 | 实践学时 | 上机 | 学分 | 授课教师 |
|---|---|---|---|---|---|---|---|---|
| 必修 | 101052206 | 数字信号处理（全英文） | 40 | 42 | 0 | 0 | 2.5 | 李慧琦 |
| | 101052274 | 信号与信息处理实验（Ⅱ）（全英文） | 8 | 9 | 0 | 0 | 0.25 | 林艳飞 |
| | 101057410 | 电子通信系统（全英文） | 64 | 64 | 0 | 0 | 4 | 刘家康 |
| | 101054203 | 电磁场理论与微波工程（全英文） | 64 | 64 | 0 | 0 | 4 | 吴昱明 |
| | 101056303 | 半导体物理与器件建模（全英文） | 48 | 0 | 0 | 0 | 3 | 谢会开，吴海霞 |
| | 101056408 | 集成电路工程（全英文） | 88 | 48 | 0 | 0 | 4.25 | 陈志铭 |
| | 101053272 | 计算机与网络实验（Ⅰ）（全英文） | 8 | 8 | 0 | 0 | 0.25 | 聂青 |
| | 101053205 | 算法与数据结构（全英文） | 24 | 24 | 0 | 0 | 1.5 | 聂青 |
| | 101051239 | 电工和电子技术（Ⅱ）（全英文） | 40 | 42 | 0 | 0 | 2.5 | 王勇 |
| | 101051296 | 电工和电子技术实验（Ⅱ）（全英文） | 16 | 16 | 0 | 0 | 0.5 | 王勇 |
| | 101051203 | 电路分析基础（全英文） | 48 | 48 | 0 | 0 | 3 | 吴琼之 |
| | 101051278 | 电路与电子线路实验（Ⅰ）（全英文） | 32 | 18 | 0 | 0 | 1 | 张峰 |
| | 101051282 | 电路与电子线路实验（Ⅲ）（全英文） | 32 | 0 | 0 | 0 | 1 | 马越 |
| | 101051384 | 电路与电子线路实验（Ⅳ）（全英文） | 16 | 0 | 0 | 0 | 0.5 | 吴莹莹 |
| | 101051209 | 数字电路（全英文） | 48 | 48 | 0 | 0 | 3 | 任仕伟 |
| | 101051312 | 通信电路（全英文） | 48 | 48 | 0 | 0 | 3 | 杜娟 |

续表

| 课程属性 | 课程编号 | 课程名称 | 总学时 | 讲课学时 | 实践学时 | 上机 | 学分 | 授课教师 |
|---|---|---|---|---|---|---|---|---|
| 必修 | 101052203 | 信号与系统（全英文） | 48 | 48 | 0 | 0 | 3 | 叶初阳 |
| | 101052377 | 信号与信息处理课程设计（全英文） | 24 | 0 | 24 | 0 | 0.75 | 钟曼莉 |
| | 101052272 | 信号与信息处理实验（Ⅰ）（全英文） | 16 | 0 | 16 | 0 | 0.5 | 钟曼莉 |
| | 101058406 | 数据通信与网络（全英文） | 32 | 32 | 0 | 0 | 2 | 刘家康 |
| | 101057303 | 数字通信原理（全英文） | 48 | 48 | 0 | 0 | 3 | 范戎飞 |
| | 101057372 | 数字通信原理实验（全英文） | 8 | 0 | 8 | 0 | 0.25 | 范戎飞 |
| | 101054272 | 电磁场理论与微波工程实验（全英文） | 16 | 0 | 16 | 0 | 0.5 | 董李静 |
| | 101054375 | 电磁场与微波课程设计（全英文） | 32 | 0 | 32 | 0 | 1 | 王学田 |
| | 101055303 | 控制理论基础（全英文） | 32 | 32 | 0 | 0 | 2 | 王岩 |
| | 101055372 | 控制理论基础实验（全英文） | 8 | 0 | 8 | 0 | 0.25 | 王岩 |
| | 101053376 | 计算机与网络课程设计（全英文） | 32 | 0 | 32 | 0 | 1 | 罗森林 |
| | 101053374 | 计算机与网络实验（Ⅱ）（全英文） | 32 | 0 | 0 | 32 | 1 | 高平 |
| | 101053308 | 计算机原理与应用（全英文） | 64 | 64 | 0 | 0 | 4 | 石秀民 |
| | 101053202 | C语言程序设计（全英文） | 48 | 40 | 0 | 8 | 3 | 聂青 |
| | 101050204 | 工程概论（全英文） | 16 | 16 | 0 | 0 | 1 | 刘振宇 |

续表

| 课程属性 | 课程编号 | 课程名称 | 总学时 | 讲课学时 | 实践学时 | 上机 | 学分 | 授课教师 |
|---|---|---|---|---|---|---|---|---|
| 必修 | 101051238 | 电工和电子技术（Ⅰ）（全英文） | 40 | 40 | 0 | 0 | 2.5 | 王勇 |
| | 101051295 | 电工和电子技术实验（Ⅰ）（全英文） | 16 | 0 | 16 | 0 | 0.5 | 王勇 |
| | 101051386 | 电路与电子线路课程设计（全英文） | 64 | 0 | 64 | 0 | 2 | 马越 |
| | 101051280 | 电路与电子线路实验（Ⅱ）（全英文） | 24 | 0 | 16 | 8 | 0.75 | 马越 |
| | 101051274 | 电子实习Ⅰ（全英文） | 32 | 0 | 32 | 0 | 1 | 张峰 |
| | 101051276 | 电子实习Ⅱ（全英文） | 32 | 0 | 32 | 0 | 1 | 李东伟 |
| | 101051272 | 电子系统体验与工艺实践（全英文） | 32 | 0 | 32 | 0 | 1 | 李东伟 |
| | 101051206 | 模拟电路基础（全英文） | 48 | 48 | 0 | 0 | 3 | 杜慧茜 |

为更好地增进国际班授课质量，提升学生国际化思维，2015年以来全英文教学专业邀请引智境外文教类专家授课10余次，具体情况如表7.60所示。

在教学组织方面，根据境外教师集中授课的时间需要、工程创新设计实践环节的需要，创造性地对课时安排进行了优化、调整，实现了集中开课和分散开课的穿插进行，经过实践尝试，基本保证了教师的教学需求和学生的学习效果。针对境外教师授课的特点，学院安排自己的教师全程参与到教学活动中去，在学习境外教师授课方式、考核方式、课堂组织方式等的同时，为学生进行辅导答疑，对重点内容进行补充讲解，也收到了教学相长的效果。在安排境外教师的审批、邀请、行程安排、接待、生活安排等方面，学院以国际化工作组为核心工作班子，安排专门的教师牵头负责，安排研究生和国际班学生参与其中，锻炼了学生的能力，创造了学生跟境外教师在生活等各方面密切接触和交流的机会，也形成了学生自我组织、自我管理的氛围。

表 7.60 2015 年以来全英文教学专业邀请引智境外文教类专家授课情况

| 姓名 | 国籍 | 境外任职单位 | 学位 | 职称 | 来访时间 | 教学任务类型 | 讲授课程 | 授课学时数 |
|---|---|---|---|---|---|---|---|---|
| Wejinya Uchechukwu Chris | 美国 | 阿肯色大学（University of Arkansas） | 博士 | 副教授 | 2015.3.14—3.28 | 课程 | 控制理论基础（全英文） | 48 |
| Sune Valdemar Söderkvist | 瑞典 | 林雪平大学（Linkopings University） | 硕士 | 教授 | 2015.5.1—6.15 | 课程 | 信号与系统电路分析基础 | 60 |
| Helei | 美国 | 洛杉矶加利福尼亚大学（University of California, Los Angeles） | 博士 | 教授 | 2015.9.4—9.21 | 课程 | 数字电路 | 56 |
| Xie Huikai | 美国 | 佛罗里达大学（University of Florida） | 博士 | 教授 | 2015.5.20—6.12 | 课程 | 半导体物理与器件建模 | 48 |
| Jeng, Syangywan（郑湘原） | 中国台湾 | 中原大学（Chung Yuan Christian University） | 博士 | 教授 | 2017.4.5—4.21 | 课程 | 半导体物理与器件建模 | 48 |
| Uche Wejinya | 美国 | 阿肯色大学（University of Arkansas） | 博士 | 副教授 | 2018.3.10—3.16 | 课程 | 控制理论基础（全英文） | 24 |
| Jeng, Syangywan（郑湘原） | 中国台湾 | 中原大学（Chung Yuan Christian University） | 博士 | 教授 | 2018.3.18—3.24 | 课程 | 半导体物理与器件建模（全英文） | 24 |
| Jeng, Syangywan（郑湘原） | 中国台湾 | 中原大学（Chung Yuan Christian University） | 博士 | 教授 | 2018.4.16—4.22 | 课程 | 半导体物理与器件建模（全英文） | 24 |
| Uche Wejinya | 美国 | 阿肯色大学（University of Arkansas） | 博士 | 副教授 | 2018.5.5—5.11 | 课程 | 控制理论基础（全英文） | 24 |
| Xie Huikai | 美国 | 佛罗里达大学（University of Florida） | 博士 | 教授 | 2018.5.7—5.20 | 课程 | 半导体物理与器件建模（全英文） | 24 |

**6. 师资安排与培训**

培训师资力量，不断地提升授课水平，起初学院以参与中英班授课的教师、海外留学归国教师、有海外访问学者经历的教师为主体，初步确定了 23 门理论课和实验课程的教师队伍，除在重点专业基础课上聘请境外教师授课外，大力推进了教师海外教学专项进修和培训工作。

在教务处、国际处、人事处等学校机关的大力支持下，教师赴境外开展教育教学培训的计划从 2012 年开始执行。2012 年派出石秀民（长期，斯坦福大学）、费泽松（长期，中国香港大学）、吴琼之（短期，澳大利亚国立大学）、王群（短期，加州大学伯克利分校）等教师赴境外知名大学进行以教学为主要任务的培训。2013 年，派出许文龙（长期，英国埃莫塞特大学）、贾丽娟（长期，美国加州大学洛杉矶分校）、王勇（长期，澳大利亚西澳大利亚大学）、吴海霞（短期，中国台湾中原大学）和马志峰（短期，中国台湾中原大学）等几位教师进行境外教师进修。2014 年派出吴琼之（长期，马萨诸塞州理工大学）、吴浩（长期，佐治亚理工大学）、刘家康（短期，加州大学伯克利分校）进行境外教师进修。2015 年派出钟曼莉（长期，普度大学印第安纳波利斯分校）、王晓华（长期，英国南安普顿大学）、吴海霞（长期，南洋理工大学）赴境外知名大学进行以教学为主要任务的培训。2016 年派出杜慧茜（长期，美国伊利诺伊大学香槟分校）赴境外知名大学进修。2017 年派出聂青（长期，美国杜克大学）赴境外知名大学进修。2019 年派出张万成（短期，澳大利亚昆士兰大学）、薛艳明（短期，澳大利亚昆士兰大学）、吴浩（短期，澳大利亚莫纳什大学）赴境外知名大学进行以教学为主要任务的培训。

之后每年派出 3 名左右教师赴境外进行长期培训和短期交流，用 5 年左右的时间完成国际化全英文教学师资队伍的轮训。

**7. 国际化专业招生工作**

1）2011 级招生工作情况

在教务处的统一安排之下，全英文教学专业工作组于 2011 年 8 月 25—26 日在良乡校区进行了电子科学与技术国际化教育班（全英文教学专业）首届学生 2011 级新生报名和招生工作。

经过新生报到前的通知、报到过程中的宣传和 8 月 25 日的招生宣讲，共有 86 人报名参加电子科学与技术国际化教育班（全英文教学专业），其中第一志愿 57 人，第二志愿 29 人；第一志愿本学院 28 人，其他学院 29 人；第二志愿本学院 1 人，其他学院 28 人。

经过工作组的细致筛选，共确定 52 人的复试名单。其中第一志愿考生 40 人，第二志愿考生 12 人；本学院考生 11 人，全部为第一志愿，其他学院考生 41 人。

此后，共有33人参加了专业面试。其间，有2人因种种原因退出选拔。最后，经过工作组的认真讨论，确定了31人的录取名单并上报教务处。其后，由于录取冲突和个人申请等原因，经教务处协调，确定了27人的录取名单。开始上课后，先后又有3人（全部为原录取在本学院的学生）申请退出，这样最终确定了24人组成班级。

2）2012级招生工作情况

2012—2013学年第一学期新生入校后，学院面向全校所有已录取学生进行了广泛的招生宣传和严格的二次选拔。当年共有72人报名参加电子科学与技术国际化教育班（全英文教学专业），其中第一志愿51人，第二志愿21人；第一志愿本学院8人，其他学院43人；第二志愿本学院无，其他学院21人。经过工作组的细致筛选，共确定65人的复试名单。其中第一志愿考生51人，第二志愿考生14人；本学院考生8人，全部为第一志愿，其他学院考生57人。此后，共有52人参加了专业面试。最后，经过工作组的认真讨论，确定了31人的录取名单。

3）2013级招生工作情况

电子科学与技术国际化教育班（全英文教学专业）2013级新生报名和招生工作于2013年8月23—24日在良乡校区进行。

经过新生报到前的通知、报到过程中的宣传和8月23日的招生宣讲，共有119人报名参加电子科学与技术国际化教育专业，其中第一志愿81人，第二志愿38人；第一志愿本学院32人，其他学院49人；第二志愿本学院0人，其他学院38人。

经过工作组的细致筛选，共确定60人的复试名单。全部是第一志愿考生，本学院考生20人，其他学院考生40人。

此后，共有58人参加了专业面试。其间，有7人因种种原因退出选拔。最后，经过工作组的认真讨论，确定了35人的录取名单并上报教务处，最终确定本届国际班共31人。

4）2014级招生工作情况

电子科学与技术国际化教育班（全英文教学专业）2014级新生报名和招生工作于2014年9月3—4日在良乡校区进行，共有140人报名参加电子科学与技术国际化教育班（全英文教学专业），其中第一志愿97人，第二志愿43人；第一志愿本学院54人，其他学院43人；第二志愿本学院3人，其他学院40人。

经过工作组的细致筛选，共确定63人的复试名单。全部是第一志愿考生，本学院考生16人，其他学院考生47人。

经过专家组面试，确定了录取名单并报送教务处，最终确定录取35人，录取名单如表 7.61 所示。

表 7.61 2014 级电子科学与技术国际化教育班（全英文教学专业）学生录取名单

| 序号 | 学号 | 姓名 | 录取专业 |
| --- | --- | --- | --- |
| 1 | 1120142716 | 陈凯铃 | 物理菁英班 |
| 2 | 1120142738 | 陈天睿 | 物理菁英班 |
| 3 | 1120142377 | 郭峰 | 化工与制药类 |
| 4 | 1120141325 | 郭鹏 | 电子信息类 |
| 5 | 1120140906 | 果天龙 | 光电信息科学与工程 |
| 6 | 1120141630 | 何思亮 | 自动化 |
| 7 | 1120142427 | 雷炳业 | 化工与制药类 |
| 8 | 1120141023 | 李鳌 | 光电信息科学与工程 |
| 9 | 1120142352 | 李嘉仪 | 化工与制药类 |
| 10 | 1120141516 | 李嘉智 | 自动化 |
| 11 | 1120141360 | 李一鸣 | 电子信息类 |
| 12 | 1120141001 | 李志煜 | 光电信息科学与工程 |
| 13 | 1120142407 | 林敬松 | 化工与制药类 |
| 14 | 1120142513 | 刘畅 | 生物科学类 |
| 15 | 1120142861 | 刘殿忠 | 信息管理与信息系统 |
| 16 | 1120140161 | 刘宏杰 | 工程力学 |
| 17 | 1120140364 | 吕浩瑞 | 机械电子工程 |
| 18 | 1120141055 | 南一航 | 光电信息科学与技术 |
| 19 | 1120142773 | 石曦予 | 化学菁英班 |
| 20 | 1120141983 | 舒一凡 | 软件工程 |
| 21 | 1120141185 | 孙培阳 | 电子信息类 |
| 22 | 1120142751 | 孙匀 | 物理菁英班 |
| 23 | 1120141864 | 王祎鸣 | 计算机科学与技术 |
| 24 | 1120142776 | 王韫 | 化学菁英班 |
| 25 | 1120142171 | 王梓帆 | 材料科学与工程 |
| 26 | 1120142496 | 魏梓航 | 生物科学类 |

续表

| 序号 | 学号 | 姓名 | 录取专业 |
|---|---|---|---|
| 27 | 1120141252 | 吴玥莹 | 电子信息类 |
| 28 | 1120142416 | 武柳迪 | 化工与制药类 |
| 29 | 1120141284 | 习炎喆 | 电子信息类 |
| 30 | 1120140892 | 颜安 | 光电信息科学与工程 |
| 31 | 1120142367 | 杨昊昆 | 化工与制药类 |
| 32 | 1120141254 | 于雪 | 电子信息类 |
| 33 | 1120142800 | 袁粼 | 化学菁英班 |
| 34 | 1120142736 | 张浩鹏 | 物理菁英班 |
| 35 | 1120142847 | 张周睿 | 工商管理 |

5) 2015级招生工作情况

电子科学与技术国际化教育班（全英文教学专业）2015级新生报名和招生工作于2015年9月9—10日在良乡校区进行。

经过新生报到前的通知、报到过程中的宣传和9月9日的招生宣讲，共有205人报名参加电子科学与技术国际化教育班（全英文教学专业），其中第一志愿103人，第二志愿102人；第一志愿本学院40人，其他学院63人；第二志愿本学院6人，其他学院96人。

经过工作组的细致筛选，共确定了60人的复试名单。全部是第一志愿考生，本学院考生20人，其他学院考生40人。

此后，共有55人参加了专业面试。最后，经过工作组的认真讨论，确定了录取名单并上报教务处，最终确定本届国际化班共36人，如表7.62所示。

表7.62　2015级电子科学与技术国际化教育班（全英文教学专业）学生录取名单

| 序号 | 学号 | 姓名 | 性别 | 原录取专业名称 |
|---|---|---|---|---|
| 1 | 1120153493 | 张琦 | 女 | 工业设计 |
| 2 | 1120151075 | 冯云龙 | 男 | 光电信息科学与工程（类） |
| 3 | 1120151205 | 陈思 | 女 | 电子信息类 |
| 4 | 1120150999 | 董润 | 男 | 光电信息科学与工程（类） |
| 5 | 1120150539 | 汪旸 | 男 | 机械工程（类） |
| 6 | 1120151324 | 齐欢 | 男 | 电子信息类 |

续表

| 序号 | 学号 | 姓名 | 性别 | 原录取专业名称 |
|---|---|---|---|---|
| 7 | 1120150228 | 廖轩毅 | 男 | 武器系统与工程（类） |
| 8 | 1120150291 | 孙茂桐 | 男 | 武器系统与工程（类） |
| 9 | 1120151363 | 安笑予 | 女 | 电子信息类 |
| 10 | 1120152313 | 高迪 | 女 | 化工与制药类 |
| 11 | 1120151135 | 毛佳钰 | 女 | 电子信息类 |
| 12 | 1120151399 | 李孟雷 | 男 | 电子信息类 |
| 13 | 1120150507 | 姚骄杨 | 男 | 机械工程（类） |
| 14 | 1120153491 | 王翘 | 女 | 工业设计 |
| 15 | 1120152717 | 詹天予 | 女 | 物理菁英班 |
| 16 | 1120152097 | 王天雄 | 男 | 软件工程 |
| 17 | 1120150236 | 汤雨讓 | 女 | 武器系统与工程（类） |
| 18 | 1120151190 | 骆宜萱 | 男 | 电子信息类 |
| 19 | 1120152427 | 陈越 | 男 | 生物医学工程（类） |
| 20 | 1120152566 | 潘辰彬 | 女 | 数学菁英班 |
| 21 | 1120150064 | 董鹤翔 | 男 | 航空航天类 |
| 22 | 1120152214 | 彭潇锐 | 女 | 材料科学与工程（类） |
| 23 | 1120150939 | 文铮 | 男 | 光电信息科学与工程（类） |
| 24 | 1120150259 | 乔志正 | 男 | 武器系统与工程（类） |
| 25 | 1120152170 | 刘勖之 | 男 | 材料科学与工程（类） |
| 26 | 1120151116 | 任天泽 | 男 | 电子信息类 |
| 27 | 1120152611 | 张越 | 男 | 数学菁英班 |
| 28 | 1120152683 | 李嘉骏 | 男 | 物理菁英班 |
| 29 | 1120150898 | 付晨罡 | 男 | 光电信息科学与工程（类） |
| 30 | 1120151395 | 洪可欣 | 女 | 电子信息类 |
| 31 | 1120151165 | 汤献文 | 男 | 电子信息类 |
| 32 | 1120151419 | 程旻 | 女 | 电子信息类（试验班） |
| 33 | 1120152523 | 丁宇轩 | 男 | 生物医学工程（类） |
| 34 | 1120150403 | 王楚婷 | 女 | 机械电子工程（类） |

续表

| 序号 | 学号 | 姓名 | 性别 | 原录取专业名称 |
|---|---|---|---|---|
| 35 | 1120151232 | 陈曦 | 男 | 电子信息类 |
| 36 | 1920150002 | 刘世豪 | 男 | 电子信息类 |

6）2016 级招生工作情况

电子科学与技术国际化教育班（全英文教学专业）2016 级新生报名和招生工作于 2016 年 8 月 27—28 日在良乡校区进行。

经过新生报到前的通知、报到过程中的宣传和 8 月 27 日的招生宣讲，共有 234 人报名参加电子科学与技术国际化教育班（全英文教学专业），其中第一志愿 138 人，第二志愿 96 人；第一志愿本学院 31 人，其他学院 107 人；第二志愿本学院 1 人，其他学院 95 人。

经过工作组的细致筛选，共确定了 61 人的复试名单。全部是第一志愿考生，本学院考生 9 人，其他学院考生 52 人。

此后，共有 51 人参加了专业面试。最后，经过工作组的认真讨论，确定了录取名单并上报教务处，最终确定本届国际化班共 35 人，如表 7.63 所示。

表 7.63 2016 级电子科学与技术国际化教育班（全英文教学专业）学生录取名单

| 序号 | 学号 | 姓名 | 性别 | 原录取学院名称 |
|---|---|---|---|---|
| 1 | 1120162365 | 李晓彤 | 女 | 微电子学院 |
| 2 | 1120161519 | 张曦 | 女 | 自动化学院 |
| 3 | 1120162388 | 冀子川 | 女 | 微电子学院 |
| 4 | 1120161038 | 王荆楷 | 男 | 光电学院 |
| 5 | 1120162407 | 雷皓翔 | 男 | 微电子学院 |
| 6 | 1120161042 | 杨茜茹 | 女 | 光电学院 |
| 7 | 1120162217 | 杨晓彤 | 女 | 材料学院 |
| 8 | 1120161225 | 颜桥 | 男 | 信息与电子学院 |
| 9 | 1120162033 | 杨兆睿 | 男 | 软件学院 |
| 10 | 1120162389 | 蓝天翔 | 男 | 微电子学院 |
| 11 | 1120162743 | 文之玮 | 男 | 化学学院 |
| 12 | 1120162383 | 郭津男 | 男 | 微电子学院 |
| 13 | 1120161961 | 文欣怡 | 女 | 软件学院 |

续表

| 序号 | 学号 | 姓名 | 性别 | 原录取学院名称 |
|---|---|---|---|---|
| 14 | 1120161731 | 薛天炜 | 男 | 计算机学院 |
| 15 | 1120162528 | 李泊慊 | 男 | 数学与统计学院 |
| 16 | 1120160722 | 王卓 | 男 | 机械与车辆学院 |
| 17 | 1120162335 | 陈胜博 | 男 | 化工与环境学院 |
| 18 | 1120161741 | 邓济天 | 男 | 计算机学院 |
| 19 | 1120162241 | 王华阳 | 男 | 材料学院 |
| 20 | 1120160973 | 朱宇哲 | 男 | 光电学院 |
| 21 | 1120162467 | 罗杉 | 女 | 生命学院 |
| 22 | 1120162400 | 张捷 | 男 | 微电子学院 |
| 23 | 1120162372 | 唐馨怡 | 女 | 微电子学院 |
| 24 | 1120163668 | 王赵宇轩 | 男 | 徐特立学院 |
| 25 | 1120161217 | 潘治宇 | 男 | 信息与电子学院 |
| 26 | 1120162304 | 周嵌楷 | 男 | 化工与环境学院 |
| 27 | 1120160391 | 盛丹婷 | 女 | 机电学院 |
| 28 | 1120162453 | 赵曜 | 男 | 生命学院 |
| 29 | 1120160065 | 李佳峰 | 男 | 宇航学院 |
| 30 | 1120163599 | 徐阳 | 男 | 徐特立学院 |
| 31 | 1120160399 | 樊江山 | 男 | 机械与车辆学院 |
| 32 | 1120161791 | 易翔宇 | 男 | 计算机学院 |
| 33 | 1120162399 | 杨再权 | 男 | 微电子学院 |
| 34 | 1120162466 | 罗劲睿 | 男 | 生命学院 |
| 35 | 1120160928 | 郭佳 | 男 | 光电学院 |

7) 2017级招生工作情况

电子科学与技术国际化教育班（全英文教学专业）2017级新生报名和招生工作于2017年8月20—21日在良乡校区进行。

经过新生报到前的通知、报到过程中的宣传和8月21日的招生宣讲，共有182人报名参加电子科学与技术国际化教育班（全英文教学专业），其中第一志愿106人，第二志愿76人；第一志愿本学院50人，其他学院56人；第二志愿本学院 4 人，其他学院 72 人。

经过工作组的细致筛选，共确定了 60 人的复试名单。全部是第一志愿考生，本学院考生 10 人，其他学院考生 50 人。

此后，共有 49 人参加了专业面试。最后，经过工作组的认真讨论，确定了录取名单并上报教务处，最终确定本届国际化班共 32 人，如表 7.64 所示。

表 7.64　2017 级电子科学与技术国际化教育班（全英文教学专业）学生录取名单

| 序号 | 学号 | 姓名 | 性别 | 原录取学院名称 |
| --- | --- | --- | --- | --- |
| 1 | 1120171047 | 王璇铮 | 男 | 物理学院 |
| 2 | 1120171341 | 鲁旭彤 | 女 | 信息与电子学院 |
| 3 | 1120171931 | 秦钰涵 | 男 | 信息与电子学院 |
| 4 | 1120171169 | 刘天朗 | 男 | 宇航学院 |
| 5 | 1120173559 | 张子晗 | 男 | 信息与电子学院 |
| 6 | 1120173400 | 梁君肇 | 男 | 信息与电子学院 |
| 7 | 1120170850 | 罗兴诗 | 女 | 光电学院 |
| 8 | 1120172482 | 王春琳 | 男 | 信息与电子学院 |
| 9 | 1120170664 | 吴震宇 | 男 | 材料学院 |
| 10 | 1120170408 | 张天山 | 男 | 信息与电子学院 |
| 11 | 1120173534 | 杨知雨 | 男 | 材料学院 |
| 12 | 1120171941 | 王嘉轩 | 男 | 信息与电子学院 |
| 13 | 1120171018 | 王子轩 | 男 | 机械与车辆学院 |
| 14 | 1120172306 | 王瑛泽 | 女 | 化学与化工学院 |
| 15 | 1120171744 | 杨亦铭 | 男 | 机械与车辆学院 |
| 16 | 1120171066 | 罗昊洋 | 男 | 信息与电子学院 |
| 17 | 1120171335 | 李尚谕 | 女 | 信息与电子学院 |
| 18 | 1120171044 | 亓开 | 男 | 物理学院 |
| 19 | 1120173399 | 赵昕怡 | 女 | 生命学院 |
| 20 | 1120170602 | 蔡岳哲 | 女 | 管理与经济学院 |
| 21 | 1120170315 | 潘荣非 | 男 | 光电学院 |
| 22 | 1120171964 | 王皓璞 | 男 | 信息与电子学院 |
| 23 | 1120172766 | 李慧怡 | 女 | 计算机学院 |

续表

| 序号 | 学号 | 姓名 | 性别 | 原录取学院名称 |
|---|---|---|---|---|
| 24 | 1120170421 | 林钧浩 | 男 | 信息与电子学院 |
| 25 | 1120171582 | 郑钦丞 | 男 | 机电学院 |
| 26 | 1120171882 | 刘泉 | 男 | 生命学院 |
| 27 | 1120171867 | 李天阳 | 男 | 物理学院 |
| 28 | 1120173354 | 高炳楠 | 女 | 光电学院 |
| 29 | 1120172653 | 吕金秋 | 女 | 自动化学院 |
| 30 | 1120170574 | 彭译萱 | 女 | 信息与电子学院 |
| 31 | 1120173193 | 张鹤曦 | 男 | 信息与电子学院 |
| 32 | 1120173304 | 李昌昊 | 男 | 计算机学院 |

8）2018 级招生工作情况

电子科学与技术国际化教育班（全英文教学专业）2018 级新生报名和招生工作于 2018 年 8 月 25—26 日在良乡校区进行。

经过新生报到前的通知、报到过程中的宣传和 8 月 25 日的招生宣讲，共有 177 人报名参加电子科学与技术国际化教育班（全英文教学专业），其中第一志愿 104 人，第二志愿 73 人；第一志愿本学院 24 人，其他学院 80 人；第二志愿本学院 3 人，其他学院 70 人。

经过工作组的细致筛选，共确定了 64 人的复试名单。全部是第一志愿考生，本学院考生 13 人，其他学院考生 51 人。

此后，共有 57 人参加了专业面试。最后，经过工作组的认真讨论，确定了录取名单并上报教务处，最终确定本届国际化班共 36 人，如表 7.65 所示。

表 7.65　2018 级电子科学与技术国际化教育班（全英文教学专业）学生录取名单

| 序号 | 姓名 | 学号 | 性别 | 原录取专业名称 |
|---|---|---|---|---|
| 1 | 刘韵钊 | 1120181601 | 男 | 徐特立英才班 |
| 2 | 张文远 | 1120182574 | 男 | 理学与材料菁英班 |
| 3 | 徐奕扬 | 1120182316 | 女 | 信息科学技术 |
| 4 | 马睿涛 | 1120183136 | 男 | 理学与材料菁英班 |
| 5 | 赵永新 | 1120182602 | 男 | 理学与材料菁英班 |
| 6 | 马福栋 | 1120182335 | 男 | 信息科学技术 |

续表

| 序号 | 姓名 | 学号 | 性别 | 原录取专业名称 |
| --- | --- | --- | --- | --- |
| 7 | 莫亚鹏 | 1120182951 | 男 | 信息科学技术 |
| 8 | 廖天诚 | 1120182651 | 男 | 电子信息工程（实验班） |
| 9 | 刘珍尼 | 1120181895 | 女 | 电子信息工程（实验班） |
| 10 | 白雨萌 | 1120181609 | 女 | 徐特立英才班 |
| 11 | 陈子豪 | 1120183552 | 男 | 理学与材料菁英班 |
| 12 | 陈任阳 | 1120180580 | 男 | 电子信息工程（实验班） |
| 13 | 朱宇辰 | 1120183578 | 男 | 电子信息工程（实验班） |
| 14 | 杨森清 | 1120183102 | 女 | 理学与材料菁英班 |
| 15 | 卜泓理 | 1120181902 | 男 | 电子信息工程（实验班） |
| 16 | 李泽 | 1120183324 | 男 | 车辆类 |
| 17 | 蒲康然 | 1120181215 | 女 | 信息科学技术 |
| 18 | 格兰·解恩斯 | 1120183739 | 男 | 理学与材料菁英班 |
| 19 | 张心译 | 1120182604 | 女 | 理学与材料菁英班 |
| 20 | 范宇轩 | 1120182935 | 男 | 信息科学技术 |
| 21 | 刘津槐 | 1120182981 | 男 | 信息科学技术 |
| 22 | 陈浩荣 | 1120182411 | 男 | 信息科学技术 |
| 23 | 姜卫 | 1120182358 | 女 | 信息科学技术 |
| 24 | 李泽暄 | 1120182764 | 男 | 航空航天与武器类 |
| 25 | 周诚昊 | 1120181715 | 男 | 理学与材料菁英班 |
| 26 | 杨振浩 | 1120180589 | 男 | 电子信息工程（实验班） |
| 27 | 付睿辰 | 1120181360 | 男 | 信息科学技术 |
| 28 | 杨正宇 | 1120182593 | 男 | 理学与材料菁英班 |
| 29 | 钟正楠 | 1120182082 | 女 | 航空航天与武器类 |
| 30 | 孔繁聪 | 1120182664 | 男 | 电子信息工程（实验班） |
| 31 | 刘洋 | 1120181416 | 男 | 徐特立英才班 |
| 32 | 张宇博 | 1120181300 | 男 | 信息科学技术 |
| 33 | 李佳骏 | 1120181861 | 男 | 电子信息工程（实验班） |
| 34 | 曹菁哲 | 1120182251 | 女 | 车辆类 |

续表

| 序号 | 姓名 | 学号 | 性别 | 原录取专业名称 |
|---|---|---|---|---|
| 35 | 欧洋邑 | 1120180378 | 男 | 理学与材料菁英班 |
| 36 | 张立润 | 1120182600 | 男 | 理学与材料菁英班 |

### 8. 国际化班的班级建设

1) 2011级本科国际化班级建设情况

2011级本科国际化班（05931101）共有学生24人，其中参与澳大利亚国立大学"2+2"交流项目4人。学院在班级成立之前为其配备班主任1人，在班主任和辅导员的共同努力下，建立包括班长、团支书等共10名学生组成的班委会。同时，学院于大一为班级配备德育小导师，定期对班级同学的学习、生活进行辅导，于大二为班级聘请赵显利副校长作为学术班主任对班级进行指导，班级学生反馈良好，效果显著。

在多方努力下，班级学习氛围浓厚，学习成绩优异，前两年全体学生的学科通过率高达99.54%；在获荣誉方面，国际化班团支部荣获2013年北京理工大学优秀团支部，1人获得2013年首都大中专院校先锋杯优秀团干部，1人获得北京理工大学新星团干部，2人获得北京理工大学优秀团干部，3人获得北京理工大学优秀学生；在科技竞赛获奖方面，3人获得全美数学建模大赛一等奖，1人获得北京市数学竞赛三等奖，1人获得北京市物理实验竞赛一等奖。同时，班级文化建设突出，组织丰富多彩的活动，积极开展素质拓展、进行户外实践，学生积极参与志愿服务、公益活动，两年半的时间，2011级本科国际化班用实际行动使自己历练为团结、进取、向上的班集体。

2011级电子科学与技术国际化教育班（全英文教学专业）学生于2015年毕业，毕业生就业情况统计如表7.66所示。

**表7.66 电子科学与技术国际化教育班（全英文教学专业）2011级毕业生就业情况统计**

| 序号 | 班级 | 学号 | 姓名 | 性别 | 毕业去向 | 单位名称 |
|---|---|---|---|---|---|---|
| 1 | 05931101 | 1120110312 | 蔡航 | 男 | 上研 | 对外经济贸易大学 |
| 2 | 05931101 | 1120110336 | 于心瑞 | 男 | 出国 | 美国伊利诺伊理工大学 |
| 3 | 05931101 | 1120110720 | 陈轩 | 男 | 上研 | 中国航天科工二院研究生院 |
| 4 | 05931101 | 1120111070 | 孔垂烨 | 女 | 出国 | 美国得克萨斯大学奥斯汀分校 |
| 5 | 05931101 | 1120111077 | 潘登 | 女 | 出国 | 美国纽约大学 |
| 6 | 05931101 | 1120111211 | 吕孟卓 | 女 | 出国 | 美国哥伦比亚大学 |

续表

| 序号 | 班级 | 学号 | 姓名 | 性别 | 毕业去向 | 单位名称 |
|---|---|---|---|---|---|---|
| 7 | 05931101 | 1120111352 | 何凡 | 男 | 出国 | 新加坡国立大学 |
| 8 | 05931101 | 1120111362 | 宋东澎 | 男 | 上研 | 北京理工大学信息与电子学院 |
| 9 | 05931101 | 1120111406 | 周嘉炜 | 男 | 出国 | 多伦多大学 |
| 10 | 05931101 | 1120111847 | 杨思佳 | 女 | 保研 | 北京大学 |
| 11 | 05931101 | 1120112002 | 陈子奇 | 男 | 出国 | 澳大利亚国立大学 |
| 12 | 05931101 | 1120112110 | 卢岩 | 男 | 出国 | 美国哥伦比亚大学 |
| 13 | 05931101 | 1120112134 | 鲁畅 | 女 | 上研 | 北京理工大学信息与电子学院 |
| 14 | 05931101 | 1120112166 | 束子宇 | 男 | 出国 | 美国纽约大学 |
| 15 | 05931101 | 1120112271 | 方亮 | 男 | 出国 | 台湾大学 |
| 16 | 05931101 | 1120112432 | 吴前兵 | 男 | 上研 | 北京理工大学信息与电子学院 |
| 17 | 05931101 | 1120112577 | 吴晨 | 男 | 出国 | 澳大利亚墨尔本大学 |
| 18 | 05931101 | 1120112773 | 杨晨晨 | 女 | 上研 | 北京理工大学信息与电子学院 |
| 19 | 05931101 | 1120112843 | 马炀 | 男 | 出国 | 代尔夫特理工大学 |
| 20 | 05931101 | 1120113021 | 唐立行 | 女 | 保研 | 北京理工大学信息与电子学院 |
| 21 | 05931101 | 1120113035 | 余睿 | 男 | 出国 | 加州大学圣地亚哥分校 |
| 22 | 05931101 | 1120113065 | 马珂 | 女 | 出国 | 美国加州大学欧文分校 |

2）2012级本科国际化班级建设情况

2012级国际化班（05931201）共有31名同学，其中班委10人，班主任、辅导员、学术班主任及德育小导师配备齐全。班级成绩优异，2012—2013学年成绩优良率为65.52%，及格率为97.35%。在学科竞赛方面，2人获得高教社杯数学建模北京市一等奖，1人获得全国学术物理竞赛二等奖，1人获得北京市大学生物理实验竞赛一等奖，1人获得北京市英语竞赛二等奖；在奖学金方面，1人入围徐特立奖学金候选学生，2人获得CASC助学金。

该班学生在学生组织和社团活动中均表现积极。班中有9人在学生会、团总支任职。在信息学部班徽设计大赛中获得第四名。在新生运动会中，杨颜菱同学获跳绳女子第一名。在校运动会中，缪远诚所在队伍在团体投篮项目中获得第一名。该班还组织了丰富的班级活动，如元旦联欢会、清明游天津、青龙湖烧烤、云居寺滑雪等，团日活动也开展过主题座谈会、扫雪、美化校园等活动。

2012级电子科学与技术国际化教育班（全英文教学专业）学生于2016年毕业，毕业生就业情况统计如表7.67所示。

表7.67 电子科学与技术国际化教育班（全英文教学专业）2012级毕业生就业情况统计

| 序号 | 班号 | 姓名 | 学号 | 性别 | 类型 | 单位名称 |
| --- | --- | --- | --- | --- | --- | --- |
| 1 | 05931201 | 王天明 | 1120120271 | 男 | 出国 | 悉尼科技大学 |
| 2 | 05931201 | 王诗杨 | 1120120370 | 男 | 出国 | 法国高等电子电工技术工程师学校亚眠分校 |
| 3 | 05931201 | 杨谞 | 1120121415 | 男 | 出国 | 得克萨斯大学达拉斯分校 |
| 4 | 05931201 | 缪远诚 | 1120121836 | 男 | 自由职业 | 家教 |
| 5 | 05931201 | 肖竣 | 1120121904 | 男 | 出国 | 美国北卡罗来纳州立大学 |
| 6 | 05931201 | 夏子芊 | 1120122021 | 女 | 出国 | 佛罗里达大学 |
| 7 | 05931201 | 苏俊臣 | 1120122067 | 男 | 出国 | 波士顿大学 |
| 8 | 05931201 | 胡雨垚 | 1120122091 | 女 | 出国 | 美国圣路易斯华盛顿大学 |
| 9 | 05931201 | 叶文 | 1120122109 | 男 | 签劳动合同 | 中国航天科技集团五院 |
| 10 | 05931201 | 高宇琨 | 1120122115 | 女 | 出国 | 佐治亚理工大学 |
| 11 | 05931201 | 王智轩 | 1120122219 | 男 | 单位用人证明 | 北京新晨科技股份有限公司 |
| 12 | 05931201 | 杨颜菱 | 1120122331 | 女 | 出国 | 美国纽约大学 |
| 13 | 05931201 | 刘丁昊 | 1120122347 | 男 | 出国 | 加拿大西蒙弗雷泽大学 |
| 14 | 05931201 | 王浩华 | 1120122561 | 男 | 签劳动合同 | 北京同有飞骥科技股份有限公司 |
| 15 | 05931201 | 高暄 | 1120122583 | 女 | 出国 | 美国东北大学 |
| 16 | 05931201 | 尹程翔 | 1120122603 | 男 | 出国 | 美国雪城大学 |
| 17 | 05931201 | 李思佳 | 1120122668 | 女 | 出国 | 美国哥伦比亚大学 |
| 18 | 05931201 | 金小琳 | 1120122692 | 女 | 出国 | 澳大利亚国立大学 |
| 19 | 05931201 | 银晨曦 | 1120122709 | 男 | 出国 | 美国华盛顿圣路易斯大学 |
| 20 | 05931201 | 王科荐 | 1120122984 | 男 | 出国 | 新加坡南洋理工大学 |
| 21 | 05931201 | 武烨存 | 1120122988 | 男 | 出国 | 美国加州大学洛杉矶分校 |

3）2013级本科国际化班级建设情况

2013级国际化班（05931301）共有学生31人，班级配备辅导员1名，班主任 1 名，于 2013 年 8 月末建班完毕，9 月初建立由 10 人组成的班委会，顺利完成入学教育、专业认知教育及德育小导师的双选工作。

05931301 班班级气氛活跃，同学们积极、用心地开展并参与丰富多彩的文体活动，同时班委会还根据班级情况定期召开班级座谈会。在座谈会上学生们讨论班级的学习情况，交流自己学习的近况，班团委每周定期开展集体自习与小课堂来督促与帮助全班学生学习，班级学习氛围浓厚。

2013 级电子科学与技术国际化教育班（全英文教学专业）学生于 2017 年毕业，毕业生就业情况统计如表 7.68 所示。

表 7.68　电子科学与技术国际化教育班（全英文教学专业）2013 级毕业生就业情况统计

| 序号 | 学号 | 姓名 | 性别 | 毕业去向 | 就业形式 | 具体落实单位名称 |
| --- | --- | --- | --- | --- | --- | --- |
| 1 | 1120130361 | 张天一 | 男 | 二分 | 出国 | 美国罗格斯大学 |
| 2 | 1120130400 | 侯钟毓 | 女 | 二分 | 出国 | 日本早稻田大学 |
| 3 | 1120130975 | 冯祺 | 男 | 二分 | 出国 | 美国德州农工大学 |
| 4 | 1120131128 | 刘天一 | 男 | 二分 | 出国 | 德国柏林哈特纳克斯语言学校 |
| 5 | 1120131160 | 李一铭 | 男 | 二分 | 出国 | 美国加州大学尔湾分校 |
| 6 | 1120131230 | 蔡子孺 | 男 | 考研 | 上硕 | 北京理工大学 |
| 7 | 1120131234 | 张骁翔 | 男 | 二分 | 出国 | 美国哥伦比亚大学 |
| 8 | 1120131309 | 和柳惠泉 | 女 | 二分 | 出国 | 新加坡国立大学 |
| 9 | 1120131347 | 杨昊 | 男 | 考研 | 上硕 | 北京理工大学 |
| 10 | 1120131377 | 唐锦昊 | 男 | 二分 | 出国 | 美国加州大学圣地亚哥分校 |
| 11 | 1120131380 | 张泽坤 | 男 | 二分 | 出国 | 北卡罗来纳州立大学 |
| 12 | 1120131388 | 章吕天阳 | 男 | 二分 | 出国 | 美国宾夕法尼亚大学 |
| 13 | 1120131416 | 邱戎钊 | 男 | 二分 | 签劳动合同 | 北京蓝天共享健康管理有限责任公司 |
| 14 | 1120131422 | 程见桥 | 女 | 二分 | 出国 | 美国哥伦比亚大学 |
| 15 | 1120131836 | 林兆安 | 男 | 二分 | 出国 | 加拿大瑞尔森大学 |

续表

| 序号 | 学号 | 姓名 | 性别 | 毕业去向 | 就业形式 | 具体落实单位名称 |
|---|---|---|---|---|---|---|
| 16 | 1120131922 | 林豪 | 男 | 二分 | 单位用人证明 | 成都市金达电焊设备有限公司 |
| 17 | 1120131951 | 李思航 | 男 | 二分 | 出国 | 澳大利亚墨尔本大学 |
| 18 | 1120132000 | 王智 | 男 | 二分 | 出国 | 英国曼彻斯特大学 |
| 19 | 1120132099 | 张靖奇 | 男 | 考研 | 上硕 | 北京理工大学 |
| 20 | 1120132135 | 高健 | 男 | 考研 | 上硕 | 北京理工大学 |
| 21 | 1120132419 | 吴希琦 | 男 | 二分 | 出国 | 英国爱丁堡大学 |
| 22 | 1120132449 | 陈学斌 | 男 | 考研 | 上硕 | 中国航天科工二院研究生院 |
| 23 | 1120132486 | 王浩宇 | 男 | 二分 | 自由职业 | 家教 |
| 24 | 1120132540 | 宋兆雄 | 男 | 二分 | 出国 | 美国卡耐基梅隆大学 |
| 25 | 1120132642 | 王森海 | 男 | 二分 | 单位用人证明 | 山西省家美特商贸有限公司 |
| 26 | 1120133644 | 汤镓巍 | 女 | 考研 | 上硕 | 北京理工大学 |

4) 2014级本科国际化班建设情况

2014级国际化班（05931401）配备辅导员1名，班主任1名，于2014年9月初建班完毕，并建立由10人组成的班委会，顺利完成入学教育、专业认知教育及德育小导师的双选工作。起初建班时班级内共有学生35人，毕业时班级内共有35人。

05931401班班级气氛活跃，学生们积极、用心地开展并参与丰富多彩的文体活动，同时班委会还根据班级情况定期召开班级座谈会。在座谈会上学生们讨论班级的学习情况，交流自己学习的近况，班团委每周定期开展集体自习与小课堂来督促与帮助全班同学学习，班级学习氛围浓厚。

2014级电子科学与技术国际化教育班（全英文教学专业）学生于2018年毕业，毕业生就业情况统计如表7.69所示。

**表7.69　电子科学与技术国际化教育班（全英文教学专业）2014级毕业生就业情况统计**

| 序号 | 学号 | 姓名 | 性别 | 毕业去向 | 就业形式 | 具体落实单位名称 |
|---|---|---|---|---|---|---|
| 1 | 1120132314 | 胡锦华 | 男 | 二分 | 签劳动合同 | 泰尔达能源科技（北京）有限公司 |
| 2 | 1120140161 | 刘宏杰 | 男 | 二分 | 出国 | 日本早稻田大学 |
| 3 | 1120140364 | 吕浩瑞 | 男 | 二分 | 出国 | 英国西英格兰大学 |
| 4 | 1120140892 | 颜安 | 男 | 二分 | 出国 | 美国伍斯特理工大学 |
| 5 | 1120140906 | 果天隆 | 男 | 考研 | 上硕 | 北京理工大学光电学院 |
| 6 | 1120141001 | 李志煜 | 男 | 二分 | 出国 | 美国得克萨斯A&M大学 |
| 7 | 1120141023 | 李鳌 | 男 | 二分 | 出国 | 美国伊利诺伊州立大学香槟分校 |
| 8 | 1120141055 | 南一航 | 男 | 二分 | 出国 | 美国雪城大学 |
| 9 | 1120141185 | 孙培阳 | 女 | 二分 | 出国 | 中国香港科技大学 |
| 10 | 1120141252 | 吴玥莹 | 女 | 二分 | 出国 | 美国杜克大学 |
| 11 | 1120141254 | 于雪 | 女 | 二分 | 自由职业 | 网络工程师 |
| 12 | 1120141284 | 习炎喆 | 男 | 二分 | 出国 | 美国哥伦比亚大学 |
| 13 | 1120141325 | 郭鹏 | 女 | 二分 | 出国 | 美国佐治亚理工大学 |
| 14 | 1120141360 | 李一鸣 | 男 | 二分 | 出国 | 美国南加州大学 |
| 15 | 1120141516 | 李嘉智 | 男 | 二分 | 出国 | 美国南加利福尼亚大学 |
| 16 | 1120141630 | 何思亮 | 男 | 二分 | 出国 | 日本早稻田大学IPS |
| 17 | 1120141864 | 王祎鸣 | 男 | 考研 | 上硕 | 北京理工大学 |
| 18 | 1120141983 | 舒一凡 | 男 | 二分 | 出国 | 美国加州大学洛杉矶分校 |
| 19 | 1120142171 | 王梓帆 | 男 | 二分 | 出国 | 美国卡内基梅隆大学 |
| 20 | 1120142352 | 李嘉仪 | 女 | 考研 | 上硕 | 西安交通大学 |
| 21 | 1120142367 | 杨昊昆 | 男 | 二分 | 出国 | 美国加州大学戴维斯分校 |
| 22 | 1120142407 | 林敬松 | 男 | 二分 | 出国 | 美国康奈尔大学 |
| 23 | 1120142416 | 武柳笛 | 女 | 二分 | 出国 | 英国曼彻斯特大学 |
| 24 | 1120142427 | 雷炳业 | 男 | 考研 | 上硕 | 华南理工大学 |

续表

| 序号 | 学号 | 姓名 | 性别 | 毕业去向 | 就业形式 | 具体落实单位名称 |
|---|---|---|---|---|---|---|
| 25 | 1120142496 | 魏梓航 | 男 | 二分 | 出国 | 德国慕尼黑工业大学 |
| 26 | 1120142513 | 刘畅 | 男 | 二分 | 出国 | 美国约翰霍普金斯大学 |
| 27 | 1120142716 | 陈凯铃 | 女 | 二分 | 出国 | 美国哥伦比亚大学 |
| 28 | 1120142736 | 张浩鹏 | 男 | 二分 | 出国 | 美国哥伦比亚大学 |
| 29 | 1120142738 | 陈天睿 | 男 | 二分 | 出国 | 美国约翰霍普金斯大学 |
| 30 | 1120142751 | 孙匀 | 男 | 考研 | 上硕 | 北京理工大学 |
| 31 | 1120142773 | 石曦予 | 女 | 二分 | 出国 | 瑞典皇家理工学院 |
| 32 | 1120142776 | 王韫 | 女 | 二分 | 出国 | 美国哥伦比亚大学 |
| 33 | 1120142800 | 袁粼 | 男 | 二分 | 自由职业 | 培训机构 |
| 34 | 1120142847 | 张周睿 | 男 | 二分 | 出国 | 美国加州大学圣地亚哥分校 |
| 35 | 1120142861 | 刘殿忠 | 男 | 二分 | 自由职业 | 高考培训机构 |

5）2015级本科国际化班建设情况

2015级国际化班（05931501）配备辅导员1名，班主任1名，于2015年8月末建班完毕，9月初建立由10人组成的班委会，顺利完成入学教育、专业认知教育、德育小导师的双选工作。起初建班时班级内共有学生36人，毕业时班级内共有33人，另有2人转回原专业进行学习。

05931501班班级气氛活跃，学生们积极、用心地开展并参与丰富多彩的文体活动，同时班委会还根据班级情况定期召开班级座谈会。在座谈会上学生们讨论班级的学习情况，交流自己学习的近况，班团委每周定期开展集体自习与小课堂来督促与帮助全班同学学习，班级学习氛围浓厚。

电子科学与技术国际化教育班（全英文教学专业）2015级学生于2019年毕业，毕业生就业情况统计如表7.70所示。

表7.70 电子科学与技术国际化教育班（全英文教学专业）2015级毕业生就业情况统计

| 序号 | 姓名 | 学号 | 性别 | 深造/就业 | 国家 | 具体落实单位名称 |
|---|---|---|---|---|---|---|
| 1 | 董鹤翔 | 1120150064 | 男 | 出国读研 | 美国 | 美国加州大学洛杉矶分校 |
| 2 | 廖轩毅 | 1120150228 | 男 | 出国读研 | 美国 | 美国哥伦比亚大学 |
| 3 | 乔志正 | 1120150259 | 男 | 出国读研 | 美国 | 美国加州大学圣地亚哥分校 |

续表

| 序号 | 姓名 | 学号 | 性别 | 深造/就业 | 国家 | 具体落实单位名称 |
|---|---|---|---|---|---|---|
| 4 | 姚骄杨 | 1120150507 | 男 | 出国读研 | 新加坡 | 新加坡国立大学 |
| 5 | 董润 | 1120150999 | 男 | 出国读研 | 加拿大 | 加拿大安大略西部大学 |
| 6 | 冯云龙 | 1120151075 | 男 | 出国读研 | 美国 | 美国加州大学圣地亚哥分校 |
| 7 | 任天泽 | 1120151116 | 男 | 出国读研 | 澳大利亚 | 澳大利亚国立大学 |
| 8 | 毛佳钰 | 1120151135 | 女 | 出国读研 | 美国 | 美国宾州州立大学 |
| 9 | 陈思 | 1120151205 | 女 | 出国读研 | 美国 | 美国弗吉尼亚理工大学 |
| 10 | 陈曦 | 1120151232 | 男 | 出国读研 | 美国 | 美国伊利诺伊大学香槟分校 |
| 11 | 齐欢 | 1120151324 | 男 | 出国读研 | 加拿大 | 多伦多大学 |
| 12 | 安笑予 | 1120151363 | 女 | 出国读研 | 美国 | 波士顿大学 |
| 13 | 刘勋之 | 1120152566 | 女 | 出国读研 | 美国 | 雪城大学 |
| 14 | 彭潇锐 | 1120151075 | 男 | 出国读研 | 美国 | 美国加州大学圣地亚哥分校 |
| 15 | 丁宇轩 | 1120152523 | 男 | 出国读研 | 美国 | 华盛顿大学 |
| 16 | 詹天予 | 1120151324 | 男 | 出国读研 | 加拿大 | 多伦多大学 |
| 17 | 张琦 | 1120153493 | 女 | 出国读研 | 美国 | 纽约大学 |
| 18 | 王楚婷 | 1120150403 | 女 | 上硕 | 中国 | 北京理工大学 |
| 19 | 汪旸 | 1120150539 | 男 | 上硕 | 中国 | 北京理工大学 |
| 20 | 文铮 | 1120150939 | 男 | 上硕 | 中国 | 北京理工大学 |
| 21 | 汤献文 | 1120151165 | 男 | 上硕 | 中国 | 清华大学 |
| 22 | 骆宜萱 | 1120151190 | 男 | 上硕 | 中国 | 北京理工大学 |
| 23 | 洪可欣 | 1120151319 | 女 | 上硕 | 中国 | 清华大学 |
| 24 | 李孟雷 | 1120150539 | 男 | 上硕 | 中国 | 北京理工大学 |
| 25 | 高迪 | 1120151165 | 男 | 上硕 | 中国 | 清华大学 |
| 26 | 潘辰彬 | 1120151462 | 男 | 上硕 | 中国 | 北京理工大学 |
| 27 | 李嘉骏 | 1120151384 | 男 | 上硕 | 中国 | 北京理工大学 |
| 28 | 汤雨譞 | 1120150236 | 女 | 回省待就业 | 中国 | 考研中 |
| 29 | 陈越 | 1120151283 | 女 | 就业 | 中国 | 中国航天科工三院303所 |
| 30 | 王翘 | 1120153491 | 女 | 就业 | 中国 | 中国建筑发展有限公司 |
| 31 | 付晨罡 | 1120150898 | 男 | 自由职业 | 中国 | 中国科学院空天信息研究院 |
| 32 | 王天雄 | 1120151983 | 男 | 自由职业 | 中国 | 海通证券光华路营业厅前台 |
| 33 | 张越 | 1120151383 | 男 | 自由职业 | 中国 | 电子商务 |

6) 2016—2018 级本科国际化班建设情况

2016—2018 级本科国际化班建班完成后,已完成入学教育、专业认知教育、德育小导师的双选工作。

2016 级国际化班(05931501)配备辅导员 1 名,班主任 1 名;2017 级国际化班(05931701)配备辅导员 1 名,班主任 1 名;2018 级国际化班(05931801)配备辅导员 1 名,班主任 1 名。

这几个国际化班班级气氛活跃,学生们积极、用心地开展并参与丰富多彩的文体活动,同时班委会还根据班级情况定期召开班级座谈会。在座谈会上同学们讨论班级的学习情况,交流自己学习的近况,班团委每周定期开展集体自习与小课堂来督促与帮助全班同学学习,班级学习氛围浓厚。

### 9. 学生海(境)外访学及实践活动

电子科学与技术国际化教育班(全英文教学专业)自 2011 级组建以来,学生赴海(境)外访学及实践活动一直保持良好的势头,学生积极踊跃参与学校教务处和学院组织的各项活动,参加各种长短期海(境)外访学交流项目。

自 2011 年组建电子科学与技术国际班以来,至 2019 年,电子科学与技术国际化教育班(全英文教学专业)学生每年参加海(境)外访学交流情况及具体参加项目名单如表 7.71 和表 7.72 所示。

表 7.71 电子科学与技术国际化教育班(全英文教学专业)
学生参加海(境)外访学交流情况

| 项目 | | 国际班到海(境)外人数 | 学院本科生到海(境)外总人数 | 国际班到海(境)外人数占比/% |
|---|---|---|---|---|
| 年份 | 2011 | 0 | 43 | 0 |
| | 2012 | 16 | 76 | 21.05 |
| | 2013 | 27 | 123 | 21.95 |
| | 2014 | 14 | 110 | 12.73 |
| | 2015 | 29 | 141 | 20.57 |
| | 2016 | 27 | 124 | 21.77 |
| | 2017 | 35 | 143 | 24.48 |
| | 2018 | 32 | 122 | 26.23 |
| 总计 | | 180 | 882 | 20.41 |

表 7.72　2012—2018 年电子科学与技术国际化教育班（全英文教学专业）学生参加海（境）外访学交流情况名单

| 序号 | 项目类型 | 长期/短期 | 到海(境)外年份 | 姓名 | 性别 | 学号 | 项目内容 | 项目时间 |
|---|---|---|---|---|---|---|---|---|
| 1 | 海外毕设 | 长期 | 2012 | 万嘉月 | 女 | 20080495 | 法国亚眠高等电子与电工技术工程师学校毕业设计 | 2012.3.1—2012.5.27 |
| 2 | 海外毕设 | 长期 | 2012 | 崔红月 | 女 | 20081719 | 法国亚眠高等电子与电工技术工程师学校毕业设计 | 2012.3.1—2012.5.27 |
| 3 | 海外毕设 | 长期 | 2012 | 胡少楠 | 女 | 20080317 | 美国北卡罗来纳州州立大学毕业设计 | 2012.1.15—2012.5.31 |
| 4 | 海外毕设 | 长期 | 2012 | 齐全文 | 女 | 20080489 | 美国北卡罗来纳州州立大学毕业设计 | 2012.1.15—2012.5.31 |
| 5 | 暑假交流活动 | 短期 | 2012 | 杨思佳 | 女 | 1120111847 | 美国工程教育使者项目 | 2012.8.18—2012.8.22 |
| 6 | 暑假交流活动 | 短期 | 2012 | 顾崴 | 男 | 20091385 | 美国工程教育使者项目 | 2012.8.18—2012.8.22 |
| 7 | 3+1 | 长期 | 2012 | 曹原 | 男 | 20091379 | 美国加州大学圣地亚哥分校访学项目 | 2012.9—2013.7 |
| 8 | 双学位 | 长期 | 2012 | 杨鹤飞 | 男 | 1120101496 | 美国史蒂文斯理工学院双学位项目 | 2012.8—2014.6 |
| 9 | 境外毕设 | 长期 | 2012 | 贾程瀚 | 男 | 20080403 | 中国台湾中原大学毕业设计 | 2012.2—2012.5 |
| 10 | 境外毕设 | 长期 | 2012 | 戚含笑 | 女 | 20080596 | 中国台湾中原大学毕业设计 | 2012.2—2012.5 |
| 11 | 境外毕设 | 长期 | 2012 | 孔蓓蓓 | 女 | 20081089 | 中国台湾中原大学毕业设计 | 2012.2—2012.5 |

续表

| 序号 | 项目类型 | 长期/短期 | 到海(境)外年份 | 姓名 | 性别 | 学号 | 项目内容 | 项目时间 |
|---|---|---|---|---|---|---|---|---|
| 12 | 境外毕设 | 长期 | 2012 | 王建岗 | 男 | 20081432 | 中国台湾中原大学毕业设计 | 2012.2—2012.5 |
| 13 | 境外毕设 | 长期 | 2012 | 梁爽 | 女 | 20082158 | 中国台湾中原大学毕业设计 | 2012.2—2012.5 |
| 14 | 暑期交流活动 | 短期 | 2012 | 王玉堂 | 男 | 20091399 | 中国台湾中原大学暑期项目 | 2012.7.22—2012.8.18 |
| 15 | 交流活动 | 短期 | 2012 | 刘苇洋 | 男 | 1120101485 | 中国人民对外友好协会赴日本交流考察项目 | 2012.11.25—2012.12.6 |
| 16 | 交流活动 | 短期 | 2012 | 孔垂烨 | 女 | 1120111070 | 中国人民对外友好协会赴日本交流考察项目 | 2012.11.25—2012.12.6 |
| 17 | 境外毕设 | 长期 | 2013 | 陈阳 | 男 | 20091382 | 中国台湾中原大学毕业设计 | 2013.2—2013.6 |
| 18 | 境外毕设 | 长期 | 2013 | 高东红 | 女 | 20091383 | 中国台湾中原大学毕业设计 | 2013.2—2013.6 |
| 19 | 海外毕设 | 长期 | 2013 | 顾崴 | 男 | 20091385 | 美国加州大学尔湾分校毕业设计 | 2013.2—2013.6 |
| 20 | 境外毕设 | 长期 | 2013 | 韩旭鹏 | 男 | 20091386 | 中国台湾中原大学毕业设计 | 2013.2—2013.6 |
| 21 | 境外毕设 | 长期 | 2013 | 苗志东 | 男 | 20091395 | 中国台湾中原大学毕业设计 | 2013.2—2013.6 |
| 22 | 境外毕设 | 长期 | 2013 | 唐一凡 | 女 | 20091397 | 中国台湾中原大学毕业设计 | 2013.2—2013.6 |

续表

| 序号 | 项目类型 | 长期/短期 | 到海(境)外年份 | 姓名 | 性别 | 学号 | 项目内容 | 项目时间 |
|---|---|---|---|---|---|---|---|---|
| 23 | 境外毕设 | 长期 | 2013 | 王舒敏 | 女 | 20091398 | 中国台湾中原大学毕业设计 | 2013.2—2013.6 |
| 24 | 境外毕设 | 长期 | 2013 | 王玉堂 | 男 | 20091399 | 中国台湾中原大学毕业设计 | 2013.2—2013.6 |
| 25 | 境外毕设 | 长期 | 2013 | 杨斐然 | 男 | 20091400 | 台北科技大学毕业设计 | 2013.2—2013.6 |
| 26 | 海外毕设 | 长期 | 2013 | 杨宋源 | 男 | 20091401 | 法国图尔大学工程师学院毕业设计 | 2013.2—2013.5 |
| 27 | 交换生，一学期 | 长期 | 2013 | 罗嘉文 | 男 | 1120101488 | 中国香港理工大学交换生 | 2013.3—2013.6 |
| 28 | 交换生，一学期 | 长期 | 2013 | 孙佳欣 | 女 | 1120101491 | 中国香港理工大学交换生 | 2013.3—2013.6 |
| 29 | 暑假交流活动 | 短期 | 2013 | 于心瑞 | 男 | 1120110336 | 美国伊利诺伊理工大学 IPRO 项目 | 2013.6—2013.8 |
| 30 | 暑假交流活动 | 短期 | 2013 | 陈轩 | 男 | 1120110720 | 美国伊利诺伊理工大学 IPRO 项目 | 2013.6—2013.8 |
| 31 | 交换生，一学期 | 长期 | 2013 | 陈轩 | 男 | 1120110720 | 台北科技大学交换生 | 2013.9—2014.1 |
| 32 | 交换生，一学期 | 长期 | 2013 | 潘登 | 女 | 1120111077 | 台北科技大学交换生 | 2013.9—2014.1 |
| 33 | 双学位 | 长期 | 2013 | 吕孟卓 | 女 | 1120111211 | 澳大利亚国立大学双学位 | 2013.7—2015.7 |
| 34 | 双学位 | 长期 | 2013 | 何凡 | 男 | 1120111352 | 澳大利亚国立大学双学位 | 2013.7—2015.7 |

续表

| 序号 | 项目类型 | 长期/短期 | 到海(境)外年份 | 姓名 | 性别 | 学号 | 项目内容 | 项目时间 |
|---|---|---|---|---|---|---|---|---|
| 35 | 暑假交流活动 | 短期 | 2013 | 宋东澎 | 男 | 1120111362 | 美国伊利诺伊理工大学IPRO项目 | 2013.6—2013.8 |
| 36 | 暑期交流活动 | 短期 | 2013 | 杨思佳 | 女 | 1120111847 | 中国台湾中原大学2013暑期产业体验营 | 2013.7—2013.7 |
| 37 | 双学位 | 长期 | 2013 | 陈子奇 | 男 | 1120112002 | 澳大利亚国立大学双学位 | 2013.7—2015.7 |
| 38 | 双学位 | 长期 | 2013 | 卢岩 | 男 | 1120112110 | 澳大利亚国立大学双学位 | 2013.7—2015.7 |
| 39 | 暑假交流活动 | 短期 | 2013 | 吴前兵 | 男 | 1120112432 | 美国伊利诺伊理工大学IPRO项目 | 2013.6—2013.8 |
| 40 | 暑假交流活动 | 短期 | 2013 | 吴晨 | 男 | 1120112577 | 美国伊利诺伊理工大学IPRO项目 | 2013.6—2013.8 |
| 41 | 暑期交流活动 | 短期 | 2013 | 马炀 | 男 | 1120112843 | 中国台湾中原大学2013暑期产业体验营 | 2013.7—2013.7 |
| 42 | 寒假交流活动 | 短期 | 2013 | 夏子芊 | 女 | 1120122021 | 美国密西西比州立大学英语培训 | 2013.2—2013.2 |
| 43 | 暑期交流活动 | 短期 | 2013 | 王科荐 | 男 | 1120122984 | 中国台湾中原大学暑期实训营 | 2013.7—2013.8 |
| 44 | 境外毕设 | 长期 | 2014 | 罗嘉文 | 男 | 1120101488 | 中国台湾中原大学毕业设计 | 2014.2—2014.6 |
| 45 | 海外毕设 | 长期 | 2014 | 孙佳欣 | 女 | 1120101491 | 法国巴黎电力与机械专业学校毕业设计 | 2014.3—2014.5 |
| 46 | 海外毕设 | 长期 | 2014 | 杨海东 | 男 | 1120101495 | 法国巴黎电力与机械专业学校毕业设计 | 2014.3—2014.5 |

续表

| 序号 | 项目类型 | 长期/短期 | 到海(境)外年份 | 姓名 | 性别 | 学号 | 项目内容 | 项目时间 |
|---|---|---|---|---|---|---|---|---|
| 47 | 海外毕设 | 长期 | 2014 | 杨建勋 | 男 | 1120101497 | 法国巴黎电力与机械专业学校毕业设计 | 2014.3—2014.5 |
| 48 | 3+1,交换生 | 长期 | 2014 | 孔垂烨 | 女 | 1120111070 | 荷兰埃因霍芬理工大学交换生 | 2014.8—2015.6 |
| 49 | 双学位 | 长期 | 2014 | 王天明 | 男 | 1120120271 | 澳大利亚国立大学双学位 | 2014.7—2016.7 |
| 50 | 双学位 | 长期 | 2014 | 王雨薇 | 女 | 1120121411 | 澳大利亚国立大学双学位 | 2014.9—2016.9 |
| 51 | 双学位 | 长期 | 2014 | 夏子芊 | 女 | 1120122021 | 美国史蒂文斯理工学院双学位 | 2014.8—2016.6 |
| 52 | 暑期交流活动 | 短期 | 2014 | 胡雨垚 | 女 | 1120122091 | 美国加州大学伯克利分校暑期学校 | 2014.7—2014.8 |
| 53 | 交流活动 | 短期 | 2014 | 乔婉 | 女 | 1120122214 | 日本第十五届"走进日企 感受日本"中国大学生访日团 | 2014.11—2014.12 |
| 54 | 交流活动 | 短期 | 2014 | 杨继尧 | 男 | 1120122360 | 日本第十五届"走进日企 感受日本"中国大学生访日团 | 2014.11—2014.12 |
| 55 | 暑期交流活动 | 短期 | 2014 | 高暄 | 女 | 1120122583 | 中国台湾中原大学暑期实训营 | 2014.7—2014.8 |
| 56 | 双学位 | 长期 | 2014 | 金小琳 | 女 | 1120122692 | 澳大利亚国立大学双学位 | 2014.7—2016.7 |
| 57 | 暑期交流活动 | 短期 | 2014 | 章吕天阳 | 男 | 1120131388 | 美国哥伦比亚大学暑期学校 | 2014.7—2014.8 |

续表

| 序号 | 项目类型 | 长期/短期 | 到海(境)外年份 | 姓名 | 性别 | 学号 | 项目内容 | 项目时间 |
|---|---|---|---|---|---|---|---|---|
| 58 | 寒假交流活动 | 短期 | 2015 | 李晓斐 | 女 | 1120123338 | 美国寒假社会调研 | 2015.2—2015.3 |
| 59 | 暑期交流活动 | 短期 | 2015 | 汤镓嶷 | 女 | 1120133644 | 美国哥伦比亚暑期学校 | 2015.7—2015.8 |
| 60 | 暑期交流活动 | 短期 | 2015 | 林敬松 | 男 | 1120142407 | 美国加州大学伯克利分校暑期学校 | 2015.7—2015.8 |
| 61 | 暑期交流活动 | 短期 | 2015 | 舒一凡 | 男 | 1120141983 | 美国加州大学伯克利分校暑期学校 | 2015.7—2015.8 |
| 62 | 海外毕设 | 长期 | 2015 | 马炀 | 男 | 1120112843 | 法国巴黎电力与机械专业学校毕业设计 | 2015.3—2015.6 |
| 63 | 海外毕设 | 长期 | 2015 | 马珂 | 女 | 1120113065 | 法国巴黎电力与机械专业学校毕业设计 | 2015.3—2015.6 |
| 64 | 海外毕设 | 长期 | 2015 | 杨思佳 | 女 | 1120111847 | 法国巴黎电力与机械专业学校毕业设计 | 2015.3—2015.6 |
| 65 | 境外毕设 | 长期 | 2015 | 吴晨 | 男 | 1120112577 | 中国台湾中原大学毕业设计 | 2015.2—2015.6 |
| 66 | 境外毕设 | 长期 | 2015 | 周嘉炜 | 男 | 1120111406 | 中国台湾中原大学毕业设计 | 2015.2—2015.6 |
| 67 | 境外毕设 | 长期 | 2015 | 唐立行 | 女 | 1120113021 | 中国台湾中原大学毕业设计 | 2015.2—2015.6 |
| 68 | 境外毕设 | 长期 | 2015 | 方亮 | 男 | 1120112271 | 中国台湾中原大学毕业设计 | 2015.2—2015.6 |
| 69 | 海外毕设 | 长期 | 2015 | 宋东澎 | 男 | 1120111362 | 法国亚眠高等电子与电工技术工程师学校毕业设计 | 2015.2—2015.6 |

信系寰宇
——北京理工大学信息与电子学院学科（专业）发展史（上）

续表

| 序号 | 项目类型 | 长期/短期 | 到海（境）外年份 | 姓名 | 性别 | 学号 | 项目内容 | 项目时间 |
|---|---|---|---|---|---|---|---|---|
| 70 | 海外毕设 | 长期 | 2015 | 鲁畅 | 女 | 1120112134 | 法国亚眠高等电子与电工技术工程师学校毕业设计 | 2015.2—2015.6 |
| 71 | 3+1 | 长期 | 2015 | 李思佳 | 女 | 1120122668 | 美国伊利诺伊理工大学访学 | 2015.8—2016.5 |
| 72 | 3+1 | 长期 | 2015 | 苏俊臣 | 男 | 1120122067 | 美国伊利诺伊理工大学访学 | 2015.8—2016.5 |
| 73 | 3+1 | 长期 | 2015 | 缪远诚 | 男 | 1120121836 | 美国伊利诺伊理工大学访学 | 2015.8—2016.5 |
| 74 | 暑假交流活动 | 短期 | 2015 | 尹程翔 | 男 | 1120122603 | 中日韩A3项目前瞻会议 | 2015.6—2015.6 |
| 75 | 暑期交流活动 | 短期 | 2015 | 宋兆雄 | 男 | 1120132540 | 美国佐治亚理工学院暑期学校 | 2015.7—2015.8 |
| 76 | 暑期交流活动 | 短期 | 2015 | 冯祺 | 男 | 1120130975 | 美国佐治亚理工学院暑期学校 | 2015.7—2015.8 |
| 77 | 双学位 | 长期 | 2015 | 章吕天阳 | 男 | 1120131388 | 澳大利亚国立大学双学位 | 2015.7—2017.7 |
| 78 | 双学位 | 长期 | 2015 | 张骁翔 | 男 | 1120131234 | 澳大利亚国立大学双学位 | 2015.7—2017.7 |
| 79 | 双学位 | 长期 | 2015 | 高悦文 | 女 | 1120131394 | 美国史蒂文斯理工学院双学位 | 2015.8—2017.6 |
| 80 | 双学位 | 长期 | 2015 | 胡明煜 | 女 | 1120131181 | 美国史蒂文斯理工学院双学位 | 2015.8—2017.6 |
| 81 | 暑期交流活动 | 短期 | 2015 | 武烨存 | 男 | 1120122988 | 美国加州大学洛杉矶分校暑期研究 | 2015.7—2015.9 |

续表

| 序号 | 项目类型 | 长期/短期 | 到海(境)外年份 | 姓名 | 性别 | 学号 | 项目内容 | 项目时间 |
|---|---|---|---|---|---|---|---|---|
| 82 | 暑期交流活动 | 短期 | 2015 | 侯钟毓 | 女 | 1120130400 | 英国中央兰开夏大学暑期交流 | 2015.7—2015.8 |
| 83 | 国际会议 | 短期 | 2015 | 尹程翔 | 男 | 1120122603 | 澳大利亚第十一届智能信息隐藏与多媒体信号处理国际会议（IIH-MSP-2015） | 2015.9—2015.9 |
| 84 | 交流活动 | 短期 | 2015 | 高健 | 男 | 1120132135 | 日本"走进日企感受日本"中国大学生访日活动 | 2015.11—2015.12 |
| 85 | 交流活动 | 短期 | 2015 | 蔡子儒 | 男 | 1120131230 | 日本"走进日企感受日本"中国大学生访日活动 | 2015.11—2015.12 |
| 86 | 暑假交流活动 | 短期 | 2015 | 吕浩瑞 | 男 | 1120140364 | 英国瑞丁大学交流活动 | 2015.7—2015.7 |
| 87 | 境外毕设 | 长期 | 2016 | 胡雨垚 | 女 | 1120122091 | 中国台湾"中山大学"毕业设计 | 2016.2—2016.6 |
| 88 | 境外毕设 | 长期 | 2016 | 刘珉玥 | 女 | 1120112760 | 中国台湾"中山大学"毕业设计 | 2016.2—2016.6 |
| 89 | 境外毕设 | 长期 | 2016 | 银晨曦 | 男 | 1120122709 | 中国台湾"中山大学"毕业设计 | 2016.2—2016.6 |
| 90 | 海外毕设 | 长期 | 2016 | 肖竣 | 男 | 1120121904 | 法国亚眠高等电子与电工技术工程师学院毕业设计 | 2016.3—2016.5 |
| 91 | 海外毕设 | 长期 | 2016 | 王诗杨 | 男 | 1120120370 | 法国亚眠高等电子与电工技术工程师学院毕业设计 | 2016.3—2016.5 |

续表

| 序号 | 项目类型 | 长期/短期 | 到海(境)外年份 | 姓名 | 性别 | 学号 | 项目内容 | 项目时间 |
|---|---|---|---|---|---|---|---|---|
| 92 | 海外毕设 | 长期 | 2016 | 杨颜菱 | 女 | 1120122331 | 法国亚眠高等电子与电工技术工程师学院毕业设计 | 2016.3—2016.5 |
| 93 | 海外毕设 | 长期 | 2016 | 尹程翔 | 男 | 1120122603 | 法国亚眠高等电子与电工技术工程师学院毕业设计 | 2016.3—2016.5 |
| 94 | 暑期交流活动 | 短期 | 2016 | 高健 | 男 | 1120132135 | 德国"德学骨干"计划暑期社会实践 | 2016.7—2016.7 |
| 95 | 暑假交流活动 | 短期 | 2016 | 孙培阳 | 女 | 1120141185 | 中国台湾中原大学产业及学术国际领袖体验营（Ⅱ/ALE） | 2016.7—2016.7 |
| 96 | 暑假交流活动 | 短期 | 2016 | 王韫 | 女 | 1120142776 | 中国台湾中原大学产业及学术国际领袖体验营（Ⅱ/ALE） | 2016.7—2016.7 |
| 97 | 暑假交流活动 | 短期 | 2016 | 吴玥莹 | 女 | 1120141252 | 中国台湾中原大学产业及学术国际领袖体验营（Ⅱ/ALE） | 2016.7—2016.7 |
| 98 | 暑假交流活动 | 短期 | 2016 | 魏梓航 | 男 | 1120142496 | 中国台湾中原大学国际创新创业营（Ⅱ/ELE） | 2016.7—2016.7 |
| 99 | 暑假交流活动 | 短期 | 2016 | 郭鹏 | 女 | 1120141325 | 英国中央兰开夏大学暑期项目 | 2016.7—2016.8 |
| 100 | 暑假交流活动 | 短期 | 2016 | 张周睿 | 男 | 1120142847 | 美国哥伦比亚大学暑期语言项目 | 2016.7—2016.8 |
| 101 | 暑假交流活动 | 短期 | 2016 | 李嘉骏 | 男 | 1120152683 | 中国台湾中原大学暑期实训营 | 2016.7—2016.8 |

续表

| 序号 | 项目类型 | 长期/短期 | 到海(境)外年份 | 姓名 | 性别 | 学号 | 项目内容 | 项目时间 |
|---|---|---|---|---|---|---|---|---|
| 102 | 暑假交流活动 | 短期 | 2016 | 唐锦昊 | 男 | 1120131377 | 美国加州大学洛杉矶分校暑期研究 | 2016.7—2016.8 |
| 103 | 暑假交流活动 | 短期 | 2016 | 陈凯铃 | 女 | 1120142716 | 美国加州大学伯克利分校暑期学校项目 | 2016.7—2016.8 |
| 104 | 交流活动 | 长期 | 2016 | 王梓帆 | 男 | 1120142171 | 国家留学基金委加拿大阿尔伯塔大学暑假学习 | 2016.7.6—2016.9.25 |
| 105 | 双学位 | 长期 | 2016 | 林敬松 | 男 | 1120142407 | 澳大利亚国立大学双学位 | 2016.7—2018.6 |
| 106 | 3+1,交换生 | 长期 | 2016 | 周任然 | 女 | 1120131317 | 爱尔兰国立都柏林大学交换生项目（国家留学基金委资助） | 2016.8.15—2017.6.30 |
| 107 | 双学位 | 长期 | 2016 | 刘畅 | 男 | 1120142513 | 美国伊利诺伊理工大学双学位 | 2016.8—2018.5 |
| 108 | 3+1 | 长期 | 2016 | 和柳惠泉 | 女 | 1120131309 | 新加坡国立大学"3+1+1"联合培养项目 | 2016.9.5—2017.5.26 |
| 109 | 3+1 | 长期 | 2016 | 侯钟毓 | 女 | 1120130400 | 日本早稻田大学访学及海外读研 | 2016.9—2018.6 |
| 110 | 交流活动 | 短期 | 2016 | 吴玥莹 | 女 | 1120141252 | 日本"走进日企感受日本"中国大学生访日代表团项目 | 2016.11.29—2016.12.6 |

续表

| 序号 | 项目类型 | 长期/短期 | 到海(境)外年份 | 姓名 | 性别 | 学号 | 项目内容 | 项目时间 |
|---|---|---|---|---|---|---|---|---|
| 111 | 交流活动 | 短期 | 2016 | 王韫 | 女 | 1120142776 | 日本"走近日企 感受日本"中国大学生访日活动 | 2016.11.29—2016.12.6 |
| 112 | 海外毕设 | 长期 | 2017 | 蔡子孺 | 男 | 1120131230 | 法国亚眠高等电子与电工技术工程师学院毕业设计 | 2017.3—2017.5 |
| 113 | 海外毕设 | 长期 | 2017 | 杨昊 | 男 | 1120131347 | 法国亚眠高等电子与电工技术工程师学院毕业设计 | 2017.3—2017.5 |
| 114 | 境外毕设 | 长期 | 2017 | 高健 | 男 | 1120132135 | 中国台湾"中山大学"毕业设计 | 2017.2—2017.5 |
| 115 | 境外毕设 | 长期 | 2017 | 吴希琦 | 男 | 1120132419 | 中国台湾"中山大学"毕业设计 | 2017.2—2017.5 |
| 116 | 海外毕设 | 长期 | 2017 | 王森海 | 男 | 1120132642 | 法国巴黎电力与机械专业学院毕业设计 | 2017.3—2017.5 |
| 117 | 3+1 | 长期 | 2017 | 刘宏杰 | 男 | 1120140161 | 日本早稻田大学访学 | 2017.9—2018.7 |
| 118 | 暑假交流活动 | 短期 | 2017 | 李鳌 | 男 | 1120141023 | 美国北卡罗来纳州立大学暑期研究实践 | 2017.7—2017.8 |
| 119 | 3+1 | 长期 | 2017 | 李鳌 | 男 | 1120141023 | 美国加州大学伯克利分校访学 | 2017.8—2018.5 |
| 120 | 暑假交流活动 | 短期 | 2017 | 郭鹏 | 女 | 1120141325 | 中国香港"德学骨干"培养计划暑期交流 | 2017.7—2017.7 |
| 121 | 3+1 | 长期 | 2017 | 李一鸣 | 男 | 1120141360 | 美国加州大学伯克利分校访学 | 2017.8—2018.5 |

续表

| 序号 | 项目类型 | 长期/短期 | 到海(境)外年份 | 姓名 | 性别 | 学号 | 项目内容 | 项目时间 |
|---|---|---|---|---|---|---|---|---|
| 122 | 暑假交流活动 | 短期 | 2017 | 李嘉智 | 男 | 1120141516 | 美国加州大学尔湾分校暑期研究 | 2017.7—2017.9 |
| 123 | 3+1 | 长期 | 2017 | 舒一凡 | 男 | 1120141983 | 美国加州大学伯克利分校访学 | 2017.8—2018.5 |
| 124 | 交换生，一学期 | 长期 | 2017 | 王梓帆 | 男 | 1120142171 | 中国香港科技大学交换生 | 2017.9—2018.1 |
| 125 | 3+1 | 长期 | 2017 | 张浩鹏 | 男 | 1120142736 | 美国加州大学伯克利分校访学 | 2017.8—2018.5 |
| 126 | 暑假交流活动 | 短期 | 2017 | 董鹤翔 | 男 | 1120150064 | 加拿大英属哥伦比亚暑期学校 | 2017.7—2017.8 |
| 127 | 暑假交流活动 | 短期 | 2017 | 廖轩毅 | 男 | 1120150228 | 德国亚琛工业大学暑期学校 | 2017.7—2017.7 |
| 128 | 暑假交流活动 | 短期 | 2017 | 乔志正 | 男 | 1120150259 | 美国加州大学伯克利分校暑期学校 | 2017.7—2017.8 |
| 129 | 交流活动 | 短期 | 2017 | 王楚婷 | 女 | 1120150403 | 日本第21届"走近日企，感受日本"中国大学生访日活动 | 2017.11—2017.12 |
| 130 | 双学位 | 长期 | 2017 | 任天泽 | 男 | 1120151116 | 澳大利亚国立大学双学位 | 2017.7—2019.7 |
| 131 | 暑假交流活动 | 短期 | 2017 | 骆宜萱 | 男 | 1120151190 | 美国加州大学伯克利分校暑期学校 | 2017.7—2017.8 |
| 132 | 暑假交流活动 | 短期 | 2017 | 齐欢 | 男 | 1120151324 | 加拿大英属哥伦比亚暑期学校 | 2017.7—2017.8 |
| 133 | 暑假交流活动 | 短期 | 2017 | 安笑予 | 女 | 1120151363 | 美国北卡罗来纳州立大学暑期研究实践 | 2017.7—2017.8 |

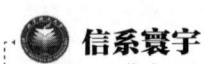

续表

| 序号 | 项目类型 | 长期/短期 | 到海（境）外年份 | 姓名 | 性别 | 学号 | 项目内容 | 项目时间 |
|---|---|---|---|---|---|---|---|---|
| 134 | 暑假交流活动 | 短期 | 2017 | 洪可欣 | 女 | 1120151395 | 美国加州大学伯克利分校暑期学校 | 2017.7—2017.8 |
| 135 | 双学位 | 长期 | 2017 | 李孟雷 | 男 | 1120151399 | 澳大利亚国立大学双学位 | 2017.7—2019.7 |
| 136 | 暑假交流活动 | 短期 | 2017 | 高迪 | 女 | 1120152313 | 加拿大英属哥伦比亚暑期学校 | 2017.7—2017.8 |
| 137 | 暑假交流活动 | 短期 | 2017 | 李嘉骏 | 男 | 1120152683 | 美国加州大学伯克利分校暑期学校 | 2017.7—2017.8 |
| 138 | 交流活动 | 短期 | 2017 | 詹天予 | 女 | 1120152717 | 日本第21届"走近日企，感受日本"中国大学生访日活动 | 2017.11—2017.12 |
| 139 | 暑假交流活动 | 短期 | 2017 | 王翘 | 女 | 1120153491 | 美国加州大学伯克利分校暑期学校 | 2017.7—2017.8 |
| 140 | 暑假交流活动 | 短期 | 2017 | 郭佳 | 男 | 1120160928 | 美国加州大学伯克利分校暑期学校 | 2017.7—2017.8 |
| 141 | 暑假交流活动 | 短期 | 2017 | 李晓彤 | 女 | 1120162365 | 澳大利亚悉尼科技大学"海外计划"实践实习 | 2017.7—2017.7 |
| 142 | 暑假交流活动 | 短期 | 2017 | 郭津男 | 男 | 1120162383 | 美国加州大学伯克利分校暑期学校 | 2017.7—2017.8 |
| 143 | 暑假交流活动 | 短期 | 2017 | 蓝天翔 | 男 | 1120162389 | 澳大利亚悉尼科技大学"海外计划"实践实习 | 2017.7—2017.7 |
| 144 | 暑假交流活动 | 短期 | 2017 | 徐阳 | 男 | 1120163599 | 美国加州大学伯克利分校暑期学校 | 2017.7—2017.8 |

续表

| 序号 | 项目类型 | 长期/短期 | 到海(境)外年份 | 姓名 | 性别 | 学号 | 项目内容 | 项目时间 |
|---|---|---|---|---|---|---|---|---|
| 145 | 寒假交流活动 | 短期 | 2017 | 王赵宇轩 | 男 | 1120163668 | 美国加州大学圣地亚哥分校短期英语培训 | 2017.1—2017.2 |
| 146 | 暑假交流活动 | 短期 | 2017 | 陈思 | 女 | 1120151205 | 美国加州大学尔湾分校暑期研究 | 2017.7—2017.9 |
| 147 | 海外毕设 | 长期 | 2018 | 颜安 | 男 | 1120140892 | 英国中央兰开夏大学毕业设计 | 2018.2—2018.5 |
| 148 | 海外毕设 | 长期 | 2018 | 南一航 | 男 | 1120141055 | 法国巴黎电力与机械专业学校毕业设计 | 2018.2—2018.5 |
| 149 | 海外毕设 | 长期 | 2018 | 郭鹏 | 女 | 1120141325 | 法国亚眠高等电子与电工技术学校毕业设计 | 2018.3—2018.5 |
| 150 | 海外毕设 | 长期 | 2018 | 杨昊昆 | 男 | 1120142367 | 法国巴黎电力与机械专业学校毕业设计 | 2018.2—2018.5 |
| 151 | 海外毕设 | 长期 | 2018 | 魏梓航 | 男 | 1120142496 | 法国巴黎电力与机械专业学校毕业设计 | 2018.2—2018.5 |
| 152 | 海外毕设 | 长期 | 2018 | 王韬 | 女 | 1120142776 | 法国巴黎电力与机械专业学校毕业设计 | 2018.2—2018.5 |
| 153 | 暑假交流活动 | 短期 | 2018 | 董鹤翔 | 男 | 1120150064 | 美国北卡罗来纳州立大学暑期研究项目 | 2018.7—2018.8 |
| 154 | 长期 | 长期 | 2018 | 乔志正 | 男 | 1120150259 | 美国加州大学伯克利分校访学 | 2018.8—2019.5 |
| 155 | 暑假交流活动 | 短期 | 2018 | 孙茂桐 | 男 | 1120150291 | 美国暑期青师生赴美社会调研 | 2018.7—2018.8 |
| 156 | 暑假交流活动 | 短期 | 2018 | 姚骄杨 | 男 | 1120150507 | 美国北卡罗来纳州立大学暑期研究项目 | 2018.7—2018.8 |

续表

| 序号 | 项目类型 | 长期/短期 | 到海(境)外年份 | 姓名 | 性别 | 学号 | 项目内容 | 项目时间 |
|---|---|---|---|---|---|---|---|---|
| 157 | 长期 | 长期 | 2018 | 姚骄杨 | 男 | 1120150507 | 新加坡国立大学"3+1+1"项目 | 2018.9—2019.5 |
| 158 | 长期 | 长期 | 2018 | 董涧 | 男 | 1120150999 | 加拿大 SFU-Siemens 暑期认证项目 | 2018.7—2018.8 |
| 159 | 暑假交流活动 | 短期 | 2018 | 毛佳钰 | 女 | 1120151135 | 美国北卡罗来纳州立大学暑期研究项目 | 2018.7—2018.8 |
| 160 | 访学，一学期 | 一学期 | 2018 | 毛佳钰 | 女 | 1120151135 | 美国加州大学圣地亚哥分校访学 | 2018.9—2019.3 |
| 161 | 暑假交流活动 | 短期 | 2018 | 齐欢 | 男 | 1120151324 | 中国台湾大学暑期交流 | 2018.7—2018.8 |
| 162 | 长期 | 长期 | 2018 | 安笑予 | 女 | 1120151363 | 美国加州大学伯克利分校访学 | 2018.8—2019.5 |
| 163 | 长期 | 长期 | 2018 | 洪可欣 | 女 | 1120151395 | 美国加州大学伯克利分校访学 | 2018.8—2019.5 |
| 164 | 暑期实习 | 短期 | 2018 | 王天雄 | 男 | 1120152097 | 加拿大阿尔伯塔大学实践实习 | 2018.7—2018.9 |
| 165 | 暑假交流活动 | 短期 | 2018 | 高迪 | 女 | 1120152313 | 美国北卡罗来纳州立大学暑期研究项目 | 2018.7—2018.8 |
| 166 | 长期 | 长期 | 2018 | 陈越 | 男 | 1120152427 | 新加坡国立大学"3+1+1"项目 | 2018.9—2019.5 |
| 167 | 长期 | 长期 | 2018 | 潘辰彬 | 女 | 1120152566 | 澳大利亚悉尼科技大学交换生 | 2018.9—2019.5 |
| 168 | 长期 | 长期 | 2018 | 李嘉骏 | 男 | 1120152683 | 美国普渡大学西北校区访学 | 2018.9—2019.5 |

续表

| 序号 | 项目类型 | 长期/短期 | 到海(境)外年份 | 姓名 | 性别 | 学号 | 项目内容 | 项目时间 |
|---|---|---|---|---|---|---|---|---|
| 169 | 暑期实习 | 短期 | 2018 | 詹天予 | 女 | 1120152717 | 加拿大 Mitacs 本科实习项目 | 2018.7—2018.9 |
| 170 | 暑假交流活动 | 短期 | 2018 | 张琦 | 女 | 1120153493 | 美国弗吉尼亚大学暑期研究 | 2018.7—2018.9 |
| 171 | 暑假交流活动 | 短期 | 2018 | 朱宇哲 | 男 | 1120160973 | 美国加州大学伯克利分校暑期学校 | 2018.7—2018.8 |
| 172 | 暑假交流活动 | 短期 | 2018 | 张曦 | 女 | 1120161519 | 英国中央兰开夏大学暑期项目 | 2018.7—2018.8 |
| 173 | 双学位 | 2+2 | 2018 | 薛天炜 | 男 | 1120161731 | 比利时鲁汶大学双学位 | 2018.8—2020.5 |
| 174 | 暑假交流活动 | 短期 | 2018 | 杨兆睿 | 男 | 1120162033 | 英国中央兰开夏大学暑期项目 | 2018.7—2018.8 |
| 175 | 暑假交流活动 | 短期 | 2018 | 陈胜博 | 男 | 1120162335 | 美国加州大学伯克利分校暑期学校 | 2018.7—2018.8 |
| 176 | 双学位 | 2+2 | 2018 | 雷皓翔 | 男 | 1120162407 | 美国伊利诺伊理工大学双学位 | 2018.8—2020.6 |
| 177 | 参赛 | 短期 | 2018 | 刘泉 | 男 | 1120171882 | 美国 iGEM 国际遗传工程机器设计竞赛 | 2018.10—2018.10 |
| 178 | 暑假交流活动 | 短期 | 2018 | 秦钰涵 | 男 | 1120171931 | 美国加州大学伯克利分校暑期学校 | 2018.7—2018.8 |

备注：长期项目为三个月及以上，短期项目为三个月以下。

## 7.3 通信工程专业

通信工程专业源于1958年建立的无线电遥控遥测专业，是我国地方院校中首批设立的无线电遥控遥测专业，后来经历过多次停办、复办、专业名称更改等过程。改革开放之后，为适应新形势的需要，学校于1992年将无线电遥控遥测专业更名为通信工程专业。1997年随着北京理工大学教学改革对原电子工程系的四个相关专业进行调整，通信工程专业合并到信息工程专业，按大类统一招生。2008年恢复原通信工程专业名称单独招生。2013年合并入电子信息类统一招生，2018年开始合并到电子信息工程（实验班）统一招生。

本专业1998年列入北京理工大学名牌专业重点建设行列，2002年获批国防科工委重点建设专业（国防特色专业），本专业于2012年通过了国际实质等效的全国工程教育专业认证（全国序三），2019年通过了第二轮专业认证。

### 7.3.1 专业历史沿革

在全国上马"两弹一星"的大背景下，随着学校科研的进行，1959年1月，学校向当时的一机部提出要求增设与火箭导弹相关的专业，在无线电方面增设无线电遥控遥测专业，建议无线电遥控遥测为绝密专业，下设两个专门化：无线电遥控专门化和无线电遥测专门化。无线电遥控遥测专业是国内在少数几所院校首批建设的新专业之一，之后相应成立了无线电遥控教研组（第一教研组）和无线电遥测教研组（第三教研组），少数人员由当时的七系（导弹系）调回，大部分人员由五系其他教研室调入。

无线电遥控遥测专业1959年招收84名学生（52591班和52592班），另外还将1957级和1958级雷达专业的部分学生调入无线电遥控遥测专业，组建了52571班、52581班和52582班。

1959年，学校确定了系、专业和教研室名称代号，无线电系代号为五系，遥控遥测专业代号为52专业。无线电遥控教研组代号为521，无线电遥测教研组代号为522。

根据1961年调整举措，无线电遥测专门化在1959级、1960级后停止招生，已招入的学生按51专业培养。

1970年，学校军宣队和革委会决定调整专业，无线电遥控遥测专业停办。

1976年2月26日，第八机械工业总局开会，形成会议纪要，决定设置以战术导弹为主，兼顾常规的4个专业，其中包括无线电遥控遥测专业（军民结合、以军为主），专业代号为55。

1977级55专业没有招生。

1978级无线电遥控遥测专业恢复招生，直至1980年。

1981年开始与雷达技术专业合并组成电子工程专业，专业代号为51。

1988年开始与电子工程系其他所有专业一起按照无线电技术专业大类招生，这是电子工程系第一次全系本科专业合并及大类培养的尝试。一、二年级不分专业，以系为基础按学科大类组织教学，从三年级开始根据社会需要确定专业方向（51、52、53和54）和培养方案，所有学生均按照无线电技术专业毕业，其中52专业方向是原来的无线电遥控遥测专业。

1990年恢复按照电子工程专业招生，专业代号为51。

1992年开始恢复设立无线电遥控遥测专业，并改名为通信工程专业，专业代号为52。

从1997年开始，电子工程系所有本科专业实现第二次合并，按教育部引导性本科专业目录中信息工程专业进行招生和人才培养，彻底实现了宽口径大类专业教育。在大三、大四也设置了不同的专业方向（电子工程、通信工程、电磁场与微波技术、微电子技术、应用电子技术、计算机通信专业）。

2008年9月恢复单独设置通信工程专业，专业代号为52。同年，学校8个本科专业被确定为国防科工委重点专业，其中也包括通信工程专业。

2012年，通信工程专业通过中国工程教育专业认证，有效期从2013年1月1日至2018年12月31日。

2013年9月，信息与电子学院开始按照大类招生和培养，招收电子信息类和电子信息类（实验班）两大类学生。电子信息类学生在经过大学一、二两个学期的公共基础阶段教育后，分流向4个本科专业，共8个专业方向，这4个本科专业就包括通信工程专业。

从2018年开始，信息与电子学院所有本科专业单独按照电子信息工程实验班大类招生，入学后加入学校"睿信书院"大类培养，从大一末开始，学生自愿分流进入学院4个本科专业，包括通信工程专业，分别按照4个本科专业毕业。

### 7.3.2 专业特色及培养方案

**1. 专业特色**

本专业主要覆盖移动通信、卫星通信、通信网络、抗干扰网络等专业领域。学生主要学习电子电路理论与技术、通信系统理论与技术、信号处理理论与技术、信息处理理论与技术、信息理论和通信网方面的基础理论、组成原理和设计方法,接受通信工程实践的基本训练,具备从事现代通信系统和网络设计、开发、调测和工程应用的基本能力。

通信工程专业是我国在电子信息工程、通信工程技术领域承担国家和国防重大课题研究、高新技术研发以及高层次人才培养的重要基础专业之一。经过50多年的发展,先后为国家,特别是为国防事业培养了大批遥控遥测和通信工程方面的专门人才,为通信与信息系统、信号与信息处理等学科输送了大批硕士和博士研究生,为我国国防技术与武器装备发展及应用做出了突出贡献。

通信工程专业的培养目标:面向广阔的电子信息领域尤其是通信工程领域,培养具有高远的理想信念、健全的身心人格、精湛的专业学识、深厚的人文素养、开阔的国际视野、批判的创新思维,具有文化包容、沟通与团队合作能力,能够用系统的观点提出、分析和解决复杂工程问题,能够胜任通信工程领域的科学研究、技术研究、产品开发、教育教学或管理工作,具有终身学习和自我完善能力的领军领导潜质人才。

毕业生可从事电子信息相关领域尤其是通信工程领域的科学研究、技术开发、教育教学和管理等工作。

学生在专业工程领域、社会发展实践方面应该具备的能力和素质包括:

(1) 具有深厚的人文素养、较强的社会责任感和较高的职业道德。具备法律、社会伦理、经济、环境等领域的知识。

(2) 具有较强的创新意识和工程实践能力,能够综合运用专业及人文知识,创新性地、系统地分析和解决电子信息领域复杂工程问题,具有较强的沟通、团队合作和科研管理能力。

(3) 具有较强的科学思辨能力、系统分析/综合/解决科学技术问题的能力。

(4) 具有开阔的国际视野,能通过文献检索、资料查询及现代信息技术,获取并跟踪相关领域前沿理论和工程技术。

(5) 具有较强的终身学习和适应发展的能力。

（6）能够胜任电子信息领域尤其是通信工程领域的项目经理、部门经理的岗位职责。

**2. 2009 版培养方案**

2009 版培养方案重新审视教学内容，注重将知识传授与研究方法和研究能力的培养相结合，在专业教育课设置方面保持宽口径、厚基础的特色优势，较好地处理知识广度与深度的关系，并更加深入地注重教学内容的先进性、前瞻性、研究性和应用性，建设高水平的专业课程，适应社会主义现代化建设的需要。

2009 年该专业优化教学体系，强化实践创新，多层次培育人才。课内与课外相结合，大力倡导启发式、讨论式、案例式教学方法，调动学习的积极性和主动性，培养学生的自学能力和主动获取知识的技能。2009 版通信工程专业指导性教学计划进程如表 7.73 所示，2009 版通信工程专业实践周数教学计划进程如表 7.74 所示，2009 版通信工程专业专业选修课如表 7.75 所示。通信工程专业基础教育、专业教育课程共 2 848 学时，174 学分。

学生最低毕业学分应达到 190.5 学分（包括《形势与政策》2 学分），其中理论课程 131.5 学分，实践教学环节 59 学分。

**3. 2013 版培养方案**

2013 年学院结合工程教育专业认证的理念，以本科人才培养目标为基础，以专业建设为主线，科学设计课程体系，合理规划学时设定和各环节学分比例，有效利用各项教学资源。课程设置紧密围绕人才培养（拔尖创新人才、合格专业人才和复合型人才）目标实现的全面性。

对电子信息类本科生实行宽口径、厚基础的培养模式，打通了公共基础和大类专业基础课程，在前 5 个学期修学基本相同的课程模块（通信工程专业）（表7.76），在第六学期和第七学期根据专业（通信工程专业）和专业方向修学成组的专业课程（表 7.77）。

电子信息类本科生入学后经过一年的学习，在第二学年年初根据学习成绩、综合表现、兴趣特长，依据学校确定的各专业最大可容纳学生数，在大类内确定主修专业或专业方向（包括 4 个专业、8 个方向）。

学生最低毕业学分应达到 191 学分（含《形势与政策》2 学分、创新创业 4 学分），如表 7.78 所示。2013 版通信工程专业培养方案中各类别环节比例如表7.79 所示，其中理论课程 148 学分，实践教学环节 43 学分。

表 7.73 2009 版通信工程专业指导性教学计划进程

| 课程类别 | 课程性质 | 课程代码 | 课程名称 | 学分 | 总学时 | 讲课学时 | 实验学时 | 上机学时 | 各学期平均周学时分配 ||||||||
|---|---|---|---|---|---|---|---|---|---|---|---|---|---|---|---|---|
| | | | | | | | | | 1 | 2 | 3 | 4 | 5 | 6 | 7 | 8 |
| 公共基础 | 必修课 | ENG24005 | 大学英语（Ⅰ、Ⅱ）[College English(I,II)] | 6 | 96 | 64 | 32 | | | | | | | | | |
| | | ENG24006 | | | | | | | | | | | | | | | |
| | | ENG24007 | 大学英语视听说(I,II) [English Watching Listening and Speaking(Ⅰ、Ⅱ)] | 6 | 96 | 64 | 32 | | | | | | | | | |
| | | ENG24008 | | | | | | | | | | | | | | | |
| | | MTH17003 | 工科数学分析（Ⅰ、Ⅱ）[Mathematical Analysis for Engineers（Ⅰ、Ⅱ）] | 12 | 192 | 192 | | | 6 | 6 | | | | | | |
| | | MTH17004 | | | | | | | | | | | | | | | |
| | | MTH17012 | 线性代数 A（Linear Algebra A） | 3.5 | 56 | 56 | | | 3.5 | | | | | | | |
| | | MTH17037 | 概率与数理统计（Probability and Statistics） | 3 | 48 | 48 | | | | | 3 | | | | | |
| | | COM07001 | 大学计算机基础（Computer Fundamentals） | 2 | 32 | 24 | | 8 | 2 | | | | | | | |
| | | COM07003 | C 语言程序设计（C Programming Language） | 3 | 48 | 32 | | 16 | | 3 | | | | | | |
| | | PHY17016 | 大学物理（Ⅰ、Ⅱ）[College Physics(I,II)] | 8 | 128 | 128 | | | | 4 | 4 | | | | | |
| | | PHY17017 | | | | | | | | | | | | | | | |

续表

| 课程类别 | 课程性质 | 课程代码 | 课程名称 | 学分 | 总学时 | 讲课学时 | 实验学时 | 上机学时 | 各学期平均周学时分配 ||||||||
|---|---|---|---|---|---|---|---|---|---|---|---|---|---|---|---|---|
| | | | | | | | | | 1 | 2 | 3 | 4 | 5 | 6 | 7 | 8 |
| 公共基础 | 必修课 | PHY17018<br>PHY17019 | 物理实验B（Ⅰ、Ⅱ）<br>[Physics Lab B(Ⅰ,Ⅱ)] | 3 | 48 | 4 | 44 | | | 1 | 2 | | | | | |
| | | POL22003 | 思想道德修养与法律基础<br>(Morals, Ethics and Law) | 3 | 48 | 32 | 16 | | 3 | | | | | | | |
| | | POL22001 | 中国近现代史纲要<br>(Modern Chinese History) | 2 | 32 | 32 | | | 2 | | | | | | | |
| | | LAW23005 | 知识产权法基础<br>(Law of Intellectual Property Rights) | 1 | 16 | 16 | | | 1 | | | | | | | |
| | | POL22004 | 大学生心理素质发展<br>(Psychology Education) | 1 | 16 | 16 | | | | 1 | | | | | | |
| | | POL22002 | 毛泽东思想与中国特色社会主义理论体系概论<br>(General Introduction to Mao Zedong Thought and Socialist Theory with Chinese Characteristics) | 4 | 64 | 48 | 16 | | | 4 | | | | | | |

续表

| 课程类别 | 课程性质 | 课程代码 | 课程名称 | 学分 | 总学时 | 讲课学时 | 实验学时 | 上机学时 | 各学期平均周学时分配 ||||||||
|---|---|---|---|---|---|---|---|---|---|---|---|---|---|---|---|---|
| | | | | | | | | | 1 | 2 | 3 | 4 | 5 | 6 | 7 | 8 |
| 公共基础 | 必修课 | POL22017 | 马克思主义基本原理 (Basic Theory of Marxism) | 3 | 48 | 48 | | | | | 3 | | | | | |
| | | INFO5151 | 文献检索 (Document Retrieval) | 1 | 16 | 16 | | | | | 1 | | | | | |
| | | GYM32001 GYM32004 | 体育（Ⅰ~Ⅳ）[Physical Education (Ⅰ~Ⅳ)] | 4 | 128 | 128 | | | 2 | 2 | 2 | 2 | | | | |
| | 选修课 | | 专项英语 (English Electives) | 4 | 64 | 64 | | | | | 2 | 2 | | | | |
| | | | 校公共选修课 (General Education) | 6 | 96 | 96 | | | | 2 | 2 | 2 | | | | |
| | | | 实验选修专项课 (Lab Electives) | 6 | 96 | | 96 | | | | | 2 | 2 | 2 | | |

续表

| 课程类别 | 课程性质 | 课程代码 | 课程名称 | 学分 | 总学时 | 讲课学时 | 实验学时 | 上机学时 | 各学期平均周学时分配 | | | | | | | |
|---|---|---|---|---|---|---|---|---|---|---|---|---|---|---|---|---|
| | | | | | | | | | 1 | 2 | 3 | 4 | 5 | 6 | 7 | 8 |
| 大类基础 | 必修课 | MTH17036 | 复变函数与积分变换（Complex Function and Integral Transform） | 2 | 32 | 32 | | | | | | 2 | | | | |
| | | MTH17041 | 数理方程与特殊函数（Equations of Mathematical Physics and Special Function） | 2 | 32 | 32 | | | | | | 2 | | | | |
| | | COM05113 | 数据结构与算法设计（C描述）（Data Structure and Algorithm Design C） | 2 | 32 | 24 | | | | | | 2 | | | | |
| | | INF05038 | 信号与系统 A（Signals and Systems A） | 4 | 64 | 56 | | 8 | | | | 4 | | | | |
| | | INF05018 | 控制理论基础（Fundamentals of Control Theory） | 3 | 48 | 40 | | 8 | | | | | 3 | | | |

续表

| 课程类别 | 课程性质 | 课程代码 | 课程名称 | 学分 | 总学时 | 讲课学时 | 实验学时 | 上机学时 | 各学期平均周学时分配 1 | 2 | 3 | 4 | 5 | 6 | 7 | 8 |
|---|---|---|---|---|---|---|---|---|---|---|---|---|---|---|---|---|
| 专业教育 | 必修课 | MAC03002 | 工程制图基础（Fundamentals of Engineering Drawing） | 2 | 32 | 32 | | | 2 | | | | | | | |
| | | INF05001 | 电子工艺实践（Practice in Electronic Technology） | 1.5 | 24 | | 24 | | 1.5 | | | | | | | |
| | | ELC05009 | 电路分析基础A（Fundamentals of Circuits A） | 3.5 | 56 | 56 | | | | | 3.5 | | | | | |
| | | ELC05011 | 电路分析实验A（Electric Circuit Lab A） | 1 | 16 | | 16 | | | | 1 | | | | | |
| | | INF05008 | 电路仿真（Circuit Simulation） | 1 | 16 | 8 | | 8 | | | 1 | | | | | |
| | | INF05057 | 数字收发通信模块原理与设计（Digital Transceiver Communication Module Theory and Design） | 1 | 16 | 16 | | | | | 1 | | | | | |

续表

| 课程类别 | 课程性质 | 课程代码 | 课程名称 | 学分 | 总学时 | 讲课学时 | 实验学时 | 上机学时 | 各学期平均周学时分配 ||||||||
|---|---|---|---|---|---|---|---|---|---|---|---|---|---|---|---|---|
| | | | | | | | | | 1 | 2 | 3 | 4 | 5 | 6 | 7 | 8 |
| 专业教育 | 必修课 | ELC05021 | 模拟电路基础 (Fundamentals of Analog Circuits) | 3.5 | 56 | 56 | | | | | | 3.5 | | | | |
| | | ELC05022 | 模拟电路实验 (Experiments in Analog Circuits) | 1.5 | 24 | | 16 | 8 | | | | 1.5 | | | | |
| | | ELC05025 | 数字电路 (Digital Electronics) | 3.5 | 56 | 56 | | | | | | | 3.5 | | | |
| | | INF05028 | 数字系统设计与实验 (Design and Lab of Digital System) | 2 | 32 | 8 | 12 | 12 | | | | | 2 | | | |
| | | INF05005 | 电磁场理论 (Theory of Electromagnetic Fields) | 4 | 64 | 60 | 4 | | | | | | 4 | | | |
| | | INF05029 | 数字信号处理 (Digital Signal Processing) | 3 | 48 | 40 | | 8 | | | | | 3 | | | |
| | | INF05031 | 通信电路与系统 (Communication Circuit and System) | 4 | 64 | 64 | | | | | | | 4 | | | |

续表

| 课程类别 | 课程性质 | 课程代码 | 课程名称 | 学分 | 总学时 | 讲课学时 | 实验学时 | 上机学时 | 1 | 2 | 3 | 4 | 5 | 6 | 7 | 8 |
|---|---|---|---|---|---|---|---|---|---|---|---|---|---|---|---|---|
| 专业教育 | 必修课 | INF05032 | 通信电路与系统实验 (Communication Circuit and System Lab) | 1.5 | 24 | | 16 | 8 | | | | | 1.5 | | | |
| | | INF05033 | 微波工程导论 (Introduction to Microwave Engineering) | 3 | 48 | 44 | 4 | | | | | | | 3 | | |
| | | PHY05019 | 随机信号分析 (Random Signal Analysis) | 3 | 48 | 40 | | 8 | | | | | | 3 | | |
| | | INF05133 | 数字通信原理A (Principle of Digital Communication A) | 4 | 64 | 48 | 16 | | | | | | | 4 | | |
| | | COM05017 | 计算机原理与应用 (Computer Principle and Application) | 3.5 | 56 | 40 | 16 | | | | | | | | 3.5 | | |
| | | INF05003 | 毕业设计(论文) [Design of Graduation (Thesis)] | 16 | 256 | | 256 | | | | | | | | | | 16 |
| | 专业教育选修课(学分) | | | 17 | 272 | 272 | | | | | | | | | | 11 | |
| 总计 | | | | 174 | 2 848 | 2 132 | 616 | 100 | 29 | 29 | 25.5 | 23 | 23 | 21.5 | 11 | 16 |

表 7.74　2009 版通信工程专业实践周数教学计划进程

| 课程代码 | 课程名称 | 内容 | 学分 | 学期 | 周数 | 周次 | 场所 |
|---|---|---|---|---|---|---|---|
| MIL98002 | 军事训练（Military Training） | 军事实践训练 | 1.5 | 1 | 4 |  | 校内外 |
| MIL98001 | 军事理论（Military Theory） | 军事理论教学 | 1 | 1 | 4 | 1—4 | 校内外 |
| POL22008 | 人文社会实践（Humanities） | 社会调查、研讨 | 2 | 2 | 2 | 暑假 | 校内外 |
| ELC05014 | 电子实习Ⅰ（MP3制作）（Practice in Electronics Ⅰ） | MP3数码播放器制作 | 1 | 3 | 1 |  | 本院 |
| ELC05050 | 电子实习Ⅱ（无线收发信机制作）（Practice in Electronics Ⅱ） | 无线收发信机制作 | 1 | 4 | 1 | 1—3 | 本院 |
| INF05062 | 认知实习（Specialized Cognition） | 专业教育 | 1 | 3 | 1 |  | 本院 |
| INF05058 | 课程设计Ⅰ（CPU与汇编）（Project Ⅰ） | 计算机软硬件设计与实践 | 3 | 5 | 3 | 1—3 | 本院 |
| INF05059 | 课程设计Ⅱ（数字电路）（Project Ⅱ） | 数字电路课程设计 | 1 | 7 | 1 |  | 本院 |
| INF05060 | 课程设计Ⅲ（通信电路）（Project Ⅲ） | 通信电路课程设计 | 1 | 7 | 1 | 1—4 | 本院 |
| INF05078 | 专业实习（无线通信与网络设计）（Practice in Specialized Field） | 无线通信与网络设计 | 2 | 7 | 2 |  | 校内外 |
| 合计 |  |  | 14.5 |  |  |  |  |

表 7.75　2009 版通信工程专业专业选修课

| 课程代码 | 课程名称 | 学分 | 学时 | 学期 | 学分要求 | 课程代码 | 课程名称 | 学分 | 学时 | 学期 | 学分要求 |
| --- | --- | --- | --- | --- | --- | --- | --- | --- | --- | --- | --- |
| INF05094 | 信息论（Information Theory） | 2 | 32 | 6 | 选修6学分 | INF05093 | 信道编码 Channel Coding | 2 | 32 | 7 | （续左） |
| INF05116 | 数据通信基础（Fundamentals of Data Communication） | 2 | 32 | 6 | | INF05090 | 数字通信网（Digital Communication Networks） | 2 | 32 | 7 | |
| INF05117 | 通信网理论基础（Theoretical Foundation of Communication Networks） | 2 | 32 | 6 | | INF05092 | 现代通信系统（Advanced Communication Systems） | 3 | 48 | 7 | |
| INF05118 | 无线网络技术（Wireless Network Technology） | 2 | 32 | 7 | 选2学分（续右） | INF05095 | 移动通信（Mobile Communication） | 2 | 32 | 7 | 选修9学分 |
| INF05119 | 多媒体通信（Multimedia Communication） | 2 | 32 | 7 | | INF05086 | 光纤通信（Optical Fiber Communication） | 2 | 32 | 7 | |
| INF05084 | 现代交换原理（Principles of Advanced Switching） | 2 | 32 | 7 | | | | | | | |
| 合计 | | | | | | | | | | | 学分要求17 |

表 7.76 2013 版通信工程专业课程教学（含实验）计划

| 课程类别 | 课程性质 | 课程代码 | 课程名称 | 学分 | 总学时 | 讲课学时 | 实验学时 | 上机学时 | 各学期平均周学时分配 | | | | | | | | 培养环节类别标志 | 备注 |
|---|---|---|---|---|---|---|---|---|---|---|---|---|---|---|---|---|---|---|
| | | | | | | | | | 1 | 2 | 3 | 4 | 5 | 6 | 7 | 8 | | |
| 公共基础课程 | 必修课 | ENG24005 ENG24006 | 大学英语（Ⅰ,Ⅱ）（普通班, G）[College English (Ⅰ,Ⅱ)] | 6 | 96 | 64 | 32 | | 3 | 3 | | | | | | | B | |
| | | ENG24007 ENG24008 | 大学英语视听说（Ⅰ,Ⅱ）（普通班, G）[English Watching, Listening and Speaking (Ⅰ,Ⅱ)] | 6 | 96 | 64 | 32 | | 3 | 3 | | | | | | | B | |
| | | MTH17003 MTH17004 | 工科数学分析（Ⅰ,Ⅱ）[Mathematical Analysis for Engineers (Ⅰ,Ⅱ)] | 12 | 192 | 192 | | | 6 | 6 | | | | | | | A | |

续表

| 课程类别 | 课程性质 | 课程代码 | 课程名称 | 学分 | 总学时 | 讲课学时 | 实验学时 | 上机学时 | 各学期平均周学时分配 ||||||||  培养环节类别标志 | 备注 |
|---|---|---|---|---|---|---|---|---|---|---|---|---|---|---|---|---|---|---|
| | | | | | | | | | 1 | 2 | 3 | 4 | 5 | 6 | 7 | 8 | | |
| 公共基础课程 | 必修课 | MTH17012 | 线性代数A (Linear Algebra A) | 3.5 | 56 | 56 | | | 3.5 | | | | | | | | A | |
| | | MTH17037 | 概率与数理统计 (Probability and Statistics) | 3 | 48 | 48 | | | | | 3 | | | | | | A | |
| | | COM07001 | 大学计算机基础 (Computer Fundamentals) | 2 | 32 | 24 | | 8 | 2 | | | | | | | | C | |
| | | COM07003 | C语言程序设计 (C Programming Language) | 3 | 48 | 32 | | 16 | | 3 | | | | | | | C | |
| | | PHY17016 PHY17017 | 大学物理(Ⅰ,Ⅱ) [College Physics(Ⅰ,Ⅱ)] | 8 | 128 | 128 | | | | 4 | 4 | | | | | | A | |
| | | PHY17018 PHY17019 | 物理实验B (Ⅰ、Ⅱ) [Physics Lab B (Ⅰ、Ⅱ)] | 3 | 48 | 4 | 44 | | | 1 | 2 | | | | | | A | |

续表

| 课程类别 | 课程性质 | 课程代码 | 课程名称 | 学分 | 总学时 | 讲课学时 | 实验学时 | 上机学时 | 各学期平均周学时分配 ||||||||  | 培养环节类别标志 | 备注 |
|---|---|---|---|---|---|---|---|---|---|---|---|---|---|---|---|---|---|---|
| | | | | | | | | | 1 | 2 | 3 | 4 | 5 | 6 | 7 | 8 | | |
| 公共基础课程 | 必修课 | POL22003 | 思想道德修养与法律基础（Morals, Ethics and Law） | 3 | 48 | 32 | 16 | | 3 | | | | | | | | B | |
| | | POL22001 | 中国近现代史纲要（Modern Chinese History） | 2 | 32 | 32 | | | 2 | | | | | | | | B | |
| | | LAW23005 | 知识产权法基础（Law of Intellectual Property Rights） | 1 | 16 | 16 | | | 1 | | | | | | | | B | |
| | | POL22004 | 大学生心理素质发展（Psychology Education） | 1 | 16 | 16 | | | | 1 | | | | | | | B | |

续表

| 课程类别 | 课程性质 | 课程代码 | 课程名称 | 学分 | 总学时 | 讲课学时 | 实验学时 | 上机学时 | 各学期平均周学时分配 ||||||||  培养环节类别标志 | 备注 |
|---|---|---|---|---|---|---|---|---|---|---|---|---|---|---|---|---|---|---|
| | | | | | | | | | 1 | 2 | 3 | 4 | 5 | 6 | 7 | 8 | | |
| 公共基础课程 | 必修课 | POL22002 | 毛泽东思想与中国特色社会主义理论体系概论（General Introduction to Mao Zedong Thought and Socialist Theory with Chinese Characteristics） | 4 | 64 | 48 | 16 | | | 4 | | | | | | | B | |
| | | POL22017 | 马克思主义基本原理（Basic Theory of Marxism） | 3 | 48 | 48 | | | | | 3 | | | | | | B | |
| | | GEN96001 | 文献检索（Document Retrieval） | 1 | 16 | 16 | | | | | 1 | | | | | | D | |

续表

| 课程类别 | 课程性质 | 课程代码 | 课程名称 | 学分 | 总学时 | 讲课学时 | 实验学时 | 上机学时 | 各学期平均周学时分配 ||||||||  培养环节类别标志 | 备注 |
|---|---|---|---|---|---|---|---|---|---|---|---|---|---|---|---|---|---|---|
| | | | | | | | | | 1 | 2 | 3 | 4 | 5 | 6 | 7 | 8 | | |
| 公共基础课程 | 必修课 | GYM32001 GYM32002 GYM32003 GYM32004 | 体育（Ⅰ~Ⅳ）[Gym(Ⅰ~Ⅳ)] | 4 | 128 | 128 | | | 1 | 1 | 1 | 1 | | | | | B | |
| | | | 形势与政策 (Policy and Political Situation) | 2 | 32 | 32 | | | | | | | | | | | B | |
| | 选修课 | | 校公共选修课 专项英语 (English Electives) | 4 | 64 | 64 | | | | | 2 | 2 | | | | | B(2)/D(2) | |
| | | | 通识教育课专项 (General Education) | 4 | 64 | 64 | | | | | 2 | 2 | | | | | B | |
| | | | 实验选修课专项 (Lab Electives) | 4 | 64 | | 64 | | | | | 2 | 2 | | | | D | |

续表

| 课程类别 | 课程性质 | 课程代码 | 课程名称 | 学分 | 总学时 | 讲课学时 | 实验学时 | 上机学时 | 各学期平均周学时分配 ||||||||  培养环节类别标志 | 备注 |
|---|---|---|---|---|---|---|---|---|---|---|---|---|---|---|---|---|---|---|
| | | | | | | | | | 1 | 2 | 3 | 4 | 5 | 6 | 7 | 8 | | |
| 大类基础课程 | 必修课 | MAC03002 | 工程制图基础（Fundamentals of Engineering Drawing） | 2 | 32 | 32 | | | | 2 | | | | | | | C | |
| | | INF05001 | 电子工艺实践（Practice in Electronic Technology） | 1.5 | 24 | | 24 | | 1.5 | | | | | | | | D | |
| | | COM05114 | 信息与电子专业导论（Professional Introduction for Information and Electronics Major） | 1 | 16 | 16 | | | | 1 | | | | | | | C | |
| | | ELC05009 | 电路分析基础A（Fundamentals of Electric Circuits A） | 3.5 | 56 | 56 | | | | | 3.5 | | | | | | C | |

续表

| 课程类别 | 课程性质 | 课程代码 | 课程名称 | 学分 | 总学时 | 讲课学时 | 实验学时 | 上机学时 | 各学期平均周学时分配 ||||||||  | 培养环节类别标志 | 备注 |
|---|---|---|---|---|---|---|---|---|---|---|---|---|---|---|---|---|---|---|
| | | | | | | | | | 1 | 2 | 3 | 4 | 5 | 6 | 7 | 8 | | |
| 大类基础课程 | 必修课 | ELC05011 | 电路分析实验A（Electric Circuit Lab A） | 1 | 16 | | 16 | | | | 1 | | | | | | C | |
| | | INF05008 | 电路仿真（Circuit Simulation） | 1 | 16 | 8 | | 8 | | | 1 | | | | | | D | |
| | | MTH17036 | 复变函数与积分变换（Complex Function and Integral Transform） | 2 | 32 | 32 | | | | | | 2 | | | | | A | |
| | | MTH17041 | 数理方程与特殊函数（Equations of Mathematical Physics and Special Function） | 2 | 32 | 32 | | | | | | 2 | | | | | A | |

续表

| 课程类别 | 课程性质 | 课程代码 | 课程名称 | 学分 | 总学时 | 讲课学时 | 实验学时 | 上机学时 | 各学期平均周学时分配 | | | | | | | | 培养环节类别标志 | 备注 |
|---|---|---|---|---|---|---|---|---|---|---|---|---|---|---|---|---|---|---|
| | | | | | | | | | 1 | 2 | 3 | 4 | 5 | 6 | 7 | 8 | | |
| 大类基础课程 | 必修课 | COM05113 | 数据结构与算法设计(C描述)(Data Structure and Algorithm Design C) | 2 | 32 | 24 | | 8 | | | | 2 | | | | | C | |
| | | INF05135 | 信号与系统(Signals and Systems) | 3.5 | 56 | 56 | | | | | | 3.5 | | | | | C | |
| | | INF05134 | 信号与系统实验(Signals and Systems Lab) | 1 | 16 | | | 16 | | | | 1 | | | | | C | |
| | | ELC05021 | 模拟电路基础(Fundamentals of Analog Circuits) | 3.5 | 56 | 56 | | | | | | 3.5 | | | | | C | |
| | | ELC05022 | 模拟电路实验(Analog Circuits Lab) | 1.5 | 24 | | 16 | 8 | | | | 1.5 | | | | | C | |
| | | ELC05025 | 数字电路(Digital Electronics) | 3.5 | 56 | 56 | | | | | | | 3.5 | | | | C | |

续表

| 课程类别 | 课程性质 | 课程代码 | 课程名称 | 学分 | 总学时 | 讲课学时 | 实验学时 | 上机学时 | 各学期平均周学时分配 ||||||||  培养环节类别标志 | 备注 |
|---|---|---|---|---|---|---|---|---|---|---|---|---|---|---|---|---|---|---|
| | | | | | | | | | 1 | 2 | 3 | 4 | 5 | 6 | 7 | 8 | | |
| 大类基础课程 | 必修课 | INF05028 | 数字系统设计与实验（Digital System Design and Experiment） | 2 | 32 | 8 | 12 | 12 | | | | | 2 | | | | C | |
| | | INF05005 | 电磁场理论（Theory of Electromagnetic Fields） | 4 | 64 | 60 | 4 | | | | | | 4 | | | | C | |
| | | INF05029 | 数字信号处理（Digital Signal Processing） | 3 | 48 | 40 | | 8 | | | | | 3 | | | | C | |
| | | INF05058 | 课程设计Ⅰ（CPU 与汇编）[Project Ⅰ (CPU and Assembly Language)] | 3 | 48 | 24 | | 24 | | | | | 3 | | | | C | |

续表

| 课程类别 | 课程性质 | 课程代码 | 课程名称 | 学分 | 总学时 | 讲课学时 | 实验学时 | 上机学时 | 各学期平均周学时分配 ||||||||  培养环节类别标志 | 备注 |
|---|---|---|---|---|---|---|---|---|---|---|---|---|---|---|---|---|---|---|
| | | | | | | | | | 1 | 2 | 3 | 4 | 5 | 6 | 7 | 8 | | |
| 大类基础课程 | 必修课 | INF05031 | 通信电路与系统 (Communication Circuit and System) | 4 | 64 | 64 | | | | | | | 4 | | | | C | |
| | | INF05032 | 通信电路与系统实验 (Experiments in Communication Circuit and System) | 1.5 | 24 | | 16 | 8 | | | | | 1.5 | | | | C | |
| | | INF05018 | 控制理论基础 (Fundamentals of Control Theory) | 3 | 48 | 40 | | 8 | | | | | | 3 | | | C | |
| | | INF05034 | 微波工程导论 (Introduction to Microwave Engineering) | 3 | 48 | 44 | 4 | | | | | | | 3 | | | C | |
| | | INF05133 | 数字通信原理A (Principle of Digital Communication A) | 4 | 64 | 48 | 16 | | | | | | | 4 | | | C | |

续表

| 课程类别 | 课程性质 | 课程代码 | 课程名称 | 学分 | 总学时 | 讲课学时 | 实验学时 | 上机学时 | 各学期平均周学时分配 |||||||| 培养环节类别标志 | 备注 |
|---|---|---|---|---|---|---|---|---|---|---|---|---|---|---|---|---|---|---|
| | | | | | | | | | 1 | 2 | 3 | 4 | 5 | 6 | 7 | 8 | | |
| 大类基础课程 | 必修课 | COM05017 | 计算机原理与应用（Computer Principle and Application） | 3.5 | 56 | 40 | 16 | | | | | | | 3.5 | | | C | |
| | | MAC03027 | 制造技术基础训练（Basic Training of Manufacture） | 2 | 32 | | 32 | | | | | | | 2 | | | D | |
| | | INF05163 | 工程概论（Engineering Generality） | 1 | 16 | 16 | | | | | | | | | 1 | | D | |
| 专业课程 | 必修课 成组必修 | | | | | | | | | | | | | | | | | |
| | 选修课 | | 按照总学分要求任意选择 | 20 | 320 | | | | | | | | | 6 | 11 | | C(15)/D(2) | |

表7.77 2013版通信工程专业专业课课程（含实验）计划

| 课程代码 | 课程名称 | 学分 | 学时 | 理论学时 | 实验学时 | 学期 | 学分要求 | 开课专业 | 培养环节类别标志 |
|---|---|---|---|---|---|---|---|---|---|
| INF05030 | 随机信号分析（Random Signal Analysis） | 3 | 48 | 40 | | 6 | 必修（18学分） | 本专业 | C |
| INF05202 | 信息论与编码（Information Theory and Coding） | 2.5 | 40 | 40 | | 6 | | 本专业 | C |
| INF05116 | 数据通信基础（Fundamentals of Data Communication） | 2 | 32 | 32 | | 6 | | 本专业 | C |
| INF05117 | 通信网理论基础（Theoretical Foundation of Communication Networks） | 2 | 32 | 32 | | 6 | | 本专业 | C |
| INF05090 | 数字通信网（Digital Communication Networks） | 2 | 32 | 32 | 8 | 7 | | 本专业 | C |
| INF05092 | 现代通信系统（Advanced Communication Systems） | 3 | 48 | 40 | 8 | 7 | | 本专业 | C(1)/D(2) |
| INF05095 | 移动通信（Mobile Communication） | 2 | 32 | 32 | | 7 | | 本专业 | C |
| INF05086 | 光纤通信（Optical Fiber Communication） | 2 | 32 | 32 | | 7 | | 本专业 | C |

续表

| 课程代码 | 课程名称 | 学分 | 学时 | 理论学时 | 实验学时 | 学期 | 学分要求 | 开课专业 | 培养环节类别标志 |
|---|---|---|---|---|---|---|---|---|---|
| INF05118 | 无线网络技术（Wireless Network Technology） | 2 | 32 | 32 | | 7 | 选修（2学分） | 本专业 | C |
| INF05119 | 多媒体通信（Multimedia Communication） | 2 | 32 | 32 | | 7 | | 本专业 | C |
| INF05084 | 现代交换原理（Principles of Advanced Switching） | 2 | 32 | 32 | | 7 | | 本专业 | C |
| INF05203 | 通信信号处理（Communication Signal Processing） | 2 | 32 | 32 | | 7 | | 本专业 | C |
| INF05204 | 通信系统建模与仿真（Modelling and Simulation of Communication System） | 2 | 32 | 32 | | 7 | | 本专业 | C |
| INF05205 | 数字调制与编码技术（Digital Modulation and Coding Technology） | 2 | 32 | 32 | | 7 | | 本专业 | C |

续表

| 课程代码 | 课程名称 | 学分 | 学时 | 理论学时 | 实验学时 | 学期 | 学分要求 | 开课专业 | 培养环节类别标志 |
|---|---|---|---|---|---|---|---|---|---|
| INF05156 | 通信与网络系统前沿技术（Frontiers in Communication and Network Systems） | 1 | 16 | 16 | | 6 | 可选 | 本专业 | C |
| INF05155 | 电子信息系统前沿关键技术（Frontiers in Electronic Information Systems） | 1 | 16 | 16 | 16 | 6 | | 本专业 | C |
| 合计 | | 32.5 | 520 | 504 | 16 | | 20 | | |

表 7.78 2013 版通信工程专业培养方案构成

| 课程类别 | | | 最低毕业要求 | | |
|---|---|---|---|---|---|
| | | | 总学分 | 总学时 | 学分比例/% |
| 课程教学（含实验） | 公共基础课 | 必修 | 67.5 | 1 080 | 35.3 |
| | | 选修 | 12 | 192 | 6.3 |
| | 大类基础课 | 必修 | 63 | 1 008 | 33.0 |
| | | 选修 | 0 | 0 | 0 |
| | 专业课 | 必修 | 20 | 320 | 10.5 |
| | | 选修 | | | |
| 实践环节 | | | 24.5 | 30 周 | 12.8 |
| 创新创业 | | | 4 | 4 周 | 2.1 |
| 合计 | | | 191 | 2 600+34 周 | 100 |

表 7.79 2013 版通信工程专业培养方案中各类别环节比例

| 培养环节类别 | 总学分 | 总学时 | 学分比例/% | 培养环节类别标志 |
|---|---|---|---|---|
| 数学与自然科学类课程 | 33.5 | 536 | 17.5 | A |
| 人文社会科学类通识教育课程 | 38 | 608 | 19.9 | B |
| 工程基础类课程<br>专业基础类课程<br>专业类课程 | 76.5 | 1 224 | 40.1 | C |
| 工程实践与毕业设计（论文） | 43 | 折合 43 周 | 22.5 | D |
| 总计 | 191 | 2 368+43 周 | 100 | |

**4. 2016 版培养方案**

本专业以建设世界一流、国内领先的通信工程专业为目标，旨在培养具备"胸怀壮志、明德精工、创新包容、时代担当"特质，能瞄准国际学术前沿、服务国家重大战略需求的工程科学家和高层次技术人才。

电子信息类专业秉承高度弹性灵活、模块化的人才培养模式，施行适应拔尖创新人才、高素质专业人才以及复合型人才都有充分发展空间的培养方案。自1997年学院开始对电子信息类本科生实行宽口径、厚基础的培养模式以来，打通了公共基础和大类、专业基础课程，建立了面向电子信息大类培养的基础课程、专业课程、实践能力训练课程三大课程模块（表7.21），构建了基于三大课程模块的"基本层次"（表7.22）和"高端层次"（表7.23）课程体系。在前5个学期修学基本相同的课程模块，在第五学期和第六学期根据专业和专业方向任意选修或必修成组的专业课程（各专业有差异），并在完成基本数学与自然科学类培养环节，工程基础、专业基础、专业课程培养环节的基础上，着重工程实践、工程人文素质、创新能力的培养；允许学生根据自己的兴趣、爱好和特长在大类（电子信息大类）内自由确定主修专业（电子信息工程、电子科学与技术、通信工程、信息对抗技术）。在培养过程中尊重学生的个性化差异，以高弹性、模块化的课程体系为保证，建立了4类人才培养路线图（表7.24）。

学生最低毕业学分原定为169.5学分，如表7.80和表7.81所示；后根据具体情况，两门成组必修专业课调整为专业选修课，因此学生在毕业时需要满足的最低毕业学分改为165.5学分。

表7.80　2016版通信工程专业培养方案构成

| 课程类别 | | | 最低毕业要求 | | |
|---|---|---|---|---|---|
| | | | 总学分 | 总学时 | 学分比例/% |
| 课程教学 | 公共基础课 | 必修 | 56.5 | 1 048 | 33.3 |
| | | 选修 | 6 | 96 | 3.5 |
| | 大类基础课 | 必修 | 47 | 840 | 27.7 |
| | | 选修 | 0 | 0 | 0 |
| | 专业课 | 必修 | 12 | 192 | 7.2 |
| | | 选修 | | | |
| | 实践环节 | | 48 | 1 536 | 28.3 |
| | 合计 | | 169.5 | 3 712 | 100 |

2016版通信工程专业专业课程教学（含实践环节）计划是在表7.27的基础上增加本专业的成组必修课的，如表7.82所示。

表7.81　2016版通信工程培养方案中各类别环节比例

| 培养环节类别 | 总学分 | 总学时 | 学分比例/% | 培养环节类别标志 |
| --- | --- | --- | --- | --- |
| 数学与自然科学类课程 | 32.5 | 712 | 19.2 | A |
| 工程基础类课程<br>专业基础类课程<br>专业类课程 | 61.75 | 1 024 | 36.4 | B |
| 工程实践与毕业设计（论文） | 37.75 | 1 208 | 22.3 | C |
| 人文社会科学类通识教育课程 | 37.5 | 768 | 22.1 | D |
| 总计 | 169.5 | 3 712 | 100 | |

表7.82　2016版通信工程专业专业课程教学（含实践环节）计划

| 课程代码 | 课程名称 | 学分 | 学时 | 理论学时 | 实验学时 | 学期 | 学分要求 | 开课专业 | 培养环节类别标志 | 模块与层次标志 | 备注 |
| --- | --- | --- | --- | --- | --- | --- | --- | --- | --- | --- | --- |
| 100057404 | 信息论与编码 | 2 | 32 | 32 | | 5 | 必修12学分 | 本专业 | B | Az | |
| 100057405 | 通信网理论基础 | 2 | 32 | 32 | | 5 | | 本专业 | B | Az | |
| 100057411 | 数据通信基础 | 2 | 32 | 32 | | 5 | | 本专业 | B | Az | |
| 100057406 | 数字通信网 | 2 | 32 | 32 | | 6 | | 本专业 | B | Az | |
| 100057407 | 移动通信 | 2 | 32 | 32 | | 6 | | 本专业 | B | Az | |
| 100057408 | 光纤通信 | 2 | 32 | 32 | | 6 | | 本专业 | B | Az | |
| 合计 | | 12 | 192 | 192 | 0 | | | | | | |

注：移动通信、光纤通信后来调整为专业选修课。

## 7.4　信息对抗技术专业

为适应未来信息系统及安全对抗发展的需要，北京理工大学率先论证、提出在兵器类专业中申请增设"信息对抗技术专业"，国家从战略上重视信息安全人才的培养，教育部于1998年批准第一批成立"信息对抗技术专业"，北京理工大学是批准成立的4所院校之一，在实力雄厚的兵器类各专业、信息类各专业发展的基础上，依托我校国家级重点学科"通信与信息系统"和"武器系

统与运用工程"两个学科，2000年正式招收"信息对抗技术专业"本科生，2003年建立信息与通信工程一级学科下"信息安全与对抗"二级学科，并开始招收博士生，多年来源源不断地为国防建设和社会发展培养并输送着信息安全高素质人才。

北京理工大学信息对抗技术专业是国家级（教育部）特色专业、工业和信息化部重点专业、北京市高等院校特色专业、国防特色紧缺本科专业，原国防科工委重点专业；是国家战略需求与区域经济社会发展所需紧缺人才专业和战略性新兴产业相关专业，是北京理工大学的优势特色专业。在教育部名录中该专业属于兵器类，由电子信息类和兵器类共同支撑。

信息安全人才的培养有着时代的迫切性、突出性和专业性，本着教育面向社会、面向未来的原则，积极进取，锐意改革，注重创新，不断加强信息安全的科学研究和人才培养工作，已形成明显的两化融合的优势，具有军民结合、国防和前沿特色的、不可替代的本科生培养、学科建设的理论和内容，成为全国信息对抗技术专业的排头兵。从无到有构建了一个特色鲜明、具有开创性的信息对抗技术新建专业人才培养方案，取得了多项成果和显著的人才培养效益，具有良好的示范效果和重要的推广应用价值。

本专业适应社会主义现代化建设需要，培养德智体美全面发展，基础扎实、理工结合、素质全面、工程实践能力和创造能力强的研究发展型人才；注重研究型教学，以信息科学与技术工程为基础，融合法学、管理学、经济学、社会学、政治学、心理学和军事科学等学科，使学生既要掌握数学、物理、英语、信息科学、电子科学技术、计算机科学与技术等学科的基础理论知识，也要掌握系统、深入的信息系统安全对抗的相关理论与技术；及时引入专业的新知识和新技术，为社会培养信息安全技术、管理和研究的高素质、综合性与复合型人才提供内容和环境，不仅使学生受到系统设计、技术开发、操作管理的基本训练，还要使其能够用系统的观点分析、处理科学技术问题。毕业生既可以在科研单位、高等学校、信息产业及其管理部门从事科学研究、系统设计、技术开发、操作管理等工作，还可以继续攻读本学科及相关学科的研究生。覆盖专业领域包括通信对抗、雷达对抗、光电对抗、制导对抗、引信对抗、信息及网络安全技术。

本专业拥有一支学术水平高、专业素质好的教学团队，包括中国科学院和中国工程院两院院士1人，国家级教学名师1人，北京市教学名师1人，长江学者、杰青1人。具有特色鲜明、开创性的信息对抗技术新建专业人才培养方案，取得了多项成果和显著的人才培养效益，具有良好的示范效果和重要的推广应用价值。本专业取得的省部级以上教学成果包括：国家级教改项目3项，省部级教改项目7项，承担质量工程项目近20项；获全国教育系统劳动模范人民教师奖，国家级教学成果奖特等奖、一等奖、二等奖，北京市教学成果奖一等奖（2项），国家级教学名师，国家级优秀教学团队，国家级精品课程（2门），国家级精品视频公开课，国家级精品资源共享课（2门），北京市教学名师（2人次），北京市教学成果奖一等奖（2项），北京市优秀教学团队，北京市级精品课程（2门），北京市级精品教材（2部），兵工高校优秀教材一等奖等。

科研成果包括：依托3个省部级以上学科实验室，承担国家自然科学基金（含重点和杰青项目）、"863"计划、"973"计划、预研等科研项目，实验室面积2000平方米，近5年年均经费1500万元以上，年均发表三大检索学术论文80余篇。获国家发明奖、兵器工业功勋奖、国家科技进步一等奖、何梁何利技术进步奖、教育部科技进步一等奖等省部级以上科研奖10余项。

专业教学实验室面积500平方米以上，构建了一个信息对抗云虚拟创新实践资源平台，该平台能够模拟复杂网络的信息安全与对抗环境，同时融入云计算、虚拟实验室等新技术，构建了面向社会的专业创新实践教学网站。仪器设备总数超过500台套，固定资产总价值1500余万元。

建立1个校级实验示范中心、2个创新实践教育基地，与6家企业建立工程实践教育中心（其中国家级4个）。近5年发表教改论文30余篇，开展与教学相关特邀报告17人次以上，进行媒体采访和报道10人次以上，举办学术交流培训、组织参加会议15人次以上。

本专业学生培养质量高，成绩突出。近5年在校学生年均获得省部级以上各类竞赛奖15人次以上，2011年获国家大学生创新论坛"我最喜爱的作品"之一（全国仅10项）。本专业自2004年开始牵头承办全国信息安全与对抗技术竞赛，至2018年已经举办了第15届。

本专业的优势与培养特色在于：

（1）形成了一套技术领先、特色明显、具有核心竞争力的专业建设方案。具有明显的两化融合、国防和时代特征，可持续提升发展，教学成果丰硕，具有良好的示范和辐射作用。

（2）构建了理念科学、系统、先进、独到的课程体系和内容。形成了一组支撑该专业的上下贯通和互为延伸的主干教材体系，其核心内容、思想、原理、方法全面系统，在国内同行中具有鲜明的特色，处于引领地位。

（3）构建了避免学生"只见树木，不见森林"的一套研究型教学思想、方法。在传道和教授具体理论、技术的同时，更注重思维方法和创新能力的培养。授课方法、内容和知识的普遍拔高造就了培养人才效果和学生素质的全面提升。

(4) 构建了融专业知识为一体的多元密集型创新实践教育体系。综合运筹领域知识（专业、学科），多元化是指多类别、多层次、多模式的课内外综合协调和部署；密集型是指融专业知识为一体的创新实践知识和技术密集型、实践资源密集型、实践活动和成果密集型。

信息社会的快速发展及其安全与对抗的本征属性使专业具有可持续的广阔发展前景。

### 7.4.1 专业历史沿革

本专业 1998 年开始设立。

2000 年，信息对抗技术专业开始招生，专业代号为 56。

2008 年，学校 8 个本科专业被确定为国防科工委重点专业，其中也包括信息对抗技术专业。

2013 年 9 月，信息与电子学院开始按照大类招生和培养，招收"电子信息类"和"电子信息类（实验班）"两大类学生。"电子信息类"学生在经过大学一、二两个学期的公共基础阶段教育后，分流为 4 个本科专业、共 8 个专业方向，这 4 个本科专业包括"信息对抗技术专业"。

自 2018 年开始，五系所有本科专业单独按照"电子信息工程实验班"大类招生，入学后加入学校"睿信书院"大类培养，自大一末开始学生自愿分流进入学院 4 个本科专业，包括"信息对抗技术专业"，分别按照 4 个本科专业毕业。

### 7.4.2 专业特色及培养方案

**1. 专业特色**

本专业以信息科学与技术工程为基础，融合法学、管理学、经济学、社会学、政治学、心理学和军事科学等学科，掌握系统、深入的信息系统安全对抗的相关理论与技术，能够用系统的观点分析、处理科学技术问题。覆盖通信对抗、雷达对抗、光电对抗、制导对抗、引信对抗、信息及网络安全技术等专业领域。

本专业拥有一支学术水平高、专业素质好的教学团队，具有特色鲜明、开创性的信息对抗技术新建专业人才培养方案，取得了多项成果和显著的人才培养效益，具有良好的示范效果和重要的推广应用价值。本专业取得的教学成果包括：国家级教学成果奖特等奖、一等奖、二等奖，国家级优秀教学团队，国家级精品课程（2 门），国家级精品视频公开课，国家级教学名师，北京市教学成果奖一等奖、二等奖，北京市级精品课程（2 门），北京市级精品教材（2

部），北京市教学名师等。

北京理工大学信息对抗技术专业的培养目标：面向广阔的电子信息领域尤其是网络空间安全与对抗领域，培养具有高远的理想信念、健全的身心人格、精湛的专业学识、深厚的人文素养、开阔的国际视野、批判的创新思维，具有文化包容、沟通与团队合作能力，能够用系统的观点提出、分析和解决复杂工程问题，能够胜任网络空间安全与对抗领域的科学研究、技术研究、产品开发、教育教学或管理工作，具有终身学习和自我完善能力的领军领导潜质人才。

毕业生可从事电子信息相关领域尤其是网络空间安全与对抗领域的科学研究、技术开发、教育教学和管理等工作。

学生在专业工程领域、社会发展实践方面应该具备的能力和素质包括：

（1）具有深厚的人文素养、强烈的社会责任感和崇高的职业道德，具备法律、社会伦理、经济、环境等领域的知识。

（2）具有较强的创新意识和工程实践能力，能够综合运用专业及人文知识，创新性地、系统性地分析和解决电子信息领域尤其是网络空间安全与对抗领域的复杂工程问题，具有较强的沟通、团队合作和科研管理能力。

（3）具有较强的科学思辨能力、系统分析/综合/解决科学技术问题的能力。

（4）具有开阔的国际视野，能通过文献检索、资料查询及现代信息技术，获取并跟踪相关领域前沿理论和工程技术。

（5）具有较强的终身学习和适应发展的能力。

（6）能够胜任电子信息领域尤其是网络空间安全与对抗领域的项目经理、部门经理的岗位职责。

**2. 1999 年教学计划（表 7.83 和表 7.84）**

**3. 2003 版培养方案**

进入 21 世纪，信息对抗技术专业的培养目标开始侧重培养研究型人才，突出宽基础、高层次的思路，重点培养学生的创新意识，进一步加强和拓宽基础教育以适应该领域的发展和创新。

2003 版电子信息类信息对抗技术专业教学计划进程如表 7.85 所示，信息工程基础教育课程共 2 304 学时，140 学分。

**4. 2006 版培养方案**

2006 版培养方案中信息对抗技术基础教育、学科基础教育专业教育课程共 2 832 学时（实验 636 学时），173 学分。2006 版信息对抗技术专业教学计划如表 7.86～表 7.88 所示。

表 7.83 1999版北京理工大学信息对抗技术专业指导性教学计划进程

| 教育类别 | 专业 | 课程性质 | 课程编号 | 课程名称 | 学期安排 考试 | 学期安排 考查 | 课内学时 | 其中 实验 | 其中 上机 内 | 其中 上机 外 | 学分 | 各学期课内周学时分配 1 | 2 | 3 | 4 | 5 | 6 | 7 | 8 |
|---|---|---|---|---|---|---|---|---|---|---|---|---|---|---|---|---|---|---|---|
| 基础教育 | 信息对抗技术 | 必修课 | BG151002 | 大学英语 B | 1 | | 64 | | | | 4 | 4 | | | | | | | |
| | | | BG152002 | 大学英语 B | 2 | | 64 | | | | 4 | | 4 | | | | | | |
| | | | BG153002 | 大学英语 B | 3 | | 64 | | | | 4 | | | 4 | | | | | |
| | | | BG154002 | 大学英语 B | 4 | | 64 | | | | 4 | | | | 4 | | | | |
| | | | BG171001 | 体育 | | 1 | 32 | | | | 2 | 2 | | | | | | | |
| | | | BG172001 | 体育 | | 2 | 32 | | | | 2 | | 2 | | | | | | |
| | | | BG173001 | 体育 | | 3 | 32 | | | | 2 | | | 2 | | | | | |
| | | | BG174001 | 体育 | | 4 | 32 | | | | 2 | | | | 2 | | | | |
| | | | BG051003 | 计算机应用基础 | 1 | | 24 | 8 | | | 1.5 | 1.5 | | | | | | | |
| | | | BG051004 | C语言程序设计方法 | 1 | | 64 | 16 | | | 4 | 4 | | | | | | | |
| | | | BG111006 | 高等代数 | 1 | | 64 | | | | 4 | 4 | | | | | | | |
| | | | BG111003 | 数学分析 A | 1 | | 96 | | | | 6 | 6 | | | | | | | |
| | | | BG111003 | 数学分析 A | 2 | | 96 | | | | 6 | | 6 | | | | | | |
| | | | BG113008 | 概率与数理统计 B | 3 | | 48 | | | | 3 | | | 3 | | | | | |
| | | | BG113009 | 复变函数与积分变换 | 3 | | 48 | | | | 3 | | | 3 | | | | | |
| | | | BG053005 | 矢量分析与场论 | 3 | | 32 | | | | 2 | | | 2 | | | | | |

续表

| 教育类别 | 课程性质 | 课程编号 | 课程名称 | 学期安排 考试 | 学期安排 考查 | 课内学时 | 其中 实验 | 其中 上机 内 | 其中 上机 外 | 学分 | 各学期课内周学时分配 1 | 2 | 3 | 4 | 5 | 6 | 7 | 8 |
|---|---|---|---|---|---|---|---|---|---|---|---|---|---|---|---|---|---|---|
| 基础教育 | 必修课 | BG115010 | 数理方程与特殊函数 | 5 | | 32 | | | | 2 | | | 2 | | | | | |
| | | BG116047 | 博弈论 | 6 | | 32 | | | | 2 | | | | | | 2 | | |
| | | BG122040 | 大学物理 C | 2 | | 64 | | | | 4 | | 4 | | | | | | |
| | | BS123003 | 物理实验 A | | 3 | 24 | 24 | | | 1.5 | | | 1.5 | | | | | |
| | | BS124003 | 物理实验 A | | 4 | 32 | 32 | | | 2 | | | | 2 | | | | |
| | | BG126039 | 近现代物理基础 | | 6 | 32 | | | | 2 | | | | | | 2 | | |
| | 信息对抗技术 | BG067002 | 大学化学 B | 7 | | 48 | 16 | | | 3 | | | 3 | | | | | |
| | | BG053006 | 电磁学 | 3 | | 48 | | | | 3 | | | 2 | | | | | |
| | | BG053007 | 固态基础 | | 3 | 32 | | | | 2 | 2 | | | | | | | |
| | | BG161001 | 思想道德修养 | 1 | | 32 | | | | 2 | | 2 | | | | | | |
| | | BG162002 | 法学基础 | 2 | | 32 | | | | 2 | | | 2 | | | | | |
| | | BG163004 | 马克思主义哲学原理 | 3 | | 32 | | | | 2 | | | 2 | | | | | |
| | | BG164005 | 毛泽东思想概论 | 4 | | 32 | | | | 2 | | | | 2 | | | | |
| | | BG165006 | 马克思主义政治经济学原理 | 5 | | 32 | | | | 2 | | | | | 2 | | | |
| | | BG166007 | 邓小平理论概论 | 6 | | 32 | | | | 2 | | | | | | 2 | | |
| | | BG167003 | 现代科学与技术概论 | | 7 | 32 | | | | 2 | | | | | | | 2 | |
| | | | 基础教育任选课 | 1,3,5 | | 96 | | | | 6 | 2 | | 2 | | | | | |

续表

| 教育类别 | 专业 | 课程性质 | 课程编号 | 课程名称 | 学期安排 | | 课内学时 | 其中 | | | 学分 | 各学期课内周学时分配 | | | | | | | |
|---|---|---|---|---|---|---|---|---|---|---|---|---|---|---|---|---|---|---|---|
| | | | | | 考试 | 考查 | | 实验 | 上机内 | 上机外 | | 1 | 2 | 3 | 4 | 5 | 6 | 7 | 8 |
| 工程科学技术基础教育 | 信息对抗技术 | 必修课 | BJ072011 | 工程制图基础B | 2 | | 32 | | | | 2 | | 2 | | | | | | |
| | | | BJ052002 | 电路分析基础B | 2 | | 56 | 16 | | | 3.5 | | 3.5 | | | | | | |
| | | | XJ054008 | 微电子器件与电路 | 4 | | 56 | | | | 3.5 | | | | 3.5 | | | | |
| | | | XJ054009 | 数字电路 | 4 | | 48 | | | | 3 | | | | 3 | | | | |
| | | | XS052010 | 电路基础实验(一) | | 2 | 24 | 24 | | | 1.5 | | | 1.5 | | | | | |
| | | | XS054011 | 电路基础实验(二) | | 4 | 24 | 24 | | | 1.5 | | | | 1.5 | | | | |
| | | | XS052012 | EDA设计(一) | | 2 | 16 | | 12 | | 1 | | | 1 | | | | | |
| | | | XS054013 | EDA设计(二) | | 4 | 8 | 8 | | | 0.5 | | | | 0.5 | | | | |
| | | 限选课 | XJ054015 | 信号与系统 | 4 | | 56 | | | | 3.5 | | | | 3.5 | | | | |
| | | | XS054016 | 信号基础实验(一) | | 4 | 8 | 8 | | | 0.5 | | | | 0.5 | | | | |
| | | | XJ055017 | 电磁波理论 | 5 | | 40 | 12 | | | 2.5 | | | | | 2.5 | | | |
| | | | XJ055018 | 微机原理与应用 | 5 | | 80 | 24 | | | 5 | | | | | 5 | | | |
| | | | XJ055019 | 随机信号分析 | 5 | | 40 | | | | 2.5 | | | | | 2.5 | | | |
| | | | XJ055020 | 通信原理与电路 | 5 | | 64 | | | | 4 | | | | | 4 | | | |
| | | | XS055021 | 电路基础实验(三) | | 5 | 16 | 16 | | | 1 | | | | | 1 | | | |
| | | | XS055022 | EDA设计(三) | | 5 | 16 | 16 | | | 1 | | | | | 1 | | | |

续表

| 教育类别 | 课程性质 | 课程编号 | 课程名称 | 学期安排 | | 课内学时 | 其中 | | | 学分 | 各学期课内周学时分配 | | | | | | | |
|---|---|---|---|---|---|---|---|---|---|---|---|---|---|---|---|---|---|---|
| | | | | 考试 | 考查 | | 实验 | 上机 | 内外 | | 1 | 2 | 3 | 4 | 5 | 6 | 7 | 8 |
| 工程科学技术基础教育 | 限选课 信息对抗技术 | XS055023 | 信息基础实验（二） | | 5 | 16 | 16 | | | 1 | | | | | 1 | | | |
| | | XJ056024 | 数字信号处理 | 6 | | 40 | | | | 2.5 | | | | | | 2.5 | | |
| | | XJ056025 | 数据结构与算法设计 | 6 | | 64 | | 20 | | 4 | | | | | | 4 | | |
| | | XJ056026 | 微波工程基础 | 6 | | 72 | 16 | | | 4.5 | | | | | | 4.5 | | |
| | | XJ056027 | 控制理论基础 | 6 | | 40 | 8 | | | 2.5 | | | | | | 2.5 | | |
| | | XS056028 | EDA设计（四） | | 6 | 8 | | 8 | | 0.5 | | | | | | 0.5 | | |
| | | XS056029 | 信息综合实验（一） | | 7 | 16 | 16 | | | 1 | | | | | | | 1 | | |
| | | | 技术基础教育任选课 | 7 | | 64 | | | | 4 | | | | | | | | 4 | |
| 专业教育 | | | 专业教育任选课 | | | 128 | | | | 8 | | | | | | | | 8 |

表7.84 1999版信息对抗技术专业实习、课程设计、毕业设计（论文）

| 编号 | 项目 | 内容 | 场所 | 学期 | 周数 | 学分 |
|---|---|---|---|---|---|---|
| BT051401 | 电子实习（一）（分散进行） | 电子装、连、焊 | 本系 | 1 | 0.5 | 0.5 |
| BS162401 | 人文社会实践 | 社会调查研究 | 校外 | 2 | 1 | 1 |
| BT052402 | 电子实习（二）（分散进行） | 组装黑白电视机 | 本系 | 2 | 1 | 1 |
| BT054403 | 电子实习（三） | 无线电收发信机制作 | 本系 | 4 | 3 | 3 |
| BT055404 | 计算机实习 | 计算机软件设计 | 本系 | 5 | 3 | 3 |
| BD055405 | 课程设计（一）（分散进行） | 数字系统设计 | 本系 | 5 | 2 | 2 |
| BT056406 | 电子实习（四）（分散进行） | 遥控彩色电视机实习 | 本系 | 6 | 3 | 3 |
| BD056407 | 课程设计（二）（分散进行） | 模拟系统设计 | 本系 | 6 | 2 | 2 |
| BT057408 | 生产实习 | 信息系统及对抗技术 | 校内外 | 7 | 3 | 3 |
| BD057409 | 课程设计（三）（分散进行） | 信息综合实验 | 本系 | 7 | 1 | 1 |
| BD057410 | 课程设计（四）（分散进行） | 数模混合系统设计 | 本系 | 7 | 1.5 | 1.5 |
| BG058411 | 毕业设计 | 专题设计与研究 | 校内外 | 8 | 20 | 20 |
| | 合计 | | | | 41 | 41 |

表 7.85 2003 版电子信息类信息对抗技术专业教学计划进程

| 教育类别 | 课程性质 | 课程编号 | 课程名称 | 学期安排 | 课内总学时 | 课内实验 | 学分 | 各学期内周学时分配 1 | 2 | 3 | 4 | 5 | 6 | 7 | 8 |
|---|---|---|---|---|---|---|---|---|---|---|---|---|---|---|---|
| 专业 电子信息类 | 基础教育 必修课 | A091001/A092001 | 大学英语 | 1、2 | 192 | | 12 | 6 | 6 | | | | | | |
| | | A011001 | 计算机基础 | 1 | 32 | | 2 | 2 | | | | | | | |
| | | A012150 | 计算机程序设计 | 2 | 64 | | 4 | | 4 | | | | | | |
| | | A071121/A072121 | 数学分析 | 1,2 | 176 | | 11 | 6 | 5 | | | | | | |
| | | A073122 | 高等代数 | 3 | 48 | | 3 | | | 3 | | | | | |
| | | A073004 | 概率与数理统计 | 3 | 48 | | 3 | | | 3 | | | | | |
| | | A072006/A073006 | 大学物理 | 2、3 | 128 | | 8 | | 4 | 4 | | | | | |
| | | A073007/A074007 | 物理实验 | 3、4 | 48 | 40 | 3 | | | 1.5 | 1.5 | | | | |
| | | A091002 | 思想道德修养 | 1 | 16 | | 1 | 1 | | | | | | | |
| | | A091005 | 法学基础 | 1 | 16 | | 1 | 1 | | | | | | | |
| | | A091006 | 毛泽东思想概论 | 1 | 16 | | 1 | 1 | | | | | | | |
| | | A092007 | 邓小平理论概论 | 2 | 16 | | 1 | | 1 | | | | | | |

续表

| 教育类别 | 课程性质 | 课程编号 | 课程名称 | 学期安排 | 课内总学时 | 课内实验 | 学分 | 各学期内周学时分配 | | | | | | | |
|---|---|---|---|---|---|---|---|---|---|---|---|---|---|---|---|
| | | | | | | | | 1 | 2 | 3 | 4 | 5 | 6 | 7 | 8 |
| 基础教育 | 必修课 | A092008 | "三个代表"重要思想概论 | 2 | 16 | | 1 | 1 | | | | | | | |
| | | A093009 | 马克思主义哲学原理 | 3 | 32 | | 2 | | | 2 | | | | | |
| | | A094010 | 马克思主义政治经济学原理 | 4 | 32 | | 2 | | | | 2 | | | | |
| | | B121001 | 体育 | 1—4 | 128 | | 4 | 2 | 2 | 2 | 2 | | | | |
| | 选修课 | B122001 | 专项数学 | 4 | 64 | | 4 | | | | 4 | | | | |
| | | B123001 | 专项英语 | 3，4 | 64 | | 4 | | | 2 | 2 | | | | |
| | | B124001 | 通识教育专项 | 2—4 | 96 | | 6 | | 2 | 2 | 2 | | | | |
| 学科基础教育 | 学院公共平台 | D014110 | 数据结构与算法设计A | 4 | (64) | | (4) | | | | 选修10学分 | | | | |
| | | D014111 | 数据结构与算法设计B | 4 | 48 | | 3 | | | | 3 | | | | |
| | | D014511 | 信号与系统A | 4 | 64 | | 4 | | | | 4 | | | | |
| | | D015220 | 控制理论基础A | 5 | (64) | | (4) | | | | | | | | |
| | | D015221 | 控制理论基础B | 5 | 48 | | 3 | | | | | 3 | | | |
| | | D016416 | 光电信息基础 | 6 | (48) | | (3) | | | | | | | | |

专业：电子信息类

续表

| 专业 | 教育类别 | 课程性质 | 课程编号 | 课程名称 | 学期安排 | 课内总学时 | 课内实验 | 学分 | 各学期课内周学时分配 1 | 2 | 3 | 4 | 5 | 6 | 7 | 8 |
|---|---|---|---|---|---|---|---|---|---|---|---|---|---|---|---|---|
| 电子信息类 | 学科基础教育 | 必修课 | C013003 | 电路分析基础 | 3 | 72 | 20 | 4.5 | | | 4.5 | | | | | |
| | | | C031009 | 工程制图基础B | 1 | 32 | | 2 | 2 | | | | | | | |
| | | | C014011 | 模拟电路基础 | 4 | 56 | | 3.5 | | | | 3.5 | | | | |
| | | | C014012 | 模拟电路实验 | 4 | 24 | | 1.5 | | | | 1.5 | | | | |
| | | | C015013 | 数字电路与系统 | 5 | 64 | | 4 | | | | | 4 | | | |
| | | | C015014 | 数字电路实验 | 5 | 24 | | 1.5 | | | | | 1.5 | | | |
| 信息工程(通信与电子工程方向)·信息对抗技术 | 学科基础教育 | 必修课 | | 学科基础教育选修课 | 5—7 | 112 | | 7 | | | | | 2 | 2 | 3 | |
| | 专业教育 | 必修课 | E016501 | 信息系统及安全 | 6 | 40 | 8 | 2.5 | | | | | | 2.5 | | |
| | | | E015502 | 电磁场理论 | 5 | 64 | | 4 | | | | | 4 | | | |
| | | | E016503 | 微波工程基础 | 6 | 48 | 8 | 3 | | | | | | 3 | | |
| | | | E015504 | 数字信号处理 | 5 | 48 | 8 | 3 | | | | | 3 | | | |
| | | | E016505 | 随机信号分析 | 6 | 48 | 16 | 3 | | | | | | 3 | | |
| | | | E015506 | 微机原理与应用 | 6 | 64 | | 4 | | | | | | 4 | | |
| | | | E015507 | 通信原理与电路 | 5 | 88 | 24 | 5.5 | | | | | 5.5 | | | |
| | | | | 专业教育选修课 | 7 | 128 | | 8 | | | | | | | 8 | |
| 合计 | | | | 信息工程(通信与电子工程方向) | | 2304 | | 140 | 21 | 25 | 24 | 25.5 | 23 | 14.5 | 11 | 0 |
| | | | | 信息对抗技术 | | 2304 | | 140 | 21 | 25 | 24 | 25.5 | 23 | 14.5 | 11 | 0 |
| | | | | 电子科学技术(微电子方向) | | 2304 | | 140 | 21 | 25 | 24 | 25.5 | 26.5 | 12 | 10 | 0 |

表 7.86 2006 版信息对抗技术专业指导性教学计划进程

| 课程类别 | 课程性质 | 课程代码 | 课程名称 | 学分 | 总学时 | 讲课学时 | 实验学时 | 上机学时 | 1 | 2 | 3 | 4 | 5 | 6 | 7 | 8 |
|---|---|---|---|---|---|---|---|---|---|---|---|---|---|---|---|---|
| 基础教育 | 必修课 | 09000353<br>09000354 | 大学英语（I、II）（普通班,Q） | 12 | 192 | 192 |  |  | 6 | 6 |  |  |  |  |  |  |
|  |  | 09000367<br>09000368 | 大学英语口语（I、II）（普通班,Q） | 2 | 32 | 24 |  | 8 | 2 |  |  |  |  |  |  |  |
|  |  | 12000068 | 计算机科学导论 |  |  |  |  |  |  |  |  |  |  |  |  |  |
|  |  | 07000130<br>07000131 | 数学分析B（I、II） | 12 | 192 | 192 |  |  | 6 | 6 |  |  |  |  |  |  |
|  |  | 12000073 | C语言程序设计 | 3 | 48 | 32 |  | 16 |  | 3 |  |  |  |  |  |  |
|  |  | 07000055 | 高等代数C | 3.5 | 56 | 56 |  |  |  |  | 3.5 |  |  |  |  |  |
|  |  | 07000051 | 概率与数理统计 | 3 | 48 | 48 |  |  |  |  | 3 |  |  |  |  |  |
|  |  | 07000032<br>07000033 | 大学物理（I、II） | 8 | 128 | 128 |  |  |  | 4 | 4 |  |  |  |  |  |
|  |  | 07000169<br>07000170 | 物理实验B（I、II） | 3 | 48 | 4 | 44 |  |  |  | 1.5 | 1.5 |  |  |  |  |
|  |  | 09000417 | 思想道德修养与法律基础 | 2 | 32 | 32 |  |  | 2 |  |  |  |  |  |  |  |
|  |  | 09000488 | 知识产权法基础 | 1 | 16 | 16 |  |  | 1 |  |  |  |  |  |  |  |

各学期平均周学时分配

续表

| 课程类别 | 课程性质 | 课程代码 | 课程名称 | 学分 | 总学时 | 讲课学时 | 实验学时 | 上机学时 | 各学期平均周学时分配 | | | | | | | |
|---|---|---|---|---|---|---|---|---|---|---|---|---|---|---|---|---|
| | | | | | | | | | 1 | 2 | 3 | 4 | 5 | 6 | 7 | 8 |
| 基础教育 | 必修课 | 09000490 | 中国近现代史纲要 | 3 | 48 | 32 | 16 | | 3 | | | | | | | |
| | | 09000489 | 毛泽东思想、邓小平理论及"三个代表"重要思想 | 4 | 64 | 48 | 16 | | | 4 | | | | | | |
| | | 09000008 | 大学生心理素质发展 | 1 | 16 | 16 | | | | 1 | | | | | | |
| | | 09000191 | 马克思主义基本原理 | 3 | 48 | 48 | | | | | 3 | | | | | |
| | | 99000001<br>99000002<br>99000003<br>99000004 | 体育（Ⅰ~Ⅳ） | 4 | 128 | 128 | | | 2 | 2 | 2 | 2 | | | | |
| | | 07000048 | 复变函数与积分变换 | 2 | 32 | 32 | | | | | | 2 | | | | |
| | | 07000125 | 数理方程与特殊函数 | 2 | 32 | 32 | | | | | | 2 | | | | |
| | 选修课 | | 专项英语 | 4 | 64 | 64 | | | | 2 | 2 | 2 | | | | |
| | | | 通识教育选修课 | 6 | 96 | 96 | | | | 2 | 2 | 2 | | | | |

续表

| 课程类别 | 课程性质 | 课程代码 | 课程名称 | | 学分 | 总学时 | 讲课学时 | 实验学时 | 上机学时 | 各学期平均周学时分配 | | | | | | | |
|---|---|---|---|---|---|---|---|---|---|---|---|---|---|---|---|---|---|
| | | | | | | | | | | 1 | 2 | 3 | 4 | 5 | 6 | 7 | 8 |
| 学科基础教育 | 必修课 | 01500257 | 面向对象程序设计 | 学院公共平台学分 | 2 | 32 | 24 | 8 | | | | 2 | | | | | |
| | | 01500259 | 数据结构A | | 2 | 32 | 24 | 8 | | | | | 2 | | | | |
| | | 01500260 | 数据结构B | 选修不低于11学分 | 2 | 32 | 24 | 8 | | | | | | | | | |
| | | 01500237 | 信号与系统A | | 4 | 64 | 56 | 8 | | | | | 4 | | | | |
| | | 01500238 | 信号与系统B | | 3 | 48 | 48 | | | | | | | | | | |
| | | 01200257 | 自动控制理论A | | 4 | 64 | 64 | | | | | | | | 3 | | |
| | | 01200258 | 自动控制理论B | | 3 | 48 | 48 | | | | | | | | | | |
| | | 01400100 | 光电技术与实验 | | 4 | 64 | 40 | 24 | | 2 | | | | | | | |
| | | 03000114 | 工程制图基础B | | 2 | 32 | 32 | | | 1.5 | | | | | | | |
| | | 01500256 | 电子工艺实践 | | 1.5 | 24 | | 24 | | | | 4.5 | | | | | |
| | | 01500255 | 电路分析基础 | | 4.5 | 72 | 52 | 20 | | | | 1 | | | | | |
| | | 01500171 | 电路仿真 | | 1 | 16 | 8 | 8 | | | | | | | | | |
| | | 01500193 | 模拟电路基础 | | 3.5 | 56 | 56 | | | | | | 3.5 | | | | |
| | | 01500194 | 模拟电路实验 | | 1.5 | 24 | | 24 | | | | | 1.5 | | | | |
| | | 01500261 | 数字电路 | | 3.5 | 56 | 56 | | | | | | | 3.5 | | | |
| | | 01500262 | 数字系统设计与实验 | | 2 | 32 | | 32 | | | | | 2 | 2 | | | |
| | 选修课 | | 实验选修课 | | 6 | 96 | | 96 | | | | | | | 2 | 2 | |

续表

| 课程类别 | 课程性质 | 课程代码 | 课程名称 | 学分 | 总学时 | 讲课学时 | 实验学时 | 上机学时 | 各学期平均周学时分配 ||||||||
|---|---|---|---|---|---|---|---|---|---|---|---|---|---|---|---|---|
| | | | | | | | | | 1 | 2 | 3 | 4 | 5 | 6 | 7 | 8 |
| 专业教育 | 必修课 | 01500166 | 电磁场理论 | 4 | 64 | 60 | 4 | | | | | | 4 | | | |
| | | 01500154 | 数字信号处理 | 3 | 48 | 40 | 8 | | | | | | 3 | | | |
| | | 01500213 | 数字通信原理 | 3 | 48 | 48 | | | | | | | 3 | | | |
| | | 01500263 | 通信电路与系统 | 4 | 64 | 64 | | | | | | | 4 | | | |
| | | 01500264 | 通信电路与系统实验 | 1.5 | 24 | | 24 | | | | | | 1.5 | | | |
| | | 01500265 | 计算机原理与应用 | 3.5 | 56 | 40 | 16 | | | | | | | 3.5 | | |
| | | 01500241 | 信息系统安全对抗理论 | 3 | 48 | 40 | 8 | | | | | | | 3 | | |
| | | 01500314 | 信息系统安全与对抗技术 | 3 | 48 | 40 | 8 | | | | | | | | | 3 | |
| | | 01500316 | 无线电定位系统与技术 | 2.5 | 40 | 40 | | | | | | | | | | 2.5 | |
| | | 01500275 | 操作系统原理 | 2.5 | 40 | 32 | 8 | | | | | | | | | 2.5 | |
| | | 01500294 | 毕业设计（论文） | 16 | 256 | | 256 | | | | | | | | | | 16 |
| | 选修课 | | 专业教育选修课 | 12 | 192 | 192 | | | | | | 2 | 2 | 6 | 2 | 16 |
| | | | 总计 | 173 | 2832 | 2172 | 636 | 24 | 25.5 | 28 | 28.5 | 26.5 | 26 | 14.5 | 12 | 16 |

备注：表格总计内容计算正确，不是简单加法，表中学院公共平台学分选修不低于11学分，因此这部分课程按照11学分及对应学时进行统计。

表 7.87　2006 版信息对抗技术专业实践周教学计划进程

| 编号 | 项目 | 内容 | 学分 | 学期 | 周数 | 周次 | 场所 |
|---|---|---|---|---|---|---|---|
| 09000211 | 人文社会实践 | 社会调查、研讨 | 1 | 2 | 1 | 19 | 校内外 |
| 98000001 | 军事理论 | 军事理论教学 | 1 | 2 | 2 | 20, 21 | 校内外 |
| 98000002 | 军事训练 | 军事实践训练 | 1.5 | 3 | 3 | 暑假 | 校内外 |
| 01500267 | 文献检索 | 科技文献检索 | 1 | 4 | 1 | 19 | 校内 |
| 01500313 | 电子实习Ⅱ | 无线收发信机制作 | 2 | 4 | 2 | 20, 21 | 本院 |
| 01500307 | 课程设计Ⅰ | 计算机软硬件设计与实践 | 3 | 5 | 3 | 1—3 | 本院 |
| 01500308 | 课程设计Ⅱ | 数字电路课程设计 | 2 | 6—7 | 2 | 19—21, 1—3 | 本院 |
| 01500309 | 课程设计Ⅲ | 模拟电路课程设计 | 2 | 6—7 | 2 | | 本院 |
| 01520310 | 专业实习 | 网络攻防技术实践 | 2 | 6—7 | 2 | 1—3 | 校内外 |
| | 合计 | | 15.5 | | | | |

表 7.88 2006 版信息对抗技术专业教育选修课

| 课程编号 | 课程名称 | 学分 | 学时 | 学期 | 课程编号 | 课程名称 | 学分 | 学时 | 学期 |
|---|---|---|---|---|---|---|---|---|---|
| 01500295 | C++与数据结构 | 3 | 48 | 6 | 01500199 | 嵌入式系统原理与应用 | 2 | 32 | 7 |
| 01500296 | 编译原理 | 2.5 | 40 | 6 | 01500304 | 网络计算原理与技术 | 3 | 48 | 7 |
| 01500297 | 数据库原理与技术 | 2 | 32 | 6 | 01500305 | 软件工程设计与实践 | 2 | 32 | 7 |
| 01500298 | 信息系统概论 | 2 | 32 | 6 | 01500236 | 信号检测与估计 | 3 | 48 | 7 |
| 01500217 | 随机信号分析 | 3 | 48 | 6 | 01500215 | 现代谱估计 | 2 | 32 | 7 |
| 01500185 | 近代电子测量技术 | 2 | 32 | 6 | 01500273 | 通信系统概论 | 2 | 32 | 7 |
| 01500270 | 微波工程基础 | 3 | 48 | 6 | 01500212 | 数字通信网 | 2 | 32 | 7 |
| 01500277 | 半导体物理 | 3.5 | 56 | 6 | 01500242 | 移动通信 | 2 | 32 | 7 |
| 01500290 | 微电子技术基础 | 2 | 32 | 6 | 01500274 | 信道编码 | 2 | 32 | 7 |
| 01500232 | 微电子与集成电路设计基础 | 3 | 48 | 6 | 01500190 | 宽带通信号与xDSL | 2.5 | 40 | 7 |
| 01500239 | 信息论 | 2 | 32 | 6 | 01500306 | 现代数字信号处理导论 | 1 | 16 | 7 |
| 01500315 | 信息网络技术 | 2 | 32 | 6 | 01500177 | 实时数字信号处理技术 | 2.5 | 40 | 7 |
| 01500299 | 电子对抗理论 | 2 | 32 | 7 | 01500220 | 数字图像处理 | 3 | 48 | 7 |
| 01500300 | 信息隐藏理论与技术 | 2 | 32 | 7 | 01500226 | 微波通信技术 | 2 | 32 | 7 |
| 01500301 | 信息安全技术研讨 | 1 | 16 | 7 | 01500303 | 信息安全技术平台实验 | 2 | 32 | 7 |
| 01500302 | 信息安全工程与设计 | 2 | 32 | 7 | 01500258 | 信号处理、通讯和控制中的估计理论 | 2 | 32 | 7 |

**5. 2009 版培养方案**

2009 版培养方案重新审视教学内容，注重将知识传授与研究方法和研究能力的培养相结合，在专业教育课设置方面保持宽口径、厚基础的特色优势，较好地处理了知识广度与深度的关系，并更加深入地注重教学内容的先进性、前瞻性、研究性和应用性，建设高水平的专业课程，适应社会主义现代化建设的需要。

2009 年该专业优化教学体系，强化实践创新，多层次培育人才。大力倡导启发式、讨论式、案例式教学方法，调动学习的积极性和主动性，培养学生的自学能力和主动获取知识的技能。

该专业基础教育、专业课程共 2 856 学时，174.5 学分。

学生最低毕业学分应达到 190.5 学分（包含《形势与政策》2 学分），其中理论课程 131.5 学分，实践教学环节 59 学分。

2009 版信息对抗技术专业指导性教学计划进程如表 7.89 所示。

**6. 2013 版培养方案**

2013 年学院结合工程教育专业认证的理念，以本科人才培养目标为基础，以专业建设为主线，科学设计课程体系，合理规划学时设定和各环节学分比例，有效利用各项教学资源。课程设置紧密围绕人才培养（拔尖创新人才、合格专业人才和复合型人才）目标实现的全面性，对电子信息类本科生实行宽口径、厚基础的培养模式，打通了公共基础和大类专业基础课程，在前 5 个学期修学基本相同的课程模块，如表 7.90 所示，在第六学期和第七学期根据专业和专业方向修学成组的专业课程，如表 7.91 所示。

电子信息类本科生入学后经过一年的学习，在第二学年年初根据学习成绩、综合表现、兴趣特长，依据学校确定的各专业最大可容纳学生数，在大类内确定主修专业或专业方向。

学生最低毕业学分应达到 189.5 学分（包含《形势与政策》2 学分，创新创业 4 学分），如表 7.92 所示。其中理论课程 146.5 学分，实践教学环节 43 学分，如表 7.93 所示，具体教学计划和课程计划如表 7.94 和表 7.95 所示。

**7. 2016 版培养方案**

本专业以建设世界一流、国内领先的通信工程专业为目标，旨在培养具备"胸怀壮志、明德精工、创新包容、时代担当"特质，能瞄准国际学术前沿、服务国家重大战略需求的工程科学家和高层次技术人才。

表 7.89 2009 版信息对抗技术专业指导性教学计划进程

| 课程类别 | 课程性质 | 课程代码 | 课程名称 | 学分 | 总学时 | 讲课学时 | 实验学时 | 上机学时 | 各学期平均周学时分配 ||||||||
|---|---|---|---|---|---|---|---|---|---|---|---|---|---|---|---|---|
| | | | | | | | | | 1 | 2 | 3 | 4 | 5 | 6 | 7 | 8 |
| 公共基础 | 必修课 | ENG24005 | 大学英语（Ⅰ、Ⅱ）[College English（Ⅰ、Ⅱ）] | 6 | 96 | 64 | 32 | | 3 | 3 | | | | | | |
| | | ENG24006 | | | | | | | | | | | | | | |
| | | ENG24007 | 大学英语视听说（Ⅰ、Ⅱ）[English Listening and Speaking（Ⅰ、Ⅱ）] | 6 | 96 | 64 | 32 | | 3 | 3 | | | | | | |
| | | ENG24008 | | | | | | | | | | | | | | |
| | | MTH17003 | 工科数学分析（Ⅰ、Ⅱ）[Engineers（Ⅰ、Ⅱ）] | 12 | 192 | 192 | | | 6 | 6 | | | | | | |
| | | MTH17004 | | | | | | | | | | | | | | |
| | | MTH17012 | 线性代数 A（Linear Algebra A） | 3.5 | 56 | 56 | | | 3.5 | | | | | | | |
| | | MTH17037 | 概率与数理统计（Probability and Statistics） | 3 | 48 | 48 | | | | | 3 | | | | | |
| | | COM07001 | 大学计算机基础（Computer Fundamentals） | 2 | 32 | 24 | | 8 | 2 | | | | | | | |
| | | COM07003 | C 语言程序设计（C Programming Languages） | 3 | 48 | 32 | | 16 | | 3 | | | | | | |
| | | PHY17016 | 大学物理（Ⅰ、Ⅱ）[Physics（Ⅰ、Ⅱ）] | 8 | 128 | 128 | | | | 4 | 4 | | | | | |
| | | PHY17017 | | | | | | | | | | | | | | |

485

续表

| 课程类别 | 课程性质 | 课程代码 | 课程名称 | 学分 | 总学时 | 讲课学时 | 实验学时 | 上机学时 | 各学期平均周学时分配 | | | | | | | |
|---|---|---|---|---|---|---|---|---|---|---|---|---|---|---|---|---|
| | | | | | | | | | 1 | 2 | 3 | 4 | 5 | 6 | 7 | 8 |
| 公共基础 | 必修课 | PHY17018 PHY17019 | 物理实验B（Ⅰ,Ⅱ）[Physics Lab（Ⅰ,Ⅱ）] | 3 | 48 | 4 | 44 | | | 1 | 2 | | | | | |
| | | POI22003 | 思想道德修养与法律基础（Morals, Ethics and Law） | 3 | 48 | 32 | 16 | | 3 | | | | | | | |
| | | POI22001 | 中国近现代史纲要（Modern Chinese History） | 2 | 32 | 32 | | | 2 | | | | | | | |
| | | LAW23005 | 知识产权法基础（Law of Intellectual Property Rights） | 1 | 16 | 16 | | | 1 | | | | | | | |
| | | POI22004 | 大学生心理素质发展（Psychology Education） | 1 | 16 | 16 | | | | 1 | | | | | | |
| | | POI22002 | 毛泽东思想与中国特色社会主义理论体系概论（General Introduction to Mao Zedong Thought and Socialist Theory with Chinese Charateristics） | 4 | 64 | 48 | 16 | | | 4 | | | | | | |

续表

| 课程类别 | 课程性质 | 课程代码 | 课程名称 | 学分 | 总学时 | 讲课学时 | 实验学时 | 上机学时 | 各学期平均周学时分配 | | | | | | | |
|---|---|---|---|---|---|---|---|---|---|---|---|---|---|---|---|---|
| | | | | | | | | | 1 | 2 | 3 | 4 | 5 | 6 | 7 | 8 |
| 公共基础 | 必修课 | POL22017 | 马克思主义基本原理<br>(Basic Theory of Maxism) | 3 | 48 | 48 | | | | | 3 | | | | | |
| | | GEN96001 | 文献检索<br>(Document Retrieval) | 1 | 16 | 16 | | | | | 1 | | | | | |
| | | GYM32001<br>GYM32002<br>GYM32003<br>GYM32004 | 体育(Ⅰ~Ⅳ)<br>[Physical Education(Ⅰ~Ⅳ)] | 4 | 128 | 128 | | | 2 | 2 | 2 | 2 | | | | |
| | 选修课 | | 专项英语(4学分)<br>(English Electives) | 4 | 64 | 64 | | | | | 2 | 2 | | | | |
| | | | 通识教育课专项(6~8学分)<br>(General Education) 校公共选修课 | 6 | 96 | 96 | | | | 2 | 2 | 2 | 2 | | | |
| | | | 实验选修课专项(6~8学分)<br>(Lab Electives) | 6 | 96 | 32 | 64 | | | | | 2 | 2 | 2 | | |

续表

| 课程类别 | 课程性质 | 课程代码 | 课程名称 | 学分 | 总学时 | 讲课学时 | 实验学时 | 上机学时 | 各学期平均周学时分配 | | | | | | | |
|---|---|---|---|---|---|---|---|---|---|---|---|---|---|---|---|---|
| | | | | | | | | | 1 | 2 | 3 | 4 | 5 | 6 | 7 | 8 |
| 大类基础 | 必修课 | MTH17036 | 复变函数与积分变换 (Complex Variables and Integral Transformation) | 2 | 32 | 32 | | | | | | 2 | | | | |
| | | MTH17041 | 数理方程与特殊函数 (Equations of Mathematical Physics and Special Functions) | 2 | 32 | 32 | | | | | | 2 | | | | |
| | | MAC03002 | 工程制图基础 (Fundamentals of Engineering Drawing) | 2 | 32 | 32 | | | 2 | | | | | | | |
| | | INF05001 | 电子工艺实践 (Practice in Electronic Technology) | 1.5 | 24 | | 24 | | 1.5 | | | | | | | |
| | | ELC05009 | 电路分析基础A (Fundamentals of Circuits A) | 3.5 | 56 | 56 | | | | | 3.5 | | | | | |
| | | ELC05011 | 电路分析实验A (Electric Circuit Lab A) | 1 | 16 | | 16 | | | | 1 | | | | | |
| | | INF05008 | 电路仿真 (Circuit Simulation) | 1 | 16 | 8 | | 8 | | | 1 | | | | | |

续表

| 课程类别 | 课程性质 | 课程代码 | 课程名称 | 学分 | 总学时 | 讲课学时 | 实验学时 | 上机学时 | 各学期平均周学时分配 | | | | | | | |
|---|---|---|---|---|---|---|---|---|---|---|---|---|---|---|---|---|
| | | | | | | | | | 1 | 2 | 3 | 4 | 5 | 6 | 7 | 8 |
| 大类基础 | 必修课 | INF05057 | 数字收发通信模块原理与设计（Digital Transceiver Communication Module Theory and Design） | 1 | 16 | 16 | | | | | 1 | | | | | |
| | | COM05020 | 面向对象程序设计（Object-oriented Programming） | 2 | 32 | 24 | | 8 | | | 2 | | | | | |
| | | COM05113 | 数据结构与算法设计（C 描述）（Data Structure and Algorithm Design C） | 2 | 32 | 24 | | 8 | | | | 2 | | | | |
| | | INF05038 | 信号与系统 A（Signals and Systems A） | 4 | 64 | 56 | | 8 | | | | 4 | | | | |
| | | ELC05021 | 模拟电路基础（Fundamentals of Analog Circuits） | 3.5 | 56 | 56 | | | | | | 3.5 | | | | |
| | | ELC05022 | 模拟电路实验（Experiments in Analog Circuits） | 1.5 | 24 | | 16 | 8 | | | | 1.5 | | | | |

续表

| 课程类别 | 课程性质 | 课程代码 | 课程名称 | 学分 | 总学时 | 讲课学时 | 实验学时 | 上机学时 | 各学期平均周学时分配 ||||||||
|---|---|---|---|---|---|---|---|---|---|---|---|---|---|---|---|---|
| | | | | | | | | | 1 | 2 | 3 | 4 | 5 | 6 | 7 | 8 |
| 大类基础 | 必修课 | INF05018 | 控制理论基础（Fundamentals of Control Theory） | 3 | 48 | 40 | | 8 | | | | | 3 | | | |
| | | ELC05025 | 数字电路（Digital Electronics） | 3.5 | 56 | 56 | | | | | | | 3.5 | | | |
| | | INF05028 | 数字系统设计与实验（Design and Lab of Digital System） | 2 | 32 | 8 | 12 | 12 | | | | | 2 | | | |
| | | INF05005 | 电磁场理论（Theory of Electromagnetic Fields） | 4 | 64 | 60 | 4 | | | | | | 4 | | | |
| | | INF05029 | 数字信号处理（Digital Signal Processing） | 3 | 48 | 40 | | 8 | | | | | 3 | | | |
| | | INF05031 | 通信电路与系统（Communication Circuit and System） | 4 | 64 | 64 | | | | | | | 4 | | | |
| | | INF05032 | 通信电路与系统实验（Communication Circuit and System Lab） | 1.5 | 24 | | 16 | 8 | | | | | 1.5 | | | |

续表

| 课程类别 | 课程性质 | 课程代码 | 课程名称 | 学分 | 总学时 | 讲课学时 | 实验学时 | 上机学时 | 各学期平均周学时分配 | | | | | | | |
|---|---|---|---|---|---|---|---|---|---|---|---|---|---|---|---|---|
| | | | | | | | | | 1 | 2 | 3 | 4 | 5 | 6 | 7 | 8 |
| 大类基础 | 必修课 | INF05027 | 数字通信原理B (Principle of Digital Communication B) | 3 | 48 | 48 | | | | | | | | 3 | | |
| | | INF05033 | 微波工程导论 (Introduction to Microwave Engineering) | 3 | 48 | 44 | 4 | | | | | | | 3 | | |
| | | COM05017 | 计算机原理与应用 (Computer Principle and Application) | 3.5 | 56 | 40 | 16 | | | | | | | 3.5 | | |
| | | INF05042 | 信息系统与安全对抗理论 (Theory of Information System and Security Countermeasures) | 3 | 48 | 40 | | 8 | | | | | | 3 | | |
| 专业教育 | 必修课 | INF05040 | 信息网络技术 (Information Network Technology) | 2.5 | 40 | 32 | | 8 | | | | | | 2.5 | | |
| | | INF05041 | 信息系统安全与对抗技术 (Technology of Information System Security and Countermeasures) | 3 | 48 | 40 | | 8 | | | | | | | | 3 | |

续表

| 课程类别 | 课程性质 | 课程代码 | 课程名称 | 学分 | 总学时 | 讲课学时 | 实验学时 | 上机学时 | 各学期平均周学时分配 | | | | | | | |
|---|---|---|---|---|---|---|---|---|---|---|---|---|---|---|---|---|
| | | | | | | | | | 1 | 2 | 3 | 4 | 5 | 6 | 7 | 8 |
| 专业教育 | 必修课 | INF05037 | 无线电定位系统与技术（Radio Location System and Technology） | 2.5 | 40 | 38 | 2 | | | | | | | | 2.5 | |
| | | COM05004 | 操作系统原理（Operation System Principle） | 2.5 | 40 | 32 | | 8 | | | | | | | 2.5 | |
| | | COM05015 | 高性能嵌入式系统设计（High-performance Embedded System Designing） | 2 | 32 | 20 | 12 | | | | | | | | 2 | |
| | | INF05003 | 毕业设计(论文)[Design of Graduation(Thesis)] | 16 | 256 | | 256 | | | | | | | | | 16 |
| | 选修课 | INF05003 | 专业教育选修课(学分) | 4 | 64 | 64 | | | | | | | | 4 | | |
| 总计 | | | | 174.5 | 2 856 | 2 142 | 582 | 132 | 29 | 29 | 27.5 | 23 | 23 | 21 | 10 | 16 |

表 7.90　2009 版信息对抗技术专业实践周教学

| 课程代码 | 课程名称 | 内容 | 学分 | 学期 | 周数 | 周次 | 场所 |
|---|---|---|---|---|---|---|---|
| MIL98002 | 军事训练（Military Training） | 军事实践训练 | 1.5 | 1 | | | 校内外 |
| MIL98001 | 军事理论（Military Theory） | 军事理论教学 | 1 | 1 | 4 | 1—4 | 校内外 |
| POL22008 | 人文社会实践（Humanities） | 社会调查、研讨 | 2 | 2 | 2 | 暑假 | 校内外 |
| ELC05014 | 电子实习 I（MP3 制作）（Practice in Electronics I） | MP3 数码播放器制作 | 1 | 3 | 1 | | 本院 |
| ELC05050 | 电子实习 II（无线收发信机制作）（Practice in Electronics II） | 无线收发信机制作 | 1 | 3 | 1 | 1—3 | 本院 |
| INF05062 | 认知实习（Specialized Cognition） | 专业教育 | 1 | 3 | 1 | | 本院 |
| INF05058 | 课程设计 I（CPU 与汇编）（Project I） | 计算机软硬件设计与实践 | 3 | 5 | 3 | 1—3 | 本院 |
| INF05059 | 课程设计 II（数字电路）（Project II） | 数字电路课程设计 | 1 | 7 | 1 | | 本院 |
| INF05060 | 课程设计 III（通信电路）（Project III） | 通信电路课程设计 | 1 | 7 | 1 | 1—4 | 本院 |
| INF05101 | 毕业实习（网络攻防技术）（Graduation Internship） | 网络攻防技术实践 | 2 | 7 | 2 | | 本院 |
| 合计 | | | 14.5 | | | | |

表 7.91 2009 版信息对抗技术专业教育选修课

| 课程代码 | 课程名称 | 学分 | 学时 | 学期 | 学分要求 | 课程代码 | 课程名称 | 学分 | 学时 | 学期 | 学分要求 |
| --- | --- | --- | --- | --- | --- | --- | --- | --- | --- | --- | --- |
| INF05102 | 编译原理基础（Fundamentals of Compiling） | 3 | 48 | 6 | 选修 4 学分. （续右） | ELC05091 | 微电子与集成电路设计基础（Fundamentals of Microelectronics and Integrated Circuit Design） | 3 | 48 | 7 | （续左） |
| COM05107 | 算法分析与设计（Algorithm Analysis and Designing） | 2.5 | 40 | 6 | | INF05088 | 现代电子测量技术（Modern Electronic Measurement Techniques） | 2 | 32 | 7 | |
| COM05106 | 数据库原理与技术（Database Principles and Technology） | 2 | 32 | 6 | | INF05103 | 电子对抗技术（Electronic Countermeasure Technology） | 2 | 32 | 7 | |
| COM05105 | 软件工程设计与实践（Software Engineering Designing and Practice） | 2 | 32 | 6 | | INF05110 | 信息隐藏理论与技术（Theory and Technology of Information Hiding） | 2 | 32 | 7 | |
| INF05104 | 多核计算机体系结构（Multi-core Computer Architecture） | 2.5 | 40 | 6 | | INF05109 | 信息安全技术研讨（Information Security Technology Seminar） | 1 | 16 | 7 | |
| INF05094 | 信息论（Information Theory） | 2 | 32 | 6 | | COM05108 | 网络与多媒体计算技术（Network and Media Computing Technology） | 3 | 48 | 7 | |

续表

| 课程代码 | 课程名称 | 学分 | 学时 | 学期 | 学分要求 |
|---|---|---|---|---|---|
| COM05065 | 数字图像处理（Digital Image Processing） | 3 | 48 | 6 | 选修4学分.（续右） |
| INF05030 | 随机信号分析（Statistical Digital Signal Analysing） | 3 | 48 | | |
| INF05076 | 信号检测与估计（Signal Detection and Estimation） | 3 | 48 | 7 | （续左） |
| INF05075 | 现代谱估计导论（Introduction to Modern Spectral Estimation） | 3 | 48 | 7 | |

表7.92 2013版信息对抗技术专业培养方案构成

| 课程类别 | | 最低毕业要求 | | |
|---|---|---|---|---|
| | | 总学分 | 总学时 | 学分比例/% |
| 公共基础课 | 必修 | 67.5 | 1 080 | 35.6 |
| | 选修 | 12 | 192 | 6.3 |
| 大类基础课 | 必修 | 62 | 992 | 32.7 |
| 专业课 | 选修 | 0 | 0 | 0 |
| 课程教学（含实验） | 选修 | 19.5 | 312 | 10.3 |

续表

| 课程类别 | 最低毕业要求 | | 学分比例/% |
|---|---|---|---|
| | 总学分 | 总学时 | |
| 实践环节 | 24.5 | 30周 | 12.9 |
| 创新创业学分 | 4 | 4周 | 2.2 |
| 合计 | 189.5 | 2 576＋34周 | 100 |

表 7.93 2013 版信息对抗技术专业培养方案中各类别环节比例

| 培养环节类别 | 总学分 | 总学时 | 学分比例/% | 培养环节类别标志 |
|---|---|---|---|---|
| 数学与自然科学类课程 | 33.5 | 536 | 17.7 | A |
| 人文社会科学类通识教育课程 | 38 | 608 | 20.0 | B |
| 工程基础类课程<br>专业基础类课程<br>专业类课程 | 75 | 1 208 | 39.6 | C |
| 工程实践与毕业设计（论文） | 43 | 折合43周 | 22.7 | D |
| 总计 | 189.5 | 2 352＋43周 | 100 | |

## 第七章 专业与本科人才培养

表 7.94 2013 版信息对抗技术专业课程教学（含实验）计划

| 课程类别 | 课程性质 | 课程代码 | 课程名称 | 学分 | 总学时 | 讲课学时 | 实验学时 | 上机学时 | 各学期平均周学时分配 ||||||||  培养环节类别标志 | 备注 |
|---|---|---|---|---|---|---|---|---|---|---|---|---|---|---|---|---|---|---|
| | | | | | | | | | 1 | 2 | 3 | 4 | 5 | 6 | 7 | 8 | | |
| 公共基础课程 | 必修课 | ENG24005 ENG24006 | 大学英语（Ⅰ，Ⅱ）（普通班，G）[College English（Ⅰ，Ⅱ）] | 6 | 96 | 64 | 32 | | 3 | 3 | | | | | | | B | |
| | | ENG24007 ENG24008 | 大学英语视听说（Ⅰ，Ⅱ）（普通班，G）[English Listening and Speaking（Ⅰ，Ⅱ）] | 6 | 96 | 64 | 32 | | 3 | 3 | | | | | | | B | |
| | | MTH17003 MTH17004 | 工科数学分析（Ⅰ，Ⅱ）[Mathematical Analysis for Engineers（Ⅰ，Ⅱ）] | 12 | 192 | 192 | | | 6 | 6 | | | | | | | A | |

续表

| 课程类别 | 课程性质 | 课程代码 | 课程名称 | 学分 | 总学时 | 讲课学时 | 实验学时 | 上机学时 | 各学期平均周学时分配 | | | | | | | | 培养环节类别标志 | 备注 |
|---|---|---|---|---|---|---|---|---|---|---|---|---|---|---|---|---|---|---|
| | | | | | | | | | 1 | 2 | 3 | 4 | 5 | 6 | 7 | 8 | | |
| 公共基础课程 | 必修课 | MTH17012 | 线性代数 A (Linear Algebra A) | 3.5 | 56 | 56 | | | 3.5 | | | | | | | | A | |
| | | MTH17037 | 概率与数理统计 (Probability and Statistics) | 3 | 48 | 48 | | | | | 3 | | | | | | A | |
| | | COM07001 | 大学计算机基础 (Computer Fundamentals) | 2 | 32 | 24 | | 8 | 2 | | | | | | | | C | |
| | | COM07003 | C语言程序设计 (C Programming Language) | 3 | 48 | 32 | | 16 | | 3 | | | | | | | C | |
| | | PHY17016 PHY17017 | 大学物理(Ⅰ,Ⅱ) [Physics(Ⅰ,Ⅱ)] | 8 | 128 | 128 | | | | 4 | 4 | | | | | | A | |
| | | PHY17018 PHY17019 | 物理实验 B (Ⅰ、Ⅱ) [Physics Lab B (Ⅰ、Ⅱ)] | 3 | 48 | 4 | 44 | | | 1 | 2 | | | | | | A | |

续表

| 课程类别 | 课程性质 | 课程代码 | 课程名称 | 学分 | 总学时 | 讲课学时 | 实验学时 | 上机学时 | 各学期平均周学时分配 ||||||||  培养环节类别标志 | 备注 |
|---|---|---|---|---|---|---|---|---|---|---|---|---|---|---|---|---|---|---|
| | | | | | | | | | 1 | 2 | 3 | 4 | 5 | 6 | 7 | 8 | | |
| 公共基础课程 | 必修课 | POL22003 | 思想道德修养与法律基础（Morals, Ethics and Law） | 3 | 48 | 32 | 16 | | 3 | | | | | | | | B | |
| | | POL22001 | 中国近现代史纲要（Modern Chinese History） | 2 | 32 | 32 | | | 2 | | | | | | | | B | |
| | | LAW23005 | 知识产权法基础（Law of Intellectual Property Rights） | 1 | 16 | 16 | | | 1 | | | | | | | | B | |
| | | POL22004 | 大学生心理素质发展（Psychology Education） | 1 | 16 | 16 | | | | 1 | | | | | | | B | |

续表

| 课程类别 | 课程性质 | 课程代码 | 课程名称 | 学分 | 总学时 | 讲课学时 | 实验学时 | 上机学时 | 各学期平均周学时分配 ||||||||  培养环节类别标志 | 备注 |
|---|---|---|---|---|---|---|---|---|---|---|---|---|---|---|---|---|---|---|
| | | | | | | | | | 1 | 2 | 3 | 4 | 5 | 6 | 7 | 8 | | |
| 公共基础课程 | 必修课 | POL22002 | 毛泽东思想与中国特色社会主义理论体系概论（General Introduction to Mao Zedong Thought and Socialist Theory with Chinese Characteristics） | 4 | 64 | 48 | 16 | | | 4 | | | | | | | B | |
| | | POL22017 | 马克思主义基本原理（Basic Theory of Marxism） | 3 | 48 | 48 | | | | | 3 | | | | | | B | |
| | | GEN96001 | 文献检索（Document Retrieval） | 1 | 16 | 16 | | | | | 1 | | | | | | D | |

续表

| 课程类别 | 课程性质 | 课程代码 | 课程名称 | 学分 | 总学时 | 讲课学时 | 实验学时 | 上机学时 | 各学期平均周学时分配 ||||||||  | 培养环节类别标志 | 备注 |
|---|---|---|---|---|---|---|---|---|---|---|---|---|---|---|---|---|---|---|
| | | | | | | | | | 1 | 2 | 3 | 4 | 5 | 6 | 7 | 8 | | |
| 公共基础课程 | 必修课 | GYM32001<br>GYM32002<br>GYM32003<br>GYM32004 | 体育（Ⅰ～Ⅳ）<br>(Gym(Ⅰ～Ⅳ)) | 4 | 128 | 128 | | | 1 | 1 | 1 | 1 | | | | | B | |
| | | | 形势与政策<br>(Policy and Political Situation) | 2 | 32 | 32 | | | | | | | | | | | B | |
| | 选修课 | | 专项英语<br>(English Electives) | 4 | 64 | 64 | | | | | 2 | 2 | | | | | B(2)/D(2) | |
| | | | 通识教育课专项<br>(General Education) | 4 | 64 | 64 | | | | | 2 | 2 | | | | | B | |
| | | | 实验选修课专项<br>(Lab Electives) | 4 | 64 | | 64 | | | | | 2 | 2 | | | | D | |

校公共选修课

续表

| 课程类别 | 课程性质 | 课程代码 | 课程名称 | 学分 | 总学时 | 讲课学时 | 实验学时 | 上机学时 | 各学期平均周学时分配 ||||||||  培养环节类别标志 | 备注 |
|---|---|---|---|---|---|---|---|---|---|---|---|---|---|---|---|---|---|---|
| | | | | | | | | | 1 | 2 | 3 | 4 | 5 | 6 | 7 | 8 | | |
| 大类基础课程 | 必修课 | MAC03002 | 工程制图基础（Fundamentals of Engineering Drawing） | 2 | 32 | 32 | | | 2 | | | | | | | | C | |
| | | INF05001 | 电子工艺实践（Practice in Electronic Technology） | 1.5 | 24 | | 24 | | 1.5 | | | | | | | | D | |
| | | COM05114 | 信息与电子专业导论（Professional Introduction for Information and Electronics Major） | 1 | 16 | 16 | | | | 1 | | | | | | | C | |
| | | ELC05009 | 电路分析基础A（Fundamentals of Electric Circuits A） | 3.5 | 56 | 56 | | | | | 3.5 | | | | | | C | |

续表

| 课程类别 | 课程性质 | 课程代码 | 课程名称 | 学分 | 总学时 | 讲课学时 | 实验学时 | 上机学时 | 各学期平均周学时分配 ||||||||  | 培养环节类别标志 | 备注 |
|---|---|---|---|---|---|---|---|---|---|---|---|---|---|---|---|---|---|---|
| | | | | | | | | | 1 | 2 | 3 | 4 | 5 | 6 | 7 | 8 | | |
| 大类基础课程 | 必修课 | ELC05011 | 电路分析实验A（Electric Circuit Lab A） | 1 | 16 | | 16 | | | | 1 | | | | | | C | |
| | | INFO5008 | 电路仿真（Circuit Simulation） | 1 | 16 | 8 | | 8 | | | 1 | | | | | | D | |
| | | MTH17036 | 复变函数与积分变换（Complex Function and Integral Transform） | 2 | 32 | 32 | | | | | | 2 | | | | | A | |
| | | MTH17041 | 数理方程与特殊函数（Equations of Mathematical Physics and Special Function） | 2 | 32 | 32 | | | | | | 2 | | | | | A | |

续表

| 课程类别 | 课程性质 | 课程代码 | 课程名称 | 学分 | 总学时 | 讲课学时 | 实验学时 | 上机学时 | 各学期平均周学时分配 ||||||||  | 培养环节类别标志 | 备注 |
|---|---|---|---|---|---|---|---|---|---|---|---|---|---|---|---|---|---|---|
| | | | | | | | | | 1 | 2 | 3 | 4 | 5 | 6 | 7 | 8 | | |
| 大类基础课程 | 必修课 | COM05113 | 数据结构与算法设计（C描述）(Data Structure and Algorithm Design C++) | 2 | 32 | 24 | | 8 | | | | 2 | | | | | C | |
| | | INF05135 | 信号与系统 (Signals and Systems) | 3.5 | 56 | 56 | | | | | | 3.5 | | | | | C | |
| | | INF05134 | 信号与系统实验 (Signals and Systems Lab) | 1 | 16 | | | 16 | | | | 1 | | | | | C | |
| | | ELC05021 | 模拟电路基础 (Fundamentals of Analog Circuits) | 3.5 | 56 | 56 | | | | | | 3.5 | | | | | C | |
| | | ELC05022 | 模拟电路实验 (Analog Circuits Lab) | 1.5 | 24 | | 16 | 8 | | | | 1.5 | | | | | C | |
| | | ELC05025 | 数字电路 (Digital Electronics) | 3.5 | 56 | 56 | | | | | | | 3.5 | | | | C | |

续表

| 课程类别 | 课程性质 | 课程代码 | 课程名称 | 学分 | 总学时 | 讲课学时 | 实验学时 | 上机学时 | 各学期平均周学时分配 ||||||||  培养环节类别标志 | 备注 |
|---|---|---|---|---|---|---|---|---|---|---|---|---|---|---|---|---|---|---|
| | | | | | | | | | 1 | 2 | 3 | 4 | 5 | 6 | 7 | 8 | | |
| 大类基础课程 | 必修课 | INF05028 | 数字系统设计与实验（Digital System Design and Experiment） | 2 | 32 | 8 | 12 | 12 | | | | | 2 | | | | C | |
| | | INF05005 | 电磁场理论（Theory of Electromagnetic Fields） | 4 | 64 | 60 | 4 | | | | | | 4 | | | | C | |
| | | INF05029 | 数字信号处理（Digital Signal Processing） | 3 | 48 | 40 | | 8 | | | | | 3 | | | | C | |
| | | INF05058 | 课程设计Ⅰ（CPU与汇编）[Project I (CPU and Assembly Language)] | 3 | 48 | 24 | | 24 | | | | | 3 | | | | C | |

续表

| 课程类别 | 课程性质 | 课程代码 | 课程名称 | 学分 | 总学时 | 讲课学时 | 实验学时 | 上机学时 | 各学期平均周学时分配 ||||||||  培养环节类别标志 | 备注 |
|---|---|---|---|---|---|---|---|---|---|---|---|---|---|---|---|---|---|---|
| | | | | | | | | | 1 | 2 | 3 | 4 | 5 | 6 | 7 | 8 | | |
| 大类基础课程 | 必修课 | INF05031 | 通信电路与系统（Communication Circuit and System） | 4 | 64 | 64 | | | | | | | 4 | | | | C | |
| | | INF05032 | 通信电路与系统实验（Experiments in Communication Circuit and System） | 1.5 | 24 | | 16 | 8 | | | | | 1.5 | | | | C | |
| | | INF05018 | 控制理论基础（Fundamentals of Control Theory） | 3 | 48 | 40 | | 8 | | | | | | | 3 | | | C | |
| | | INF05034 | 微波工程导论（Introduction to Microwave Engineering） | 3 | 48 | 44 | 4 | | | | | | | | 3 | | | C | |
| | | INF05027 | 数字通信原理B（Principle of Digital Communication B） | 3 | 48 | 48 | | | | | | | | | 3 | | | C | |

续表

| 课程类别 | 课程性质 | 课程代码 | 课程名称 | 学分 | 总学时 | 讲课学时 | 实验学时 | 上机学时 | 各学期平均周学时分配 | | | | | | | | 培养环节类别标志 | 备注 |
|---|---|---|---|---|---|---|---|---|---|---|---|---|---|---|---|---|---|---|
| | | | | | | | | | 1 | 2 | 3 | 4 | 5 | 6 | 7 | 8 | | |
| 大类基础课程 | 必修课 | COM05017 | 计算机原理与应用（Computer Principle and Application） | 3.5 | 56 | 40 | 16 | | | | | | | 3.5 | | | C | |
| | | MAC03027 | 制造技术基础训练（Basic Training of Manufacture） | 2 | 32 | | 32 | | | | | | | 2 | 1 | | D | |
| 专业课程 | 必修课 | INF05163 | 工程概论（Engineering Generality） | 1 | 16 | 16 | | | | | 2 | | | | | | D | |
| | 成组必修 | | | 19.5 | 312 | | | | | | | | | 9.5 | 12 | | C(17.5)/D(2.0) | |
| | 选修课 | | 按照总学分要求任意选择 | | | | | | | | | | | | | | | |
| 总计 | | | | 161 | 2 640 | 1 860 | 344 | 124 | 28 | 27 | 25.5 | 22.5 | 23 | 24 | 13 | 0 | | |

表 7.95　2013 版信息对抗技术专业专业课程（含实验）计划

| 课程代码 | 课程名称 | 学分 | 学时 | 理论学时 | 实验学时 | 学期 | 学分要求 | 开课专业 | 培养环节类别标志 |
|---|---|---|---|---|---|---|---|---|---|
| COM05020 | 面向对象程序设计（Object-oriented programming） | 2 | 32 | 24 | 8 | 3 | 必修（17.5学分） | 本专业 | C(1.5)/D(0.5) |
| INF05042 | 信息系统安全对抗理论（Theory of Information System and Security Countermeasures） | 3 | 48 | 40 | 8 | 6 | | 本专业 | C(2.5)/D(0.5) |
| INF05040 | 信息网络技术（Information Network Technology） | 2.5 | 40 | 32 | 8 | 6 | | 本专业 | C(2)/D(0.5) |
| INF05041 | 信息系统安全与对抗技术（Information System Security and Countermeasures Technology） | 3 | 48 | 40 | 8 | 7 | | 本专业 | C(2.5)/D(0.5) |
| INF05037 | 无线电定位系统与技术（Radio Location System and Technology） | 2.5 | 40 | 38 | 2 | 7 | | 本专业 | C |
| COM05004 | 操作系统原理（Operating System Principles） | 2.5 | 40 | 32 | 8 | 7 | | 本专业 | C |
| COM05015 | 高性能嵌入式系统设计（High-performance Embedded System Designing） | 2 | 32 | 20 | 12 | 7 | | 本专业 | C |

第七章 专业与本科人才培养

续表

| 课程代码 | 课程名称 | 学分 | 学时 | 理论学时 | 实验学时 | 学期 | 学分要求 | 开课专业 | 培养环节类别标志 |
|---|---|---|---|---|---|---|---|---|---|
| INF05102 | 编译原理基础（Fundamentals of Compiling） | 3 | 48 | 32 | 16 | 6 | | 本专业 | C |
| COM05107 | 算法分析与设计（Algorithm Analysis and Designing） | 2 | 32 | 24 | 8 | 6 | | 本专业 | C |
| COM05106 | 数据库原理与技术（Database Principles and Technology） | 2 | 32 | 24 | 8 | 6 | | 本专业 | C |
| COM05105 | 软件工程设计与实践（Software Engineering Designing and Practice） | 2 | 32 | 32 | | 6 | 选修（4学分） | 本专业 | C |
| INF05104 | 多核计算机体系结构（Multi-core Computer Architecture） | 3 | 48 | 32 | 16 | 6 | | 本专业 | C |
| INF05094 | 信息论（Information Theory） | 2 | 32 | 32 | | 6 | | 本专业 | C |
| INF05088 | 现代电子测量技术（Modern Electronic Measurement Techniques） | 2 | 32 | 32 | | 7 | | 本专业 | C |
| COM05065 | 数字图像处理（Digital Image Processing） | 3 | 48 | 40 | 8 | 6 | | 本专业 | C |

续表

| 课程代码 | 课程名称 | 学分 | 学时 | 理论学时 | 实验学时 | 学期 | 学分要求 | 开课专业 | 培养环节类别标志 |
|---|---|---|---|---|---|---|---|---|---|
| INF05103 | 电子对抗技术（Electric Countermeasure Technology） | 2 | 32 | 32 | | 7 | 选修（4学分） | 本专业 | C |
| INF05110 | 信息隐藏理论与技术（Theory and Technology of Information Hiding） | 2 | 32 | 32 | | 7 | | 本专业 | C |
| INF05109 | 信息安全技术研讨（Information Security Technology Discussion） | 1 | 16 | 16 | | 7 | | 本专业 | C |
| COM05108 | 网络与媒体计算技术（Network and Media Computing Technology） | 3 | 48 | 48 | | 7 | | 本专业 | C |
| INF05076 | 信号检测与估计（Signal Detection and Estimation） | 3 | 48 | 40 | 8 | 7 | | 本专业 | C |
| INF05075 | 现代谱估计导论（Introduction to Modern Spectral Estimation） | 3 | 48 | 40 | 8 | 7 | | 本专业 | C |

续表

| 课程代码 | 课程名称 | 学分 | 学时 | 理论学时 | 实验学时 | 学期 | 学分要求 | 开课专业 | 培养环节类别标志 |
|---|---|---|---|---|---|---|---|---|---|
| INF05156 | 通信与网络系统前沿技术（Frontiers in Communication and Network Systems） | 1 | 16 | 16 | | 6 | 可选 | 本专业 | C |
| INF05155 | 电子信息系统前沿关键技术（Frontiers in Electronic Information Systems） | 1 | 16 | 16 | | 6 | | 本专业 | C |
| 合计 | | 52.5 | 840 | 714 | 126 | | 21.5 | | |

电子信息类专业秉承高度弹性灵活、模块化的人才培养模式，施行适应拔尖创新人才、高素质专业人才以及复合型人才都有充分发展空间的培养方案。自1997年学院开始对电子信息类本科生实行宽口径、厚基础的培养模式开始，打通了公共基础和大类专业基础课程，建立了面向电子信息大类培养的基础课程、专业课程、实践能力训练课程三大课程模块（表7.21），构建了基于三大课程模块的"基本层次"（表7.22）和"高端层次"（表7.23）课程体系。在前5个学期修学基本相同的课程模块，在第五学期和第六学期根据专业和专业方向任选修或必修成组的专业课程（各专业有差异），并在完成基本数学与自然科学类培养环节、工程基础、专业基础、专业课程培养环节的基础上，着重工程实践、工程人文素质、创新能力的培养。

学生根据自己的兴趣、爱好和特长在大类（电子信息大类）内自由确定主修专业（电子信息工程、电子科学与技术、通信工程、信息对抗技术），在培养过程中尊重学生的个性化差异，以高弹性、模块化的课程体系为保证，建立了4类人才培养路线图，如表7.24所示。

学生最低毕业学分：167学分，如表7.96和表7.97所示。

2016版信息对抗技术专业课程教学（含实践环节）计划是在表7.27的基础上，增加本专业的成组专业课，如表7.98所示。

表7.96  2016版信息对抗技术专业培养方案构成

| 课程类别 | | | 最低毕业要求 | | |
|---|---|---|---|---|---|
| | | | 总学分 | 总学时 | 学分比例/% |
| 课程教学（含实验） | 公共基础课 | 必修 | 55.5 | 962 | 33.23 |
| | | 选修 | 6 | 96 | 3.59 |
| | 大类基础课 | 必修 | 44 | 792 | 26.35 |
| | | 选修 | 0 | 0 | 0 |
| | 专业课 | 必修 | 12.75 | 224 | 7.63 |
| | | 选修 | | | |
| 实践环节 | | | 48.75 | 1 614 | 29.19 |
| 合计 | | | 167 | 3 688 | 100 |

表 7.97 2016 版信息对抗技术专业培养方案中各类别环节比例

| 培养环节类别 | 总学分 | 总学时 | 学分比例/% | 培养环节类别标志 |
|---|---|---|---|---|
| 数学与自然科学类课程 | 32.5 | 552 | 19.46 | A |
| 工程基础类课程<br>专业基础类课程<br>专业类课程 | 59.25 | 1 160 | 35.48 | B |
| 工程实践与毕业设计（论文） | 37.75 | 1 208 | 22.6 | C |
| 人文社会科学类通识教育课程 | 37.5 | 768 | 22.46 | D |
| 总计 | 167 | 3 688 | 100 | |

表 7.98 2016 版信息对抗技术专业专业课程（含实践环节）计划

| 课程代码 | 课程名称 | 学分 | 学时 | 理论学时 | 实验学时 | 学期 | 学分要求 | 开课专业 | 培养环节类别标志 | 模块与层次标志 |
|---|---|---|---|---|---|---|---|---|---|---|
| 100058201 | 信息网络 | 2.5 | 48 | 32 | 16 | 3 | 必修12.75学分 | 本专业 | B | Az |
| 100058302 | 操作系统原理 | 2.25 | 40 | 32 | 8 | 4 | | 本专业 | B | Az |
| 100058403 | 信息系统与安全对抗理论 | 2.75 | 48 | 40 | 8 | 5 | | 本专业 | B | Az |
| 100058404 | 信息系统安全与对抗技术 | 2.75 | 48 | 40 | 8 | 6 | | 本专业 | B | Az |
| 100058405 | 无线电定位系统与技术 | 2.5 | 40 | 38 | 2 | 6 | | 本专业 | B | Az |
| | 合计 | 12.75 | 224 | 182 | 42 | | | | | |

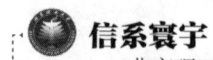

## 7.5 电子中英班

北京理工大学与英国中央兰开夏大学合作举办的电子工程外国学士学位教育项目（中外合作办学许可证编号：MOE11GB2A19980919O，以下简称电子工程中英班或中英班），是我校经教育部批准的为数不多的工科类中外合作办学项目之一。作为我校乃至全国最早开始的一批中外合作办学项目，电子工程中英班率先打开了我校教育国际化的大门，构建了中西方教育交流的桥梁，为我校追求更高水平的合作办学提供了丰富的经验。项目在运行过程中，充分发挥了教育改革试验田作用，借鉴境外高校通识教育体系等发达国家先进教育理念和经验，建立了工程类课程新体系。深刻践行"请进来"和"走出去"，成为我校全英文国际班教学的先导。

### 7.5.1 历史沿革

北京理工大学与英国中央兰开夏大学的合作始于 1993 年的教师培训，之后两校在信息与通信工程、电子科学与技术、网络安全与对抗等学科方向上进行了卓有成效的深度交流。

电子工程中英班合作办学项目创始人为时任电子工程系副主任的梅文博教授和英国中央兰开夏大学工学院电子工程系责任教授 Lik – Kwan Shark。1993 年，在"一国两制"政策的启发下，二人提出"一校两办"的理念，依据英国大学三年本科学制，建立起"2 + 1"（两年中国 + 一年英国）独特的联合教育模式，创办和领导了第一个中英联合学士课程，开辟了一条全新的国际教育道路，使中国学生可以在国内读完两年英式的学士课程后到英国读最后一年。

1998 年北京理工大学采纳了这个联合教育模式，经原中国兵器工业总公司批准，北京理工大学与英国中央兰开夏大学合作举办中方非学历教育，旨在拓展兵工高校对外合作与交流。后由北京市教育委员会审核批准该合作办学项目，并在原国家教育委员会备案，同年9月开始招收第一届学生，成为北京理工大学第一个中外合作办学项目。

2004 年，我校提交了该项目的复核申请，并于 2008 年获教育部批复核准，许可证编号：PDE11GB4N199804690。

2010 年举办了中外合作办学十周年庆典，中英双方进行了电子工程合作办学项目协议的续签。我校党委书记赵长禄、英国中央兰开夏大学副校长 Angela

Murphy 出席了此次庆典。

2013年，我校提交了变更项目办学性质为学位教育项目，同年获教育部批复核准，批准书编号：MOE11GB2A199809190。

2018年举办合作办学20周年庆典，我校副校长龙腾、英国中央兰开夏大学高级副校长 Liz Bromley 出席此次庆典。中英双方就新时期下的合作深化与拓展达成共识。

2019年教育部批准电子工程中英班项目实行"2+1"和"3+0"双培养模式招生，两种组合式培养模式的存在，有利于为不同类型人才的培养"量体裁衣"。

2019年教育部批准扩招，招生人数由60人增加至90人。

### 7.5.2 专业特色与培养目标

项目办学宗旨为"融合教育优势，培养复合、国际型高素质人才"。项目结合中外两校各自优势高质量实施办学，培养和开发学生在电子与信息领域的创新与革新思想，培养和发展学生成为电子工程师和电子信息管理者所具备的知识与技能。

根据2019年教育部的批准，电子工程中英班项目采用"2+1"和"3+0"两种培养模式。在"2+1"模式下，学生前两年在北京理工大学信息与电子学院学习，成绩合格并获得签证后，第三年到英国中央兰开夏大学工程学院学习；在"3+0"模式下，学生在三年本科学习期间，完全在北京理工大学全日制学习。学生完成学业后，将获得英国中央兰开夏大学本科学士学位证书［BEng（Hons）］和北京理工大学信息与电子学院提供的课程结业证明。

项目明确了"发挥特色优势、重视教学质量、培养国际化复合型人才"的办学定位。北京理工大学与英国中央兰开夏大学在合作办学过程中，积极引进英方大学优质教育资源，发挥英方大学电子工程专业的传统特色优势，引入多元化教育理念，形成该合作项目独有的高质量教学和专业特色。在办学过程中，逐渐创建北京理工大学与英国中央兰开夏大学合作办学品牌，为后续国内外合作办学项目的开展以及国际班的建立提供借鉴和支持。

### 7.5.3 培养方案

依据教育部对中外合作办学的整体要求，中英双方经过认真讨论，在满足教育部"四个三分之一"的前提下，制定了培养方案（表7.99）。

表 7.99 培养方案

| 序号 | 课程性质 | 课程类别 | 课程代码 | 课程名称 | 学时 | 学分 | 开课学年 | 任课教师 | 开设地点 | 核心课程 | 是否引进外方课程 | 备注 |
|---|---|---|---|---|---|---|---|---|---|---|---|---|
| 1 | 必修 | 公共课 | EL1211 | 工程数学 | 78 | 20 | 1 | 中方 | 中方 | 否 | 是 | |
| 2 | | 实践课 | EL1205 | 电子工程实践 | 76 | 20 | 1 | 中方 | 中方 | 否 | 是 | |
| 3 | | 专业基础课 | EL1241 | 模拟电子电路 | 76 | 20 | 1 | 中方 | 中方 | 是 | 是 | |
| 4 | | 专业核心课 | EL1242 | 数字电子电路 | 80 | 20 | 1 | 中方 | 中方 | 是 | 是 | |
| 5 | | 专业基础课 | EL1311 | 软件开发Ⅰ | 72 | 20 | 1 | 中方 | 中方 | 否 | 是 | |
| 6 | | 公共课 | EF1218 | 中级英语专项 | 74 | 20 | 1 | 外方 | 中方 | 否 | 是 | |
| 7 | | 专业基础课 | EL2105 | 信号分析与处理 | 78 | 20 | 2 | 中方 | 中方 | 是 | 是 | |
| 8 | | 实践课 | EL2205 | 电子系统应用 | 70 | 20 | 2 | 中方 | 中方 | 否 | 是 | |
| 9 | | 专业基础课 | EL2241 | 电子系统 | 76 | 20 | 2 | 中方 | 中方 | 是 | 是 | |
| 10 | | | EL2242 | 数字系统 | 72 | 20 | 2 | 中方 | 中方 | 是 | 是 | |
| 11 | | 公共课 | EF2318 | 高等中级英语专项 | 76 | 20 | 2 | 外方 | 中方 | 否 | 是 | |

续表

| 序号 | 课程性质 | 课程类别 | 课程代码 | 课程名称 | 学时 | 学分 | 开课学年 | 任课教师 | 开设地点 | 核心课程 | 是否引进外方课程 | 备注 |
|---|---|---|---|---|---|---|---|---|---|---|---|---|
| 12 | 选修 | 专业课 | EL2006 | 数据通信 | 74 | 20 | 2 | 中方 | 中方 | 是 | 是 | 任选一门 |
| 13 | | | EL2311 | 软件开发Ⅱ | 72 | 20 | 2 | 外方 | 中方 | 是 | 是 | |
| 14 | | | EL2015 | 人工神经网络 | 72 | 20 | 2 | 外方 | 中方 | 是 | 是 | |
| 15 | | | EL2104 | 控测技术 | 76 | 20 | 2 | 外方 | 中方 | 是 | 是 | |
| 16 | | | EL2243 | 嵌入式系统设计 | 72 | 20 | 2 | 外方 | 中方 | 是 | 是 | |
| 17 | | | EL2245 | 电子计算机设计自动化（ECAD） | 74 | 20 | 2 | 外方 | 中方 | 是 | 是 | |
| 18 | | | EL2007 | 机器人系统 | 70 | 20 | 2 | 外方 | 中方 | 是 | 是 | |
| 19 | 必修 | | EL3990/9 | 毕业设计A/B | 80 | 20/40 | 3 | 外方 | 外方 | 是 | 是 | 必选至少一门 |
| 20 | | | EL3241 | 电子系统 | 74 | 20 | 3 | 外方 | 外方 | 是 | 是 | |
| 21 | | | EL3245 | 集成电路设计 | 74 | 20 | 3 | 外方 | 外方 | 是 | 是 | |
| 22 | | | EL3242 | 数字系统 | 78 | 20 | 3 | 外方 | 外方 | 是 | 是 | |

续表

| 序号 | 课程性质 | 课程类别 | 课程代码 | 课程名称 | 学时 | 学分 | 开课学年 | 任课教师 | 开设地点 | 核心课程 | 是否引进外方课程 | 备注 |
|---|---|---|---|---|---|---|---|---|---|---|---|---|
| 23 | 选修 | 专业课 | EL3102 | 控制系统 | 72 | 20 | 3 | 外方 | 外方 | 是 | 是 | 任选三门 |
| 24 | | | EL3103 | 数字信号处理 | 72 | 20 | 3 | 外方 | 外方 | 是 | 是 | |
| 25 | | | EL3105 | 计算机视觉 | 72 | 20 | 3 | 外方 | 外方 | 否 | 是 | |
| 26 | | | EL3121 | 通信工程 | 72 | 20 | 3 | 外方 | 外方 | 是 | 是 | |
| 27 | | | EL3122 | 数字图像处理 | 72 | 20 | 3 | 外方 | 外方 | 是 | 是 | |
| 28 | | | EL3243 | 嵌入式实时系统 | 72 | 20 | 3 | 外方 | 外方 | 是 | 是 | |
| 29 | | | EL3244 | 可编程片上系统 | 72 | 20 | 3 | 外方 | 外方 | 是 | 是 | |
| 30 | | | EL3425 | 计算辅助测量 | 72 | 20 | 3 | 外方 | 外方 | 否 | 是 | |
| 31 | | | EL3428 | 机器人与机电一体化 | 72 | 20 | 3 | 外方 | 外方 | 否 | 是 | |

### 7.5.4 师资安排与培训

在师资配备方面，目前电子工程中英班拥有一支结构合理且稳定的本学科师资队伍，绝大多数教师都拥有博士或硕士学位以及国外留学背景。在项目管理方面，最初由已经退休的尚洪臣、程震先两位老师负责，从招生到学生毕业，两位老先生事无巨细，鞠躬尽瘁，带领中英班一步步走向成熟。目前任课师资队伍成员包括：我院教师刘家康、马建军、王晓华、赵宏图、丁志杰、吴浩、马志峰、聂振钢，数学学院方丽萍，外国语学院郭瑞、专职外教 Victoria。管理组成员包括项目主管领导司黎明，中方课程负责人刘家康，课程督导沈庭芝，项目助理刘振宇，年级班主任田东、高平，专职干事孙佳伟。大部分教师自项目创办之初便参与进来，与中英班风风雨雨走过了 20 多年的历史，送走一批又一批的学生。值得一提的是，我院信号与处理方向沈庭芝教授，退休前一直担任中英班信号与信息处理课程的主讲教师，退休后一直关注中英班的发展，自 2018 年开始，再次进入项目管理组担任课程督导。已经 76 岁的沈教授依然充满了正能量，经常与学生促膝谈心，鼓励学生努力学习，为处于迷茫期的孩子指引方向。近年来，中英班也着力于吸收新鲜血液，优秀青年教师也开始加入进来。

项目自成立以来，中英双方教师在互访方面几乎从未间断，每年均选派 2~3 名教师赴英方进行课程培训，双方教师交流互访，切实提升了我校教师全英文教学能力，此举对学院近年来开展双语教学和举办全英文专业打下了坚实的基础，接受培训的老师也成为我院全英文教学的中坚力量。

### 7.5.5 教学运行与课程安排

中英班的教学管理由合作双方所派代表组成的北京理工大学与英国中央兰开夏大学合作举办电子工程专业学士学位教育项目管理组（以下简称项目管理组）负责，由项目管理组制定与中英班相关的规章制度及发展规划等。教学按照合作双方教学优势的教学方法进行，所有的课程均为面授，采用全英文教材，中方教师用中英文混合教学。课程完全按照教育部"四个三分之一"的总要求安排，为保证项目质量，合作双方共同设计教学大纲、挑选教材，进行教学质量的评估及改进，项目管理组可以预先检查并核实双方的教学设施。课程涉及电路、通信、电子类基础理论及其在相关科学技术领域中的应用。

本合作项目课程分配如表 7.100 所示。

表 7.100 课程分配

| 课程及课时项目名称 | 数量 | 占该项目总数百分比/% |
| --- | --- | --- |
| 专业总课程数<br>（必修课程/选修课程） | 31 门<br>（15 门/16 门） | / |
| 引入外方课程<br>（必修课程/选修课程） | 31 门<br>（15 门/16 门） | 100<br>（100/100） |
| 外方教授课程数<br>（必修课程/选修课程/专业核心课） | 21 门<br>（6 门/15 门/16 门） | 67.7<br>（40.0/93.8/51.6） |

续表

| 课程及课时项目名称 | 数量 | 占该项目总数百分比/% |
|---|---|---|
| 修课总数<br>(必修课程/选修课程) | 25 门<br>(20 门/5 门) | / |
| 专业总核心课程数 | 22 门 | 71.0 |
| 专业引进外方核心课程数 | 22 门 | 100 |
| 总课内学时数 | 2 292 学时 | / |
| 外方教师课内教学时数<br>(专业核心课) | 1 540 学时<br>(1 174 学时) | 67.2<br>(76.2) |

### 7.5.6 历年招生与毕业校友情况

本项目从 1998 年开始招收学生，目前已有 19 届学生毕业。随着国家经济和社会的繁荣发展，招生人数由最开始的 20 多人，到现在几乎可以全额完成招生计划，报考人数逐年增长，社会影响逐步扩大。中英班的学生就业前景良好，毕业生有 90% 以上进入英国各大学继续攻读硕士或博士学位，大多数进入剑桥、牛津、帝国理工学院、伦敦大学学院等世界一流大学继续深造。在教育和科研领域，已经培养了多名毕业生进入北京大学、清华大学等高校任职，其中两名毕业生加入我校信息与电子学院的教师队伍中。现将部分杰出校友展示如表 7.101 所示。

表 7.101 部分杰出校友

| 姓名 | 年级 | 毕业深造院校 | 攻读学位 | 工作单位 |
|---|---|---|---|---|
| 盛蕴 | 1998 | 萨里大学 | 博士<br>(本博直读) | 新加坡南洋理工大学，华东师范大学副教授 |
| 徐依帆 | 1998 | 中央兰开夏大学 | 博士 | 英国中央兰开夏大学计算机系，副教授 |
| 张研 | 1999 | 剑桥大学 | 博士<br>(本博直读) | 南京康众光电科技有限公司 CEO 兼创始人、国家"千人计划"创业人才、国家特聘专家 |
| 王霖 | 2000 | 剑桥大学 | 博士<br>(本博直读) | 法国巴黎银行（英国） |

续表

| 姓名 | 年级 | 毕业深造院校 | 攻读学位 | 工作单位 |
|---|---|---|---|---|
| 宋晨 | 2000 | 英国巴斯大学 | 硕士 | 华为（常驻比利时） |
| 刘彬 | 2000 | 伦敦大学学院 | 硕士 | 神州通信集团，任董事长 |
| 李尤 | 2000 | 中央兰开夏大学 | 硕士 | 霍尼韦尔 Honeywell（北京）公司工程师 |
| 赵鑫 | 2001 | 英国爱丁堡大学 | 硕士 | JOBKOO 公司人力资源咨询师 |
| 陈昕 | 2001 | 中央兰开夏大学 | 博士（本博直读） | 英国诺丁汉大学副教授 |
| 杨晓刚 | 2002 | 中国传媒大学 | 博士 | 新华社 |
| 房嘉元 | 2002 | 布里斯托大学 | 硕士 | Gameloft，任中国区 CEO |
| 梁亚非 | 2003 | 英国帝国理工学院 | 硕士 | 牟特科技（北京）有限公司任联合创始人董事、常务副总经理 |
| 白羽 | 2003 | 英国伦敦大学学院 | 博士 | 罗思（上海）咨询有限公司 |
| 陈宏志 | 2004 | 中央兰开夏大学 | 博士（本博直读） | 航天科工集团规划营运负责人 |
| 王航 | 2005 | 英国伦敦大学学院 | 硕士 | 河南省交通运输厅科学技术研究院 交通工程师/计量评审高级工程师 |
| 王晨 | 2006 | 帝国理工学院 | 博士（本博直读） | 英国兰卡斯特大学责任教授 |
| 吴炳见 | 2006 | 剑桥大学 | 硕士 | 险峰长青投资有限公司，任副总裁 |
| 赵元一 | 2007 | 英国纽卡斯尔大学 | 博士在读 | 英国纽卡斯尔大学，博士在读 |
| 张龙 | 2007 | 英国牛津大学 | 博士在读 | 英国牛津大学，博士在读 |
| 吴舍尔 | 2007 | 英国曼彻斯特大学 | 硕士 | 众航资产管理有限公司（创业） |

续表

| 姓名 | 年级 | 毕业深造院校 | 攻读学位 | 工作单位 |
| --- | --- | --- | --- | --- |
| 孙艺嘉 | 2007 | 英国帝国理工学院 | 硕士 | 北京银行 |
| 舒亚辰 | 2007 | 美国杜克大学 | 博士 | 美国杜克大学在读博士 |
| 陶立力 | 2007 | 中央兰开夏大学 | 硕士、博士 | 西英格兰大学布里斯托机器人实验室副教授 |
| 曾冠维 | 2006 | 剑桥大学 | 硕士 | 北京沃夫森科技有限责任公司，CEO兼创始人 |
| 孙旭 | 2008 | 布里斯托大学 | 硕士 | 中信信托有限责任公司，任经理 |
| 张亦弛 | 2010 | 英国南安普顿大学 | 博士 | 英国南安普顿大学博士后 |
| 韩炎晖 | 2011 | 北京理工大学 | 机械工程博士（在读） | 国内攻读博士 |
| 董豪 | 2011 | 帝国理工大学 | 硕士和博士 | 北京大学前沿计算中心，新体制研究员（助理教授） |
| 刘晗 | 2012 | 北京理工大学 | 信息与通信工程博士 | 北京理工大学信息与电子学院博士后 |
| 周沫 | 2012 | 布里斯托大学 | 硕士 | 清华大学汽车系猛狮无人车团队项目研发成员 |

本项目20周年庆典时，众多杰出校友返校参加庆典，并接受了采访。以下附上2003级校友梁亚非的简介及采访口述为例：

梁亚非，英国中央兰开夏大学电子工程专业学士，英国伦敦帝国理工学院控制系统专业硕士研究生。2008—2014年任精进电动科技股份有限公司部门经理、总工程师助理。2014—2016年任吉利汽车研究院新能源项目组主任工程师，2016年创建牟特科技（北京）有限公司，致力于新能源汽车核心零部件，迄今已进行两轮融资，产值数千万元，任联合创始人董事，常务副总经理。

"我是2003年入读北理工－兰开夏中英班，于2006年毕业于英国中央兰开夏大学并获得一等荣誉学士学位。在北理工－兰开夏中英班的三年学习生活中，收益良多：一是中英班师资力量强大，在北理工的两年，各个科目的授课老师都是北理工在对应学科教学能力最强的一批老教授和骨干中青年学者，中英文授课，全英文教材，给了学员一个很好的知识理论基础；二是整个教学安排中有大量的动手实践项目,这可以充分锻炼学生的动手能力,通过实践来理解理论知识,这对于学员之后的学习和工作打下了良好的基础,也是我们这些人普遍动手能力较强、执行力较佳的原因之一;三是'2+1'的学制设计,再加上接近100%的海外继续读研究生的比例,真正做到了融会中西,使得学生同时兼具国内'211'名校和海外高水平学校的教育经历、文化底蕴、人脉资源,对于之后的学习和工作提供了莫大的帮助。

"就是在北理工–兰开夏中英班三年打下的良好基础,使我进入国际知名大学伦敦帝国理工继续深造,学成归国后,即进入国内正处于起步阶段的新能源汽车行业,其间参与了多个国家'863'项目,并负责了两项北京市科学技术委员会的课题,于2013年入选了'北京市科技新星计划',以及现在的自主创业,这些都是与中英班三年的学习生活经历密不可分的。

"20年来中英班人才辈出,他们都在用自己的方式为我们的祖国、为我们的民族做着各种各样的贡献,在此由衷地对中英班以及中英班的各位老师表示衷心的感谢!祝愿中英班越办越好!"

## 7.6 电磁场与微波技术专业

"电磁场与微波技术专业"起源于1957年在苏联专家帮助下建立于无线电系的"雷达结构设计及工艺专业"。其后经过很多次取消、整合、复建、改名的过程,1981年正式采用"电磁场与微波技术专业"名称,于1988年同全系专业合并为"无线电技术专业",1990年恢复按照"电磁场与微波技术专业"招生,1997年同全系专业合并为"信息工程专业"。其后一直没有复建专业,目前是"电子信息工程专业"的一个专业方向。

其主要历史沿革情况如下:

1956年4月,经苏联专家建议,学校向当时第二机械工业部申报,要求在原有专业基础上再增设专业。1956年6月获得批复,确定学校共建设兵工专业17个,其中包括"雷达结构设计及工艺专业"。在苏联专家的帮助指导下,经过学校领导和广大教职工的努力,到1957年暑假止,学校建成和基本建成的专业是14个。这14个专业中,包括了1957年新设立于无线电系的"雷达结构设计及工艺专业",是无线电系设立的第二个专业,当时设立了雷达结构设计与工艺教研组(称第二教研组)。其后开设了几门课程:无线电元件、结构与工艺、微波元件,并设置了1个陈列室和4个实验室:无线电零件部件陈列室、高压实验室、材料实验室、工艺实验室和环境实验室。

1957年12月,在无线电系筹建了北京工业学院无线电系无线电工厂,产品以电子仪器为主，是在当时系仪表组的电子仪器维修和机械加工车间的基础上筹建的，以雷达结构设计及工艺专业的工艺材料实验室为主扩建成工艺车间，称为二车间。厂址在四号教学楼一层西侧，由系主管副主任戚叔纬负责组织，赵顺福为厂长。

1959年，学校确定了系、专业和教研室名称代号。无线电系代号为五系，雷达结构设计及工艺专业代号为53专业。雷达结构设计及工艺教研组代号为531。

1961年11月确定学校专业24个，在这24个专业中，包括设置在五系的"雷达结构设计及工艺专业"。

1961年10月，531教研组第一副组长为楼仁海，第二副组长为周思永。

1962年5月12日，将学校各教研组统一改称教研室，原教研组组长、副组长统一改称教研室正、副主任。531教研室主任为楼仁海，副主任为周思永。

1962年，设立天线专门化教研室，代号为512教研室。512教研室前身是雷达设计与制造专业中的天线馈电教研组，主要从事全系的电磁场理论、天线、超高频技术与电波传播等课程的教学工作和相应的科研任务。

1964年3月天线专门化512教研室人员包括张德齐、高本庆、蒋坤华、刘静贞、李鸿屹、林金健、史国华、尚洪臣、甘翠英、卢荣章、王华、方子文、邓次平、陆振兴、姬文越、邢惠礼、李英惠。雷达结构设计及工艺专业531教研室人员包括楼仁海、周思永、李士功、区健昌、赵希鹤、吴涓涓、贺白眉、许德华、刘鹤林、陆宗逸、刘继华、闫润卿。

到"文化大革命"前，512教研室人员还有毕万钧、谭正平、刘瑞祥、卢锦等。

1964年进行专业调整，雷达结构设计及工艺专业名称为"无线电设备结构与工艺"。

1965年10月，学校向国防科工委呈送了《关于本院及分院专业设置的请示报告》，计划在本院增设8个专业，包括微波技术专业。其后由于1966年6月"文化大革命"开始而没有按计划实现。

1965年年底，五系专业又进行调整，保留雷达结构设计与制造专业。

1971年，将系改成大队，专业改为中队。五系为五大队，包括三中队（53）：精密机械结构设计与制造专业中队。

同期，重建了半导体专业，专业名称为"半导体微波器件"，专业代号为54专业。

1972年以后到1973年，五系的半导体微波器件专业分为半导体器件和微波工程两个专业。微波工程专业由老53专业与512教研室（天线专门化）合并而成，代号仍然为53，合并时由周思永担任负责人，但专业成立不久他即离开53

专业。新53专业建立时，除老53专业的楼仁海、闫润卿、512教研室成员加入外，还有一系的黎钜泉、汪家藩以及基础部的金圣谟、计志孝、马爱玲、周瑞珍、杨志全，物理组的惠和兴，外语组的王继祥，还有刘述忠，以及刚由外校毕业分配来的崔正勤（来自兰州大学）、周殿斌（来自北京大学）、刘侃等，他们共同组建了所谓的专业联队形式。

专业成立后，从1972年起开始招收工农兵学员。共招收四届工农兵学员，即1972级两个班，1973级、1974级、1976级各一个班，每班30人左右。

工农兵学员所上的专业课包括电磁场、微波技术、天线、测量等，还有下厂实习（如去768厂）和毕业设计环节。

从工农兵学员中留校的有：1972级李盼兴、苗德山、李明刚、杨仕明、赵秀珍（调系做团总支书记），1973级赵川东，1974级邵展眉等。

1975年，任命53专业教研室主任为张德齐（兼），副主任为刘静贞和尚洪臣。杨继安担任53分总支书记。

1977年专业联队形式解除，分总支撤销，按常态进行教学工作。

1978年3月，53专业恢复招生1977级53771班25人。

1979年，53专业名称为"微波技术"。

1980年4月，楼仁海任53教研室主任，刘静贞、李英惠任副主任。53专业教师包括邓次平、卢荣章、甘翠英、史国华、蒋坤华、高本庆、闫润卿、尚洪臣、李鸿纪、刘瑞祥、李英惠、方子文。

之后，53专业教师逐渐获得补充，包括1977级留校的陈重、孙明云，1978级吕昕，1979级王学田（工作后回校读博士，毕业后留校），1983级李镇（硕士毕业后留校），1987级孙厚军（博士毕业后留校）、田正蓉，1988级薛正辉（硕士毕业后留校），1994级任武、何芒、赵国强，由外校进入博士后流动站后留校的夏军、徐晓文，外单位调入的康行健，为适应教学需要，从本系其他教研室调入的汤世贤教授、潘儒沧和刁育才老师等，李世智教授从国外进修回来后也加入53专业。

教研室分三个课程组：电磁场、天线和微波技术。还有一个加工间，由丁世昌、王丽强、张荫荣等负责。

1981年，专业名称改为"电磁场与微波技术"，专业代号仍然为53。

在专业教学计划中，专业基础课和专业课主要包括电磁场理论、微波技术基础、微波网络、微波测量、高频电子线路（微波有源器件）、天线以及课程设计等。

实验室主要是电磁场、微波技术和天线实验室。从事实验室工作的，除毕万钧外（谭正平在"文化大革命"中即调走），还有刘东成、王丽强、金亚英等。

这一时期，有多所学校派教师来到本专业进修，包括沈阳工学院、中国人民解放军军事电信工程学院（西军电）、北京邮电学院、北京广播学院、大连工学院（今为大连理工大学）、华中工学院（今为华中科技大学）等。其中 1980 年第一学期，北京广播学院馈电系龚副主任带领两位教师和一位实验员到教研室进修，其间要求 53 教研室为他们编写一套微波教材，其中包括微波技术基础、微波元件、微波测量等共 4 册，这套教材 1981 年由北京广播学院油印出版，并聘请教研室多位老师去讲课，如闫润卿老师、方子文老师等。

1988 年开始与电子工程系其他所有专业一起按照无线电技术专业大类招生及毕业，这是电子工程系第一次全系本科专业合并及大类培养的尝试。一、二年级不分专业，以系为基础按学科大类组织教学，三年级后根据社会需要确定专业方向（51、52、53 和 54）和培养方案，所有学生均按照无线电技术专业毕业。其中 53 专业方向是原来的电磁场与微波技术专业。

1990 年恢复按照电磁场与微波技术专业招生，专业代号为 53。

1997 年开始，电子工程系所有本科专业实现第二次合并，按教育部引导性本科专业目录中信息工程专业进行招生和人才培养，彻底实现了宽口径大类专业教育。在大三、大四也设置了不同的专业方向。

其后专业一直没有复建，目前电磁场与微波技术是电子信息工程专业中的一个专业方向。

## 7.7　计算机工程专业

1970 年，学校军宣队和革委会决定调整专业，学校调整为 14 个专业，五系遥控遥测专业（原 52 专业）停办，将二系计算机专业从二系调整到五系，加上部分五系教师，组成 52 专业。

1971 年，为了打破"系和教研室这个修正主义教育路线的桥头堡"，进行了体制改革，将系改成大队，专业改为中队。五系为五大队，包括二中队（52）：计算机设计与制造专业中队。

1971 年 11 月，名称又改回"计算机设计与制造专业"，仍然为 52 专业。

1975 年，52 专业主任为张绍诚，副主任为彭玉奎和高永峯。

1978 年，专业名称改为"计算机工程专业"。

1980 年，张绍诚任 52 教研室主任，江涛、彭一苇任副主任。52 专业教师包括张前焜、高永峰、吴鹤龄、江涛、何件雄、韩建伟、彭一苇、李书涛、刘明业、张金烈、翟俊英、叶梅龙、龚元明、战守义、李敏生、石德华。

1980 年，计算机工程专业（52）从电子工程系分出来，组建计算机科学与工程系，校内代号为九系。